수문록 2 隨聞錄 二

이 책은 2021년도 정부(교육부)의 재원으로
한국고전번역원의 지원을 받아 수행된 특수고전협동번역사업의 결과물임

수문록 2 隨聞錄 二

이문정 편 | 김용흠·원재린·김정신 역주

혜안

책머리에

조선후기 정치사는 흔히 당쟁사로 인식되었다. 조선왕조 국가의 멸망 원인으로서 지금까지도 당쟁망국론이 거론될 정도로 당쟁은 조선후기 정치사를 부정적으로 묘사하는 개념이 되었다. 16세기에 붕당이 형성된 이후 이를 기반으로 삼아서 전개된 정치적 대립과 갈등을 17세기 붕당정치, 18세기 탕평정치, 19세기 세도정치로 유형화하여 이해하는 시각이 제시되기도 하였지만 당쟁에 대한 부정적 인식이 크게 불식되지는 못하였다.

조선후기 정치사에서 개인의 권력욕이나 사리사욕, 당리당략에 의한 모략과 음모 등이 난무한 것은 사실이지만 이것만으로 모든 정치적 갈등을 설명할 수는 없다. 여기에는 개인의 권력욕이나 당리당략을 합리화하는 논리와 이에 의거하여 기득권을 유지 고수하려는 세력만이 있었던 것이 아니라 민생을 안정시켜 국가를 유지 보존하려는 세력과 논리도 역시 존재하였다. 이들은 현실 정치 속에서 서로 대립 갈등할 수밖에 없었는데, 당론서에는 바로 이러한 배경 속에서 발생한 다양한 사건들과 갈등 당사자들의 현실인식, 사유형태 등이 풍부하게 담겨 있다. 당론서를 통해서 표출된 주장과 논리는 이처럼 정책과도 긴밀하게 연관되어 있었다.

조선후기에는 당쟁이 격렬하였던 것만큼이나 각 당파의 정당성을 주장하는 수많은 당론서가 생산되고 필사를 통해 전파되었다. '당론서(黨論書)'란 17세기 이후 서인과 남인의 대립 갈등이 격화되는 가운데 생성되어, 이후 노론과 소론, 시파와 벽파의 갈등을 거치면서 각 정파의 행적과 논리의 정당성을 천명하기 위해 의도적으로 편찬된 자료를 지칭한다. 당론서는 국가의 공식 기록인《조선왕조실록》이나《승정원일기》와 같은 연대기, 또는 개인이나 문중에서 편찬하는 문집이나 진기류 등과는 구별되는 독특한 체제와 내용을 담고 있다.

여기에는 해당 시기 정계와 학계를 주도했던 인물들의 정치 행적뿐만 아니라 그들의 현실인식과 세계관, 이에 입각하여 정치적 과제를 설정하고 대처해 나가는 모습 등이 구체적으로 담겨있다. 이에 대해서 당대의 사회경제적 제반 조건과 관련지어 체계적이고 과학적으로 분석해야만 조선후기 정치적 갈등이 정책과 어떻게 관련되어 있는지를 드러낼 수 있을 것이다. 따라서 당론서는 조선후기 정치사를 과학적으로 인식하는 관건이 되는 자료라고 말할 수 있다.

조선후기 당론서는 현재 확인되는 것만도 그 규모가 방대하고 대부분이 한문 원자료 상태로 남아 있어 일반인의 접근이 어려운 것이 현실이다. 그리고 일부 번역된 것도 있지만 원문 번역에 그쳐서 일반인이 이해하기는 쉽지 않다는 문제가 있었다. 그리하여 관련 연구자가 전공 지식에 바탕을 두고 정밀한 역주를 통해서 친절하게 안내할 필요가 있다는 지적이 있어왔다.

본서의 번역에 참여한 세 사람의 전임연구원들은 모두 조선시대 정치사, 정치사상사 전공자들로서 다년간에 걸쳐서 당론서 번역 사업을 수행해왔다. 2006년에는 한국연구재단의 지원을 받아서 '당론서 3종 번역과 주석 및 표점 작업'을 진행하여《갑을록(甲乙錄)》(소론),《아아록(我我錄)》(노론),《동소만록(桐巢漫錄)》(남인)을 번역하는 사업을 완료하고,《동소만록》은 2017년에 간행하였다. 이어서 2013년과 2014년에는 '신규장각 자료구축사업'의 일환으로 서울대 규장각 한국학연구원의 지원을 받아 한국학자료총서로서《사도세자의 죽음과 그 후의 기억-《현고기(玄皐記)》번역(飜譯)과 주해(註解)》(2015),《충역의 시비를 정하다-《정변록(定辨錄)》

역주》(2016)를 간행하였다. 이와 병행하여 2011년에는 한국역사연구회,
2016년에는 한국사상사학회 주관으로 학술대회를 통해서 연구 성과를
발표하기도 하였다. 또한 한국고전번역원의 '특수고전 정치사분야 협동
번역사업'의 일환으로 2015년 《형감(衡鑑)》, 2016년 《족징록(足徵錄)》과
《진감(震鑑)》, 2017년 《유문변록(酉門辨錄)》과 《대백록(待百錄)》 등의 번역
이 완료되었고, 2019년 《형감》(혜안)을, 2020년 《대백록》(혜안)을 각각
출간한 바 있다.

　현재 본 번역팀에서는 2018년부터 2단계 사업에 착수하여 대상서목
3종 가운데 《동남소사(東南小史)》와 《수문록(隨聞錄)》의 역주를 완료하였
고, 《황극편(皇極編)》은 현재 마무리 중이다. 《동남소사》는 2020년 특수고
전협동번역사업(정치사) 1차년도 우수 성과원고 지원을 받아 출판되었
고, 이번에 출간하는 《수문록》 권2는 작년 권1의 뒤를 이은 성과물이다.
편자인 이문정(李聞政)은 경종대 신임옥사(辛壬獄事)의 결과 파국으로 치닫
는 정국상황을 진정시키기 위해 서인내 청론(淸論)을 표방하면서 사안별
로 적극적으로 자설(自說)을 제시하였다. 《수문록》은 군신(君臣)의 분의(分
義)를 확정하여 분열과 대립을 극복하고 화해와 타협을 모색하는 당론서이
다. 편자의 주장을 여러 측면에서 입체적으로 분석하면, 서로 다른 사상과
논리에 의거하여 국가 운영의 이상과 현실을 두고 치열하게 갈등하였던
조선시대 정치사의 현장을 구체적으로 조망할 수 있을 것이다.

　본 사업을 진행하면서 많은 분들의 도움을 받았다. 한국고전번역원의
신승운 원장님 이하 권경열 기획처장, 장미경 평가실장, 박재영 소장
등 관련 임직원 여러분들이 당론서의 사료 가치를 공유하고 적극적으로
지원하여 이 사업이 완수될 수 있었다. 이제 그 2차년도 첫 번째 사업
성과물의 출간을 앞두고 진심으로 감사를 표하는 바이다. 또한 한국고전
번역원 출범의 산파 역할을 했던 유기홍 국회의원의 적극적인 후원에도
감사드린다. 연세대학교 국학연구원의 김성보 원장님 이하 임직원 여러

8

분들의 도움에도 감사드린다. 그리고 세 사람의 전임연구원과 함께 20년
이 넘는 기간 같이 전공 세미나를 전개하며 물심양면으로 도움을 준
정호훈, 구만옥, 정두영 선생 등과 노 출간의 기쁨을 함께 나누고 싶다.
당론서를 비롯한 국학 자료 출판에 애정을 갖고 더딘 번역 작업을 인내심
을 갖고 기다려 주신 혜안 출판사 오일주 사장님과 난삽한 원고를 깔끔하
게 정리해주신 김현숙, 김태규 선생께도 감사드린다.

2022년 2월

김 용 흠

차 례

번 역

권2 15

《隨聞錄》校勘·標點

번
역

권

2

임인년(1722)

1월

임인년(1722, 경종2) 1월 10일 비국당상(備局堂上)을 인견(引見)하였을 때 김일경(金一鏡)¹⁾이 말하기를,

"전하께서 영의정 조태구(趙泰耉)²⁾의 차자(箚子)에 대한 비답(批答)에서

---

1) 김일경(金一鏡) : 1662~1724. 본관은 광산(光山), 자 인감(人鑑), 호 아계(丫溪)이다. 이조참판·이조판서 등을 역임하였다. 1721년(경종1) 노론이 연잉군(延礽君, 영조)을 세제(世弟)에 책봉한 뒤 대리청정(代理聽政)을 실시하려고 하자 김일경은 조태구(趙泰耉) 등과 함께 이를 반대해 대리청정을 취소하게 하였다. 임인옥사 당시 준소(峻少)로서 김창집(金昌集)·이이명(李頤命)·조태채(趙泰采)·이건명(李健命) 등 노론 사대신의 처벌을 주도하였다. 1724년 영조가 즉위하자 노론의 재집권으로 유배되었다. 청주유생 송재후(宋載厚)의 상소를 발단으로 신임옥사가 무고(誣告)였다는 탄핵을 받고 목호룡과 함께 참형을 당하였다.

2) 조태구(趙泰耉) : 1660~1723. 본관은 양주(楊州), 자 덕수(德叟), 호 소헌(素軒)·하곡(霞谷)이다. 복관된 시호는 문정(文貞)이다. 우의정·영의정 등을 역임하였다. 조태채와 조태억(趙泰億)의 종형이다. 1720년(경종 즉위년) 우의정에 올랐는데, 당시 소론의 영수로서 노론과 대립하던 중 1721년 정언 이정소(李廷熽)의 건저상소(建儲上疏)와 김창집·조태채·이이명·이건명 등 노론 사대신의 주청에 의해 연잉군이 세제로 책봉되자, 유봉휘(柳鳳輝)로 하여금 반대의 소를 올리게 하였다. 또한 노론이 세제의 대리청정을 주장하자 최석항(崔錫恒)·조태억·박태항(朴泰恒)·이광좌(李光佐) 등과 함께 이를 반대, 대리청정의 환수를 청하여 관철시켰다. 같은 해 12월 전 승지 김일경과 이진유(李眞儒)·윤성시(尹聖時) 등이 상소하여 건저를 주장하던 노론 사대신을 사흉(四凶)으로 몰아 탄핵한 뒤 결국 사대신의 사사(死賜)를 관철시키자, 영의정에 올라 최석항·김일경 등과 국론을 주도하였다. 1725년(영조1) 신임옥사의 원흉으로 탄핵을 받고 관작이 추탈되었다가 1908년(순종2) 복관되었다.

'지난 일을 추념(追念)하다 보니, 나도 모르게 슬퍼진다.' 하신 하교가 있었는데, 오늘날 전하의 신하로서 누군들 슬픈 마음을 느끼지 않을 수 있겠습니까?

전하께서 이미 천승(千乘)³⁾의 지위에 계시니, 사친(私親)⁴⁾께서 낳아 기르신 은혜에 대해 진실로 추보(追報)⁵⁾해야 하는 도리가 있습니다. 대신(大臣)들에게 하문하시어 처리하는 것이 어떠하겠습니까?"

하였다. 우의정 최석항(崔錫恒)⁶⁾이 말하기를,

"전하의 정리(情理)로 보아 낳아 길러준 은혜에 대해 추보하는 도리가 없을 수는 없습니다. 신의 생각으로는 별도의 사우(祠宇)를 세우고 제향(祭享)에 필요한 물건들은 해당 조(曹)로 하여금 봉진(封進)하게 하며, 따로 칭호를 정하여 사체(事體)를 중하게 하는 것이 정리(情理)에 합당할 것 같습니다."

---

3) 천승(千乘) : 수레 천대를 동원할 수 있는 나라의 군주로서 제후를 가리킨다. 전쟁이 발생하면 천자는 만승(萬乘)을, 제후는 천승을 내도록 되어 있었다.

4) 사친(私親) : 장희빈(張禧嬪, 1659~1701)을 가리킨다. 본관은 인동(仁同)이며, 본명은 장옥정(張玉貞)으로 전해진다. 숙종의 총애를 받고 1688년 낳은 왕자 윤(昀, 경종)이 이듬해 음력 1월 원자로 책봉되면서 희빈이 되었다. 기사환국으로 서인이 몰락하면서 폐서인된 인현왕후(仁顯王后, 1667~1701) 민씨 대신 왕비로 책봉되었으나 1694년(숙종20) 갑술환국으로 다시 희빈으로 강등되었다. 1701년 인현왕후를 저주해 죽게 했다는 혐의를 받아 사사되었다.

5) 추보(追報) : 죽은 사람의 은혜에 보답한다는 뜻인데, 여기서는 경종의 생모 장희빈에 대한 처우를 개선해야 한다는 의미로 사용되었다. 장희빈은 1701년 인현왕후를 저주하여 죽게 했다는 죄목으로 사약을 받고 죽어서, 성대한 장례식에도 불구하고 죄인으로 간주하는 경향이 있었기 때문에, 경종이 즉위한 뒤 이것을 바꾸어야 한다는 주장이 나온 것이다. 경종은 이러한 주장을 수용하여 1722년 자신의 생모를 옥산 부대빈(玉山府大嬪)으로 추존하였다. 후에 그녀의 사당은 칠궁의 하나인 대빈궁(大嬪宮)으로 칭해졌다.

6) 최석항(崔錫恒) : 1654~1724. 본관은 전주(全州), 자 여구(汝久), 호 손와(損窩)이다. 영흥부사 최기남(崔起南)의 증손으로, 할아버지는 최명길이고, 아버지는 최후량(崔後亮)이며, 어머니는 안헌징(安獻徵)의 딸이다. 최후원(崔後遠)에게 입양되었다. 영의정 최석정의 아우이다. 신임옥사 당시 소론 측에서 활동하였으며, 좌의정을 지냈다.

하였다. 영의정 조태구가 병으로 입참(入參)하지 못하였는데, 김일경이 말하기를,

"이는 시체가 매우 중대하니, 예관(禮官)으로 하여금 입시하지 못한 대신과 외방에 있는 대신에게 문의(問議)하게 한 뒤에 대신들과 2품(二品) 이상이 조당(朝堂)에 모여 의논하여 절목(節目)을 강정(講定)하는 것이 합당할 것 같습니다."

하였다. 공조판서 한배하(韓配夏)[7]가 말하기를,

"전하께서 즉위하신 뒤 아직도 낳아서 길러준 은혜에 대해 추보하지 않았으니, 실로 편치 않습니다. 조정의 의논은 모두 마땅히 추보하는 도리가 있어야 한다고 여기니, 지금 만약 사우를 짓고 칭호를 정하는 절목을 강정한 다면 공의(公議)와 사정(私情) 모두 그 마땅함을 얻을 것입니다."

하였다. 호조판서 김연(金演)[8], 우부승지 김시경(金始慶)[9], 사간 이진유 (李眞儒)[10], 지평 박필몽(朴弼夢)[11] 등이 아뢴 것도 대체로 같아서, 모두

---

7) 한배하(韓配夏) : 1650~1722. 본관은 청주(淸州), 자 하경(夏卿), 호 지곡(芝谷)이다. 1720년(숙종46) 청은군(淸恩君)에 책록되었고, 공조판서 등을 역임하였다. 1725년 (영조1) 화원에게 목호룡의 초상을 그리도록 강요하였다는 혐의를 받고 관작을 추탈당하였다.

8) 김연(金演) : 1655~?. 본관은 상산(商山), 자 사익(士益), 호 퇴수당(退修堂)이다. 1721 년(경종1) 연잉군으로 하여금 대리청정하게 하자, 김일경 등과 이를 반대하여 취소하게 하였다. 1724년 영조가 즉위하자 노론의 탄핵을 받아 유배되었다.

9) 김시경(金始慶) : 1659~1735. 본관은 안동(安東), 자 선여(善餘), 호 만은(晚隱)이다. 숙종대 필선(弼善)·장령(掌令)·승지를 거쳐, 경종대 우부승지(右副承旨) 등을 역임하였다.

10) 이진유(李眞儒) : 1669~1730. 본관은 전주(全州), 자 사진(士珍), 호 북곡(北谷)이다. 이경직(李景稷)의 증손으로, 할아버지는 이정영(李正英)이고, 아버지는 참판 이대성 (李大成)이다. 경종 때 이조참의·대사성 등을 역임하였다. 1724년 경종이 죽자 이조참판이 되어 고부 겸 주청사(告訃兼奏請使)의 부사로 청나라에 다녀왔다. 이듬 해 노론이 등용되자 유배되었다가 압송되어 문초를 받던 중 옥사하였다.

11) 박필몽(朴弼夢) : 1668~1728. 본관은 반남(潘南), 자 양경(良卿)이다. 1721년 김일경 등과 노론 사대신의 죄를 성토하여 신임옥사를 일으켰다. 영조가 즉위한 뒤 도승지 가 되었으나 탄핵을 받아 유배되었다. 1728년(영조4) 이인좌(李麟佐)의 난 당시 반란에 가담한 태인 현감 박필현(朴弼顯)의 군중(軍中)으로 가 서울로 진군하려

말하기를,

"김일경이 아뢴 것이 천리와 인정에 진실로 합당합니다."

하니, 주상이 말하기를,

"아뢴대로 하라."

하였다.

15일 사과(司果) 정형익(鄭亨益)12)이 상소하여 다음과 같이 말하였다.

"엎드려 생각하건대 전하께서 낳아주신 사친에 대하여 길러준 은혜를 생각하고 보답할 의리를 생각하는 것은 진실로 인정(人情)입니다. 그렇지만 선대왕(先大王, 숙종)의 당일 처분(處分)이 지극히 엄정하였으므로, 의리가 있기 때문에 정(情)이 가려져서, 비록 전하께서 추보하고 싶은 정성이 있더라도 사안이 선조와 관계되므로 뒤미처 제기하려 하지 않았으니 성의(聖意)가 어디에 있는지 알 수 있습니다.

생각하건대 지금 조정에 있는 신하로서 선왕의 신하가 아니었던 자가 없는데, 그 분의(分義)와 도리(道理)에 비추어 보면 어찌 감히 제멋대로 오늘날 전하의 앞에서 번거롭게 청할 수 있단 말입니까? 지금 만약 궁중 안에서 예전에 세운 사우에다 그 공향(供享)하는 의절(儀節)을 풍성하게 한다면 사정(私情)을 펼 수 있고 선왕의 뜻에도 어긋나는 바가 없을 것입니다.

그런데 지금 사우를 세우고 칭호를 정하는 것을 공조(公朝)에서 인도하고, 제향(祭享)에 필요한 제수(祭需)를 유사(有司)에게 명하여 공봉(供奉)하게 하면서 단지 '정리(情理)에 있어서 그만둘 수가 없다.' 하며 대의(大義)가 손상되는 것을 생각하지 않는다면, 마침내 선왕의 뜻을 준수하는데 부족

하였다. 그러나 도중에 진압되었다는 소식을 듣고 숨었다가 다시 거사하려다가 무장(茂長) 현감 김몽좌(金夢佐)에게 붙잡혔다. 서울로 압송되어 능지처참 되었다.

12) 정형익(鄭亨益) : 1664~1737. 본관은 동래(東萊), 자 시해(時偕), 호 화암(花巖)이다.

함이 있게 될 것 같아서 두렵습니다.

아! 슬픕니다. 선침(仙寢)[13]을 아직 거두지 않았고 옥음(玉音)이 여전히 들리는 듯한데, 입대(入對)한 여러 신하들은 다만 전하에게 아첨하려고만 할 뿐 선왕을 엄하게 두려워해야 한다는 것을 알지 못하여 멋대로 합사(合辭)하여 조금도 거리낌이 없습니다.

저 김일경 이하는 진실로 말할 것도 못 됩니다만, 선조의 두터운 은혜를 받아 오늘날 대신이 된 자들도 따라서 부화뇌동하여 전하께 아뢸 때 선조의 대처분은 오늘날에도 함부로 고칠 수 없다는 뜻에 대해 한마디 말도 없으니, 훗날 지하에서 장차 무슨 말로 선왕께 대답하겠습니까? ……"

예관(禮官)이 김일경이 아뢴 말로써 영의정 조태구에서 문의(問議)하니 말하기를,

"성상(聖上)께서 즉위하신 뒤 사친을 추보하는 일은 곧 천리와 인정에 그만둘 수 없는 일이므로, 이것이 진실로 연신(筵臣)이 아뢰어 청한 이유입니다. 반드시 예(禮)와 정(情)을 참작하여 마땅함을 얻을 수 있도록 절충하여 이 시대의 물정(物情)과 화합하여 후세의 헐뜯는 말을 끊어버려야 할 것입니다. ……"

하였다.

○ 영부사(領府事) 김우항(金宇杭)[14]이 다음과 같이 말하였다.

"성상의 지극히 인자(仁慈)하고 융성한 덕(德)은 언제나 선조를 본받으셨습니다. 작년 향유(鄕儒)가 진소(陳疏)하였을 때 전하께서 특별히 비망기

---

13) 선침(仙寢) : 죽은 왕이나 왕비의 시신(屍身)이나 또는 그 무덤을 가리키는 말인데, 여기서는 3년상을 아직 마치지 못했다는 의미로 사용하였다.

14) 김우항(金宇杭) : 1649~1723. 본관은 김해(金海), 자 제중(濟仲), 호 갑봉(甲峰)·좌은(坐隱)이다. 형조·병조·이조판서 등을 역임하였다. 1722년 김일경의 사친 추존론(私親追尊論)을 반대하다가 화를 입었다.

를 내리셨는데, 말은 엄숙하고 뜻은 정대하여 사정(私情)을 억제하려는 왕성한 의지를 누구인들 공경하여 우러러 보지 않겠습니까?

오늘날 신하된 자라면 진실로 성상의 뜻을 우러러 본받아 장차 순종하기에 겨를이 없어야 할 것인데, 뜻하지 않게 상도(常道)에 어긋나는 논의가 갑자기 경연(經筵) 석상에서 나오고, 심지어 조당에 모여 의논할 것을 청하기까지 하였으니, 아! 이것이 무슨 일입니까?

신은 예전의 사우를 그대로 두고 제수를 풍성히 하되, 향사(享祀)하는 의절(儀節)을 극진히 갖추어 추보하는 정성이 깃들게 한다면 선왕(先王)의 뜻을 잇고 사정(私情)을 펴는 도리에 있어서 거의 둘 다 온전히 하여 어긋나지 않게 할 수 있을 것이라고 생각합니다.

사우를 짓고 칭호를 정하자는 논의에 대해서는 신의 얕은 생각이 미칠 바가 아니니, 오로지 성명(聖明)께서 깊이 의리를 생각하시어 처음부터 끝까지 흔들리지 마시고 후세에 비난하는 의론이 없도록 하십시오."

좌의정 최규서(崔奎瑞)[15]가 말하기를,

"선조(先朝)에게 죄를 지었으므로 종신토록 스스로 폐고(廢錮)하는 것을 출처의 의리로 삼고 있습니다. 지난번 진달한 한 상소에 대해서 바야흐로 엄한 명령을 기다리고 있는데, 어찌 감히 정승의 직책을 자처하면서 외람되게 헌의(獻議)[16]하겠습니까? ……"

하였다.

---

15) 최규서(崔奎瑞) : 1650~1735. 본관은 해주(海州), 자 문숙(文叔), 호 간재(艮齋)·소릉(少陵)·파릉(巴陵)이다. 숙종대 노소(老少) 분기 과정에서 소론에 가담하였다. 1689년 대사간 재직시 희빈 장씨의 책봉을 반대하였다. 1716년 병신처분(丙申處分)으로 소론이 세력을 잃자 귀향하였다가 경종대 영의정을 역임하였다. 당시 노론이 연잉군(延礽君, 영조)의 대리청정 등을 추진할 때 반대하였으며, 김일경 등이 신임옥사를 일으키자 완소(緩少)로 온건하게 대처하였다. 1728년(영조4) 무신난(戊申亂)이 발생하자 제일 먼저 조정으로 달려와 이를 알린 다음, '역정포고의(逆情布告議)'라는 토난책(討難策)을 건의하였다.
16) 헌의(獻議) : 신하들이 정사에 관한 의견들을 논의하여 그 결과를 임금에게 올리는 것이다.

○ 한번 흉악한 무리들이 사납게 날뛴 뒤에는 의리와 명분, 기강이 비록 극도로 괴란(乖亂)되었지만 김일경과 최석항의 무리가 아니었다면 어찌 감히 사우를 짓고 칭호를 성하자는 말을 오늘날 헌의힐 수 있었겠는가? 하물며 최규서와 같은 명재상이야 말할 것이 있겠는가?

그렇지만 단지 대죄(待罪)한다고 자처하면서 처음부터 가부(可否)간에 의견을 올리지 않은 것은, 그의 처지로 보아 그럴듯하지만, 거의 자기를 위하는 데에 가까웠다. 만약 가(可)하다고 했다면 명의(名義) 죄인17)이 되는 것을 피할 수 없었을 것이고, 안된다고 했다면 흉악한 무리들의 혹독한 표적이 되는 것을 면치 못했을 것이다. 만약 그 바르게 처신하는 풍모를 논한다면 오히려 영중추부사 김우항이 의리에 의거하여 막은 것만 같지 못하였다.

○ 생원 이기중(李箕重)18) 등 백여 인이 상소하여, 별묘(別廟)를 세우고 칭호를 정하는 명을 중지할 것을 청하고, 이어서 김일경 무리들이 선왕을 잊고 전하를 저버린 죄를 바로잡으라고 청한 일을 입계(入啓)하였다. 이것을 다시 의논하라고 명하였지만 좌의정 최규서는 또 헌의하지 않았다.

○ 영의정 조태구, 우의정 최석항, 호조판서 김연, 여러 신하들은 추보를 헌의한 일로써 정형익과 김우항에게 배척받았다. 이에 수많은 무리들이

---

17) 명의(名義) 죄인 : 서인이 남인에게 붙인 죄목으로, 기사환국 당시 신하로서 인현왕후의 폐위를 적극 막지 않은 불충을 저질렀다는 혐의이다. 갑술환국 이후에는 노론이 소론을 공격하는 핑계가 되었으며 남인들의 중앙정계 진출을 가로막는 죄목으로 활용되었다.

18) 이기중(李箕重) : 1697~1761. 본관은 한산(韓山), 자 자유(子由)이다. 이색(李穡)의 13대손으로, 아버지는 참봉 병철(秉哲)이다. 이희조(李喜朝)의 문하에서 수학하였다. 이이명이 찬술한 《명릉지문(明陵志文)》 중에 경종의 생모 장희빈에 대한 사사(賜死) 사건이 잘못 쓰였다 하여 태학장의(太學掌議) 윤지술이 지문의 개찬(改撰)을 주장하였다가 사형당하자, 상소하여 그에 대한 처벌이 부당하다고 강력하게 주장하였다.

잇달아 일어나 조정 신하들을 함정에 빠트리고 군부(君父)를 위협하여 조종하려 하였다고 정형익과 김우항을 혹독하게 공격하였다. 설서(說書) 송인명(宋寅明)19)이 상소하여 아뢰었다.

"정형익이 한 번 상소하여 근일 수의(收議)한 일을 크게 논하였는데, 사용한 말이 지나치게 준엄하고 그 의도가 위험해 보이기는 하지만 그가 주장한 의리는 모두 따져 볼 만하므로, 신이 청컨대 대략 말해 보겠습니다.

대저 아들이 어머니에게 작위를 주는 것은 《예경(禮經)》의 대방(大防)이니 칭호를 추가하는 것은 부당하며, 중자(仲子)의 궁(宮)을 《춘추》에서 비판하였으니20) 묘우(廟宇)를 따로 세우는 것도 부당합니다. 우리나라는 예법이 엄격하여 백대(百代) 왕들의 누습(陋習)을 죄다 씻어버렸습니다.

선조[宣廟]가 창빈(昌嬪)21)에 대해서와 인조[仁廟]가 인빈(仁嬪)22)에 대해서, 그 은혜와 의리의 무게가 어찌 낳아준 분과 차이가 있었겠습니까마는, 또한 모두 예전 작호를 그대로 따르고 추가하지 않았으며, 사사(私祠)에 제향하고 또한 따로 사우를 세운 일이 없었으니, 성조(聖祖)의 아름다운

---

19) 송인명(宋寅明) : 1689~1746. 본관은 여산(礪山), 자 성빈(聖賓), 호 장밀헌(藏密軒)이다. 아버지는 송징오(宋徵五)이며, 어머니는 이단상(李端相)의 딸이다. 경종대 세자시강원 설서(世子侍講院說書)로 있으면서 연잉군의 총애를 받았다. 영조가 즉위하자 탕평책에 적극 협조하였다. 노·소론을 막론하고 온건한 인물들을 두루 등용하여 당론을 조정·완화함으로써 영조의 신임을 두터이 받았다. 우의정 등을 역임하였다.
20) 중자의 …… 비판하였으니 : 《춘추곡량전(春秋穀梁傳)》 은공(隱公) 5년에 기롱하는 뜻에서 "9월에 중자의 궁(宮, 묘(廟))을 완성하고 처음으로 육우의 춤을 바쳤다.[九月, 考仲子之宮, 初獻六羽.]" 하였다. 중자는 노(魯)나라 효공(孝公)의 첩이자 혜공(惠公)의 어머니였다. 따라서 중자의 아들 혜공이 임금이 되었지만 중자는 정부인(正夫人)이 아니기 때문에 제사는 아들 대(代)까지만 지내야 하는데 손자인 은공이 사당을 세워 제사한 것은 예(禮)에 맞지 않았기 때문에 기롱한 것이다.
21) 창빈(昌嬪) : 선조의 부친인 덕흥 대원군(德興大院君)의 어머니이다. 덕흥 대원군은 중종(中宗)의 후궁 창빈 안씨(安氏)의 소생이므로, 선조는 창빈에 대하여 손자가 된다. 안씨는 1577년(선조10) 창빈에 추봉(追封)되었다. 선조는 안빈의 사당을 덕흥 대원군의 묘정(廟庭)으로 옮기고 하원군(河源君)에게 제사를 모시게 하려 하였다.
22) 인빈(仁嬪) : 선조의 후궁이자 인조(仁祖)의 생부인 정원군(定遠君)의 어머니이다.

규범이야말로 어찌 오늘날 마땅히 우러러 본받아야 할 것이 아니겠습니까?

하물며 이 일은 선조와 관계되어 더욱 특별한 점이 있으니, 명현(名賢)의 의논을 또한 거울삼을 수 있습니다. 공적으로는 융숭하게 받들 수 없지만 사적으로 제사지내는 사우가 꼭 없었던 것은 아니니, 예전에 받은 작호를 따르고 지금 칭호를 추가할 필요는 없습니다.

대저 전하께서는 성대한 덕과 지극한 효성으로 사정을 억누르고 제어하여 별도의 처분으로 외정(外廷)을 번거롭게 하려고 한 적이 없이 대내(大內)에서 보답하는 제사의 전례(典禮)에 인정과 예를 다하는 것에 힘썼으니, 선유(先儒)가 이른바, ‘정(情)을 다하여 의(義)에 이르렀다.’ 한 데에 가깝다 할 것입니다. 어찌 선왕의 효를 본받아서 끝없이 실천하려는 생각이 빛나지 않을 수 있겠습니까?

사람들의 견해는 같지 않고 의리는 무궁한데, 사친을 추보하는 일이 천리와 인정에 부합된다고 여긴 것은 행동을 살피고 뜻을 살피라는 가르침23)을 미처 생각지 못한 것입니다. 삼가 원컨대 전하께서는 의리를 깊이 궁구하여 사정을 억제하는 것에 힘쓰고, 비록 정형익은 배척하더라도 그의 주장은 버리지 마십시오. ……”

○ 송인명은 어찌 위태롭지 않겠는가, 어찌 위태롭지 않겠는가? 시험삼아 오늘날 조정을 보건대 지금이 어떠한 때인가? 간흉들이 국가를 장악하고 권세가 인주(人主)를 능가하여, 한 명이라도 자신을 비난하는 말을 하는 자가 있으면 “조정을 함정에 빠뜨렸다[傾陷朝廷].” 하고, 한 명이라도 자기를 배척하는 논의를 하는 자가 있으면 “군부를 위협하여 제압하려 한다[脅制君父].” 하면서, 작게는 유배 보내고 크게는 국청을

---

23) 행동을 …… 가르침 :《논어》〈학이(學而)〉에서 “아버지가 살았을 때에는 자식의 뜻을 통해 관찰하고 아버지가 죽었을 때에는 자식의 행동을 보고 관찰한다.[父在觀其志, 父沒觀其行.]” 하였다.

설치하는 것이 그 손아귀에 있었다.

송인명은 소론[少邊] 가운데 신진이었다. 그런데 저 무리들이 정형익을 죽이려 하자 송인명이 구원하려 하였다. 추보는 저 무리들이 기화(奇貨)로 여기는 것인데, 송인명이 이를 막아내려 하였으니 위태롭고 위태롭도다 송인명이여! 성인의 말씀에 이르기를, "아침에 도를 들으면 저녁에 죽어도 좋다."24)하였는데, 저 송인명이 바로 아침에 도를 들은 사람이구나! 그는 진짜 정의롭고 기개 있는 남아(男兒)이고 정직한 군자이다.

오직 우리 주상만이 선왕의 정통을 계승하여 대위(大位)에 올랐으니 선후(先后) 중전 민씨(閔氏)25)는 바로 주상의 자애로운 어머니이다. 희빈(禧嬪)은 단지 낳아준 친어머니일 뿐이었는데, 그 죄악은 예사로운 죄악이 아니었다. 처음에는 주상과의 사이를 참소(讒訴)한 일로 말미암아 기사년(己巳年)26)에 성모(聖母)를 쫓아냈고, 다시 저주한 일로 인하여 성모가 신사년(辛巳年)27)에 세상을 떠나고 말았다.

---

24) 아침에 …… 좋다 :《논어》〈이인(里仁)〉에 나온다. 주자가 주해(註解)하기를 "도는 사물의 당연한 이치이니, 참으로 이것을 얻어듣는다면, 살아서는 이치에 순하고 죽어서는 편안하여 다시 남은 한이 없을 것이다.[道者事物當然之理, 苟得聞之, 則生順死安, 無復遺恨矣.]" 하였다.

25) 중전 민씨(閔氏) : 인현왕후(仁顯王后, 1667~1701)를 가리킨다. 여양 부원군(驪陽府院君) 민유중(閔維重)의 딸로, 1681년(숙종7) 계비(繼妃)가 되었으나 1689년 폐위되었다가 1694년 갑술환국으로 다시 복위되었다.

26) 기사년(己巳年) : 1689년(숙종15) 숙종이 서인을 축출하고 남인을 재등용한 해이다. 기사환국(己巳換局)으로 인해 송시열(宋時烈)이 사사(賜死)되고, 이이명·김만중(金萬重)·김수흥(金壽興)·김수항(金壽恒) 등이 복주(伏誅)되거나 유배되었다. 노론측에서는 이 사건이 원자(元子) 정호(定號) 문제에서 촉발되었지만 이는 표면적인 이유일 뿐이고, 그 근본적인 원인은 춘추대의와 주자학을 수호하려는 노론에 대해 이른바 '반주자(反朱子)'의 입장을 견지한 소론·남인들의 정치적 반격이자 보복이었다고 주장하였다.

27) 신사년(辛巳年) : 1701년(숙종27) 인현왕후가 죽은 해를 가리킨다. 당시 숙종은 장희빈이 취선당(就善堂)에 신당(神堂)을 설치하고 인현왕후를 저주하여 죽였다고 간주하고 장희빈에게 사약을 내려서 죽였다. 이에 소론은 세자를 위하여 희빈을 용서할 것을 청하였지만 숙종은 사약을 내리고 장희재 등 장씨 일파를 국문하여 죽였다. 아울러 남구만·유상운·최석정 등 소론 대신들을 귀양 또는 파면시켰다. 이 사건을

희빈이 이런 사람이었으므로 다른 사람이라면 당연히 주상에게 피맺힌 원한과 뼈에 사무친 원수가 되었겠지만 주상을 낳은 친어머니였기 때문에 "원수", 두 글자를 거론할 수 없었다. 한결같이 선왕의 처분을 따르는 것 이외에 다른 도리가 없었으므로 같은 나라의 신인(臣人)이라면 어찌 살점을 씹어 먹고 살가죽을 깔고 자려는 마음이 없겠는가? 이 마음이 없다면 신자(臣子)가 아닐 것이다.

그렇지만 또한 주상을 낳은 어버이에 대해 감히 배척하는 말을 할 수 없으니 만약 배척하는 말을 하는 자가 있다면 주상에게 불충(不忠)한 것이 된다. 또한 혹 오늘날 희빈을 도와서 보호하는 자가 있다면 단지 선왕에게 죄를 얻을 뿐만 아니라 의롭지 못한 지경으로 주상을 끌어들여서 국모의 원수를 완전히 잊는 것이 된다. 신자가 되어 차마 국모의 원수를 잊는다면 이는 명의에 죄를 얻는 것이다.

저 김일경이 사우를 세우고 칭호를 정하여 희빈에게 융숭하게 보답해야 한다는 말을 경연 석상에서 아뢰었고, 대신(大臣) 최석항으로부터 경재(卿宰)와 삼사(三司)의 여러 신하들에 이르기까지 모두 함께 똑같은 말을 하였다. 심지어 바깥에 있던 영의정 조태구도 또한 천리와 인정에 마땅한 일이라고 헌의하였으니, 이는 비단 선왕과 성모를 잊은 것일 뿐만 아니라 도리어 국모의 원수에게 은혜를 베푸는 것이니, 한마디로 말해서 "명의(名義) 죄인"이었다.

저들은 모두 사자(士子)인데도 한갓 주상의 뜻에 아첨하여 기쁘게 하려는 마음에서 도리어 상천(常賤)도 하지 않는 짓을 한 것이다. 성인이 이른바 "개·돼지가 비단옷을 입은 것이다." 한 말이 바로 이것을 이르니, 비루하도다! 저 무리들이여. 이 한 장의 내용은 우선 여기서 멈추어서, 더 이상 혀를 더럽히고 싶지 않다.

계기로 노론이 조정에 대거 진출하게 되었다.

○ 사간 이진유가 매번 아뢰기를,

"지난번 여러 흉악한 무리들이 조정에 가득하여 성상께서 흉악한 신하들과 서로 얼굴을 대면하는 것을 달갑게 여기지 않았으니, 오랫동안 임강(臨講)하지 않으신 것은 진실로 마땅합니다. 그렇지만 오늘날 조정이 깨끗하고 엄숙해졌으니 강연(講筵)28)을 자주 여셔야 할 것입니다. ……"

하였다. 그러나 오히려 한 번도 경연을 열지 못하였으니, 이는 여러 충신을 상대하는 것을 달갑게 여기지 않아서 그런 것인가?

가령 주상의 뜻이 진실로 흉악한 신하들을 대면하는 일을 싫어하여 오랫동안 강연을 폐지하였더라도, 위로부터 이와 같은 하교가 없다면 인신(人臣)이 비록 사사로운 거처에서라도 감히 성상의 뜻을 억측하여 이런 말을 해서는 안 될 것인데, 이진유가 감히 성상의 뜻을 억측하는 말을 제멋대로 아뢰었으니 방자한 마음과 우롱하는 뜻이 여기서 극에 달하였다.

○ 주상이 경화(更化)29)하는 때를 당하여 한밤중에 여러 신하들을 몰아내고, 정령을 내린 것이 거의 마치 천둥이 치고 거센 바람이 불 듯 하였으며, 응대하는 일도 또한 물 흐르듯 하여 마치 종을 치면 울리는 것과 같았다.

그런데 한 번 두 환관을 유사(有司)에게 내어 준 날부터는30) 장독(章牘, 상소)이 산처럼 쌓였는데도, 혹 열흘 뒤 비답을 내리거나 혹은 20일이 지난 뒤에 비답을 내리거나, 혹은 30일이 지난 뒤 비답을 내리니, 정무가

---

28) 강연(講筵) : 임금이나 세자 등이 경학(經學)에 밝은 신하들과 함께 경전을 읽고 토론하여 수학하는 자리를 말한다. 시간에 따라 조강(朝講)·주강(晝講)·석강(夕講) 으로 구별하였다.

29) 경화(更化) : 정치를 변경하여 새롭게 교화한다는 말인데, 여기서는 1721년 신축환 국으로 노론에서 소론으로 정국 주도 세력이 바뀐 것을 가리킨다.

30) 두 환관을 …… 날부터는 : 두 환관은 박상검(朴尚儉)과 문유도(文有道)를 가리킨다. 이들은 세제를 핍박하였다가 1721년 12월 동궁전 궁관의 요청으로 의금부에 회부되 어 국문을 받았고, 이듬해 1월 초에 모두 죽었다.

적체되고 온갖 제도가 해이해진 것이 한결같이 지난날과 같았다.

조성복(趙聖復)31)이 대리청정을 청하였으니, 죄는 죄이지만 그 본심을 살펴보면 반역은 아니었다. 국사가 점점 어찌힐 수 없는 데로 이르는 것을 번민하다가 사체를 깨닫지 못하고 우직하게 충성하는 마음이 격해져서 이에 상소를 올렸으므로, 그 본의를 세밀히 살펴보면 오로지 국가를 위한 마음에서 나온 것이었다.

또한 국세가 매우 위급한 상황을 생각하면 당시와 같은 시절에 세제(世弟)32)의 대리청정이 어찌 시급한 일이 아니겠는가? 사대신(四大臣)33)이 누차 복합(伏閤)34)하고, 사흘에 걸쳐 정청(庭請)35)하였으나 끝내 거둬들이지 못하였고, 매번 뜻을 굳게 정하였다고 하교하니 차자를 올려 정유년 절목36)에 따라 거행할 것을 청하였다.

---

31) 조성복(趙聖復) : 1681~1723. 본관은 풍양(豐壤), 자 사극(士克), 호 퇴수재(退修齋)이다. 1721년(경종1) 집의 재직시 세제의 대리청정을 요구하는 상소를 올려 경종의 재가를 받았으나, '무군부도(無君不道)'하다는 소론의 반격으로 유배되었다. 이후 1723년 다시 잡혀 올라왔다가 옥중에서 자살하였다. 신임옥사(辛壬獄事) 때의 삼학사(三學士) 중 한 사람으로 일컬어지고 있다. 영조 즉위 후 이조판서에 추증되고, 충간(忠簡)이란 시호가 내렸다.

32) 세제(世弟) : 연잉군(延礽君, 1694~1776)으로 영조(英祖)를 가리킨다. 숙종의 세 아들(경종·영조·연령군(延齡君)) 중 둘째로, 어머니는 화경숙빈(和敬淑嬪) 최씨이다. 1699년(숙종25) 연잉군에 봉해졌다. 1721년 경종이 즉위하였지만 후사(後嗣)가 없자 노론 사대신이 세제 책봉을 촉구하였고, 숙종 계비 인원왕후(仁元王后, 1687~1757)가 삼종 혈맥(三宗血脈)을 내세워 마침내 책봉을 관철시켰다. 노론은 여기서 더 나아가 경종의 지병을 빌미로 세제의 대리청정을 요구하였다. 이에 유봉휘 등 소론이 임금에 대한 불충이라 하며 강하게 반발하였고, 결국 대리청정을 취소시켰다. 여기에 더해 김일경 등이 목호룡의 고변을 빌미로 임인옥사를 일으켜 노론 사대신 등을 처형하거나 귀양보냈다. 이 사건에 연잉군의 처남 서덕수(徐德壽) 등이 연루되었고, 본인도 공초에 오르내리며 혐의를 받았다. 그렇지만 김동필·조현명·송인명·박문수 등의 보호를 받아 세제 지위를 유지할 수 있었고, 마침내 1724년 즉위하기에 이르렀다.

33) 사대신(四大臣) : 임인년 옥사에서 죽은 김창집·이이명·이건명·조태채 등 노론의 정승 4명을 가리킨다.

34) 복합(伏閤) : 대궐문에 엎드려 상소하는 것이다.

35) 정청(庭請) : 백관들이 함께 궁궐에 나아가 계품(啓稟)하고 하교를 기다리는 것이다.

그 의도는 실로 종사를 위하는 데에서 나온 것이었다. 또한 이것은 전선(傳禪)37)이 아니라 바로 대리청정이었으므로, 인신(人臣)의 체면으로 보아 진실로 의례적으로 반한(反汗)38)을 청할 수는 있지만 어찌 그 청을 윤허 받은 뒤에야 멈추어야 할 이유가 있겠는가?

일부러 길을 돌아가서 북문(北門)39)으로 몰래 들어갔다가 승정원[喉院]

---

36) 정유년 절목 : 정유년(1717, 숙종43) 숙종은 자신의 눈병을 이유로 세자에게 대리청정을 명하였다. 당시 숙종이 노론과 소론의 대립 속에 노론의 의리를 인정하였고, 노론 대신 이이명과 독대한 직후 대리청정을 발표하였다. 소론측에서 정치적 의도가 있다고 문제를 제기하였으나 대리청정은 그대로 시행되었다. '정유년 절목'이란 당시 대리청정을 시행하기 위해 마련한 규정을 가리킨다. 이후 1721년(경종1) 10월 17일, 영의정 김창집·영중추부사 이이명·판중추부사 조태채·좌의정 이건명이 세제의 대리청정에 대해 정유년 절목에 따라 품지(稟旨)하여 거행하도록 요청하는 차자(箚子)를 연명(聯名)으로 올렸다. 이때 절목은 앞서 경종이 세제인 연잉군에게 모든 대소사를 대리청정하도록 명한 것에 비해 세제의 결정권을 다소 제한한 것이었다. 노론 사대신은 차마 경종의 명을 그대로 따르지는 못하고 세자의 결정권이 다소 적었던 정유년 절목에 따라 거행할 것을 청하였다.(《경종실록》 1년 10월 17일 기사 참조)

37) 전선(傳禪) : 생전에 임금이 세자나 후계자에게 왕위를 물려주고 물러나는 것을 말한다.

38) 반한(反汗) : 나온 땀을 다시 들어가게 한다는 뜻이다. 군주가 일단 발표한 명을 취소하거나 고치는 일을 말한다.

39) 북문(北門) : 창경궁 선인문(宣仁門)을 가리킨다. 1721년(경종1) 10월 17일 소론계 우의정 조태구가 선인문을 통해 들어가 세제 대리청정의 명을 거둘 것을 청하여 경종의 윤허를 받아냈다. 당시 10월 10일 세제의 참정(參政)을 요청한 조성복의 상소로 인해 경종이 그날 바로 세제에게 비망기를 내렸다. 이에 승정원과 홍문관이 청대하고 소론인 좌참찬 최석항이 심야에 또 청대하여 명을 거둘 것을 강력히 청하니 경종이 명을 거두었다. 그런 지 3일 만에 경종이 다시 대리청정하라는 비망기를 내리자, 세제를 비롯하여 노론과 소론 모두가 명을 거둘 것을 청하고 정청(庭請)까지 하였는데, 정청한 지 3일 만에 노론 사대신을 중심으로 정청을 중지하자는 논의가 거론되었다. 최석항과 이광좌 등 소론은 정청 중지를 강력히 반대하였으나 17일 노론 사대신이 결국 정청을 중지하고 대리청정의 명을 받들겠다는 연명 차자를 올렸다. 이런 상황에서 당시 대간의 탄핵을 받고 궐 밖에 물러나 있던 조태구가 신하들이 일반적으로 다니는 문로(門路)가 아닌 선인문을 통해 입궐하여 청대하였는데, 탄핵 중이라 하여 승정원에서 이를 거절하니 사알(司謁)을 통해 청대하여 끝내 경종을 만나보고 대리청정의 명을 거두도록 설득하였다.(《경종실록》 1년 10월 10일 기사 참조)

에게 저지당하자 환관[臣寺]을 통해서 통지하였다. 그리하여 입대(入對)하기에 이르자 충성하듯이 꾸미는 모습은 본래 그들에게 특유한 것이어서 고의로 눈물을 흘렸으니, 어떤 상황에 미리 대비하려고 이러한 간교한 작태를 저질렀던 것인가? 주상의 뜻을 움직여서 반드시 대리청정의 명을 거둬들인 뒤에 그만두었으니, 그 마음의 소재는 헤아릴 수 없었다.

만약 조성복의 죄를 논한다면 단지 무지하여 망령된 결과 일어난 일이니 정배(定配)만으로도 충분한데, 멀리 귀양 보내기까지 한 것은 지극히 지나친 일이었다. 저 무리들은 이에 반드시 죽이려는 마음을 먹고 다투어 국청을 설치할 것을 청하였는데, 이미 국청을 설치하고 나서는 어찌 때려죽이지 않고, 도리어 귀양 보내는 것으로 바꾼 이유는 무엇 때문인가?

원래 죽일 만한 죄가 없었으므로 비록 죽이고 싶어도 그렇게 할 수 없었던 것이다. 또한 저 무리들은 장차 큰 계획이 있었으므로 죄가 없는데 사람을 죽였다는 악명을 일부러 피하려고 하였기 때문이었다.

○ 한 번 정세가 바뀐 뒤로는 착한 무리들을 모두 몰아내고 흉악하고 추악한 무리가 미친 듯 날뛰어서, 죄수로 잡아 가둔 사람이 왕부(王府, 의금부)에 적체되고, 벌을 받아 귀양 가는 사람들이 도로변에 늘어섰으니 천지의 조화로운 기운이 감소하기에 충분하여 해와 달조차도 그 때문에 몹시 비참해 보였다.

또한 추보의 일에 대해 노론[老邊]측 사람들 가운데 남아 있던 약간의 사람들이 아직도 충의를 위하여 떨쳐 일어서려는 마음이 있어서 그 잘못된 점을 바로잡으려는 소장을 올려 아뢰자 흉악한 칼날과 독살스러운 화살로 무장하고 떼 지어 일어나 교대로 나와서 다투어 패악한 상소를 올렸다. 그밖에도 당동벌이(黨同伐異)[40]하는 상소가 날마다 답지하여 공

40) 당동벌이(黨同伐異) : 옳고 그름을 가리지 않고 같은 의견의 사람끼리 한패가 되고

거(公車)⁴¹⁾에 쌓였으니 조정을 돌아보면 6국(六國)의 전쟁터인가? 삼국(三國) 시대인가?

하늘의 변고가 경계한 것이 근래와 같은 경우가 없는데 오만하여 두려움을 알지 못하였으며, 생민(生民)이 도탄에 빠진 일이 이보다 급한 것이 없었는데도 전혀 근심할 줄 몰랐다. 흉악한 무리들이 비밀스럽게 모의하는 계책이란 노론측 사람들을 어떻게 하면 모두 주멸시키며, 세제를 어떻게 하면 반드시 제거할 수 있는지였다. 나라에 이러한 말들이 분분하게 퍼져서 인심이 걱정하고 두려워하였으니, 진실로 천하의 난세였다.

3월 27일 목호룡(睦虎龍)⁴²⁾이 고변서(告變書)를 올렸다.

여러 승지 김치룡(金致龍)⁴³⁾·조경명(趙景命)⁴⁴⁾·황이장(黃爾章)⁴⁵⁾·이의

다른 의견의 사람은 물리친다는 말이다.

41) 공거(公車) : 장주(章奏)를 받아들이고, 상소하는 자들이 나와 대기하던 곳이다. 여기서는 승정원 또는 승정원 내의 상소를 수리하는 곳을 가리키는 말인 듯하다.

42) 목호룡(睦虎龍) : 1684~1724. 본관은 사천(泗川)으로, 참판 목진공(睦進恭)의 후손이며, 남인(南人)의 서얼(庶孽)이다. 일찍이 종실인 청릉군(靑陵君)의 가동(家僮)으로 있으면서 풍수술(風水術)을 배워 지사(地師)가 되었다. 처음에는 노론인 김용택(金龍澤)·이천기(李天紀)·이기지(李器之) 등과 함께 세제를 보호하는 편에 속하였으나, 1721년(경종1) 김일경 등의 상소로 김창집 등 노론 사대신이 실각하여 유배되고 소론 정권이 들어서자, 이듬해 소론편에 가담하여 경종을 시해하려는 모의가 있었다는 이른바 삼수설(三手說)을 고변하였다. 이 고변으로 인하여 역모로 지목된 60여 명이 처벌되는 옥사가 일어나고, 건저(建儲) 사대신인 이이명·김창집·이건명·조태채 등이 사형당하였다. 목호룡은 고변의 공으로 부사공신(扶社功臣) 3등으로 동성군(東城君)에 봉해지고 동지중추부사(同知中樞府事)에 올랐다. 그 뒤 1724년 영조가 즉위하자 노론이 상소하여 임인옥사를 무고로 일어난 일이라고 주장하였고, 영조가 이것을 받아들여 김일경과 함께 붙잡혀 옥중에서 급사하였다. 죽은 뒤 당고개에서 효수되었다.

43) 김치룡(金致龍) : 1654~1724. 본관은 언양(彦陽), 자 천용(天用)이다. 병조참판·안변부사 등을 역임하였다.

44) 조경명(趙景命) : 1674~1726. 본관은 풍양(豊壤), 자 군석(君錫), 호 귀락정(歸樂亭)이다. 좌의정 조문명, 영의정 조현명의 형이다.

45) 황이장(黃爾章) : 1653~1728. 본관은 장수(長水), 자 자경(子敬)이다. 장령으로 재직시 논의가 준열하다 하여 '오색대간(五色臺諫)'이라는 별명을 얻었다.

만(李宜晩)⁴⁶⁾이 입시하였는데, 이때 대신을 패초(牌招)⁴⁷⁾하게 하는 일을 명한 것과 함께 하교하여 목호룡을 해당 부(府)에 회부하였다.

○ 의금부에서 목호룡을 잡아 가두자 영의정 조태구와 우의정 최석항이 빈청(賓廳)⁴⁸⁾에 나와 아뢰기를,

"지금 상변(上變)한 사람인 목호룡을 해당 부에 회부하라는 명을 들었는데, 이것이 이미 상변이라면 마땅히 국청을 설치하여 엄히 국문(鞫問)해야 마땅하니, 의금부 당상[金吾堂上] 및 양사(兩司), 좌우 포장(左右捕將) 모두 패초하여 거행하는 것이 어떠하신지요?"

하니, 윤허한다고 전교하였다.

의금부에서 상사(上使) 이건명(李健命)⁴⁹⁾을 흥양(興陽, 전남 고흥) 사도(蛇島)에 위리안치(圍籬安置)⁵⁰⁾하려 하였다. 동지의금부사(同知義禁府事) 유중무(柳重茂)⁵¹⁾가 장차 정배 단자(定配單子)를 들이려 하자, 판의금부사(判義禁

---

46) 이의만(李宜晩) : 1650~1736. 본관은 광주(廣州), 자 선응(善應), 호 농은(農隱)이다. 이준경(李浚慶)의 5대손이다. 정언·한성판윤 등을 역임하였다.

47) 패초(牌招) : 승지가 왕명을 받고 신하를 부르는 일이다. '명(命)'자를 쓴 주색(朱色) 패의 한 면에 부름을 받은 신하의 성명을 기입하여, 승정원의 하례(下隷)를 시켜 송달하였다.

48) 빈청(賓廳) : 궁궐 내 설치된 고관들의 회의실이다. 의정부의 삼정승을 비롯한 정2품 이상의 주요 고위관직자들이 정기적으로 회의를 하거나, 변란(變亂)이나 국상(國喪) 등 긴급한 일이 있을 때 관계자들이 모여 대책을 의논하던 회의실로 사용되었다. 경복궁에는 근정전 서남의 승정원 남쪽에 있었고, 경희궁에는 숭정문 밖 승정원과 시강원의 동쪽에 있었다.

49) 이건명(李健命) : 1663~1722. 본관은 전주, 자 중강(仲剛), 호 한포재(寒圃齋)이다. 이경여(李敬輿)의 손자, 이민서(李敏敍)의 아들이다. 1717년 종형 이이명의 정유독대(丁酉獨對) 직후 우의정에 발탁되었다. 경종 즉위 후 김창집·이이명·조태채와 함께 세제 대리청정을 요청했다가 소론의 반격으로 유배되어 사사되었다. 이때 이건명은 숙종의 죽음과 경종의 즉위를 청나라에 알리는 사신으로 갔다가 귀국하는 길이었다.

50) 위리안치(圍籬安置) : 죄인을 유배지에서 달아나지 못하도록 가시로 울타리를 만들고 그 안에 가두어 두다.

51) 유중무(柳重茂) : 1652~1728. 본관은 문화(文化), 자 미중(美仲)이다. 1720년(경종 즉위) 노론의 홍문록을 둘러싼 농간을 논박하고, 조태구를 우대하고 이광좌의 억울함

府事) 심단(沈檀)⁵²⁾이 말하기를,

"이미 형률을 추가하여 위리안치하라는 명이 있었는데 지금 어찌 다시 아뢸 필요가 있습니까?"

하니, 유중무가 말하기를,

"사신(使臣)으로 간 사람을 금부도사를 내보내서 그 길에서 사로잡아 유배 보내는 것은 바로 혼조(昏朝, 광해군)에서나 하는 일입니다."

하였다. 심단이 듣지 않아서, 이에 흥양으로 결정하였는데 심단이 또 다투며 제주도를 주장하였다. 유중무가 혼조 때의 일을 예로 들어서 바로 배척하여 마치 함께 모의했던 사람이 아닌 것 같지만 어찌 화의 단서를 취하지 않겠는가? 다만 그 마음이 곧음을 알 수 있다.

○ 이보다 앞서 육현(陸玄)⁵³⁾이라는 이름난 사람이 있었는데, 술수(術數)의 무리를 따라다니며 거짓되고 망령되며 요망한 말을 하던 자였다. 김제겸(金濟謙)⁵⁴⁾ 문하 사람 현덕명(玄德明)을 통해서 때때로 김제겸 문하

을 풀어줄 것을 요청하였다가 파직되었다. 1721년 신축환국 이후 소론이 정권을 잡자 승지로 복귀하였다. 당시 그는 종2품관 동지의금부사(同知義禁府事)였다.

52) 심단(沈檀) : 1645~1730. 본관은 청송(靑松), 자 덕여(德輿), 호 약현(藥峴)·추우당(追尤堂)이다. 아버지는 평시령(平市令) 심광면(沈光沔)이다. 어머니는 예조참의 윤선도의 딸이다. 1721년(경종1) 이조·예조판서 등을 역임하면서 경종과 세제인 영조에게 우애하기를 항상 권장하였다. 당시 김일경이 중심이 되어 내시 박상검(朴尙儉)을 매수, 세제를 해치려 했던 사건을 비난하였다. 이어 세제우빈객(世弟右賓客)을 겸하면서 세제를 보도(輔導)하였다. 이후 형조·예조판서 등을 역임하였다. 영조 즉위 후에는 판의금부사·판중추부사·도총관 등을 역임하였다.

53) 육현(陸玄) : 김창집의 집에 드나들던 술사(術士)이다. 육현이 자신의 운명을 점쳤더니 "현덕명(玄德明)에게 죽는다." 하였는데, 목호룡 고변에 연루되어 죽을 때 체포했던 자가 과연 현덕명이었다.

54) 김제겸(金濟謙) : 1680~1722. 본관은 안동, 자 필형(必亨), 호 죽취(竹醉), 시호 충민(忠愍)이다. 김창집의 아들이자 김원행(金元行)의 아버지이다. 신임옥사에 연루되어 1722년(경종2) 4월에 사사되었다. 뒤에 이조참판으로 추증되었으며, 노론 측에서는 조성복·김민택(金民澤)과 함께 신임옥사 때 죽은 삼학사(三學士)의 한 사람으로 꼽았다.

에 왕래하였다. 어느 날 육현이 김제겸에게 와서 말하기를,

"효령전(孝寧殿, 숙종의 혼전(魂殿))에서 연제(練祭)55)를 드릴 때 소인이 삼색군(雜色軍) 냉색으로 궐내에 들어갔습니다. 세사가 끝난 뒤에 대가 (大駕, 주상이 탄 수레)가 궁궐로 돌아갈 때 용안을 볼 수 있었는데, 잠자는 호랑이의 상이었습니다. 만약 망령되게 그 꼬리를 밟으면 다치는 사람이 반드시 매우 많을 것이고, 불과 2년 안에 신민이 모두 상복56)을 입게 될 것입니다. 또한 근래 대감 영감의 관상(觀相)을 보건대 이마 눈썹 사이에 홀연히 화형(火刑)의 기운이 드러났으니 크게 불길합니다. 만약 소인의 말을 따른다면 화를 면할 수 있을 것입니다. ……"

하니, 김제겸이 망언이라고 질책하며 쫓아 버렸다. 또 포도대장 이홍술 (李弘述)57)에게 통지하여, 감히 말해서는 안 되는 사람에 대해 요상한 말을 한 죄로 즉시 때려죽이게 하였다.

그 후 사대신이 섬 가운데 위리안치된 뒤에 이진유가 역적을 토벌하라 는 상소 가운데 육현에 대해 "밀객(密客)"이라 하고, 요사스러운 말을 하다가 쫓겨난 일을 가지고, "불화가 일어나 배반하고 떠났다." 하였으며, 망령스러운 말을 하여 때려죽인 일을 가지고, "그 은밀하게 모의한 일이 탄로 날까 두려워하여 그 입을 막은 것이다."58) 하였다.

---

55) 연제(練祭) : 아버지 생전에 죽은 어머니 소상(小祥)을 11개월 만에 치르는 일이다. 여기서는 소상을 가리키는 듯 하다.
56) 상복 : 원문은 "縞素"이다. 흰 빛깔의 비단으로, 주로 장례 때 입는 옷이다.
57) 이홍술(李弘述) : 1647~1722. 본관은 전주, 자 사선(士善)이다. 덕흥 대원군(德興大院君, 중종의 7자)의 후손이다. 경종이 즉위하자 김창집 등과 함께 세제 책봉을 청하였다. 1722년 목호룡 고변으로 하옥되었다가 죽었다. 《진감(震鑑)》에서는 이홍술을 포함하여 이우항(李宇恒)·윤각(尹慤)·백시구(白時耈)·김시태(金時泰)·심진(沈搢)·유취장(柳就章)·이상집(李尙馣) 등을 '8명의 절도사'로 추숭하였다.
58) 망령스러운 …… 막은 것이다 : 육현은 술사로 김창집과 가깝게 지냈는데, 김창집이 경종을 모해하려는 음모를 알게 되었다. 이에 김창집이 이홍술을 사주하여 육현을 죽여서 입을 막았다는 것이다.

김창집에게 무슨 은밀하게 모의하다가 다른 사람에게 탄로 날 것을 두려워할 일이 있었겠는가? 그가 평생 한 일을 보면 광명정대하여 애초 은밀한 일이 없었다. 만약 그가 한마음으로 경영한 일을 논한다면 고심하면서 혈성(血誠)을 기울인 것은 단지 정책(定策)[59]의 일 뿐이었다. 육현이 요사스러운 말을 한 죄에 대해 포도대장으로 하여금 때려죽이게 한 것을 두고, "속여서 숨긴 비밀이 드러날 것을 두려워하여 때려죽여 입을 막았다." 한 말은 뒷날 화를 얽어 만드는 단서가 되었다.

이때 의금부에서 현덕명을 잡아 와서 이홍술이 육현을 때려죽인 일을 추궁하여 물었다. 현덕명이 본래 있었던 일을 낱낱이 들어서 말하고는, "이는 기망(欺罔)입니다." 하였다. 김창집이 은밀히 모의한 일을 곧바로 고하라고 하면서 두 차례 형추(刑推)하니, 현덕명이 더 이상 고할 일이 없어서 분노와 원망을 이기지 못하고 마침내 칼로 자살하였다.

목호룡이 올린 고변서에서는 육현의 일을 가장 먼저 거론하였고, 그다음은 모두 이와 같이 사슴을 가리켜 말[馬]이라고 하거나 쓸데없이 헛되게 사실을 꾸미는 말이었다. 이른바 고변서를 올린 자는 비록 목호룡이었지만 고변서를 지어낸 사람이 과연 목호룡이었겠는가? 이른바 원정(原情, 진술서)을 아뢴 자가 비록 "목호룡"이라고 하지만 원정을 꾸며낸 자도 또한 과연 목호룡이었겠는가?

영의정 조태구, 우의정 최석항, 호조판서 김연, 예조판서 이태좌(李台佐)[60], 이조판서 이광좌(李光佐)[61]가 청대(請對)하였을 때 목호룡의 원정

59) 정책(定策) : 신하가 천자의 옹립을 도모하는 일이다. 여기서는 세제를 정한 일을 말한다.
60) 이태좌(李台佐) : 1660~1739. 본관은 경주, 자 국언(國彦), 호 아곡(鵝谷)이다. 영의정 이항복(李恒福)의 현손, 영의정 이광좌의 재종형이다. 1716년 윤선거 문제를 논하다가 노론 대간의 탄핵으로 파직되었다. 경종대 예조·호조판서 등을 거쳐, 영조대 좌의정 등을 역임하였다.
61) 이광좌(李光佐) : 1674~1740. 본관은 경주, 자 상보(尙輔), 호 운곡(雲谷)이다. 1721년(경종1) 세제 대리청정을 적극 반대하였으며, 경종 보호에도 적극적으로 나섰다.

가운데 세제와 관련된 일은 드러내지 말자는 뜻으로 아뢰었고, 김일경이
죄인 백망(白望)의 초사(招辭)62)에서 나오자 처벌하는 명을 기다리지 말게
하자는 일을 아뢰었다.

흉악한 무리들의 한 조각 정신은 모두 동궁을 해치려 모의하는데
있었으므로, 사대신을 주륙(誅戮)한 것과 같은 일은 오직 그 그림자일
뿐이었으니, 만약 사대신이 살아 있었다면 어찌 감히 그 계략을 시행할
수 있었겠는가?

그리하여 안에서는 비밀리에 피부에 와 닿는 참소를 행하고, 바깥에서
는 거짓을 꾸미는 상소를 드러내놓고 아뢰어서 이미 네 정승을 쫓아내고
나서는 마침내 친밀한 내시[閹豎] 무리로 하여금 양궁(兩宮, 주상과 세제)
사이에 거짓을 꾸며 얽어서 틈을 만들게 하였다.

이에 세제에게 위기가 순식간에 다가왔으나 다행히 자궁(慈宮)63)이
한밤중에 합문(閤門, 편전의 앞문)을 열고 주상의 마음을 깨우친 것에
힘입어, 엄한 하교를 여러 차례 내려서 대신들의 의도를 그치게 하였으므

1725년(영조1) 노론이 집권하자 파직되었다가 1728년에 정미환국으로 소론 정권이
다시 등장하여 영의정에 올랐다. 1740년 영의정으로 재직하던 중 박동준(朴東俊)
등이 중심이 되어 삼사의 합계(合啓)로 호역(護逆)이라고 탄핵하자 울분 끝에 단식하
다가 죽었다. 1755년 나주 벽서(羅州壁書) 사건으로 소론이 탄압을 받을 때 관작이
추탈되었다.

62) 백망(白望)의 초사(招辭) : 1722년(경종2) 3월 28일 목호룡의 고변(告變)으로 인하여
경종의 시해 또는 폐출을 모의한 죄목으로 백망 등이 사로잡혔다. 백망은 공초에서,
소론과 남인이 세제를 모해하려 하였다고 역으로 고변하였는데, 여기에는 당시
추국을 담당하고 있던 조태구·최석항·김일경·심단 등의 이름도 거론되었다. 국청
에서는 이 일을 불문에 부쳤으며, 문목에서 벗어난다고 하여 기록하지 않았다.(《경
종수정실록》 2년 3월 29일, 4월 4일 기사 참조)

63) 자궁(慈宮) : 숙종의 계비 인원왕후이다. 본관은 경주이고, 경은 부원군(慶恩府院君)
김주신(金柱臣)의 딸이다. 노론 사대신은 경종에게 후계자를 세우는 일은 종사(宗社)
의 대계(大計)를 위한 것이라고 거듭 주장하면서 결단을 종용하였고, 마침내 경종의
마음을 돌려 윤허 받았다. 그다음 경종에게 인원왕후에게 가서 뜻을 물어 수필을
받아오도록 요구하였다. 이에 자전의 언문 수교를 보인 후 연잉군을 후계자로
삼는다는 전지를 써서 내도록 하였다.

로 흉악한 무리들의 계략이 이루어지지 못하였다.

그래서 목호룡의 고변서와 원정을 꾸며내었는데, 그 한 가지 주된 목적은 오로지 동궁을 모함하는데 있었지만 조태구 등이 세제가 관계된 일은 드러내지 말자고 아뢴 것은 스스로가 말하고 스스로가 화답한 것이라고 할 수 있다.

그 의도가 둘이 있었으니, 첫째는 세제의 일이 오히려 드러나지 않을 것을 두려워하여 주상의 뜻을 각성하게 하고자 했던 뜻이고, 둘째는 겉으로 구호하는 것을 보여서 뒷날에 할 말을 남겨두고자 한 의도였다.

설령 세제가 진실로 간여한 일이 있다 하더라도 저들이 진실로 도와서 보호할 마음이 있었다면 저들이 옥사의 경중을 더하거나 덜 수 있는 수단을 쥐고 있었는데, 어찌 아래로부터 몰래 도와서 없애기를 마치 병길(丙吉)이 무옥(誣獄)을 결단한 것(64)과 같이 하지 않았단 말인가? 반드시 드러내어 아뢴 것은 그 간여한 일이 없는 사실을 가지고 암암리에 간여한 일이 있는 것처럼 드러내려고 한 것이었다. 목호룡의 원정으로 인하여 백망 등이 사로잡혀 갇혔다.

○ 목호룡과 백망은 모두 감여(堪輿, 풍수지리)의 술수로써 내시[內竪]와 궁인 집안의 산지(山地, 묏자리)를 다수 점쳐주었기 때문에 궁속(宮屬)들 가운데 또한 서로 친한 자들이 많았다. 또한 세제의 사친(私親)을 장례 지낼 때에도 역시 지형을 살펴보는 노고를 들였기 때문에 세제 또한 가까이 여겨 신임하였다.

두 사람 모두 배우지 못하여 무식하였지만, 목호룡은 사람됨이 변설(辯

---

64) 병길이 …… 결단한 것 : ?~B.C. 55. 전한(前漢) 선제(宣帝) 때의 명재상이다. 무제(武帝)의 아들 위(衛)태자 유거(劉據)가 무고(巫蠱)의 화(禍)에 걸려 억울하게 죽었다. 당시 정위감(廷尉監)으로 있던 병길이 태자의 손자 병이(病已)를 목숨을 걸고 보위하였다. 뒷날 병이가 즉위하여 선제(宣帝)가 되었고, 병길을 박양후(博陽侯)에 봉하였다.

說)을 잘하여, 교묘한 수단으로 남을 속이는 일이 많았으므로 사람들이
비루한 사람이라고 칭하였다. 백망은 사람됨이 상당한 완력을 갖고 있었
으며 일을 할 때 마음이 너그럽고 작은 일에 얽메이지 않았으므로 사람들
이 정의로운 기개가 있는 사람이라고 칭하였다.

신축년(1721, 경종1) 겨울, 이희지(李喜之)[65]·김용택(金龍澤)[66]·이천기
(李天紀)[67]·심상길(沈尙吉)[68]·이기지(李器之)[69]·홍의인(洪義人) 등은 흉악
한 무리들이 세제를 해치려고 모의하는 계책이 점점 완성되어 가는
것을 탐지하고 한 곳에 모여서 서로 의논하여 말하기를,

"저들의 계략은 점차 완성되어 가고 있는데, 우리 형세는 점점 기울어져
서 동궁을 보호할 수 없으니 어찌해야 하겠는가?"

하였다. 이천기가 말하기를,

"세제가 폐해지고 이상대(李尙大)[70]가 세워질 것 같은데, 이 지경에

---

65) 이희지(李喜之) : 1681~1722. 본관은 전주, 자 사복(士復), 호 응재(凝齋)이다. 판서
   이사명의 아들, 이이명의 조카이다. 1722년(경종2) 목호룡의 고변으로 이희지·이기
   지(李器之, 이이명 아들)·김성행(金省行, 김창집 손자) 등과 함께 투옥되었다가
   죽었다.
66) 김용택(金龍澤) : 1680~1722. 본관은 광산, 자 덕우(德雨), 호 고송재(孤松齋)이다.
   김만중(金萬重)의 손자이자, 이사명의 사위이다. 1722년 목호룡의 고변으로 이천기
   등과 함께 국문을 받다 죽었다.
67) 이천기(李天紀) : ?~1722. 본관은 전주이다. 김춘택의 사위이다. 김용택 등과 함께
   경종을 시해하려 했다는 혐의를 받고 역률(逆律)로 처형되었다.
68) 심상길(沈尙吉) : 1678~1722. 본관은 청송(靑松), 자 길보(吉甫)·자팔(子八), 호 연옹(蓮
   翁)이다. 임인년 옥사에 연루되어 처형당하였고, 그의 가족 또한 연좌되었다.
69) 이기지(李器之) : 1690~1722. 본관은 전주, 자 사안(士安), 호 일암(一庵)이다. 이이명
   의 아들로서 임인년(1722, 경종2) 옥사에 연루되어 유배되었다가 다시 압송되어
   고문받다가 죽었다.
70) 이상대(李尙大) : 밀풍군(密豐君) 이탄(李坦, 소현세자의 증손)의 둘째 아들이다.
   연령군(延齡君) 이훤(李昍, 숙종의 6남)이 죽은 뒤 후사(後嗣)가 되어 이름을 공(玒)이
   라고 바꾸었다.(《숙종실록》45년 10월 20일 기사 참조) 밀풍군 이탄은 1728년(영조4)
   에 이인좌(李麟佐) 등이 반란을 일으켰을 때 훈련대장 남태징(南泰徵)과 그의 아우인
   남태적(南泰績), 이정(李檉) 등이 그를 임금으로 추대하고자 하였다는 말이 퍼져서

이르렀는데도 우리들이 어찌 속수무책으로 바라만 보고 있을 수 있겠습니까? 이상대를 제거하는 것은 손바닥 뒤집듯 쉬운 일이니 다시 세제를 세우는 것이 또한 무슨 어려움이 있겠습니까?

이러한 때에 궁속들과 체결하지 않을 수 없는데, 우리가 친하게 지내는 목호룡과 백망은 호걸(豪傑)들로서, 궁중의 궁녀들 가운데 권력이 있는 궁녀와 친밀하지 않은 사람이 없으니 이 두 사람과 서로 모의한다면 반드시 도모할 만한 계책을 마련할 수 있을 것이다."

하였다. 이에 두 사람을 맞이하여 함께 논의하였는데, 두 사람이 말하기를, "지상궁(池尙宮)71)이 궁궐 안에서 가장 큰 권력을 쥐고 있는데, 은화를 좀 내어준 뒤에야 지상궁의 마음을 얻을 수 있을 것입니다."

하니, 여러 사람들이 "옳다." 하였다.

이에 양성당(養性堂)72)에 대한 충성과 의리의 표현으로서 각자 손바닥에 써서 맹세하고, 다음으로 은화를 모으는 일을 논의하여 변고에 대비하였다. 사대신이 마침내 위리안치의 명을 받기에 이르자 이희지와 이기지는 모두 유배되었지만, 그 나머지 남은 사람들은 오히려 이러한 계책을 모의하면서 몰래 변란을 일으킬 기회를 기다렸다.

이때 김일경의 무리들이 고변의 일을 꾸미고 있었는데, 의심받지 않을 한가한 사람을 구한 뒤에야 그로 하여금 고변서를 올리게 할 수 있었다. 김일경이 밤낮으로 깊이 생각하였지만 끝내 쓸 만한 사람이 없었는데,

---

형적이 크게 위축되었다. 1733년 죽었다.(《영조실록》 5년 3월 28일·9년 6월 21일 기사 참조)

71) 지상궁(池尙宮) : 지상궁은 정인중(鄭麟重) 등과 함께 1722년(경종2) 3월 27일 목호룡이 고변한 칼과 독약 등으로 경종을 시해한다는 이른바 삼급수(三急手) 사건에 관련되어 처형당하였다. 이 사건은 영조 즉위 후에 무고로 밝혀졌고, 지상궁과 정인중에 연좌되어 처벌을 받은 사람들은 1725년(영조1) 4월 2일에 석방되었다.(《승정원일기》 영조 1년 4월 2일 기사 참조)

72) 양성당(養性堂) : 동궁전에 있는 세제(世弟)의 처소이자 연잉군(延礽君, 영조)의 당호(堂號)이다. 여기서는 세제 시절 연잉군을 지칭한 것이다.

홀연히 목호룡이 비록 궁속은 아니었지만 안팎의 움직임을 속속들이 잘 알지 못하는 것이 없다는 생각이 들었다.

또한 동궁이 가까이 여겨 신임하였으므로 만약 이 사람을 얻어 고변하게 하면 일을 모두 이룰 수 있다고 여겼다. 이에 목호룡을 불러오게 하여 그가 이르자 기쁘게 접대하면서 말하기를,

"나와 그대가 서로 친하게 지낸 지 몇 해가 되었는데 근간에는 어찌 한 번도 와서 보지 않았는가? 오늘 내가 국가 대사를 도모하려고 하는데 함께 상의할 수 있는 사람을 이 세상에서 속으로 헤아려 보건대 오직 그대 한 사람뿐이기 때문에 그대를 부른 것이다."

하였다. 목호룡이 듣기를 청하자 김일경이 말하기를,

"이같은 대사를 어찌 갑작스럽게 논의할 수 있겠는가?"

하고는, 밤이 깊어진 뒤 목호룡을 곁방[挾室]으로 데리고 들어가서, 그 일에 대해 말해주고, 이 일이 성사되면 마땅히 첫째가는 공훈에 봉해질 것이라고 하였다.

목호룡이 이 말을 듣고서는 가만히 시세를 헤아려보니 사대신은 오래지 않아 주륙될 것이고, 세제가 아침저녁으로 위험한데, 주상은 갈수록 김일경의 무리를 신임하고 있었으므로, 김일경 무리는 영의정 이하 삼사에 이르도록 그 권세가 높고 대단해질 것이기 때문에 이쪽 편에 붙는 것만 못하다고 여겼다. 마침내 목호룡이 시원스럽게 승낙하고, 이천기 등이 비밀스럽게 논의하여 펼치고 있는 일이 여차여차하다고 알려 주었다.

김일경이 크게 기뻐하며 말하기를,

"저들이 역모하는 확실한 증거[眞贜]를 시원하게 얻었다."

하니, 목호룡이 말하기를,

"이는 그렇지 않습니다. 저들이 모의한 계략은 바로 동궁을 위한 일인데 어찌 이 일의 증거로 삼을 수 있겠습니까?"

하니, 김일경이 말하기를,

"그대가 이미 저들의 음모에 직접 참여하였으므로, 그 내용을 조금만 바꿔서 고변을 올리면 옥사를 맡은 대신과 의금부 당상이 우리들 가운데 사람에서 벗어나지 않으니 어찌 저들이 조금이라도 반박하는 말을 용납할 수 있겠는가?"

하였다. 목호룡이 말하기를,

"백망은 곧 나와 친밀한 사람으로서 궁속과 서로 친하지 않은 사람이 없어서 저들의 음모를 기획해냈으니 또한 호걸입니다. 더불어 함께 논의할 수 있다면 더욱 우리 일에 도움이 될 것입니다."

하니, 김일경이 말하기를,

"이미 용을 얻었는데, 또 호랑이를 얻는다면 얼마나 다행이겠는가 얼마나 다행이겠는가!"

하였다. 파루(罷漏)[73] 뒤에 목호룡이 드디어 백망과 함께 오니, 김일경이 이들을 맞이하여 매우 후하게 대접하였으며, 목호룡과 함께 그 계략을 설명하고 고변서에 연명(聯名)할 것을 청하였다. 백망이 말하기를,

"그렇지 않습니다. 먼저 목호룡으로 하여금 고변을 올리게 하면 반드시 사로잡아서 원정(原情)을 받을 것입니다. 처음으로 내 이름이 초사(招辭)[74] 에서 나오면, 나 역시 목호룡의 초사에 따라서 원정을 진술할 것이니, 이것이 이른바 안팎에서 화응하는 방도입니다."

하였다. 김일경이 말하기를,

"그대의 말이 지극히 합당하고, 지극히 합당하다."

하였다. 그리고 나서 목호룡과 백망이 함께 떠났다. 길을 가던 중에 백망이 말하기를,

"볼 일이 있다."

---

73) 파루(罷漏) : 새벽 4시[五更三點]에 큰 쇠북을 33번 치면 전날 오후 10시에 서울 도성에 내려졌던 통행금지가 풀렸다.
74) 초사(招辭) : 법관의 신문에 따라 죄인이 진술하는 말이다.

하면서 갑자기 다른 길로 갔는데, 기색이 현저히 달라져 있었다. 목호룡이 자못 의심스러워 몰래 그 뒤를 따라가 봤더니 곧장 김용택의 집으로 갔다.

목호룡이 급히 김일경의 집으로 돌아와 고하기를,

"백망이 여차여차하였으니 반드시 다른 뜻을 품고 있는 것이 틀림없습니다. 지금 먼저 들어가서 고변서를 올리는 것만 같지 못하겠습니다."

하였다. 김일경은 바야흐로 목호룡이 말한 저들의 음모에 입각하여 고변 내용을 바꾸고 있었는데, 이 말을 듣고 급하게 바꾸어 고친 뒤 마침내 목호룡으로 하여금 고변하게 하였다.

그 고친 구절은 국문을 받고 저들이 진술한 공초(供招)[75]를 보면 증명할 수 있다. 이천기 등이 계책을 세운 일은 금상(今上, 경종) 신축년 겨울에 있었는데, 이를 고쳐서 선왕(先王, 숙종) 말년이라고 하였다. 이천기 등이 논의한 것에 따르면, 만약 세제를 폐출하고 이상대를 책봉하면 즉시 이상대를 제거하기로 모의했는데, 이를 고쳐서 주상을 해치려고 모의한 것이라고 하였다.

이천기 등이 맹세한 일은, 양성당에 충성과 의리를 바치자는 것이었는데, "양(養)"자를 고쳐서 "양숙(養叔)[76]"의 "양"자로 바꾸었다. 양성당은 바로 동궁의 당호(堂號)이고, 양숙은 이이명의 자이다. 이른바 이상대는 바로 흉도가 종실 가운데 후사로 선택하였다고 운운한 자였는데 밀풍군(密豊君)[77]의 아들이었다. 연잉군(延礽君)을 추대한다고 고변서를 올렸는

---

75) 공초(供招) : 죄인이 범죄 사실을 진술하는 것이다.
76) 양숙(養叔) : 이이명의 자(字)이다. 목호룡의 고변서에서 이르기를, "각자 손바닥에 글자를 써서 심사(心事)를 표시하였는데, 김용택은 '충(忠)'자를 썼고, 다른 사람들은 혹 '신(信)'자나 '의(義)'자를 쓰기도 했습니다. 그러나 백망은 '양(養)'자를 썼으므로 좌우에서 서로 돌아보며 그 뜻을 알지 못했으나, 유독 이천기만은 알아차리고 크게 웃었으니, 대개 '양'자는 '양숙'을 이른 것으로 이이명의 자가 양숙이었기 때문이었습니다." 하였다.(《경종실록》 2년 3월 27일 기사 참조)
77) 밀풍군(密豊君) : 소현세자의 증손 이탄(李坦)이다. 1728년(영조4) 이인좌의 난 당시 훈련대장 남태징(南泰徵) 등이 그를 임금으로 추대하고자 하였다는 말이 퍼져, 난이 평정된 뒤 사사(賜死)되었다.

데, 어람(御覽)한 뒤에 양숙을 추대한다고 고쳤다.

28일 밤 동궁이 하령(下令)하기를,

"궁관(宮官)과 입직(入直)한 홍문관을 모두 인견하겠다."

하였다. 또 하령하기를,

"대조(大朝, 경종)께서 목호룡의 고변서를 내려 보여주셨는데, 그 끝부분의 두 가지 일에서 내 이름이 거론되어 누명(累名)을 썼으니, 장차 세제 지위에서 물러나려고 한다."

하고, 상소 초본을 내어 보여주었는데, 궁관이 펼쳐 보지 못하고 거듭 반복해서 진달한 것이 수천 마디였지만 끝내 따르지 않았다. 이명의(李明誼)[78]가 말하기를,

"내일 청컨대 다시 사부(師傅)·빈객(賓客) 및 바깥에 있는 궁료들을 입대토록 하십시오. 그 사이에 상소는 일단 정지하시기 바랍니다."

하니, 하령하기를,

"알았다."

하였다. 목호룡의 고변서 가운데 동궁에게 누명을 씌운 곳이 비록 "두 곳[二處]"이라고 하였지만 전편(全篇)의 의도는 모두 동궁을 핍박하는데 있었다.

4월

4월 1일 국청 승지 조경명이 아뢰기를,

---

78) 이명의(李明誼) : 1670~1728. 본관은 한산(韓山), 자 의백(宜伯)이다. 경종대 대사간 등을 역임하였다. 영조 즉위 뒤 김일경의 상소에 동참하였다는 죄로 귀양을 갔고, 1728년(영조4) 이인좌 난에 연루되어 고문을 당하다가 죽었다.

"죄인 백망이 문목 이외 흉패하고 차마 들을 수 없는 말을 하였습니다. 처음 공초할 때 이미 동지의금부사 김일경을 쫓아냈고, 또다시 판의금부사 심단을 쫓아냈습니다. 지금 다시 추국하는데 미쳐서 또다시 조태구와 최석항, 두 대신을 쫓아내서[79] 뭇 당상이 모두 비게 하여 국문하는 일이 중단되고 말았습니다.

신은 이미 밀갑(密匣)[80]을 받들었지만, 받은 문서는 아직 수정하지 못했으므로 다시 돌아가지 않을 수 없어서 궁궐에 도착하던 중인데, 옥사를 다스리던 대신들이 모두 왕명을 기다리고 있습니다. 이는 실로 고금에 없던 변괴이니 조속히 옥사를 완결하라는 뜻으로 빨리 처분을 내리시기를 감히 아룁니다."

하니, 주상이 답하기를,

"국청에서 나온 흉언(凶言)을 가지고 반드시 스스로 지나치게 인혐(引嫌)할 필요가 없다. 안심하고 국문에 참여하도록 하라."

하였다. 두 대신과 의금부 당상들이 약간 인혐한 뒤에 예전처럼 옥사를 살폈다.

형체가 있는 뒤에는 그림자가 반드시 따르며, 불을 땐 뒤에는 연기가 반드시 생겨나는 것이다. 세상에 어찌 형체가 없는 그림자가 있겠으며, 불을 때지도 않았는데 연기가 나겠는가?

김일경과 목호룡, 백망은 자질구레한 일까지 은밀히 모의한 것이 며칠

---

79) 이미 …… 쫓아내서 : 당시 백망이 조태구·최석항·김일경·심단이 동궁을 위태롭게 하기 위해 모의했다고 공초하였지만 국청(鞫廳)에서 불문에 부쳤다고 한다.(《경종수정실록》 2년 3월 29일 기사 참조) 이 기사에서는 그 과정을 상세히 전하고 있다.

80) 밀갑(密匣) : 밀부(密符)를 넣어 두는 갑이다. 밀부란 감사(監司)·유수(留守)·병사(兵使)·수사(水使)·방어사(防禦使)가 차는 병부인데, 때에 따라 병란에 응할 수 있는 부신(符信)으로 쓰였다. 여기서는 조경명이 국청 승지로 임명받은 부신을 뜻하는 것으로 보인다.

전 밤에 있었다. 백망이 도중에 배반하고 달아났으며, 목호룡이 이미 그가 배반하였다는 것을 고하였는데, 국청을 설치했을 때, 어찌 즉시 때려죽여서 그 입을 막지 못하였으며, 문목은 무엇이란 말인가?

이미 그 문목이 있더라도 백망의 입을 막아서 그 사이에 벙어리로 만들지 못하였으니, 도중에 배신하여 도망친 것은 자신의 뜻과 합치하지 않았기 때문이었는데, 어찌 근거 없는 엉뚱한 문목에 자복(自服)하였겠는가?

김일경과 논의한 말을 대면하여 내뱉은 일이 마치 물을 부어서 관을 따라 흐르는 것과 같았으니, 이는 진실로 형세가 그러했기 때문이었다. 김일경이 무슨 낯으로 국청에서 편안히 앉아 있을 수 있었겠는가? 물러나서 나가는 일 외에 다른 방법이 없었다.

백망이 이미 두 대신과 여타 당상들이 함께 한자리에 모여 모의했다는 것을 알고 있었으므로 또한 김일경을 책망하는 말로 이들을 질타한 것은 당연한 일이었으니, 두 대신과 여러 당상들 또한 감히 편안할 수 있었겠는가? 그래서 모두 한결같이 임금의 명을 기다렸던 것이다. 대저 백망은 호걸과 같은 사람이며 의로운 기개가 있는 남자였다.

4일 최석항이 청대하여 입시하였을 때 죄인 백망을 다시 추고(推考)하지 말 것과 죄인의 문목 밖의 난초(亂招)[81]는 추안(推案)[82]에 쓰지 말 것, 국청이 끝나기 전에 국외인(局外人)이 경솔하게 옥사를 논한 상소를 일절 봉입(捧入)[83]하지 말 것의 일을 탑전(榻前)에서 정탈(定奪)[84]받았다.

---

81) 난초(亂招) : 죄인이 신문에 대하여 함부로 꾸며서 아무렇게나 횡설수설 대답하는 진술을 가리킨다.
82) 추안(推案) : 죄인을 추문한 내용을 기록한 문서이다.
83) 봉입(捧入) : 임금에게 올린 청원 서류를 승정원에서 접수하거나, 각 조(曹)와 각 사(司)에서 수리하여 승정원에 회부(回付)하고 진달(進達)하여 올리는 것을 말한다.
84) 정탈(定奪) : 신하들이 올린 논의나 계책 가운데 임금이 가부를 결정하여 그 가운데 한 가지만 택하던 일을 이른다.

내병조(內兵曹)[85]로부터 의금부로 옮겨서 국문하였는데, 이 뒤로부터 일절 가혹한 형벌을 위주로 하여 죄인의 공초에 연루된 사람들을 차례로 잡아와 가두었으며, 스스로 나타나 삼힌 사까지 왕옥(王獄)[86]에 가득 찼다.

일전에 국청에 참석했던 여러 신하들이 인혐하며 올린 상소에서 말하기를,

"목호룡이 백망을 끌어들이고, 백망이 목호룡을 끌어들여서 둘이 서로 짝을 이루어 은근히 화응하는 모습이 있습니다."

하였다. 그렇다면 그 국문하는 체통으로 보아 두 사람을 함께 형신(刑訊)[87]하는 것은 결단코 그만둘 수 없는 일이었다. 그런데 목호룡에게는 그 몸에 한 대도 형장을 내리지 않고, 어찌 유독 백망에게만 가혹한 형장을 연이어 가하였는가? 승복하는 말을 하지 않으면 주장(朱杖)[88]으로 그 입을 찢고 이빨을 부러뜨려서 발언할 수 없게 만들었다.

만약 목호룡의 몸에 한 번이라도 형장을 가했다면 그 자리에서 즉시 약속을 어긴 일을 폭로하였을 터인데, 감히 한 번도 형장을 내리지 못한 것은 바로 이 때문이었다. 오늘날 국청의 체통은 진실로 비루하였다.

사직(司直) 신임(申銋)[89]이 상소하여 대략 말하였다.

---

85) 내병조(內兵曹) : 궁궐에 있는 병조의 분관(分館)으로, 궁중에서 시위(侍衛)·의장(儀仗)에 관한 일을 관장하였다.

86) 왕옥(王獄) : 임금의 명령을 받아 죄인을 다스리는 일을 맡아보던 관아이다. 여기서는 의금부의 감옥을 가리킨다.

87) 형신(刑訊) : 죄인을 형구(刑具)로 고문하면서 신문(訊問)하여 자백을 받아내는 조사 방법이다. 주로 정강이 부분을 형장으로 때리면서 신문하는 것을 말한다.

88) 주장(朱杖) : 붉은 칠을 한 몽둥이를 말한다. 주릿대 따위로서 죄인을 심문할 때에 매질하는 몽둥이나 무기로 쓴다.

89) 신임(申銋) : 1639~1725. 본관은 평산(平山), 자 화중(華仲), 호 한죽(寒竹)이다. 세제 대리청정의 근거를 실록에서 초출하였다. 1722년(경종2) 임인옥사가 일어나자 소론을 꾸짖고 동궁을 보호하는 소를 올려 유배되었다. 영조 즉위 후 사면되어 돌아오는 길에 해남에서 죽었다.

"의금부 관원 이름이 죄수의 입에서 나오자 모두 나가서 명을 기다리는데, 국청(鞫廳)에서 이들을 잡아다 신문할 것을 청하지도 않은 채 본부(本府, 의금부)로 국청을 옮긴 일은 상규(常規)와 다릅니다. 국청의 일이 엄중하게 비밀에 부쳐져서 그 곡절이 어떠한지 알지 못하겠지만, 비록 승선(承宣)의 계사(啓辭) 안에서나마 차마 들을 수 없는 말이라는 것을 살펴보면, 죄인의 공초에서 나온 얘기가 긴요하다는 것을 알 수 있습니다.

그렇다면 한차례 허실(虛實)을 변정(辨正)하는 일은 그만둘 수 없는데, 승정원과 대각(臺閣)이 어지럽게 쟁집(爭執)한 것 가운데는 국청의 체통이 엄중한 것에 대한 언급은 없었습니다. 단지 돈면(敦勉)90)하여 옥사를 완결지으라고만 청하였으니, 장차 죄인이 한 번 죽고 난 뒤에는 끌어댄 여러 신하들이 비록 변명하려 할지라도 다시는 그 길이 없을 것입니다.

오늘날 삼사에서는 한 마디도 쟁집하는 말이 없으니, 오로지 성명(聖明)께서 엄하게 꾸짖고 배척하여 군신의 의리를 면려(勉勵)하십시오. ……"

대간 이사상(李師尙)91)·이제(李濟)92)·윤회(尹會)93)·신유익(愼惟益)94) 등이 아뢰어서 신임을 유배 보내라고 청하니,95) 즉시 대정현(大靜縣, 제주도

---

90) 돈면(敦勉) : 임금이 교지를 내려 정승이나 유학자들이 힘써 노력하도록 하던 일이다.
91) 이사상(李師尙) : 1656~1725. 본관은 전주, 자 성망(聖望)이다. 숙종대 김일경 등과 교유하였는데 1722년(경종2) 목호룡의 고변 직후 노론 사대신의 처벌을 강력히 주장하고, 경종 시해를 모의한 노론들을 일망타진한 임인옥사에 큰 역할을 하였다. 소론 중에서 준소(峻少) 계열로 활약하면서 대사헌·부제학 등을 역임하였다.
92) 이제(李濟) : 1654~1724. 본관은 전주, 자 경인(景仁), 호 성곡(星谷)이다. 박세당 문인으로서 소론으로 활동하다 영조 즉위 초 귀양 가서 죽었다.
93) 윤회(尹會) : 1657~1733. 본관은 파평(坡平), 자 성제(聖際)이다. 부친 윤징하(尹徵夏)는 송시열의 제자였으나 뒤에 소론에 동참하여 비난을 받았다. 신임옥사 당시 노론 일파를 논죄하고 숙청하는 데 앞장섰다. 1724년 영조가 즉위하자 노론의 공격을 받고 유배되었다.
94) 신유익(愼惟益) : 1671~?. 본관은 거창(居昌), 자 여수(汝受)이다. 숙종대 수령을 거쳐 장령을 지냈다.
95) 대간 …… 청하니 : 底本에는 없다. 연활자본에 근거하여 번역하였다.

소재)에 위리안치하라고 명하였다.

그릇되고 망령되었도다, 신임이여! 이 세상이 어떤 세상인가! 사슴을 가리켜 말이라고 한 조고(趙高)96)의 세상에서 누가 감히 사슴이라고 말하겠는가? 이 같은 무익한 상소를 올려서 스스로 위리안치의 처벌을 재촉하였으니 어찌 구차하게나마 스스로를 보존하는 계책을 헤아리지 못하였는가?

그러나 진실로 인신(人臣)의 분의(分義)97)가 조금이라도 있다면 이 상소를 올리지 않을 수 없었을 것인데, 신임만이 홀로 할 수 있었으니, 진정으로 삶을 버리고 의를 취한 자이다. 저 대신(臺臣) 이사상·이제·윤회·신유익 등이 청대하여 입시하였을 때, 신임을 위리안치하라고 청한 것은 곧 길가는 아이들도 야유하고 침 뱉는 거리가 되었다.

○ 아침 이전에 사로잡아 가둔 자와 저녁까지 사로잡아 가둔 자들을 차례로 목호룡과 면질하였는데, 목호룡의 고변서는 이미 무(無)에서 유(有)를 낳고 흰 것이 변해서 검게 된 것이었으니 어찌 죄인들과 부합되었겠는가?

죄인이 면질하여 나온 말이 크게 서로 다르니, 의금부 당상이 "어찌 사실대로 공초하지 않는가?" 하면서, 낱낱이 고찰하여 죽지 않을 만큼 독하게 형장을 쳤으며, 또한 주장(朱杖)으로 무수히 옆구리를 때렸으니, 맨 처음부터 기운이 막힌 자를 이루다 셀 수 없었다.

목호룡은 형장을 한 대도 맞지 않았고 두 번째 추국하고 멈추었으니, 저 목호룡이 무슨 꺼릴 것이 있어서 근거 없이 부풀리는 것을 아끼겠는가?

---

96) 조고(趙高) : 진나라의 환관으로 진시황(秦始皇)이 죽자 승상의 자리에 올랐다. 이사(李斯)와 함께 이세(二世) 호해(胡亥)를 세웠고, 이사를 죽인 뒤에 국정을 농단하였다. 이때 신하들의 마음을 떠보기 위해서 '사슴을 가리켜 말이다.[指鹿爲馬]' 하면서 이의를 제기하는 자들은 모두 죽였다고 한다.(《史記·秦始皇本紀》 참조)

97) 분의(分義) : 분수에 맞게 지켜 나가는 도리이다.

세상 사람들이 이를 일러 말하기를,

"이와 같은 옥사는 예전에는 들어본 적이 없고 오늘날 처음 보는 일이다."

하였다. 백망은 8차례 형신을 받았지만 자복하지 않다가 물고(物故)되었다. 기타 여러 죄인들은 연이어 독한 형장을 맞아서, 정신이 약간 남아 있더라도 마치 머리가 없는 것처럼 머리를 곧바로 세울 수 없었는데, 간혹 앞으로 숙였다가 뒤로 기운 자가 있으면 "승복하였다." 하였다. 지만(遲晩)[98]할 것을 재촉하니, 혹 스스로 혀를 깨문 자도 있고, 혹 눈을 크게 뜨고 질책하는 자도 있어서 한 명도 지만하는 자가 없었다.

여러 죄수들은 연이어 독하게 형장을 맞아서 신문[訊刑]할 때가 되면 정신이 완전히 빠져버렸는데, 한 가닥 가느다란 숨만 붙어 있어서 이제 금방 죽을 것 같으면, 당상(堂上)이 미리 작성한 죄인의 초사를 소매 속에 감추어두었다가 꺼내서 낭청(郎廳)으로 하여금 그 죄인의 귓가에 대고 읽어주게 하고서 이에 말하기를, "공초를 받고 결안(結案)[99]하였다." 하였으니, 심상길과 정인중(鄭麟重) 등이 이런 경우였다.

국정(鞫庭)[100]에서 끌려 나와서 형장에 도착하였을 때는 이미 싸늘한 시체가 되어 있었다. 이른바 "초사"란 이미 죄인의 초사가 아니고, 허무맹랑하게 날조한 것이니 어찌 초사가 없는 것을 근심하겠는가? 나머지도 모두 이와 같았다.

○ 이른바 관상을 본다는 육현도 또한 김일경이 가까이 여겨 신임하던

---

98) 지만(遲晩) : 지만은 늦었다는 뜻으로 죄인이 자기의 죄를 부인하여 오다가 늦게야 승복하니 송구하다는 뜻을 나타내는 말인데, 추안(推案)이나 국안(鞫案)에서 최종적으로 진술 내용을 승복한 것으로 간주할 때 사용하는 용어이다.

99) 결안(結案) : 사형에 해당하는 죄인에 대한 국왕의 최종결재에 따라 집행 전에 형을 확정짓기 위한 형식적인 절차 및 그 문서를 가리킨다.

100) 국정(鞫庭) : 죄인을 국문하는 대궐 안의 뜰을 가리킨다.

자였다. 하루는 김일경이 육현을 맞이하여 좌우의 사람들을 물리치고 조용히 말하기를,

"밀풍군의 상자(長子)는 나이가 겨우 10여 세로 귀한 관상이라고 하는데, 자네가 잠시 가서 봐주었으면 하네."

하자, 육현이 그 말과 같이 가서 보았는데, 그 얼굴의 생김새로 보아 수명이 16, 17세에 불과하여 이는 곧 흉하게 죽을 관상이었다. 그런데 김일경에게 거짓으로 말하기를,

"과연 지극히 귀한 얼굴 생김새입니다."

하니, 김일경이 은근히 기뻐하는 기색을 내비쳤다.

육현이 여차여차한 일을 김용택과 이천기 등에게 설명하였다. 이에 여러 사람들이 김일경의 계책을 탐지하고 서로 논의하여 말하기를,

"만약 이상대를 세우는 일이 있으면 우리들이 마땅히 죽을 힘을 다해 제거할 것이다."

하였다. 목호룡과 백망이 말하기를,

"은화를 사용하여 지상궁과 체결한 뒤에야만 도모할 수 있을 것이다."

하였으니, 약속한 말에 과연 이와 같은 말이 있었다. 만약 이상대를 폐하고 세제를 세운다면 여러 사람들이 논의한 것을 누가 "안 된다." 하는 사람이 있었겠는가?

그런데 김일경의 무리들이 바야흐로 고변서를 꾸며내면서 이이명이 청나라에 사신으로 갈 때 은화를 가지고 간 것[101]을 가지고 청나라

---

101) 이이명이 …… 간 것 : 앞선 기사에 따르면 관련 상황은 다음과 같다. 이이명이 말하기를, "근래 연경(燕京)에 사신으로 가서 서로 접촉하는 일은 오로지 은화에서 나왔습니다. 비록 동지에 사은(謝恩)하는 것과 같은 의례적인 행사에서도 국가의 은화를 청하여 얻어서, 그들이 요구할 때마다 나누어 주는 밑천으로 삼는 일이 문득 규례가 되었습니다. 금번 행차는 실로 국가 대사와 관계되니, 또한 은화를 가지고 가서 뜻밖의 사태에 대비해야 할 것 같은데, 여러분들의 의견은 어떠하신지요?" 하니, 여러 대신들이 모두 "그렇다." 답하였다. 이에 6만 냥의 은자(銀子)를 청하여 얻어 가지고 갔다. 그런데 청나라에 가서 문제없이 일을 끝내고 돌아왔으므

사신에게 뇌물을 주어서 왕실의 여러 자질(子姪)들을 보기를 청하도록
도모하였다는 말102)을 만들었다.

일찍이 이 말을 가지고 내시에게 부탁하여 이미 주상에게 참언을
올린 일이 있었는데, 이것을 가지고 이이명의 가장 으뜸 죄안으로 삼으려
하였다. 그런데 은화는 이미 완납하였지만, 아마도 사람들의 말이 없을
수는 없었을 것이다.

바야흐로 또한 어쩔 줄 모르고 있을 때 목호룡이 여러 사람들이 논의한
일을 얻어듣고서 이를 기화로 삼아 신축년 겨울에 논의한 일을 선왕의
환후가 있을 때로 고치고, 이상대를 제거하려는 계책을 미루어서 세자를
해치려고 모의한 것으로 바꾸었으며, 마침내 이이명을 추대한다는 말을
지어내어 사대신의 죄안으로 삼았다.

과연 고변서의 내용과 같이 이천기 등이 선왕이 환후가 있을 때 논의하
였다면, 선왕이 승하한 뒤에 영의정 김창집이 권력을 쥐고 국정을 총괄하
고, 삼정승이 모두 삼사(三事, 세 정승)의 반열에 있었을 것이다. 네 정승의
주변 사람들이 모두 요직을 장악하였으니, 지상궁도 이에 응하여 이미
결탁하였을 것이고, 삼수(三手)103) 또한 일찍이 갖추어졌을 것인데, 무엇

로, 가지고 간 은화는 본래 숫자대로 호조에 환납하였다.

102) 청나라 사신 …… 말 : 앞선 기사에 따르면 관련 상황은 다음과 같다. 원접사(遠接使)
유명웅(兪命雄)과 경기도 관찰사 이집(李㙫)이 칙서를 맞이한 뒤에 입래(入來)하였
다. 청나라 사신이 통보한 등본(謄本)에서, "세자를 서로 만나볼 때 아울러 왕실의
여러 자질들을 만나 보겠다. …" 하였는데, 실로 이전에는 없는 의외의 일이었으므로
중외에서 보고들은 사람들이 놀라 괴이하게 여기지 않는 자가 없었다. 주상이
모화관(慕華館)에서 청나라의 사신을 접견하는 날이 되자 사신이 황제의 명령이
이와 같다고 하면서 주상에게 말하였다. 시종과 삼사의 신하들이 예의가 그렇지
않으며 사리에도 맞지 않다고 일깨우며 일체 막아서자 저들도 또한 힘써 청하지
못하여, 그 일은 곧 그치게 되었다.

103) 삼수(三手) : 목호룡이 노론 측에서 경종을 시해하고자 모의했다는 세 가지 수단을
가리킨다. 1722년 3월 27일 목호룡이 올린 고변서에 따르면 보검을 이용한 대급수(大
急手), 독약을 이용한 소급수(小急手), 전지(傳旨)를 위조하는 평지수(平地手)가 그것
이었다. 대급수는 김용택이 보검을 백망(白望)에게 주어 숙종의 국상 때 담장을

이 꺼릴 것이 있다고 주상이 왕위를 물려받은 초기에 이 계략을 시행하지
않았단 말인가?

　이이명이 젊어서부터 임금에게 충성을 다하는 정성이 있다는 것을
선왕(先王)이 밝게 알았기 때문에 이에 종사(宗社)의 대계(大計)를 맡겼다.
선왕이 밝은 식견[明鑑]으로 곧 이처럼 중요한 부탁을 하였는데, 세상에
어찌 반역하는 이이명이 있을 수 있겠는가?
　지위가 삼사(三事)의 반열에 올랐고 나이가 팔순[八耋]이 다 되어 죽을
날이 얼마 남지 않은 사람인데, 도리어 이처럼 반역의 마음을 품을 수
있겠는가? 가령 이이명을 추대하려는 계략이 있었다면 국정을 주도하는
대신(大臣)이 바로 김창집이어서 국가의 모든 일들을 주관하지 않는 것이
없었는데, 어찌 추대하는 일을 김정승이 모를 수 있었겠는가?

　김창집은 청음(淸陰)104) 이후 대대로 충정(忠貞)이 돈독한 집안 출신으로
서, 김정승에 이르러 영의정 자리에 올라 국가의 안위(安危)를 짊어지고
일단의 충성스러운 마음이 종사를 보호하는데 있다는 사실은 길 가던
사람도 모두 아는 일이었다.
　그런데 이사상·윤회·이경열(李景說)105)·박필몽 등이 네 정승을 베어

<hr/>

넘어서 궁궐로 들어가 당시 세자였던 경종을 시해하려고 한 것을 말한다. 소급수는
이기지·정인중·이희지 등이 은화를 지상궁에게 주고, 상궁이 독약을 타서 세자를
시해하려고 하였다는 것으로 실제 1720년에 시행되었다고 하였다. 평지수는 이희지
가 언문(諺文)으로 세자를 무고하고 헐뜯는 말로 가사(歌詞)를 지어 궁중에 유입시키
고, 또 숙종의 유서를 자신들이 꾸며서 세자를 폐위시키려 한 것을 이른다.(《경종실
록》 2년 3월 27일 기사 참조)
104) 청음(淸陰) : 김상헌(金尙憲, 1570~1652)의 호이다. 본관은 안동, 자 숙도(叔度), 호
　　석실산인(石室山人)이다. 예조판서·좌의정 등을 역임하였다. 이정귀·김유·신익성·
　　이경여·이경석·김집 등과 교유하였다. 청서파(淸西派)의 영수로서 활동하면서 병
　　자호란 때 척화론(斥和論)을 주장하였다.
105) 이경열(李景說) : 1677~?. 본관은 수안(遂安), 자 여즙(汝楫)이다. 1704년(숙종30) 춘당

죽일 것을 청할 때 나온 다른 근거 없는 말은 일단 차치하고, "김창집이 인척(姻戚)의 당여들과 자손들을 지도하여 추대하는 일을 함께 모의하였다." 하였다.

저 김창집의 나라를 위한 지극한 정성이 한결같은데, 도리어 이이명을 임금으로 섬기려고[106] 함께 반역을 모의했단 말인가? "김창집이 반역을 모의했다." 말하는 것은 "증자(曾子)가 사람을 죽였다." 참소하는 것[107]보다 심하였다.

이건명은 성품이 강직하였다. 일찍이 회시(會試)를 보는 시험장에 나아갔을 때 수상한 사람이 와서 서두(書頭)를 보고 곧장 대(臺) 위로 올라가자, 고관(考官)이 시킨 일임을 알고 즉시 시권(試券, 답안지)을 찢어버리고서 아프다 핑계대고 시험장에서 나와 버렸다. 집안에 거처할 때는 항상 몸가짐을 바르게 하고 검약하였고, 임금을 섬길 때는 힘써 정직함을 따라서 조금의 여지도 남기지 않았으며, 기쁨과 노여움을 드러내지 않았다.

사람들이 불법을 저지르는 것을 보면 조금도 용서하지 않았으므로, 이 때문에 그를 꺼리고 미워하는 마음을 품은 사람들이 많았다. 세상 사람들이 이르기를,

"삼군의 원수는 빼앗을 수 있어도 이건명의 강직한 성품은 빼앗을 수 없다고 할 수 있다."

대시에 합격하였고, 장령 등을 지냈다.

106) 임금으로 섬기려고 : 원문은 "北面"이다. 신하로서 임금을 섬긴다는 뜻이다. 군왕과 신하가 예의를 차릴 때에 군왕은 북쪽에서 남쪽을 향하여 있고, 신하는 그 반대 방향을 향하였다. 따라서 북면이란 신하가 있어야 하는 위치를 말한다.

107) 증자가 …… 참소하는 것 : 증자가 비(費) 땅에서 살고 있을 때, 증자와 이름이 같은 사람이 살인을 저질렀다. 사람이 증자의 어머니에게 '증삼(曾參)이 살인을 하였다.' 하였지만 어머니는 '내 아들은 사람을 죽이지 않을 것이다.' 하고 그대로 베를 짰다. 하지만 이후 두 차례 더 죽였다고 하자 마침내 어머니가 두려워서 달아났다. 증자의 어짊을 아는 어머니조차도 세 사람이 의심하면 믿지 못하였다고 하였다.(《戰國策·秦策》) 참조)

하였다. 삼조(三朝, 현종·숙종·경종)를 섬기면서 지위가 정승[鼎席]에 올랐지만, 비록 아주 작은 결점도 억지로 찾아낼 수 없었다. 세상 사람들이 "청렴하고 결백한 재상"이라 불렀으며, 그것을 굳건히게 지켜와서 백발에 죽을 날이 얼마 남지 않았는데, 어찌 혹시라도 국가를 배반하여 역모에 참여할 수 있겠는가?

흉악한 무리들이 네 정승을 베어 죽일 것을 청하면서 이르기를,

"이건명의 경우 삼수의 역모가 그 자질에게서 나왔고, 손바닥에 쓴 글자는 같은 당에서 벗어나지 않았다."

하였는데, 이른바 "자질"이나 "삼수의 역모", "같은 당"이나 "손바닥에 쓴 글자" 같은 말은 바로 터무니없는 일을 지어낸 것이었다. 이처럼 터무니없는 일을 지어내서 또 이건명을 끌어들이려 했으니, 세상을 굽어보는 푸른 하늘이 어찌 노여워하지 않겠는가? 곁에서 지켜보던 신인(神人)이 어찌 분노하지 않겠는가? 그래서 해와 달이 변하고 요사스러운 별들이 날마다 경고하여, 해주(海州)의 석불(石佛)이 사흘 동안 땀을 흘리기에 이르렀던 것이다.

조태채(趙泰采)[108]는 평소 성품이 순진하고 근실하며 청렴하고 고상해서, 집안에 있을 때는 거의 무능한 것처럼 보였지만 임금을 섬길 때는 충직하고 정대(正大)하였다. 그 종형(從兄) 조태구와 종제(從弟) 조태억(趙泰億)[109]이 하는 짓을 비루하게 여기고 마침내 세 정승의 뒤를 따라 함께

---

108) 조태채(趙泰采) : 1660~1722. 본관은 양주(楊州), 자 유량(幼亮), 호 이우당(二憂堂)이다. 조태구의 종제, 조태억의 종형이다. 1721년 신축환국으로 유배되고, 1722년 임인옥사로 사사되었다. 숙종 말년부터 노론 청류로 자처였는데, 그가 낙동(駱洞)에 살았으므로 그와 교류하는 인물들을 낙당(駱黨)이라고 칭하였다.

109) 조태억(趙泰億) : 1675~1728. 본관은 양주, 자 대년(大年), 호 겸재(謙齋)·태록당(胎祿堂)이다. 조태구·태채의 종제이며, 최석정의 문인이다. 1721년 조태구·최석항·이광좌 등과 함께 대리청정을 반대하여 철회시켰다. 영조 즉위 후 김일경 등에 대한 국청에서 위관(委官)을 맡기도 하였다.

하였다. 세 정승이 정책(定策)을 논의할 때 처음부터 함께 참여하지 못한 것은 조태구와 종형제간이었기 때문이었다.

정책하는 날, 여러 신하들이 빈청에서 회의하라는 명이 있었다는 말을 듣고서 교외(郊外)의 강가에서 급히 말을 달려 곧장 빈청으로 들어가 생사를 돌보지 않고 정책 논의에 동참하였으니, 이처럼 높은 충성심과 큰 절개를 가진 사람이 어찌 반역을 모의할 이치가 있었겠는가?

흉악한 무리들이 네 정승을 베어 죽일 것을 청하면서 조태채에 대해 말하기를,

"마침내 삼흉(三凶)과 더불어 한 조각으로 결합하여110) 주도면밀하게 투합(投合)하였다."

하였다. 그 세제를 정책하는 논의에서 조태채는 과연 세 정승과 한 몸이 되어 주도면밀하게 투합하였다.

그러나 이이명을 추대하는 모의는 바로 흉악한 무리들이 꾸며낸 모습이지 그 실재는 본래 없었으니, 이것이 바로 "가죽이 없는데 털이 어디에 붙어 있겠는가?"라는 것이다. 흉악한 무리들이 구차하게 사대신을 베어 죽이려고 논한 죄안은 어찌 "없다." 말할 수 있겠는가?

세제를 정책한 것, 이 한 가지 사안이 흉악한 무리들에게 큰 죄안(罪案)이 되었으며, 그 나머지 선왕에 대해서나 주상에 대해서나 종사에 대해서는 천백 년 뒤에 이르러서도 사대신에게 죄줄 일이란 없었다.

○ 백망·이천기·김용택 등이 날마다 독한 형장을 받았지만 입을 꼭 다물고 승복하지 않다가 죽어 책시(磔尸)111)의 형벌까지 받았으므로,

110) 한 조각으로 결합하여 : 원문은 "打成一片"이다. 본문에서는 조태채가 세 대신과 하나가 되어 모의에 참여했다는 의미로 사용되었다. 본래 선가(禪家)의 용어로, 피아(彼我)·주객(主客)·선악(善惡)·호오(好惡) 등 모든 상대적 대립 관념을 타파하여 차별이 없는 평등의 세계로 조화시키는 것을 말한다.
111) 책시(磔尸) : 시체를 찢어 저자에 버리는 따위의 독한 형벌이다.

지만초사(遲晚招辭)112)가 반드시 없었다는 것은 분명하였다.

그런데 죄인 아무개의 지만초사라고 하면서 계문(啓聞)113)하기를,
"이전기의 경우 지만초사가 이러 이러하였고, 백망의 경우 지만초사가
여차여차하였으며, 김용택의 경우 지만초사가 이러저러하였습니다."
하였다. 여러 사람들이 모두 지만하고 승복하지 않고 마침내 형장을
맞다가 죽은 혼이 되었는데, 죽은 뒤에 굳센 넋이 어찌 자백할 이치가
있었겠는가?

날마다 독한 형장을 가하고 신문하여 죄인의 가느다란 목숨이 오락가락
하는 지경에 이르면 대신 초사를 작성하여 억지로 지만초사를 바치게
하였다. 정인중과 심상길의 경우라면 괴이쩍을 것이 없겠지만 승복하지
않고 형장을 맞다가 죽은 사람에게 지만초사가 있다고 하면서 방자하게
아뢰고, 조지(朝紙)114)에 써서 내었다.

주상이 비록 안정을 취하며 몸을 조섭하였지만 머리가 어지럽고 눈앞이
아찔한 상태에 있었는데, 그렇다고 해서 군부(君父)를 속이고 우롱하는
것이 감히 차마 이와 같을 수 있겠는가? 많은 사람들이 보고, 많은 사람들
이 손가락질 하였다. 그 사람들은 지만을 승복하지 않았기 때문에 형장을
맞다가 죽었는데, 이미 죽은 뒤에 다시 어찌 지만초사가 있겠는가?

이처럼 밝고 밝아서 속일 수 없는 일을 가지고 저처럼 속였으니, 옥사가
전혀 근거가 없다는 것을 이 한 가지 사안에서 알 수 있다. 어찌 많은

---

112) 지만초사(遲晚招辭) : 죄인에 대한 심문 끝에, 죄인이 죄를 자복하는 공초이다.
지만은 자복이 늦었다는 뜻이다.

113) 계문(啓聞) : 일반적으로는 지방관이 중앙에 상주하던 일로서, 관찰사·어사·절도사
등이 글로 상주하던 일을 말한다. 여기서는 국청에서 국왕에게 심문 상황을 아뢰는
일을 가리킨다.

114) 조지(朝紙) : 승정원에서 처리한 사항을 매일 아침 기록하여 반포하는 관보(官報)이
다. 조보(朝報)·기별(奇別)·난보(爛報)로도 불리운다. 조칙을 비롯하여 장주(章奏)와
묘당(廟堂)의 결의 사항, 서임(敍任) 사령, 지방관의 장계 등을 그 내용으로 하고
있다.

변론이 필요하겠는가? 이른바 "지만초사"라는 것을 보면 도리에 어긋난다는 허다한 죄목이 애초부터 한마디도 죄인의 입에서 나온 적이 없었다.

언문 가사(歌詞) 백여 구절에 이르러서는 더욱 배를 잡고 넘어질 정도로 웃기는 측면이 있었다. 김일경이 촛불 아래서 그 초고를 지어내서, 어린 몸종 명손(明孫)으로 하여금 정서(正書)하게 하였다. 명손이 자못 총명하고 슬기로워 그날 밤 한 번 쓴 뒤 능히 암송할 수 있었으므로, 자기 집에 물러나 거처하면서 그것을 가지고 노래를 불렀다.

비록 그 가사는 성궁(聖躬, 경종)을 무함하고 해치는 내용이었지만, 곧 노래로서는 뛰어난 명창[絶唱]이었으므로 차츰차츰 노래가 전파되었다. 어떤 사람이 명손에게 묻기를,

"이 가사가 어디에서 나왔는가?"

하자, 대답하기를,

"우리 영감(令監)이 지은 것입니다."

하였다. 김일경과 친한 사람들이 이 말을 듣고서 김일경에게 묻기를,

"아무개 가사를 영감이 지었다고 하는데 과연 그러합니까?"

하였다. 김일경이 얼굴색을 붉히며 말하기를,

"그 말을 어디서 들었는가?"

하니, 손님이 말하기를,

"이것은 명손이 그렇게 말했다고 합니다."

하였다. 김일경이 말하기를,

"나와 김춘택(金春澤)[115]이 가깝게 지내며 믿는 사람이 있는데, 그 사람이 와서 이 가사를 보여 주며 김춘택이 지은 것이라고 하여, 나도 한

---

115) 김춘택(金春澤) : 1670~1717. 본관은 광산, 자 백우(伯雨), 호 북헌(北軒)이다. 김만기(金萬基)의 손자, 김진귀(金鎭龜)의 아들로서, 남구만 등 소론으로부터 정치공작을 펼친다는 비난을 받았다. 1694년(숙종20) 한중혁(韓重爀) 등과 함께 폐비 복위를 도모하였는데, 민암(閔黯) 등이 저지하려다가 숙종의 분노를 사서 축출되고 서인이 다시 집권하였다.

번 보았을 뿐이다."

하였다. 손님이 아무 말 없이 가만히 생각하기를,

"김춘택이 유배지에서 돌아오지 않은 지 이미 오래되었는데, 어느 겨를에 이 가사를 지었겠는가? 비록 그가 지었다 하더라도 어찌 문객을 불러서 보여주었겠는가?"

하면서, 마음속으로 김일경이 지었다고 생각하고 마침내 관계를 끊어 버렸다. 김일경이 이에 저녁 식사 때 명손이 먹는 국에 짐독[鴆]116)을 넣어 죽여서 그 입을 막아버렸다.

김일경이 이 가사를 지은 것은 본래 화를 전가하려는 계략이었다. 이것이 명손에 의해 전파되어 듣지 않은 사람이 없었는데, 지금 바로 뻔뻔스러운 얼굴로 이르기를,

"김춘택이 이희지로 하여금 전하게 하여 백망을 통해서 대내(大內)로 흘러들어가게 하였다."

하면서, 이른바 "지만초사"에 베껴 적어 놓았다. 흉악 무리들이

"증거가 있어서 착착 들어맞는다."

말하였는데, 이는 진실로 근거가 없다는 점이 낱낱이 드러난 것이었다. 여러 죄인들이 살아 있을 때 저 무리들이 제시한 문목에 있는 말도 모두 근거 없이 지어낸 것이었으니, 하물며 형장을 맞아 죽은 뒤에 지어낸 거짓 초사에서 어찌 할 말이 없음을 근심하였겠는가? 그 뱃속이 환히 들여 다 보이는 일과 같을 뿐만이 아니었다.

○ 국청에 참여했던 두 대신과 의금부의 여러 당상들이 추국한 뒤 청대하여 입시하였을 때 매번 아뢰기를,

"양왕(梁王)의 옥사(獄事)117)에서 양왕에게 죄를 묻지 않았습니다."

---

116) 짐독[鴆] : 짐독(鴆毒)이란 짐(鴆)새의 깃을 술에 담가서 만든 독이다.
117) 양왕(梁王)의 옥사(獄事) : 양왕은 한(漢)나라 경제(景帝)의 친동생이었다. 양왕의

하였다. 양왕은 진실로 죽을죄가 있었기 때문에 전숙(田叔)[118]이 돌아와 아뢰기를, "묻지 마소서." 하였으니, "묻지 마소서[勿問]." 두 글자는 양왕의 죄는 묻지 않아도 알 수 있었기 때문에 나온 말이었다.

지금 우리 세제 또한 양왕이 범한 것과 같은 죄가 있어서 조태구의 무리들이 또한 아뢰기를, "묻지 마소서." 하였단 말인가? 열성조(列聖朝)에서 아우[介弟]로서 세제의 지위에 오르는 일이 왕왕 있었는데, 또한 혹 후세에 그것을 문제 삼는 말이 있기도 하였다.

그렇지만 우리 동궁의 경우 선왕의 아들[介子]이자 주상의 총애를 받는 아우로서, 주상이 후사를 이을 희망이 끊어졌으므로 선왕이 촉탁(屬托)하는 명이 있었던 것이다.

건저(建儲)[119]가 시급한 때가 되자 대신(臺臣)이 건저를 청한 것을 계기로 하여 대신(大臣)과 2품 이상 중신에게 헌의(獻議)하라는 명이 있어서 모두 아뢰기를, "좋습니다." 하니, 주상께서 자궁(慈宮)에게 아뢰어 허락을 받았다.

그래서 주상이 친히 작호를 써서 내려주어서 마침내 저사(儲嗣, 임금의 후계자)가 결정되었으니, 아우로서 저위(儲位, 세자 지위)에 오른 것으로는 고금 이래로 우리 동궁만큼 지극히 광명정대한 이가 없었다.

세제가 춘궁에 거처하게 되어서는 문침시선(問寢視膳)[120]할 때 효성과

반역 음모가 발각되어 전숙(田叔)을 보내어 조사하였다. 전숙이 돌아와서 말하기를, "양왕의 일은 묻지 마소서. 바른대로 말하면 처단하여야 하고, 처단하면 태후(太后)의 마음을 상하게 할 것입니다." 하여, 양왕의 신하 양승(羊勝)·공손궤(公孫詭)의 무리에게만 죄를 주었다.

118) 전숙(田叔) : 한나라 때 관리로 의옥(疑獄)을 잘 다스렸다. 이에 경제(景帝)가 양효왕(梁孝王)이 원앙(袁盎)을 살해한 역모 사건을 조사하게 하였다. 전숙이 돌아와 불문(不問)에 부칠 것을 권면하여 원만하게 처결하였다.(《史記·田叔列傳》 참조)
119) 건저(建儲) : 왕위 계승자를 정하는 일을 말한다. 곧 왕세자나 황태자(皇太子)를 세우는 것을 가리킨다.
120) 문침시선(問寢視膳) : 세자가 왕과 왕비에게 문안을 드리는 일이다. 주나라 문왕(文王)이 세자로 있을 적에 하루에 세 번 아버지 왕계(王季)에게 문안을 올리고 수라를

공경의 도리를 극진하게 하였고, 물러나 자기 집으로 돌아와서도 날마다 사부(師傅)와 궁료 무리들을 만나 강학(講學)하는 도리를 지극하게 힘써 다하었나. 조정의 정령에 참여하여 알지 못한 일이 한 번도 없었고, 갑과 을의 시비에 참여하여 듣지 않은 적이 한 번도 없었다.

그 세제의 지위에 오르기 전에는 조태구가 공연히 "혐의를 무릅쓴다[冒嫌]." 두 글자로 침해하여 핍박하였고,[121] 세제의 지위에 오른 뒤에는 유봉휘(柳鳳輝)[122]가 "갑작스럽게 서둘렀다." 하거나, "인심이 의혹스러워한다." 등의 말로써 비난하고 헐뜯어서 동궁으로 하여금 저위를 편안하게 여기지 못하게 하였다. 그 뒤로부터 주상과 동궁의 사이를 이간시키는 말이 날마다 대전에 들어가서,

"조성복을 지휘한 자가 사대신이고, 사대신을 지휘한 자는 본래 그 사람이 따로 있습니다."

했는데, 이것은 조태억이 한밤중에 대리청정의 비망기를 거두어주기

살핀 데서 유래하였다.(《禮記·文王世子》참조)

121) 조태구가 …… 하였고 : 당시 우의정 조태구가 숙종의 상례에 조문 온 청나라 사신이 세자와 종실의 자질을 만나 보겠다는 요구를 들어주어서는 안 된다고 하였다. 즉 상국(上國)에서 열국(列國)의 임금을 조문할 때, 그 배신(陪臣)이 된 아우와 조카까지 보는 일은 실례라고 하면서 배신이 조문을 받는 것은 임금 자리를 노리고 있다는 혐의를 무릅쓰는 것이 된다고 하였다. 따라서 정중히 거절하라고 촉구하였다.(《경종실록》즉위년 11월 26일 기사 참조) 이에 대해서 이문정은 다음과 같은 안설(按說)을 남겼다. "한쪽 편 무리들이 연잉군에 대해 자기 주장을 내세우며 다툰 지 이미 오래되었다. 지금 우의정이 말한 '혐의를 무릅쓴다.'는 두 글자는 그들이 오랫동안 가슴 속에 품어온 불순한 생각을 드러낸 것이었으니, 청나라 사신이 왕제와 종실의 자질들을 보겠다고 청한 말은 간사한 소인이 터럭을 불어 흠을 찾는 단서가 되기에 충분하였던 것이었다."

122) 유봉휘(柳鳳輝) : 1659~1727. 본관은 문화(文化), 자 계창(季昌), 호 만암(晚菴)이다. 아버지는 영의정 유상운(柳尙運)이다. 1721년(경종1) 사직으로 재직시 노론 사대신이 연잉군을 세제로 책봉하려 할 때 강력히 반대하였다. 그 뒤 세제의 대리청정까지 시도하자 그 부당성을 논변하여 철회시키고 노론을 실각시켰다. 1725년(영조 즉위년) 노·소론의 연립 정권이 수립될 때 우의정이 되고, 이어 소론 사대신의 한 사람으로 좌의정에 올랐다. 그러나 신임옥사를 일으킨 주동자라는 노론의 집요한 공격을 받고 이듬해 면직되었다.

를 청대하던 말미에 조용히 아뢴 참언이었다.

이 뒤로부터 춘궁에 대한 성상의 보살핌이 갑작스럽게 줄어들자 흉악한 무리들이 그 기미를 알아차리고서 마침내 두 환관과 두 궁인에게 부탁하여 양궁(兩宮) 사이에서 문안드리는 길을 가로막았으며, 곧 세제를 제거하려고 하였다. 만약 자전(慈殿)께서 힘써 도와준 은혜가 아니었다면 무엇을 가지고 칼날에서 부자(夫子)를 벗어나게 할 수 있었겠는가?[123]

수없이 흉계를 꾸미면서 동궁을 해치려고 모의하였다가 하루아침에 그르쳐서 끝장나자 목호룡의 고변서를 꾸며내었으니, 고변서를 관통하는 한 가지 정신은 오로지 동궁을 무함하는 것에 있었기 때문에 동궁이 간범(干犯)한 두 가지 일을 조작해내어 고변서 가운데 조목으로 나열하였다.

그래서 심지어 주상이 동궁을 보지 않으려고 한 일까지 있었으니, 만약 인신(人臣)으로서 조금이라도 종사를 위하는 마음이 있었다면 동궁을 터무니없이 무함하는 것이 어찌 차마 이와 같을 수 있겠는가?

주상이 세제와의 우애를 돈독히 하려는 마음을 갖고 있었는데도 마침내 이처럼 의혹하게 하는 단서를 만들어냈으니, 또한 어찌 차마 이와 같을 수 있는가? 이렇게 하고서도 부족하여 국청을 설치한 이튿날 조태구와 최석항 등이 아뢰기를,

"세제와 관련된 일은 국안에 쓰지 마십시오."

하였으니, 이것은 세제를 도와서 보호하는 말이 아니고, 바로 세제가 진실로 간범한 것이 있다는 혐의를 드러내려고 그런 것이었다. 이것도 또 부족하여

<hr>

123) 칼날에서 …… 있었겠는가 : 여기서 부자는 제(齊)나라 종실로 제왕(齊王) 전광(田廣)을 가리킨다. 그는 한신(韓信)에게 패망하자, 스스로 제왕이 되었다. 뒤에 유방(劉邦)이 천하를 통일하자 따르는 무리 5백 명과 함께 도망하였다가 자살하였다. 당나라 때 한유(韓愈)가 제전 횡묘문(祭田橫墓文)을 지었는데, 그 내용 가운데 "진나라가 망할 때를 당하여 한 명의 선비만 있어도 천하에 왕 노릇 할 수 있었는데, 어찌 5백 명이나 되는 많은 사람으로서 부자(夫子)를 칼끝에서 벗어나게 하지 못하였나.[當秦氏之敗亂, 得一士而可王, 何五百人之擾擾, 而不能脫夫子於劍鋩.]" 하였다.

"양왕의 옥사에서 양왕에게 죄를 묻지 않았습니다."

아뢰었으니, 이것은 양왕이 지은 죽을죄를 동궁에게 바로 더하여 암암리에 수상으로 하여금 죄를 결단하게 하려는 의도였다. 지 흉악한 무리들이 동궁을 해치려고 모의한 것이 어찌 하나같이 이 지경에 이르렀단 말인가?

설령 세제가 간범하려는 계략이 있었다 하더라도 외조(外朝)로써 말하자면 대신 이하 삼사의 신하들에 이르기까지 모두 흉악한 무리들의 편이며, 대내(大內)로써 말하자면 환관과 궁첩이 모두 흉악한 무리들과 친한 자들인데, 어찌 손쓸 방도가 있겠는가?

이는 저 무리들 스스로가 알고 있는 상황이었다. 동궁은 단지 고립되어 의지할 데가 없어서 바늘방석에 앉은 듯 하였으므로 조심스러운 마음으로 효도하고 공경하는 도리에 더욱 힘썼을 뿐이었다. 백옥처럼 흠이 없을 뿐만이 아니었는데 억지로 양왕의 용서할 수 없는 큰 죄를 가하려 하였으니 역적인가 충신인가? 충신인지 역적인지를 삼척동자에게 물어야겠는가? 흉악한 무리들이 동궁을 해치려고 모의한 것이 어찌 한결같이 이 지경에 이르렀는가?[124] 비록 왕망(王莽)·조조(曹操)[125]·양기(梁冀)·염현(閻顯)[126]도 이보다 더하지는 않았다.

17일 대사간 이사상, 헌납 윤회, 장령 이경열, 지평 박필몽이 입대하여 사대신에게 빨리 나라의 형벌을 바르게 할 것을 청하자 주상은 김창집과

---

124) 흉악한 …… 말입니까 : 底本에는 없다. 국립중앙도서관 연활자본(한古朝56-나108)
      [이하 연활자본]에 근거하여 번역하였다.

125) 왕망(王莽)·조조(曹操) : 왕망은 전한(前漢)대 애제(哀帝)를 폐위하고 평제(平帝)를
      독살한 뒤 신(新)나라를 건국하였고, 조조는 위나라 왕이 되어 그 아들 조비가
      헌제(獻帝)를 폐위하고 황제가 되는 길을 열었다.

126) 양기(梁冀)와 염현(閻顯) : 두 사람은 모두 한나라 왕실을 무시하고 태후와 내통하여
      사군(嗣君)을 독살한 죄가 있다. 이해 1월 8일에 방만규(方萬規)가 상소하여, 김일경
      이 지은 반교문과 상소에 '기현', 두 글자가 두세 번씩이나 보이는데, 이것이 이른바
      소급수(小急手)로 은연중에 자성(慈聖)이 역모에 가담한 혐의로 삼고자 하였다.

이이명에 대해서는 아뢴 대로 하라고 하였지만, 이건명과 조태채에 대해서는 윤허하지 않았다.

흉악한 무리들이 반드시 사대신을 죽이려고 한 것 또한 전숙(田叔)이 양왕의 수종(隨從)[127]들을 제거한 뜻에서 나왔는가? 세제는 원래 양왕과 같은 죄를 지은 적이 없는데, 사대신 또한 어찌 양왕의 수종들과 같은 짓에 참여했겠는가?

○ 국청 죄인 이희지는 8차례 형신을 받았지만 불복하고 죽었다.

19일 김용택의 아들 대재(大材)가 자현(自現, 자수)하였는데, 교살(絞殺)되었다.

○ 5경(五更, 새벽 4시 전후한 시점)에 전교하기를, "군사를 보내 이이명을 잡아오라." 하였다.

○ 국청 죄인 장세상(張世相)[128]은 8차례 형신을 받았으나 불복하고 죽었는데, 시체를 찢어버렸다.

○ 국청 죄인 홍의인(洪義人)이 9차례 형신을 받았으나 불복하고 죽었다.

28일 정인중의 아들 박(珀)이 교살되었다.

---

127) 수종(隨從) : 따라 좇는다는 뜻이다. 혹은 따라다니며 곁에서 심부름 등을 하는 사람을 가리킨다.

128) 장세상(張世相) : 내관으로 이희지의 사주를 받아 평지수(平地手)를 자행하려 했다. 당시 이희지는 세자시절 경종을 무함하는 내용의 언문 가사를 지어 궁중에 유입시키고, 숙종의 거짓 조서를 작성하여 지상궁과 장세상으로 하여금 국상 때 내리게 하여 세자를 폐하려 하였다.

○ 영의정 조태구와 우의정 최석항이 청대하였을 때, 선조의 구신(舊臣)으로서 자세히 조사하여 밝히기를 기다리지 않고 바로 형륙(刑戮)을 시행한 일은 3백년 이래 없었으니, 우신 잡아다 형문하여 실정을 얻기를 기다려서 처치하자고 아뢰자 주상이 허락하였다. 또 김일경이 빨리 나라의 형벌을 바르게 할 것을 청하는 상소를 올리자 다시 처분을 내렸다.

영의정과 우의정이 다시 아뢰기를,

"어제 등대(登對)¹²⁹⁾했을 때, 이이명과 김창집을 잡아다가 심문한 뒤에 정형(正刑)¹³⁰⁾하는 일을 아뢰어서 윤허 받았었습니다. 다시 생각해 보건대 두 사람은 그 죄가 밝게 드러나 이미 살 수 있는 방도가 없는데, 일찍이 삼사(三事, 세 정승)를 지낸 사람에게 고문[拷掠]의 형벌을 시행하는 것은 차마 하지 못할 일입니다.

바로 직전에 후명(後命)¹³¹⁾이 내려져서 이미 거의 전달되는 중이고, 조정의 여러 의논도 모두 이와 같으니, 성조(聖朝) 때 이미 행하였던 사례를 따라서 '반수가검(盤水加劍)¹³²⁾'의 뜻을 취해 참작하여 처분하십시오."

하였다. 주상이 말하기를,

"고문의 형벌을 시행하지 않는 것은 진실로 좋다. ……"

하였다. 승정원에서 아뢰기를,

"영의정과 우의정의 차자 가운데, 이미 '반수가검' 등이란 말이 있었고, 고문의 형벌을 시행하지 말라고 하교하셨는데, 지금 어떤 형률을 거행해야 합니까?"

---

129) 등대(登對) : 대궐에 나아가서 임금의 물음에 답하는 일이다.
130) 정형(正刑) : 죄인을 사형에 처하는 큰 형벌이다.
131) 후명(後命) : 귀양살이를 하는 죄인에게 사약(死藥)을 내리는 일이다.
132) 반수가검(盤水加劍) : 세숫대에 물을 받아놓고 그 옆에 칼을 같이 놓는다는 뜻이다. 관리가 임금에게 자신의 죄를 다스려 줄 것을 요청할 때 반수가검을 행하였는데, 이는 세숫대의 물이 평평한 것을 상징하여 자신에게 죄가 있으면 공평하게 처리하여 칼로 처단하라는 의미였다.

하니, 전교하기를, "가검(加劒)하라." 하였다.

영의정과 우의정이 이미 잡아서 심문하여 실정을 얻을 것을 아뢰어서 윤허 받았는데, 지금 또 "반수가검"으로 고쳐 아뢰어서 윤허 받았으니, 앞의 마음은 무엇이고 뒤의 마음은 무엇이란 말인가? 왕명을 내리거나 거두어들이는 것은 저들의 손아귀에 달려 있었지만 사대신이 죄가 없다는 사실은 길 가는 사람들이 아는 일이었다.

비록 영의정과 우의정의 마음에도 바로 정형을 시행하는 것이 오히려 부끄러운 마음이 있었기 때문에 잡아다 심문하기를 청한 것이었다. 잡아다 심문하자고 청한 일이 어찌 진정이었겠는가? 이미 윤허 받았다면 마땅히 두 대신을 잡아다 심문해야 하는데 장차 또한 목호룡의 고변서에 있는 내용을 가지고 문목(問目, 죄인을 심문하는 조목)을 삼겠는가?

두 대신은 애초 고변서 가운데 들어 있지 않았으니 또한 이것으로 문목을 삼는 것은 불가하였으므로, 다른 문목이 없어서 실로 난처한 단서가 있다. 그래서 고문의 형벌을 시행하는 것은 차마 할 수 없는 일이니, "반수가검"을 시행하자고 청하였는데, 이것이 과연 차마 고문하지 못하는 마음에서 나온 것이겠는가? 그렇다면 인인 군자(仁人君子)라고 할 수 있을 것이다. 간교한 모습을 속이려 했으나 요즈음까지도 감출 수 없다.

25일 종묘를 참배할 때 주상이 막 옥교(玉轎)[133]에 올라 비망기를 내려서 말하기를,

"선조의 구신을 한꺼번에 사사(賜死)하는 것은 차마 하지 못할 짓이다. 이전의 전지(傳旨)를 거둬들이고, 감사(減死)[134]하여 위리안치하라."

133) 옥교(玉轎) : 임금이 타는 가마를 가리킨다. 나무로 집과 같이 꾸미고, 출입하는 문과 창을 달아 만든 형태이다.
134) 감사(減死) : 사형 죄수를 감형하여 한 단계 낮은 형벌로 처리하는 것이다.

하였다. 삼사의 여러 신하들이 감사의 명을 거두어 달라고 옥교 앞에서 7차례 힘써 간쟁하였으나 모두 윤허하지 않았다.

이때는 수상의 담화(痰火)135)가 차츰 가라앉아 정신이 잠깐 돌아왔을 때였다. 궁궐로 돌아온 뒤 판의금부사 심단과 동지의금부사 김일경·유중무가 두 대신에 대한 감사의 명을 거둬들이고 빨리 나라의 형벌을 바로잡으라고 연명으로 상소하였지만 도로 내주었다.

26일 소결(疏決)136)하였다.

대신과 삼사가 입시했을 때, 두 대신에 대한 감사(減死) 비망기를 거둬들이는 일을 하교하였으니, 중간에서 누군가가 알선한 결과였다.

임인년(1722, 경종2) 4월137) 29일 김창집이 성주(星州, 경상도 소재)에서 사사되었는데, 죽음을 앞두고 있을 때 시를 지어 읊기를,

"등잔 불빛 밝게 빛나 얼마나 밤이 깊었는지 물으며 자연스럽게 죽음에 임하는 내 마음이 편치 않네. 이웃 닭이 꼬끼오 우니 밤이 어찌 그리 짧으며, 성각(城角)138) 소리 들리니 날은 이미 밝았도다. 좋은 소식 홀연히 전해져서 언제 다시 기뻐할까, 부음(凶音)이 계속 이르니 놀랄 것도 없구나. 이제 저승 가면 여러 아우들이 받들어 맞이할 터이니 인간이 홀로 구차하게 살아나는 것 보다는 온전히 나을 것이네."

하였다. 또한 말하기를,

---

135) 담화(痰火) : 담을 낀 화나 담에 의하여 생긴 화를 가리킨다. 폐(肺)에 담화가 몰려 있을 때에는 갑자기 숨이 차고 가래 끓는 소리가 나며 가슴속이 달아오르고 아프며 입과 입술이 마르고 가래가 잘 나오지 않는 증상이 나타난다.

136) 소결(疏決) : 죄수를 너그럽게 처결하는 일이다. 당시에는 왕실에 경사가 있거나 천재지변이 있으면 군주가 직접 나서서 의례적으로 소결하였다.

137) 29일월 : 底本에는 "30일"로 되어 있다. 연활자본 日次에 따라 수정·번역하였다.

138) 성각(城角) : 해저물녘 성 위에서 시각을 알리기 위해 불던 호각을 말한다.

"임금을 아비처럼 사랑하였으니, 저 태양은 나의 붉은 마음 알리라.
선현(先賢)139)의 이 구절이 슬프고 절박한 것은 예나 지금이나 같도다."
하였다.

4월 30일 의금부 도사 정석범(鄭錫範)이 이이명을 사사(賜死)한 뒤 돌아왔다.

○ 국청 죄인 이홍술과 유후장(柳厚章)140)이 각각 9차례 형신을 받았지만
불복하고 죽었다.

○ 국청 죄인 조송(趙松)이 9차례 형신을 받았지만 불복하고 죽었다.

5월

5월 5일 국청 죄인 이기지가 18차례 형신을 받았지만 불복하고 죽었다.

---

139) 선현(先賢) : 조광조(趙光祖, 1482~1519)를 가리킨다. 본관은 한양(漢陽), 자 효직(孝
直), 호 정암(靜菴)이다. 17세 때 무오사화로 희천에 유배 중이던 김굉필에게 수학하
였다. 이로 인해 김종직의 학통을 이은 사림의 영수가 되었다. 1515년(중종10)
안당의 천거로 관직에 나아갔고, 정언으로서 장경왕후 사후 계비 책봉문제가
거론될 때 김정과 박상을 옹호하고 박원종의 처벌을 상소했다가 이행의 탄핵을
받았다. 1518년 대사헌이 되어 김식(金湜)·안처겸(安處謙)·박훈(朴薰) 등 사림파와
함께 도학정치(道學政治) 실현을 위해 소격서(昭格署)의 혁파, 현량과(賢良科) 실시,
위훈삭제(僞勳削除) 등 각종 개혁을 단행하였다. 하지만 훈구파의 공세로 1519년
기묘사화 때 사사되었다. 유배지에서 사사되기 직전 하늘을 우러러 보고 앞의
시를 읊었다.
140) 유후장(柳厚章) : 유후장의 이름은 백망의 계집종 하백(河白)의 초사(招辭)에서 나왔
다. "역적 백망이 조그만 흰 항아리 하나를 가지고 유지(油紙)로 단단히 봉하고는
즉시 유후장에게 보냈습니다. 그 뒤에 또 두 번이나 유후장에게 편지를 전했는데,
유후장은 곧 중문(中門) 안으로 나와 직접 소찰(小札)을 받고 돌아서서 몰래 보았습니
다. ……" 이 때문에 잡혀왔다.(《경종실록》 2년 5월 17일 기사 참조)

○ 21일 국청 죄인 이우항(李宇恒)[141]과 백열이(白烈伊)가 11차례 형신을 받았지만 불복하고 죽었다.

○ 24일 국청 죄인 이상집(李尙馣)이 9차례 형신을 받았지만 불복하고 죽었다.

○ 현덕명(玄德明)이 두 차례 형신을 받고 자살하였다.

○ 이에 앞서 목호룡이 국청이 끝난 뒤에 큰소리로 꾸짖기를,
"나는 여러 대감의 명령을 어기지 않았는데, 지금 아직도 목에 씌운 칼[枷]을 벗겨주지 않으니 무슨 이유 때문인가?"
하였는데, 두 대신 이하를 모두 지목한 것이었다. 그 다음날 아뢰어서 목에 씌운 칼을 벗겨주었고, 이때 이르러 목호룡은 포상으로 풀려났다.

○ 국청 대신 이하 신하들이 청대하여 입시하였을 때 아뢰기를,
"목호룡이 고변서를 올렸기 때문에 여러 역적 무리들의 정절(情節)이 모두 드러나 자백[142]하고 사형당한 자가 매우 많아서, 종사가 편안하게 되었으니, 그 공이 크다. 포상의 은전이 없을 수 없으니, 해당 조(曹)로 하여금 전례를 상고하여 거행하게 하십시오."
하니, 주상이 승낙하였다.

의금부에서 올린 계사(啓辭)를 두루 살펴보면 여러 죄인들이 일일이 불복하고 죽었고, 그 2, 3명 승복했다고 하는 자들은 연달아 독한 형장을

---

141) 이우항(李宇恒) : ?~1722. 본관은 광주(廣州), 자 여구(汝久)이다. 숙종대 포도대장 등을 역임하였다. 1721년(경종1) 부사직 재직시 신임옥사로 소론의 탄핵을 받아 유배되었다. 이듬해 목호룡 고변으로 백망·이희지 등과 함께 투옥되어 장살되었다.
142) 자백 : 원문은 "承款"이다. 지은 죄 등을 진정으로 자백, 혹은 승복(承服)하다.

맞아서 장차 죽음이 경각에 달려있었는데, 무슨 승복할 정신이 있었겠는 가? 하지만 의금부 당상이 대신 작성한 초사를, "지만초사"라고 하였으니, 진실로 터럭만한 죄라도 범한 것이 있다면 허다한 죄인들이 몸에 여러 차례 독한 형장을 맞고도 한결같이 불복하고 맞아 죽었겠는가?

자백한 사람이 하나도 없는데 자백하고 사형당한 자가 많다고 아뢴 일은 한갓 군상(君上)을 속인 것일 뿐만 아니라 온 세상의 귀와 눈을 거짓을 꾸며서 속이려 한 것이었다. 세상 사람들의 귀와 눈이 있는데, 그와 같은 짓을 어찌 저지른다 말인가? 저 천박하고 속이 뻔히 들여다보이 는 사람들이 삼사(三事, 세 정승)와 경재(卿宰)의 반열에서 아무 거리낌 없이 제멋대로 행동하고 있으니, 시사를 알만하다.

목호룡의 고변서에서 삼수 가운데 환약(丸藥) 한 건에 대한 죄인의 초사라고 하는 것에서 이르기를,

"정유년(1717, 숙종43) 금평위(錦平尉)[143]가 사행 갈 때, 역관 장판사(張判 事)에게 은(銀) 5백 냥을 주고 부탁하여 중국에서 구입해 오게 하였습니다."

하였다. 옥사를 주관하던 대신 조태구가 사역원(司譯院)[144]에 분부하여 찾아내게 하니,

"10년 전 장씨 성을 가진 역관이 중국에 들어갔었고, 금년에도 장씨 성을 가진 자가 또 들어갔습니다."

하였는데, 그 사이에 애초 장씨 성을 가진 자가 들어간 일이 없었다. 조태구가 낙심하여 주위를 둘러보니 대부분 근심스러운 기색이 역력하

---

143) 금평위(錦平尉) : 박필성(朴弼成, 1652~1747)의 봉호이다. 효종의 딸 숙녕옹주(淑寧翁 主)와 결혼하여 금평위에 봉해졌다. 본관은 반남(潘南), 자 사홍(士弘), 호 설송재(雪松 齋)이다. 1685년(숙종11)부터 1717년까지 네 차례나 사은사 또는 주청사로서 청나라 에 다녀왔다.

144) 사역원(司譯院) : 예조(禮曹) 소속으로 중국어와 몽고어, 일본어 등의 번역과 통역을 맡아 보던 관청이다.

여, 한참 있다가 답하기를,

"단지 그대로 두어라."

하였다. 목호룡의 고변서 가운데 조목(條目)을 열거한 일은 모두 비로이 장씨 성을 가진 역관의 일처럼 허무맹랑하였다.

○ 두 대신이 사사된 뒤 김시환(金始煥)[145]·김치룡(金致龍)[146]·남취명(南就明)[147]·조경명·황이장·박희진(朴熙晉)·이사상·이제·윤회·서명우(徐命遇)[148]·신유익·이경열·이진순(李眞淳)[149]·정수기(鄭壽期)[150]·박필몽·조원명(趙遠命)[151]·김홍석(金弘錫)[152]이 연명하여 노적(孥籍)[153]하라고 계청

---

145) 김시환(金始煥) : 1673~1739. 본관은 강릉(江陵), 자 회숙(晦叔), 호 낙파(駱坡)이다. 공조판서 등을 역임하였다.

146) 김치룡(金致龍) : 1654~1724. 본관은 언양(彦陽), 자 천용(天用)이다. 호조참의·예조참의 등을 역임하였다. 1721년(경종1) 사은 부사(謝恩副使)로 청나라에 다녀온 뒤 승지가 되었다.

147) 남취명(南就明) : 1661~1741. 본관은 의령(宜寧), 자 계량(季良), 호 약파(藥坡)이다. 1704년(숙종30) 박세당(朴世堂)의 《사변록(思辨錄)》을 불태워버리려 하자 극력 저지하였다. 1722년(경종2) 노론 사대신의 사사(賜死)를 감형하려 하자 승지로 있으면서 그 불가함을 동료들과 함께 주장하였다. 영조대 병조참판 등을 역임하였다.

148) 서명우(徐命遇) : 1666~?. 본관은 달성(達城), 자 응회(膺會)이다. 1722년(경종2) 집의 재직시 사사된 이이명과 김창집에게 처자식을 노비로 삼고 가산을 몰수하는 법을 시행하라 청하였다.

149) 이진순(李眞淳) : 1679~?. 본관은 전주, 자 자후(子厚), 호 하서(荷西)이다. 경종대 소론으로서 노론을 제거하는 신임옥사에 가담하였고, 이어 보덕·집의 등을 역임하였다. 영조대 도승지·대사헌 등을 역임하였다.

150) 정수기(鄭壽期) : 1664~1752. 본관은 연일(延日), 자 순년(舜年), 호 곡구(谷口)이다. 1722년(경종2) 세제 대리청정을 주청한 김춘택 등을 탄핵하였다. 1725년(영조1) 신임옥사의 주동 인물이라고 탄핵을 받고 문외출송(門外黜送)되었다. 이후 우참찬·예조판서 등을 역임하였다.

151) 조원명(趙遠命) : 1675~1749. 본관은 풍양(豊壤), 자 치경(致卿)이다. 경종대 지평·부수찬 등에 제수되었다. 영조대 승지·대사성을 역임하였다.

152) 김홍석(金弘錫) : 1676~?. 본관은 광산(光山), 자 윤보(胤甫)이다. 1716년 병신처분 당시 송시열을 비판하는 성균관 유생들과 내응했다는 이유로 탄핵을 받아 파직되었다. 이듬해 사직 이대성(李大成) 등과 연명으로 세자 대리청정을 반대하는 상소를 올렸다. 1722년 세제 대리청정을 주장한 이이명·김창집을 규탄하였다.

(啓請)하였다.

5월 26일 대전과 왕세제가 칙사를 맞이한 뒤 궁궐로 돌아왔다.

6월

6월 6일 비망기에 이르기를,

"진주 겸 주청사(陳奏兼奏請使) 이건명에게 안장을 얹은 말[鞍具馬] 1필, 노비 4구(口), 전지(田地) 15결을 내려 주어라."

하니, 김시환·남취명·김치룡·조경명·박희진 등이 대략 다음과 같이 상소하였다.

"엎드려 비망기를 보니, 정사(正使) 이건명을 다른 사신 일행과 똑같이 논상(論賞)했습니다. 삼가 생각건대 이건명은 죄명이 매우 중하여 지금 천극(荐棘)[154]의 처벌을 받았고, 대간이 합계(合啓)하여 그의 죄를 성토하면서 극률(極律)로 논죄하고 있으니, 진실로 공이 있다는 이유로 죄를 숨길 수는 없습니다.

더구나 또한 저들에게 정문(呈文)[155]하고 더불어 수작한 말[156] 가운데

---

153) 노적(孥籍) : 중죄를 지었을 경우 본인은 극형(極刑)에 처하고, 그 처자까지 연좌시켜 관의 노비로 만들고, 또 그들의 재산을 몰수하는 것을 말한다.

154) 천극(荐棘) : 귀양지 거처 담이나 울타리에 가시나무를 둘러치는 형벌이다.

155) 정문(呈文) : 하급 관청에서 상급 관청에 보내던 공문서를 가리키는데, 여기서는 청나라에 보낸 국서를 말한다.

156) 저들이 …… 수작한 말 : 1722년 1월에 이건명이 세제 책봉을 위해 청나라에 갔을 때 각로(閣老) 송주(松柱) 이하 내각(內閣)의 학사(學士)와 예부(禮部)의 상서(尙書)·시랑(侍郞) 이하 모두 11인이 오문(午門) 밖에 나눈 말이다. 이때 청나라 측에서 "국왕은 몇 살이고 무슨 병중에 걸렸고 병세는 어떠한가, 후사를 이을 길이 어찌하여 끊어졌는가, 본래부터 생육(生育)을 하지 못했는가, 아니면 낳았는데도 기르지 못한 것인가, 무슨 의약을 쓰고 있는가, 왕의 아우는 연잉군 한 사람뿐인가, 아니면

인신(人臣)으로서 입 밖에 낼 수 없는 말이 있었으니, 그가 임금을 속인 부도(不道)한 죄는 당연히 주토(誅討)하기에 겨를이 없어야 하는데 오히려 어씨 공에 대하여 싱을 주는 은전을 뒤섞어 시행하여 사방 사람들의 귀를 놀라게 할 수 있겠습니까? ……"

　이른바 "정문(呈文)하고 더불어 수작한 말"이란 저들이 묻는 말에 따라서 답한 일을 가리킨다. 청나라 각로(閣老, 재상)가 황지(皇旨)라고 하면서 국왕의 나이가 몇 살인지를 묻자 아무개[경종]의 나이는 몇 살이라고 대답하였다. 저들이 병증이 무엇이고 병세가 어떤지를 묻자 또한 주문(奏文)의 말뜻에 따라서, 국왕은 어려서부터 병이 많아서 기운이 매우 쇠약하여, 오랫동안 병을 치료하고 있다고 답하였다.

　저들이 후사(後嗣)를 이을 희망이 어찌하여 끊어졌으며, 본래부터 생육을 하지 못하였는지 혹은 낳았는데도 기르지 못한 것인지에 대해서 묻자 또한 주문의 말뜻에 따라서, 후사를 얻을 수 있게 하는 약을 널리 시험하여 보았으나 끝내 효험이 없었다. 그리하여 전후의 두 왕비와 주변의 잉첩(媵妾)[157]들 가운데 잉태한 사람이 하나도 없어서, 여기에서 후사를 이을 희망이 끊어진 실상을 알 수가 있다고 하였다. 이것은 모두 주문에 실려 있는 내용을 가지고 대답한 것이고, 애초 한마디 말과 반 구절도 더하거나 꾸민 내용이 없었다.

　그런데 저 무리들이 잉첩이라는 말을 가지고, "임금을 부도하게 무함한다.[誣上不道]"는 큰 죄안을 만들었다. 주상은 천승(千乘)의 군주로서 잉첩을

─────────────────

　　여러 명의 아우가 있는가, 연잉군은 몇 살이고 국왕과 어머니가 같은가?" 등에
　　대해서 물었다. 이에 대해 이건명 등이 경종의 나이와 병증, 후사 여부 및 연잉군
　　등 후계를 이을 대상자에 대해서 답변하였다.(《경종수정실록》 2년 3월 26일 기사
　　참조)
157) 잉첩(媵妾) : 원래는 귀인(貴人)에게 시집가는 여인이 데리고 가는 시첩(侍妾)을
　　가리키는데, 여기서는 후궁을 말한다.

갖는 것은 당연한 일이었다. 비록 우(禹)158)·탕(湯)159)·문(文)160)·무(武)161)
라도 또한 잉첩이 있는 것을 부끄러워하지 않았는데, 이건명이 청나라에
서 주상이 잉첩이 있다고 말한 것이 무슨 성덕(聖德)에 부끄러움을 끼쳤다
고 부도의 죄역에 몰아넣으려 하는가?

이것이 이른바 "죄를 더 하려고 하는데 어찌 할 말이 없음을 근심하겠는
가?"라는 것이다. 이것으로써 이건명의 큰 죄안으로 삼았으니, 여기에서
이건명이 별다른 죄안이 없다는 사실을 알 수 있다.

○ 이건명이 사행에서 돌아오는 길에 압록강에 도착하여 다음의 시를
남겼다.

"만 리 길에서 겨우 돌아와서 압록강에 이르렀는데, 우리 조정 소식에
마음을 추스르기 어려워라. 노신(老臣)이 도끼에 베어짐을 염려할 것이 뭐가
있겠는가마는 우선 동궁을 보호한 것으로 조금이나마 근심을 풀어보네."

○ 사로잡혀 옥에 갇혀 있던 죄인 정우관(鄭宇寬)162)이 심단·김일경·원
휘(元徽)·윤취상(尹就商)163)이 부도한 일을 했다고 고변서를 올렸다. 심단·

---

158) 우(禹) : 곤(鯀)의 아들로, 홍수를 다스리는 공을 세워 순(舜)으로부터 왕위를 물려받
　　아 하(夏)나라를 세웠다.
159) 탕(湯) : 은(殷)나라를 개창한 인물이다. 걸(桀)을 축출하고 하나라를 멸망시켰다.
160) 문(文) : 주(周)나라 문왕을 가리킨다. 태공망(太公望)을 등용하여 덕치(德治)에 힘써
　　대다수 제후의 신망을 받았다. 문왕의 사후 그 아들 무왕(武王)이 은나라를 멸망시키
　　고 천하를 안정시켰다.
161) 무(武) : 주나라 문왕 희창(姬昌)의 둘째 아들로서 이름은 발(發)이다. 맹진(盟津)에서
　　8백여 제후들의 회맹(會盟)을 이끌어 상나라를 공격하여 정벌하고 공신들에게
　　분봉(分封)하여 봉건제도를 실시하였다.
162) 정우관(鄭宇寬) : ?~1722. 노론 김운택(金雲澤)과 가까이 지내다가 1722년 목호룡의
　　고변에 연루되어 처형되었다. 의금부에서 조사받을 당시 초사에서, "심단·원휘(元
　　徽)가 은(銀)을 모아 심익창(沈益昌)의 집에 두었다가, 박상검에게 주었다." 하여
　　심단도 연루되어 벌을 받았다.
163) 윤취상(尹就商) : ?~1725. 본관은 함안(咸安)이다. 경종 즉위 후 병조참판·동지의금

김일경·윤취상이 대궐 밖에서 대죄(待罪)하였다. 영의정 조태구와 우의정 최석항이 세밀하게 조사한 뒤 청대하고 입시하여 아뢰기를,

"정우관은 여러 사람들과 얼굴을 알지 못하는데, 세상에 어찌 얼굴도 알지 못하는 같은 당여(黨與)가 있단 말입니까? 이것은 백망이 죽음 가운데 목숨을 구하기 위해 남겨둔 음모입니다."

하였다. 목호룡이 상변한 것이 맹랑하다고 말한다면 정우관 또한 혹 맹랑하지만, 그러나 중간에서 농간을 부린 것은 또한 그럴듯하기도 하고 그렇지 않은 듯 하기도 하므로 지금 정우관을 백망에 비기는 것은 어쩌면 그리도 어긋났단 말인가?[164]

정우관은 일찍이 김일경과 한밤중에 모의한 일이 없었으니, 얼굴을 알지 못한다고 귀결하는 것은 오히려 있을 수 있다. 그러나 백망은 김일경이 맞이하여 목호룡과 함께 한밤중에 실컷 논의하였지만, 백망은 중간에 배신하고 도망쳤다. 국문을 받을 때 백망은 처음 공초에서 지난밤에 김일경이 모의한 말을 곧바로 진술하였는데, 백망이 또한 김일경의 얼굴을 알지 못한단 말인가?

정우관이 김일경의 얼굴을 알지 못한다고 한 것은 오히려 혹 괴이함이 없지만 김일경과 백망은 전날 밤 서로 마주보고 실컷 흉계를 모의하던

부사를 지냈다. 1722년(경종2) 최홍(崔泓) 등이 세제를 독살하려는 음모에 연루된 혐의를 받았으나 풀려나왔고, 형조판서에 올라 김일경과 더불어 노론 축출에 앞장섰다. 1724년 영조 즉위 후 김일경의 일당으로 몰려 탄핵되었으며 국문을 받고 복주(伏誅)되었다.

164) 영의정 …… 말인가 : 《경종실록》 2년 5월 8일 기사에 의하면 영의정 조태구 등이 정우관이 무함하는 사실을 아뢰고 법률에 따라 처단할 것을 청하였는데, 이때 최석항이 대략 다음과 같이 말하였다. "정우관은 본래 장세상의 심복 사인(私人)으로, 장세상을 위해 보복하려는 데 반드시 감심(甘心)하고자 하여, 안으로는 간여하지 않은 환시(宦寺)를 끌어들이고 밖으로는 의중(倚重)하는 숙장(宿將)을 무함하였습니다. 급기야 다시 추문(推問)할 때에 이르러서는 갑자기 의금부의 두 당상관 이름을 들어 괴수라고 하며 반드시 축출해 내고야 말려고 하였으니, 이는 진실로 백망의 남은 음모입니다."

자였는데, 지금 갑자기 백망을 정우관과 똑같이 귀결시키려는 것은 그 말이 또한 매우 맹랑하다.

○ 내병조(內兵曹)로부터 의금부로 국청(鞫廳)을 옮긴 뒤 국문하는 일이 한층 은밀해져서 백망의 김일경·심단·최석항·조태구를 좇아낸 초사는, 백망이 이미 전날 밤 김일경과 서로 의논한 것을 배신하였으니, 비록 대략 헤아려 볼 수는 있지만 끝내 자세히 듣지는 못하였다.

의금부 나장(羅將) 양천석(梁千石)이란 이름을 가진 자는 곧 의로운 기개가 있는 사람이었다. 국청을 설치하자 그가 볼 때 응당 벌을 받아야 한다고 본 자는 당상이 비록 형장을 헐하게 집행하려 해도, 반드시 형장을 심하게 때렸고, 그가 볼 때 원통한 죄를 지은 자는 당상이 비록 형장을 심하게 때리고자 해도 반드시 형장을 헐하게 집행하여, 형장을 잘 친 것으로 유명하였다.

백망의 무리들이 국문을 받게 되자 양천석이 형장을 잡고 들어가 참석하였다. 그가 형장을 집행하는 법이란, 그가 헐하게 치고 싶으면 한 차례 형장을 쳐서 비록 피를 흘리게 하지만 그 뒤로는 1백 차례 치더라도 그 살점이 상하지 않았다. 그래서 백망으로부터 여러 죄인들에 이르기까지 연달아 9, 10, 11차례 형장을 맞고도 능히 목숨을 보존할 수 있었다. 어느 날 병을 핑계 대고 나와서 꾀를 써서 회피하고는 다시 들어가지 않았다.

양천석은 일찍이 이징만(李徵萬)[165]에게 글을 배웠기 때문에 사제 간의 두터운 정의(情誼)가 있었다. 이징만은 양천석이 나왔다는 말을 듣고, 어둠을 틈타 불러들여서 국청의 일에 대해 조용히 그 전말(顚末)을 물었는데, 이징만은 곧 이쪽과 저쪽에 모두와 관련이 없는 사람이었기 때문에

---

165) 이징만(李徵萬) : 본관은 전의(全義), 자 치장(致章)이다. 본서 찬자인 이문정과 친분이 있어 서로 문답한 내용이 본서에 실려 있다.

양천석도 또한 이것을 잘 알고 있어서 이에 숨기지 않고 다음과 같이 말하였다.

"김일경이 처음에 목호룡의 고변서를 가지고 차례로 문목을 만들었는데, 백망이 이를 듣고 이윽고 다음과 같이 사납게 말하였습니다.

'네가 지난밤 목호룡을 시켜서 나를 불러다가 은밀히 동궁을 폐하고 이상대를 세우려 했던 김일경이 아니란 말이냐? 너희 무리가 일찍이 이와 같이 논의한 적이 있었기 때문에 내가 목호룡·이천기·김용택 등 여러 사람과 서로 논의하기를,

「만약 너희들의 계략이 이루어지면 우리들은 죽을 힘을 다해 모의하여 이상대를 죽이고 동궁을 다시 세울 것이다.」

하고, 은화를 가지고 지상궁과 체결한 뒤에야 이 일을 주선할 수 있기 때문에 먼저 은화를 모아서 미리 대비할 것을 논의하였다. 이어서 양성당(養性堂, 연잉군)에 충의를 바치자고 각자 손바닥에 써서 맹세하였는데, 저 목호룡은 맨 먼저 참여하여 이 같은 논의를 낸 자였다.

그런데 지금 홀연히 배반하고 떠나 너희 무리의 흉계에 들어가서, 너의 유혹을 받고 나를 맞이하여 갔다. 내가 너의 음모를 들어보니 과연 이전에 들은 내용과 부합되어, 이것은 큰 역모였으므로 내가 중간에 배반하고 도망친 것이다. 우리들이 논의한 것과 너희들이 모의한 것을 서로 비교하면 누가 충이고 누가 역인가?

너는 마땅히 바로 빨리 당에서 내려와서 나와 함께 이 국문장에서 그 충역을 판별해야 할 것인데, 어찌 감히 편안하게 국청에 앉아서 네가 밤새도록 목호룡의 고변서에 의거하여 꾸며낸 문목을 나에게 들이댈 생각을 한단 말인가?'

김일경이 한마디 말도 없이 바로 물러나서 나가고 나서도 두 대신이 또 목호룡의 고변서를 가지고 문목으로 삼으니, 백망이 눈을 크게 뜨고 꾸짖어 말하기를,

'너희들은 조금 전에 내가 김일경을 향해 한 말을 듣지 못하였는가? 김일경이 제대로 대답할 말이 없어서 겁을 집어먹고 물러나서 나간 것을 너희들이 바로 보았다. 그런데도 또한 김일경이 목호룡의 고변서를 가지고 꾸며낸 문목을 나처럼 충성심이 있는 사람에게 들이댄단 말인가? 너희들도 또한 김일경과 같은 대역죄인의 무리들이다.'

하고, 이어서 심단을 꾸짖어 말하기를,

'너는 선조(先朝)에서 뜻을 얻지 못한 사람인데 오늘날 망극한 성은을 입어 품계를 뛰어넘어 이조판서에 발탁되었으니, 네가 바라는 바를 넘어선 것인데도 진심으로 보답할 생각은 않고, 허연 머리의 늙은이가 도리어 김일경과 더불어 역모를 하려는가?'

하였습니다. 이에 두 대신과 여러 의금부 당상들이 모두 물러나와 처분을 기다렸고, 목호룡은 머리를 숙인 채 기운을 잃고 감히 입을 열지 못하여, 같이 하옥되었습니다.

그 뒤로 의금부로 국청을 옮기고부터 이전처럼 고변서의 문목을 가지고 목호룡과 죄인이 면질(面質)하였는데, 단지 고변서에 있는 내용을 말하라고 강요하였으며, 죄인이 만약 이전처럼 말하면 주장(朱杖)으로 그 입을 찢어서 말하지 못하게 하였습니다.

당상은 단지 바른대로 고하라고 호령하며 엄하게 신칙하였으므로, 나장이 촘촘하고 독하게 형장을 때리니 죄인이 이로 인해 입을 다물고 말하지 않고, 한명 한명이 모두 불복하고 형장을 맞고 죽었습니다. 그 가운데 혹 독한 형장을 이기지 못하고 머리와 목을 흔든 자가 있으면 이내 '승복하였다.'고 말하였으니, 그 지만초사는 당상으로부터 나온 것이었습니다.

옥사는 처음부터 지금에 이르기까지 이와 같았을 뿐이니 말하는 것이 비루합니다. 그중에서도 김성행(金省行)이 가장 다루기 어려운 사람이어서, 그 문목을 듣고 한 마디도 대답하지 않았습니다. 낭청이 공초를

재촉하니 말하기를,

'나는 말하고 싶지만 너희들이 주장으로 그 입을 때리니 어찌 말할 수 있겠는가? 반드시 나를 때려죽여야 할 것이다. 나는 다시 말하지 않겠다. 죄인 가운데 조금이라도 머리와 목이 기울어진 자가 있으면 너희들은 승복한 것이라고 하므로, 나는 군자이니, 스스로 마땅히 머리 모양을 곧게 할 것이다.'

하였습니다. 한 차례 형신을 받은 이래로 11차례에 이르도록 정신을 잃지 않았고, 머리털이 흐트러지지 않았는데, 수많은 죄인 가운데 홀로 김성행만 이와 같았다고 합니다."

○ 6월 8일 선대왕의 대상(大祥)166)을 직접 거행한 뒤 대가(大駕, 주상이 탄 수레)와 왕세제가 궁궐로 돌아왔다.

○ 목호룡의 고변서 내용은 이미 무(無)에 유(有)를 낳은, 허무맹랑한 일이었는데, 권익관(權益寬)167)의 상소는 목호룡의 고변서보다 더욱 심하였다. 대략 상소하기를,

"대조(大朝)168)의 대신·세가·구족(舊族)이 환첩(宦妾)과 체결하여 도리에 어긋난 모의(謀議)를 도모하려 했습니다. ……"

하였다. 이것이야말로 속담에 이른바 "내가 부를 노래를 사돈이 부른다."169)는 것이다. 북문(北門)으로 몰래 들어간 대신170)이 승정원의 계문

---

166) 대상(大祥) : 사망한 날로부터 만 2년이 되는 두 번째 기일(忌日)에 지내는 상례(喪禮)의 한 절차이다. 대상은 명자(冥者)에 대한 두 번째 제사라고도 할 수 있으며, 대상으로 상을 벗으면 다음 주년(周年)부터는 정식 기제사(忌祭祀)로 바뀌게 된다.

167) 권익관(權益寬) : 1676~1730. 본관은 안동, 자 홍보(弘甫)이다. 경종대 충청감사를 역임하였고, 1724년(영조 즉위년) 노론에 의해 유배되었다가 복귀하여 공조참의 등을 역임하였다. 1728년 이인좌의 난에 연좌되어 다시 유배되었다가 이듬해 풀려났다.

168) 대조(大朝) : 세자나 세제가 섭정(攝政)하고 있을 때 임금을 부르는 말이다.

(啓聞) 없이 굽은 길을 통해 입시하였으니, 이는 환첩과 체결한 것이 아니겠는가?

두 환관과 두 비첩[171]을 사주하여 세제가 알현하러 가는 길을 막아서 동궁을 제거하려 하였으니, 이것이 환첩과 체결하여 도리에 어긋난 모의를 도모하려는 일이 아니겠는가? 모두 형적이 드러나서 가릴 수 없게 되었다. 사대신이 어찌 일찍이 이와 같은 형적이 탄로 난 적이 있었단 말인가?

또 말하기를,

"두 역적의 아비와 형이 모두 비명(非命)에 죽자[172] 은밀히 주상에 대한 원한을 쌓아두고, 몰래 삼수(三手)를 행하고, 드러내놓고 네 차례 차자를 올렸으며, 심지어 궁성에 군대를 배치[173]하는 계략에까지 이르렀습니다."

하였다. 이른바 독약을 구입한 자가 장씨 성이라고 하였는데, 본래

---

169) 내가 …… 부른다 : 우리나라 속담으로, 자기가 하려고 하는 말이나 마땅히 할 말을 도리어 남이 함을 비유적으로 이르는 말이다.

170) 북문으로 …… 대신 : 북문은 창경궁 선인문(宣仁門)이고, 대신은 조태구이다. 1721년(경종1) 10월 17일 소론계 우의정 조태구가 선인문을 통해 들어가 세제 대리청정의 명을 거둘 것을 청하여 경종의 윤허를 받아냈다.

171) 두 환관과 두 비첩 : 박상검·문유도와 궁녀 석렬(石烈)·필정(必貞)을 가리킨다.

172) 두 역적의 …… 죽자 : 김창집의 아버지 김수항(金壽恒)과 이이명의 형 이사명(李師命)을 가리킨다. 모두 기사환국 이후 사사되었으므로, 환국으로 중전에 오른 장희빈의 아들인 경종에게 원한을 품을 가능성은 충분하였다.

173) 궁성에 군대를 배치 : 임인옥사의 죄수들 가운데 김창도(金昌道)와 유취장(柳就章)의 공초에서 관련 내용이 나온다. 궁성에 병력을 배치한다는 계획은, 1721년 10월 경종이 왕세제에게 대리청정하게 하라는 명을 내린 일로 인해 신하들이 철회를 요구하는 정청(庭請)을 하다가 그달 16일 노론 사대신을 중심으로 정청을 중지하자는 논의가 제기되었는데, 바로 그 시점에 있었던 일이다. 당시 김창집의 주도하에 자신들이 부리기 좋은 인물로 훈련도감의 관원을 구성한 다음, 정청 중지 이후 이들에게 궁성을 호위하게 하여 소론 인사들의 입궐을 저지함과 동시에 소론 인사들의 상소를 차단하고자 하였다고 한다.(《경종실록》 2년 5월 13일·7월 21일 기사 참조)

없는 사람이었으니 그 나머지는 어찌 다시 거론할 수 있겠는가? 사대신이 연명하여 차자를 올린 내용이 이러하였다.

만약 국사를 생각한다면 세제가 대리정정하는 것이 실로 종묘사직을 영구히 공고하게 하는 길이었다. 하물며 또한 주상이 애초 비망기를 거둬들이다가 그 뒤 스스로 결정하여 다시 대리청정의 명을 내리자 사대신이 연일 복합(伏閤)174)하고 사흘 동안 정청(庭請)175)하였다.

그렇지만 계속해서 "굳게 결정하였다." 하교하자 사대신이 이에 정유년 절목에 따라 거행하자고 차자를 올린 것은 바로 나라를 위한 계책이었는데, 어찌 도리에 어긋난 일을 꾸밀 마음이 있었단 말인가? 고변서를 꾸며내어 근거 없는 사실을 날조하여 모함하였으며, 이렇게 하고도 부족하여 권익관은 군대를 일으켜 궁궐을 범하려 했다고 사대신을 무함하기까지 하였으니, 이것은 목호룡의 고변서가 전혀 근거 없는 것보다 심한 점이 있었다.

또 말하기를,

"주문(奏文)은 바로 역적 이건명이 얽어 만든 것으로서 환온(桓溫)이 황제를 무고하여 폐위시킨176) 말을 답습한 내용이었는데, 연경(燕京)에 이르자 주문에서 주상을 무고한 것에 무고를 더 하였습니다.177)"

---

174) 복합(伏閤) : 대궐문에 엎드려 상소하는 것이다.
175) 정청(庭請) : 백관들이 함께 궁궐에 나아가 일을 계품(啓稟)하고 하교를 기다리는 것이다.
176) 환온(桓溫)이 무고하여 폐위시킨 : 환온(312~373)은 동진(東晉) 시대의 권신(權臣)으로 벼슬이 대사마(大司馬)까지 이르렀다. 황제 사마혁(司馬奕)이 큰 과실이 없었는데도 병들었다고 속이고 폐위시켰다. 당시 환온이 사용한 표현이 "위(痿)" 자였다.
177) 연경에 …… 하였습니다 : 주청 부사(奏請副使) 윤양래(尹陽來)와 서장관(書狀官) 유척기(兪拓基) 등이 연경에 갔을 때 경종의 병약함을 발설했고, 이로 인해 청나라에서 보낸 자문(咨文)에 경종이 "위약(痿弱)"하다는 두 글자가 들어가는 지경에 이르게 되었다. 더욱이 사신들이 청나라 관리들과 문답하면서 "좌우의 잉첩" 등이라는 말을 날조하여 꾸며서 경종을 무함하기까지 했다고 한다.(《경종수정실록》 2년 6월 19일 기사 참조)

하였다. 주문 가운데 "위약(痿弱)"의 "위" 한 글자가 어찌 일찍이 한 터럭이라도 환온이 무고하여 폐위시킨 말과 유사하였단 말인가? 잉첩이라는 말이 어떻게 주상이 쌓아온 덕에 누가 될 수 있기에 이건명이 성상을 무함하였다고 하는가?

또 말하기를,

"조태채의 정범(情犯, 범죄 동기)은 다른 정승들과 전혀 다른 것이 없습니다."

하였다. 조태채에게는 궁성에 군대를 배치하라고 말한 것과 같은 일이 없었고, 또한 성상(聖上)의 잉첩이라는 말도 없었으니, 트집 잡을 만한 구석이 없었다. 그래서 단지 "정범은 전혀 다른 것이 없다." 말하였으니, 어째서 그랬겠는가? 이에 이르러 말이 궁해져서 그 말에 실체가 없는 것이 마치 근원이 없는 물이 빨리 마르는 것과 같았다.

○ 이현장(李顯章)[178]의 상소 또한 권익관보다 심하였으니,

"사대신이 밤낮으로 경영한 일은 반드시 우리 종사를 전복하고야 말려는 것이었습니다."

하였다. 사대신이 어찌 종사를 전복할 이치가 있었겠는가? 주상이 왕위를 계승한 이후로 흉악한 무리들이 밤낮으로 경영한 것은 동궁을 모해하여 제거하는 일이었으며, 그것을 계획하여 실천한 것이 2명의 환관과 2명의 비첩에 지극하게 갖추어져 있었으므로 신인(神人)이 시기하고 조종(祖宗)이 노여워하는 바가 되었다.

그 계략을 그르치게 되자 또 목호룡의 고변서를 꾸며내어 반드시 동궁을 함정에 빠트리고 난 뒤에야 그치려고 했으니, 이것이 종사를 전복하려는 흉계가 아니겠는가? 그러니 "사대신이 종사를 전복하려 했

178) 이현장(李顯章) : 1674~1728. 본관은 전주, 자 성보(誠甫)이다. 1722년(경종2) 부수찬·부교리·수찬에, 이듬해 교리를 역임하였다.

다." 한 것은 곧 자신도 모르는 사이에 스스로를 가리켜 한 말이었다.

이어서 이명의·유필원(柳弼垣)·권익순(權益淳)·김시환 등이 연명하여 사대신을 성토하였는데, 그 가운데 한 구절의 말은 더욱 기절하여 넘어질 만큼 터무니없는 것이 있었다. 군대를 일으켜 궁궐을 침범하려고 모의했다는 말이 이홍술이 직접 공초한 데에 실려 있다고 말한 것이 그것이다.

이홍술은 불복하고 형장을 맞다가 죽은 자이니 그가 살아 있을 때 이와 같이 직접 공초한 적이 없다는 것은 분명하다. 그렇다면 그가 죽은 뒤 혹 이명의와 유필원 등의 입을 빌어서 이와 같이 직접 공초한 것이 있게 되었구나! 충성스럽고 의로운 혼백이 반드시 이렇게 할 이치가 없었다.

○ 한 편의 무리들이 떼 지어 일어나 번갈아 가며 김창집과 이이명을 노적(孥籍)시키는 일과 이건명과 조태채를 정형(正刑)에 처할 일을 제기하여 지극히 사악한 말을 다하면서 분노를 야기하는 소장을 다투어 올렸으나 매번 윤허하지 않는다고 답하였다. 또한 주상이 때때로 근시(近侍)를 돌아보며 묻기를,

"세제가 좋겠는가? 좌우가 좋겠는가?[179]"

하교하셨으므로, 저 무리들이 매번 윤허하지 않는 비답에 대해서 드러내놓고 불만스러운 마음을 표출하였다가 이 하교를 듣고서는 입을 모아 말하기를,

"판부(判付, 임금의 재가)가 잘못된 것을 어찌하겠는가?"

하였다. 귀가 있는 자들은 모두 이 말을 듣고 말하기를,

---

179) 세제가 …… 좋겠는가 : 대신들이 세제 대리청정의 명을 거둬달라고 하자 경종이 대답한 말에서 나온 구절이다. 즉 근래 화증(火症)이 올라와 숙종대 전례를 상고하여 서무(庶務)에 대한 대리를 거행하려 하는데, "좌우가 하는 것이 좋겠는가? 세제가 하는 것이 좋겠는가?" 되물으면서 병을 조리할 시간을 달라고 했다.(《경종실록》 1년 10월 16일 기사 참조)

"흉역을 행한 자는 저 무리들이다."
하였다.

○ 삼사에서 교리 이명의와 여선장(呂善長), 부교리 유필원, 수찬 이현장
·권익순, 집의 이제, 장령 이경열, 지평 이거원(李巨源),[180] 사간 정해(鄭楷),[181]
헌납 이진순, 정언 이광보(李匡輔)[182]·구명규(具命奎)[183]가 청대하여 입시
했을 때 김창집과 이이명을 노적시키는 일과 이건명과 조태채를 정형시킬
일에 대해 합계(合啓)하였으나, 주상이 윤허하지 않았다.

30일 우의정 최석항이 청대하여 입시했을 때, 이번 녹훈(錄勳)은 중종조
(中宗朝) 때 노영손(盧永孫)의 사례[184]에 의거하여, 목호룡만 봉군(封君)하는

---

180) 이거원(李巨源) : 1685~1755. 본관은 한산(韓山), 자 이준(彛準, 而準)이다. 1722년(경
　　종2) 지평으로 노론 탄핵에 참여하였다. 영조 즉위 후 이의연(李義淵)이 노론 사대신
　　의 신원(伸寃)을 주장하자 이에 반대하고, 김일경 구원에 힘쓰다가 파직되었다.
181) 정해(鄭楷) : 1673~1725. 본관은 연일(延日), 자 여식(汝式)이다. 1721년(경종1) 김일경
　　·박필몽 등과 같이 세제 대리청정을 주장한 노론 사대신을 4흉(凶)으로 몰아 논죄하
　　는 소를 올렸다. 1722년 노론을 비호하는 어유구를 논죄하는 소를 올렸다. 1724년
　　영조가 즉위하자 관직을 삭탈 당하고 유배되었으며, 이듬해 유배지를 옮기다
　　죽었다.
182) 이광보(李匡輔) : 1687~?. 본관 전주, 자 좌백(左伯)이다. 호조판서 이경직(李景稷)의
　　현손이다. 소론 출신으로 유생 시절에 최석정이 지은 글을 가지고 윤증(尹拯)을
　　제사한 일 때문에 노론 측의 공격을 받아 정거(停擧) 처분을 받았다. 경종대 노론
　　사대신을 탄핵하였고, 영조 즉위 뒤 유배되었다가 정미환국(1727, 영조3)을 계기로
　　복직하였다.
183) 구명규(具命奎) : 1693~?. 본관은 능성(綾城), 자 성오(性五)이다. 1722년 정언·지평을
　　지내면서 이광좌를 탄핵하는 상소를 올리기도 했다. 1725년(영조1) 임인년의 청대
　　(請對)와 옥사로 관작을 삭탈 당하고 유배되었다.
184) 노영손(盧永孫)의 사례 : 1507년(중종2) 발생한 이과(李顆)의 옥사(獄事)를 평정한
　　공으로 노영손이 1등 공신이 되었다. 노영손은 서얼 출신으로서 이과의 역모를
　　고변한 자이다. 이 사건으로 정난공신(定難功臣) 21명이 녹공(錄功)되었으나 이후
　　대간의 집요한 문제 제기가 있어 노영손을 제외한 나머지 인물들은 모두 삭훈되었
　　다.

일로 아뢰었다.

저 목호룡은 다른 사람의 지휘를 받은 사람에 불과하였지만 그렇다고
봉훈(封勳)의 은전에서 빼버릴 수도 없었다. 여기에 더해 작전을 지휘185)
한 원훈(元勳)들도 이루다 헤아릴 수 없었다. 그런데 최석항이 목호룡만
단독으로 봉군하자고 거론한 것은 이 또한 무슨 의도인가? 사람들이
괴이하게 여기지 않음이 없었다.

7월

7월 5일 사직 신경제(申慶濟)186)의 상소 또한 매우 패악(悖惡)하였다.
이른바 신경제란 자는 여든 살의 노인으로서 무슨 구할 것이 있었는지
다른 사람의 지휘를 받아서 그 사악한 주둥이를 멋대로 놀려 사대신을
얽어서 해친 것이 권익관보다 심하였다. 형륙(刑戮)을 당한 여러 사람들을
낱낱이 나열하였는데, 심지어 송우암(宋尤菴)187)을 추탈하는 일까지 그

---

185) 작전을 지휘 : 원문은 "發縱指示"이다. 방법을 가리켜 보이는 것으로 작전을 지휘하
　　는 사람을 뜻한다. 본래 발종은 개의 맨 줄을 풀어주는 것이고, 지시는 사냥감을
　　손으로 가리키는 것이다. 즉 사냥개를 풀어 놓고 짐승 있는 곳을 가리켜 잡게
　　하는 것이다.
186) 신경제(申慶濟) : 1644~?. 본관은 고령(高靈), 자 성회(聖會)이다. 1689년(숙종15)에
　　증광 문과에 급제하였다. 한성부 좌·우윤을 지냈다.
187) 송우암(宋尤菴) : 우암은 송시열(宋時烈, 1607~1689)의 호이다. 본관은 은진(恩津),
　　자 영보(英甫), 시호 문정(文正)이다. 사옹원 봉사 갑조(甲祚)의 아들이며, 김장생·김
　　집(金集)의 문인이다. 효종대 〈기축봉사(己丑封事)〉(1649)와 〈정유봉사(丁酉封事)〉
　　(1657)를 올려 조정의 논의를 주도하였다. 현종대 두 차례 예송(禮訟)에 깊이 간여했
　　다가 1674년 서인들이 패배하자 파직·삭출되었다. 1682년(숙종8) 김석주(金錫胄)·김
　　익훈(金益勳) 등 훈척들이 역모를 조작하여 남인들을 축출한 사건에서 김장생의
　　손자 김익훈을 두둔하다가 서인의 젊은 층으로부터 비난을 받았다. 이로 인해
　　결국 서인이 노론과 소론으로 분열되었는데, 송시열은 노론의 종장(宗匠)이 되었다.
　　1683년 노·소론의 대립으로 교착상태에 빠진 정국을 타개하기 위해 박세채가
　　탕평론(蕩平論)을 제출하였는데, 이에 대한 반발로 송시열이 윤선거(尹宣擧)·윤증

상소에서 튀어나왔으니,188) 이 또한 무슨 의도인가?

　송우암은 도학과 문장으로 우계(牛溪)189)와 율곡(栗谷)190) 이후 등장한 대현인(大賢人)이었다. 편당(偏黨)이 크게 성행하기에 이르자 다른 사람들의 시샘을 받아서 비록 헐뜯어 비방하는 말이 있었지만 송시열이 화양동(華陽洞)191) 안에 초가집에서 소왕(昭王)을 제사하여192) 존주대의(尊周大

(尹拯) 부자를 공격하여 1684년 이후 일어난 회니시비(懷尼是非)의 당사자가 되었다. 1689년 기사환국으로 남인이 재집권했는데, 이때 세자 책봉에 반대하는 소를 올렸다가 유배되었다. 그 해 6월 정읍에서 사약을 받고 죽었다.

188) 송우암을 …… 튀어나왔으니 : 실록에 신경제의 상소가 실려 있지 않아 관련 사안을 온전히 알 수 없다. 따라서 신경제를 거론한 김택현(金宅賢) 등의 상소를 통해 추정해 볼 수 있다. 전라 유생 김택현 등 1천여 인이 송시열을 무함한 자에 대한 처벌을 주장하였는데, 이때 "신경제는 바로 기사년(1689, 숙종15)의 흉얼(凶孽)로서, 임인년(1722, 경종2)의 흉소(凶疏)는 바로 하나의 급서(急書)였습니다. 거기에서 말하기를, '송시열이 불만스러운 뜻으로 앞에서 창도(倡導)하여 화기(禍機)를 빚어낸 것이 신축년(1721)에 이르러 탄로된 것이다.' 한 것은 선정을 악역 부도(惡逆不道)의 죄로 몰아넣은 것입니다." 하였다.(《영조실록》 1년 2월 8일 기사 참조) 또한 2월 29일 사헌부에서도 신경제를 탄핵하였는데, "신경제의 상소에서는 '난역(亂逆)'이란 두 글자를 공공연히 선정신 송시열에게 가하여 '장심(將心)을 온축하고 화기(禍機)를 빚어왔는데 죽은 후 남김없이 탄로되었다.'라고까지 말하였습니다. 아! 신사년(1701, 숙종27)의 처분이 이미 성고(聖考)의 예단(睿斷)에서 나왔으니, 이는 신하로서 감히 소급해 제기할 수가 없는데, 신경제는 선정을 해치는 데 급하여 감히 말할 수 없는 자리를 은연중 핍박하였습니다." 하였다.(《영조실록》 1년 2월 29일 기사 참조)

189) 우계(牛溪) : 성혼(成渾, 1535~1598)의 호이다. 본관은 창녕(昌寧), 자 호원(浩原), 호 묵암(默庵), 시호 문간(文簡)이다. 성수침(成守琛)의 아들이자 이이의 친우이다. 사후 기축옥사와 관련하여 삭탈관작 되었다가 1633년(인조11)에 다시 복관 사제(復官賜祭)되었다. 1681년(숙종7)에 문묘에 배향되었다가 1689년 기사환국으로 출향(黜享)되고, 1694년 갑술환국으로 재차 배향되었다.

190) 율곡(栗谷) : 이이(李珥, 1536~1584)의 호이다. 본관은 덕수(德水), 자 숙헌(叔獻), 시호 문성(文成)이다. 서인·노론은 이이와 성혼을 양현(兩賢)으로 존숭하는 가운데, 이이·성혼-김장생-김집으로 이어지는 서인 학문의 정통성을 계보화 하였다. 그리고 이이·성혼의 문묘 종사를 주장, 국가 차원에서 자파의 도통을 정립하려는 노력을 기울여 나갔다.

191) 화양동(華陽洞) : 송시열이 살았던 충청도 화양동을 가리킨다. 그의 사후 1695년(숙종21)에 권상하(權尙夏)·정호(鄭澔) 등의 노론계 관료와 유생들이 힘을 합쳐 송시열을 제향하는 화양동 서원을 세웠다.

義)193)가 해와 별처럼 빛나기에 이른 것에 대해서는 후세 사람들이 모두 감탄하고 우러러보고 있으니 비난하거나 이간질해서는 안 된다. 그런데 저 신경제는 어떤 사람이기에 감히 이와 같이 하는가?

그 상소의 앞부분에서는 조태구가 옥사를 허술하게 다스린 것을 비난하고 배척하였는데, 심지어 말하기를,

"거물 괴수이자 괘씸한 악인이 같은 집안의 아우이니, 오히려 무슨 말을 하겠는가? 사랑하여 그 목숨을 살리고자 한 것은 그 분수에 당연한 일이고, 질병을 핑계로 불참한 것 또한 마땅한 일이었다."

하였다. 이른바 "거물 괴수이자 괘씸한 악인"이란 바로 조태채를 가리키며, 조태구와 종형제(從兄弟) 사이라는 점을 말한 것이지만 조태구가 과연 조태채를 사랑하여 살리려고 했는가? 또한 과연 조태채를 위해서 국문에 불참하였는가?

그렇다면 사대신을 감률(勘律)194)할 때 박필몽이 "조태채는 다른 대신들과 차이가 없지 않다." 하면서 감등(減等)하려고 했지만 조태억이 다른 사람을 몰래 사주하여 모두 하나같이 위리안치시켰는데, 이것이 과연 사랑하여 그 목숨을 살리고자 한 것인가?

목호룡의 고변서는 오로지 사대신을 죽음에 몰아넣을 계략에서 나온

---

192) 초가집에서 …… 제사하여 : 당나라 때 초(楚)나라 소왕(昭王)의 사당에 유민(遺民)들이 사사로이 제사를 올렸다. 이에 한퇴지(韓退之)의 시 〈제초소왕묘(題楚昭王廟)〉에 "아직도 나라 사람들이 옛 덕을 그리워해서, 한 칸 띳집에서 소왕을 제사하네.[猶有國人懷舊德, 一間茅屋祭昭王.]" 한 것에서 인용하여, 송시열이 화양동에서 명나라의 마지막 황제 의종(毅宗)을 추모한 것을 비유하였다.

193) 존주대의(尊周大義) : 춘추시대 주나라를 높이 숭상했던 의리를 가리킨다. 공자(孔子)가 편찬한 역사책 《춘추(春秋)》를 관통하는 의리라는 의미에서 '춘추의리'라고도 한다. 이것은 송시열이 평생토록 지켜온 명분의리론이었다. 이를 통해서 송시열은 춘추시대 주나라를 숭상했듯이 삼전도의 치욕 이후 조선은 오랑캐 국가인 청나라에 휘둘리지 말고 이미 멸망한 명나라를 숭상해야 한다는 당위성을 피력하였다. 양란(兩亂) 이후 국가 재조(再造)기 서인·노론은 이러한 존주의리론을 통해 강상윤리를 강화하여 양반지주층의 이해관계를 대변하였다.

194) 감률(勘律) : 죄인에 대하여 해당하는 법 조항을 적용하던 일이다.

것이었고 조태채는 바로 그중 한 명이었다. 조태구가 처음부터 국청에
참여하였는데, 조태채를 위해서 국청에 참석하지 않으려는 뜻이 어디에
있단 말인가? 홀연히 중도에 질병을 핑계로 국청에 참석하지 않고서
그날로 신경제를 사주하여 이같이 상소하게 하여 사람들에게 바깥에서
막겠다는 의지를 보여주려고 한 것이지만, 어떤 사람이 그것을 믿겠는가?

그 형 조태만(趙泰萬)[195]은 성품이 강직[196]하여 의논이 갈라지자 일찍이
두 동생을 꾸짖으며 말하기를, "나라를 망치고 집안을 망치는 일은 하지
말라." 하였는데, 두 동생이 한스럽게 여겨서 암암리에 사람을 사주하여
삭출하였는데 그때 그 형의 관직은 교관이었다. 이처럼 평소 마음가짐이
불량하였는데 어찌 조금이라도 조태채를 위하는 마음이 있었겠는가?
그 마음 먹은 바가 반드시 조태채를 아울러 죽이려 했으니, 만약 살리고자
하는 마음이 있었다면 그것은 그들의 손바닥 가운데 있었다.

7월 23일 훈련도감 중군(中軍) 유취장(柳就章)[197]이 능지처참 되었다.
조태억의 겸인(傔人, 시중드는 사람) 손대철(孫大喆)은 유취장 유모(乳母)

---

195) 조태만(趙泰萬) : 1672~1727. 본관은 양주(楊州), 자 제박(濟博), 호 고박재(古朴齋)이
다. 조태억의 형이고, 권상하의 문인이다. 1717년(숙종43) 학행으로 돈녕부 참봉에
제수되었으나 나아가지 않았다. 1722년(경종2) 내시 교관(內侍教官)으로 제수되었
으나 역시 출사하지 않았다. 방외(方外)에 노닐며 괴이한 행동을 하기를 좋아하였으
므로 사람들이 모두 미쳤다고 하였으나, 내행(內行)에 독실하고 문사(文詞)를 좋아하
였으며 절개를 숭상하였다. 술을 마시고 나면 이따금 세상 일을 이야기하며 비분강
개한 나머지 눈물을 흘리곤 하였다. 뒤에 세제 익위사 시직(世弟翊衛司侍直)에
임명되었다가, 1724년 사간원의 탄핵을 받아 교체되었다. 1743년(영조19) 시직
재직 때에 임무를 성실하게 수행하였다 하여 가자(加資)되었다.

196) 강직 : 원문은 "木強"이다. 사람의 성격을 나타내는 말로 억지나 고집이 세어 남에게
호락호락하게 굽히지 아니한 성품을 가리킨다.

197) 유취장(柳就章) : 1669~1722. 본관은 진주(晉州), 자 여진(汝進)이다. 1721년(경종 1)
분부총관(分副摠管)을 지내고, 이듬해 훈련중군(訓鍊中軍)이 되었다. 그러나 신임옥
사 당시 소론의 공격을 받아 유배되어, 곧 노론의 거두 김창집 등과 함께 처형되었다.
1808년 유생 김정언(金鼎言)의 상소에 의하여 '신임충량(辛壬忠良)'으로 불리었으며,
사충사(四忠祠)에 합유(合侑)되었다.

의 사위였으므로 유취장과 서로 친하였다. 왕세제 책봉 후 유봉휘가
도리에 어긋난 상소를 올린 죄에 대해 국문하라는 명령이 있었다. 그날
밤 유취장이 내금위장[內禁將]으로서 궁궐 순찰을 감독하다가 청양문(靑陽
門, 창덕궁 동편 담장문)에 도착하였는데, 군복을 입은 한 사람이 급히
피하여 궁 안으로 들어갔다. 행적이 수상하여 그 자취를 밟으니 환관
입번 처소로 곧장 들어갔다. 그가 나오기를 기다렸다가 사로잡으니 곧
손대철이었다. 이에 질책하여 묻기를,

"너는 사가(私家)의 겸인으로서 옷을 갈아입고 궁궐 안으로 들어왔는데,
그 이유가 무엇인가? 누가 그렇게 하라고 시켰는가?"

하니, 손대철이 대답하기를,

"들어갈 만한 일이 있기 때문에 들어간 것이고, 누가 시켰는지는 영감이
알아야 할 일이 아닙니다."

하였다. 유취장이 분노하여 즉시 결박하고 바야흐로 아침을 기다렸다
가 초기(草記)[198]하려 하였다. 환관 김경도(金景燾)[199]가 즉시 알아차리고
와서 말하기를,

"이 사람은 바로 내 처의 사촌입니다. 그가 긴급한 일이 있어서 내가
교대하고 나오는 것을 기다리기 어려웠기 때문에 옷을 갈아입고 들어온
것입니다. 만약 개인적인 일로 급히 통해야 할 경우가 생기면 사인(私人)의
옷을 갈아입혀 안으로 들여보내는 것이 우리 무리들의 일반적인 사례입니
다. 영감께서는 괴이하게 여기지 마시고 풀어주십시오."

하니, 유취장이 속아 넘어가 마침내 풀어주었다. 나중에 알고 보니,

---

198) 초기(草記) : 각 관서(官署)에서 국왕에게 올리는 문서이다. 정무상 중대하지 않은
  사항을 그 내용만 간단히 적어 올리는 서식이다.
199) 김경도(金景燾) : 앞선 본문 내용 가운데 "김경도가 흉악한 무리들의 탐문으로 인해
  정유독대 당시의 설화를 비밀리에 고하여, 온 세상에 전파되었다." 하였다. 정유독대
  는 1717년(숙종43) 이이명이 숙종과 독대하여 세자[경종]의 대리청정을 주청하였던
  일이다.

이것은 바로 조태억이 시킨 일이었고, 유봉휘를 국문하라는 명을 거둬들이게 하는 일을 도모하려 한 것이었다. 그러니 유취장이 조태억에게 유감이 쌓인 것은 보지 않아도 알 수 있는 일이었다.

이때 이르러 애초 문목이 없었는데도 곧장 때려죽이는 것을 위주로 하여 한 차례 형신에 정강이뼈가 모두 부서지고, 두세 차례나 반복되었으니, 어찌 생기(生氣)가 있을 수 있겠는가?

이른바 "초사"란 것은 유취장의 입에서 나온 말이 아니고 바로 국청(鞫廳) 당상의 소매 속에서 나온 것이었으니 어찌 할 말이 없는 것을 근심하였겠는가? 이 때문에 여러 죄인의 "초사"라는 것을 보면 마치 한 사람의 입에서 나온 듯 하였다.

유취장이 궁궐을 순시하면서 잡인(雜人)을 금지하는 것은 바로 그의 직분이었다. 수상한 사람이 밤을 틈타서 궁궐에 들어왔으니 이는 실로 의심스러운 단서였으므로 그 종적을 밟아서 그 사람을 붙잡았는데 바로 조태억의 겸인이었으니 더욱 의아스러운 일이었다.

그 이유를 질책하여 묻자, 대답이 불순해서 비록 "경상(卿相) 집안의 총애 받는 겸인"이라고 하더라도 결박하여 초기를 받고자 한 것은 또한 그 직책으로 보아 당연한 일이었는데, 이것 때문에 미워하여 거짓을 날조하여 죽였으니 너무 심하구나!

26일 유취장의 아들 선기(選基)에 대한 형이 집행되었다.

같은 날 심진(沈榗)이 10차례 형신을 받고도 오히려 실낱같이 숨이 붙어 있었는데, "승복한 초사를 받들겠다."하고는 능지처참 당하였다.

28일 왕세제가 영소전(永昭殿)[200]에 보책(寶冊)을 올리고, 신주(神主)의

---

200) 영소전(永昭殿) : 경덕궁(慶德宮, 경희궁) 안에 있었던 숙종 비인 인경왕후(仁敬王后) 김씨의 혼전(魂殿)이다.

글자를 고쳤다. 거둥 뒤 궁궐로 돌아왔다.

29일 다음과 같이 전교하였다.

"민진원(閔鎭遠)201)이 범한 죄가 비록 중하지만, 예(禮)로 대우하는 도리로 보아 한결같이 폐기하는 것은 마땅치 못하니 특별히 석방하도록 하라."202)

8월

8월 1일 효령전(孝寧殿, 숙종의 혼전(魂殿))의 삭제(朔祭)203)를 왕세제가 섭행(攝行)204)하였다.

5일 효령전의 담제(禫祭)205)를 마친 뒤 왕세제가 궁궐로 돌아왔다.

9일 삼사의 권익순·여선장·이명의·정해·윤대영(尹大英)·김중희(金重熙)·이광보·이진순·이명언(李明彦)·양정호(梁廷虎)·이보욱(李普昱)206)·구

201) 민진원(閔鎭遠) : 1664~1736. 본관은 여흥(驪興), 자 성유(聖猷), 호 단암(丹巖)·세심(洗心)이다. 민유중(閔維重)의 아들, 인현왕후의 오빠, 민진후(閔鎭厚)의 동생이고, 송시열의 문인이다. 1722년(경종2) 임인년 옥사로 유배되었다가, 1724년 영조가 즉위하자 우의정에 올랐다. 이듬해 유봉휘를 유배시켰으며, 송시열의 증직(贈職)을 상소하고 그 해에 좌의정이 되었다. 저서로는 《단암만록(丹巖漫錄)》 등이 있다.
202) 전교하기를 …… 하라 : 底本에는 8월 1일 기사에 실려 있다. 실록과 연활자본에 근거하여 수정하였다.
203) 삭제(朔祭) : 왕실에서 매달 음력 초하루마다 조상에게 지내던 제사이다.
204) 섭행(攝行) : 임금 대신 일을 거행하다.
205) 담제(禫祭) : 초상(初喪)으로부터 27개월 만에, 곧 대상(大祥)을 치르고 난 두달 뒤 하순(下旬)의 정일(丁日)이나 해일(亥日)에 지내는 제사이다.
206) 이보욱(李普昱) : 1688~?. 본관은 용인(龍仁), 자 휘백(輝伯)이다. 1723년(경종3) 이보욱은 이만성 등이 노론 사대신의 흉역에 참여하였다 하여 국문하기를 청하였다.

명규가 복합(伏閤)²⁰⁷)하여 이이명과 김창집을 노적하고 이건명과 조태채를 정형할 것을 청하였으나 주상이 윤허하지 않았다. 세 차례 복합했지만 모두 윤허하지 않았다.

10일 숙종대왕·인경왕후(仁敬王后)²⁰⁸)·인현왕후(仁顯王后)를 종묘[太廟]에 부묘(祔廟)하고, 친히 제사를 지낸 뒤 대전과 왕세제가 궁궐로 돌아왔다. 삼사에서 연이어 복합하였지만 모두 윤허하지 않았다.

○ 최석항·이광좌·김일경·김시환·유중무·조태억·이태좌·이조(李肇)²⁰⁹)·한배하·윤취상·이사상·김중기(金重器)²¹⁰)·이삼(李森)²¹¹)·박필몽·권익순·이현장·여선장·조익명(趙翼命)²¹²)·이명의·정해·김중희·

또 임인옥사를 고변한 목호룡만 녹훈(錄勳)되자, 옥사를 다스린 여러 신하들이 함께 녹훈되어야 한다고 주장하였다. 이때 옥사를 담당한 대신들이 모두 소론이었던 만큼, 영조 즉위로 노론이 득세하자 김일경·목호룡의 여당으로 몰려 탄핵을 받고 유배되었다.

207) 복합(伏閤) : 나라에 큰일이 있을 적에 조신(朝臣) 또는 유생이 대궐문 밖에 이르러 상소하고 엎디어 청하던 일이다.

208) 인경왕후(仁敬王后) : 1661~1680. 숙종의 왕비이다. 본관은 광산으로 김장생의 4대손 광성 부원군(光城府院君) 김만기(金萬基)의 딸이다. 1671년(현종12) 세자빈에 책봉되었으나, 1680년 10월에 천연두로 세상을 떠났다.

209) 이조(李肇) : 1666~1726. 본관은 전주, 자 자시(子始), 호 학산(鶴山)이다. 경종대 도승지 등을 역임하였다. 노론이 연잉군의 대리청정을 주장하자 경종 보호에 앞장섰다.

210) 김중기(金重器) : ?~1735. 자는 대기(大器)이다. 경종대 어영대장·훈련대장 등을 역임하였다. 영조 즉위 후 소론으로 취급되어 파직되었다가 총융사로 기용되었다. 1728년 이인좌의 난 당시 출정의 명령을 받았으나 미온적인 태도를 취하고, 또한 반란 주동자였던 이유익(李有翼)을 숨겨주었다 하여 처형되었다.

211) 이삼(李森) : 1677~1735. 본관은 함평(咸平), 자 원백(遠伯)이다. 윤증(尹拯)의 문하에서 공부하였다. 경종의 신임을 받아 총융사·어영대장 등을 역임하였다. 영조대 이인좌의 난에서 공을 세워 함은군(咸恩君)에 봉해졌다.

212) 조익명(趙翼命) : 1677~1744. 본관은 풍양(豊壤), 자 사필(士弼)이다. 1716년 지평 재직시《가례원류(家禮源流)》의 서문에서 윤증을 비난한 권상하를 비판하였다. 경종대 삼사의 언관을 역임하였다. 영조가 즉위하자 노론 사대신의 옥사 때 언관

윤대영·이광보·이진욱(李晉욱)·이명언·양정호·이진순·구명규 등이 하루에 세 차례 이건명의 정형과 김창집과 이이명을 노적시킬 일을 아뢰자 주상이 모두 아뢴 대로 하라고 전교하였다. 조태채를 정형에 처하는 일은 윤허하지 않았다.

조태억은 조태채의 종제(從弟)로서 태연히 계사(啓辭)에 참여하였으니, 사람들이 모두 야유하면서 말하였다.

"저와 같이 인정머리 없는 사람이 요란한 수레 소리와 함께 길거리를 질주하며 스스로 득의양양하여 홀로 부끄러워하는 마음이 없으니, 또한 하늘도 두렵지 않은가? 그가 죽은 뒤 무슨 면목으로 지하에서 그 조상에게 절할 수 있겠는가? ……"

○ 그날 여러 신하들의 계사는 작년 겨울 육적(六賊)²¹³⁾의 상소보다 심하였다. 그 계사에 말하기를,

"몰래 대리청정 절목의 차자를 올려서 주상을 협박하는 계책을 실현하려고 하였습니다."

하였다. 제왕이 만기(萬機)²¹⁴⁾를 다스리는 일은 오로지 밝게 잘 듣고 사리에 통달하는 것에 달려있다. 주상께서 요(堯)·순(舜)의 자질을 타고 났지만 홀연히 젊은 나이에 기이한 질병에 걸려 항상 정신이 혼미해지는 증상이 있어서 후사를 이을 바람이 없는데 이르자 선왕께서 깊이 근심하게 되었다.

양암(凉闇)²¹⁵⁾의 아픔을 만나서는 몸이 야윌 정도로 슬퍼하는 예절을

재직시 이를 제지하지 못한 책임을 지고 파직당하였다.

213) 육적(六賊) : 노론 사대신을 탄핵하는 김일경 상소에 연명한 6명을 가리킨다. 정해·이진유·서종하·윤성시·박필몽·이명의 등이다.

214) 만기(萬機) : 임금의 정무(政務) 또는 여러가지 정사(政事)를 가리킨다.

215) 양암(凉闇) : 임금이 부모의 상중에 정무를 보지 않으면서 말을 한마디도 하지

지극하게 다하여 옥후(玉候, 임금의 건강)가 이전보다 갑절이나 더욱
나빠져서 성상의 총명이 더욱 심하게 훼손되었다. 이로 인해 온갖 법률과
제도가 해이해지기를 기다리지 않아도 저절로 해이해졌으며, 모든 업무
처리는 나태하려 하지 않아도 저절로 나태해졌으니, 백성의 근심과 나라
를 경영하는 계책을 진작하고 쇄신할 수 없었다.

이때 세제가 대리청정하는 것은 실로 국가의 먼 장래를 염려해서
나온 방도였다. 그렇지만 이것은 주상이 말없이 헤아려 결단할 일이지
신하가 감히 진달할 수 있는 일이 아니었는데, 조성복이 멋대로 상소하여
청하였던 것이다.

그 어리석은 충성심이 비록 국가를 위한 원대한 계책에서 나온 것이라
할지라도 만약 인신의 도리로서 논한다면 어떻게 감히 "우리 임금은
그렇게 할 능력이 없다.[吾君不能]"216)는 마음에서 벗어날 수 있겠는가?

이것이 바로 주상이 격노하여 대리청정의 비망기를 한밤중에 갑작스럽
게 내린 까닭이었다. 이로써 조정 신하들에게 두려운 마음이 생기게
하고, 재신(宰臣)의 간쟁을 계기로 비망기를 거둬들였다.217)

비망기를 내린 까닭과 거둬들인 까닭은 모두 성주(聖主)의 엄함과 너그
러움이 중도를 얻는 도리와 합치되었다. 애석하도다! 우리 임금이 질병이
있어서 정신이 청명한 때가 항상 적고, 정신이 흐리멍텅 할 때가 항상
많음이여!

다시 비망기가 내려졌을 때218) 이미 스스로의 신충(宸衷, 임금의 뜻)으로

않는 것을 말한다. 여기서는 숙종의 상사(喪事)를 가리킨다.
216) 우리 …… 없다[吾君不能] : 《맹자》〈이루 상(離婁上)〉에서, "어려운 일을 임금에게
  책임 지우는 것을 공이라 이르고, 선한 것을 말하여 사심을 막는 것을 경이라
  이르며, 우리 임금은 훌륭한 일을 할 수 없다고 하는 것을 적이라 한다.[責難於君謂之
  恭, 陳善閉邪謂之敬, 吾君不能謂之賊.]"하였다.
217) 재신의 …… 거둬들였다 : 여기서 재신이란 최석항을 가리킨다. 경종이 조성복의
  상소를 계기로 세제 대리청정을 명하였는데, 최석항이 밤새워 설득하여 명을
  거둬들이게 하였다.

결단하였으므로 여러 신하들의 여러 날에 걸친 정청(庭請)²¹⁹⁾에도 매번
"굳게 결정하였다." 하교하였다. 주상이 잠저(潛邸)²²⁰⁾에 있을 때로부터
왕위에 오른 날에 이르기까지 한마디 말이나 한 번의 명령을 내리는
사이에도 애초 거짓된 하교가 없었다.

정청에 대한 비지(批旨) 가운데 "질환이 있어 억지로 하기 어렵다."는
하교와 "나라의 형세가 외롭고 위태롭다."는 하교는 거짓된 것이 아니고,
바로 진정(眞情)이었다.

또한 대리와 청정은 차이가 있으므로, 정유년에 거행한 절목에 의거하
라고 하교하고 나서는 여러 신하들의 여러 날 걸친 정청[庭籲]에도 한결같
이 따르지 않았으니, 인신의 도리로 보아 군상(君上)의 거듭되는 간곡한
하교를 어찌 감히 허위로 돌릴 수 있겠는가?

사대신이 부득이하여 마침내 정유년 절목으로 거행하겠다는 차자를
올렸으니, 한결같이 군상의 하교를 따라서 군상의 하교를 행하자고 청한
것이었는데 무엇을 가지고 "몰래 올렸다." 하고, 무엇을 가지고 "협박하였
다."²²¹⁾ 말하는가? 저들이 말하기를 "임금을 시해하여 찬탈하거나 폐출하
려는 모의가 이르지 않는 곳이 없다." 한 것은 진정 저 무리들이 스스로
한 일을 말한 것이었다.

연잉군이 이미 저위(儲位)에 올랐고 군신의 분수가 진실로 이미 정해졌
는데, 저 무리들은 오히려 두 마음을 품고서 몰래 귀척(貴戚)과 결탁하여
비밀리에 모의한 것이 바로 이상대를 세우려는 계략이었다. 이것은 백망
의 맨 처음 공초에서 나와서 김일경과 심단이 국청에서 쫓겨나게 만들었

218) 다시 …… 때 : 대리청정 비망기를 거둬들인 뒤, 조정에서 정파간 갈등이 격화되자
경종은 다시 세제에게 대리청정하라는 비망기를 내렸다.
219) 정청(庭請) : 국가에 중대사가 있을 때 세자 또는 의정(議政)이 문무백관을 거느리고
궁정에 이르러서 계(啓)를 올리고 전교(傳敎)를 기다리는 일이다.
220) 잠저(潛邸) : 아직 왕위에 오르기 전에 살았던 임금이 살던 집을 이르는 말이다.
221) 무엇을 …… 하였다 : 底本에는 없다. 연활자본에 근거하여 보충·번역하였다.

다. 의금부 나장 양천석이 눈으로 환하게 보고, 분명하게 입으로 전한
것이었다.

이상대를 세우려고 모의한 것이 만약 저들 무리의 확실한 증거[眞贓]가
아니라면 어찌하여 백망의 공초로 쫓겨났단 말인가? 저들의 계략이
만약 이루어졌다면 동궁은 저 무리들이 이른바 "네 글자의 화"222)를
면키 어려웠을 것이다.

또 두 환관과 두 비첩이 세제가 알현하러 가는 길을 막고 동궁을
제거하려고 한 계략은 또한 누가 사주하여 한 일인가? 만약 저 무리들이
사주하여 시킨 일이 아니라면 그것이 발각되던 날 국문하여 근본 원인을
규명하려고 하지 않고 곧장 정형에 처하라고 아뢴 것은 무엇 때문인가?
입을 막는 계략에 급급했다는 사실이 이미 밝게 드러났다.

물의(物議, 여론)가 떠들썩하게 일어나고 여러 상소가 어지럽게 올라오
자 어쩔 수 없이 국청을 설치하였지만, 두 비첩이 자살하는데도 그대로
내버려 두었다. 단지 두 환관에게만 형신을 시행하였지만 누가 시켰다는
공초는 뽑아 내버렸으며, 단지 국정[朝政]에 간여하려 했다는 공초만으로
추안을 만들어서 간략하게 옥사를 마무리하였다. 흉악한 음모와 비밀스
러운 계책을 비록 가려서 감추려고 했지만 남김없이 탄로 나고 말았다.

저 무리들이 어찌 감히 환첩(宦妾)의 변고를 "내가 한 것이 아니다."
할 수 있겠는가? 만약 자궁(慈宮)께서 힘껏 돕지 않았다면 동궁 또한
저 무리가 이른바 네 글자의 화를 면키 어려웠을 것이다. 네 글자의
흉악한 음모 또한 어그러지자 김일경이 목호룡의 고변서를 꾸미면서 동궁을
모함한 것이 한 차례로는 부족해서 두 차례까지나 이르렀다. 주상이 마침내
동궁에게 내려 보이자 동궁이 두렵고 불안한 것이 어떠하였겠는가?

또 옥사를 주관한 대신 조태구와 최석항, 판의금부사 심단이 애초에
국문하여 받은 공초 가운데 동궁과 관련된 내용을 추안에 쓰지 말자고

---

222) 네 글자의 화 : "세제를 폐출하라[廢出世弟]."는 네 글자를 가리킨다.

아뢰었지만, 이것이 어찌 동궁을 위한 뜻이라고 할 수 있겠는가? 그 실제는 국청의 초사에서 동궁이 어지럽게 나왔다는 점을 일부러 밝히는 데에 있었다.

매번 국청이 끝난 뒤 청대하여 입시하였을 때 "양왕의 옥사에서 양왕에게 죄를 묻지 않았습니다." 아뢰었으니, 이것은 양왕이 지은 죄를 억지로 동궁에게 씌워서 주상으로 하여금 헤아려 처분하게 하고자 했던 것이다. 저 무리들이 임금을 시해하고 왕위를 찬탈하려는 모의가 이르지 않은 곳이 없다고 말한 것이 어찌 스스로를 두고 한 말이 아니겠는가?

목호룡의 고변서는 바로 김일경이 지어낸 것이었다. 이른바 국문하여 받은 초사란 바로 옥사를 주관한 여러 신하들이 불복하고 형장을 맞다가 죽은 사람과 거듭된 형장으로 아직 체온이 식지 않은 시신을 대신하여 받은 공초였으니, 그것이 거짓임은 분명하였다.

이처럼 고변서를 지어내고, 국청의 초사를 거짓으로 꾸며내어 반드시 동궁을 시해하여 그 자리를 빼앗거나 동궁을 폐출하고자 하였지만 끝내 성상에게 간특함을 멋대로 부릴 수 없게 되자 도리어 사대신을 임금을 시해하고 왕위를 찬탈하거나 폐출시키려는 음모에 빠뜨렸다. 소인의 무리들이 다른 사람의 집안과 국가에 화를 끼친 것이 이처럼 참혹하였다.

저들은 말하기를, "사흉(四凶)의 연명 차자가 바로 평지수(平地手)[223]이다." 하였다. 지난번에는 유취장의 거짓 공초를 지어내어 김창집이 궁성에 군대를 배치하였다고 모함하고, 이것을 일러, "삼수 가운데 평지수이다." 하였었다. 지난번에는 군대를 배치한 것을 평지수라고 했다가 지금 갑자기 연명 차자(聯箚)를 평지수라고 바꾼 것은 어째서인가? 군대를 배치하였다고 얽어서 참소하는 것이 끝내 이치에 가깝지 않은 무고라는 것을

---

223) 평지수(平地手) : 목호룡이 노론 측에서 경종을 시해하고자 모의했다는 소위 삼수(三手) 가운데 하나이다. 즉 숙종의 전교를 위조하여 폐출하는 것이다. 나머지 대급수(大急手)는 칼로 살해하는 것, 소급수(小急手)는 약으로 살해하는 것이다.

꺼려했기 때문이 아니겠는가!

사대신의 연명 차자를 "평지수"라고 한 것도 오히려 혹 억지로 흠을 찾는 단서를 만든 것이었지만, 김창집이 "군대를 동원하려고 모의했다."는 것은 증자가 사람을 죽였다는 말[224]과 같을 뿐만이 아니었다. 사대신의 연명 차자는 실로 국가를 위하고 임금을 사랑하는 충직한 마음에서 나온 것이었다. 어째서인가? 국사(國事)를 가지고 말한다면, 세제가 대리청정한 뒤에야 외롭고 위태로운 기미를 편안한 형세로 바꾸어 놓을 수 있었다.

주상의 건강을 가지고 말한다면, 세제가 대리청정한 뒤에야 주상이 만기(萬機)를 처리해야 하는 수고가 없어져서, 조섭(調攝)[225]이 편해지게 된다. 하물며 또한 여러 차례 비지(批旨)에서 슬퍼하고 안타깝게 여기는 진실된 마음을 모두 드러내서, 연이어 "굳게 결정하였다."거나 "틀림없다."하교하였으니, 인신의 분수와 의리로 보아서 어떻게 감히 틀림없다는 하교를 거짓으로 돌려서 곧장 따르지 않는단 말인가?

만약 허위로 돌려 곧장 따르지 않는다면 이것은 임금을 허위로 대우하는 것이니 어떻게 임금을 업신여기는 마음을 면할 수 있겠는가? 이것이 연명 차자가 실로 충직한 도리가 되는 이유이다.

재차 대리청정의 비망기를 내린 것은 단연코 주상의 진정이었으므로, 만약 간사한 무리들이 비단을 짜듯 꾸미며서 참소하지 않았다면 어찌 한밤중에 다시 바꾸는 일이 있었겠는가? 주상이 진정이었던 까닭과 간사한 무리들이 멋대로 이간질한 까닭을 명확히 입증할 단서가 있다.

여러 신하들이 여러 날에 걸쳐 정청[庭籲]하였지만 끝내 따르지 않았

---

224) 증자가 …… 죽였다는 말 : 증자와 이름이 같은 사람이 사람을 죽였는데, 세 차례에 걸쳐 증자의 어머니에게 이 사실을 알렸다. 마지막에 이르자 베 짜던 북을 내던지고 담 넘어 도망쳤다는 일화에서 나왔다.
225) 조섭(調攝) : 병 치료를 위하여 위생을 잘 지키고 음식 조절을 잘하는 것을 말한다.

으니 이것이 어찌 성상의 뜻이 굳게 정해졌기 때문이 아니겠는가?
조태구가 한 마디 잠깐 아뢰어서 특별히 성명(成命)226)을 중지하였으
니 이것이 어찌 피부에 닿는 참소가 이미 깊이 이루어진 결과가 아니겠
는가?

작년 겨울 여섯 사람의 상소 가운데 한 번 웃을 만한 말이 있었다.
당시 여러 신하들이 사흘 동안 정청한 것을 기사년(1689, 숙종15) 흉악한
무리들이 반나절 정청227)한 것과 비교하여 50보와 100보처럼 차이가
없다고 한 말이 그것이다. 그리고 마침내 정청을 단지 사흘 만에 그친
것을 가지고 사대신의 죄안으로 삼았으니, 그렇다면 조태구가 허구한
날 정청을 그치지 않아서 성상의 뜻을 돌릴 수 있었단 말인가?

과연 이와 같다면 정청을 사흘 만에 그친 사람들을 불성실하다고
질책하는 것은 좋지만, 불과 반 마디 말을 하는 짧은 사이에 갑자기
주상이 굳게 정한 일을 되돌렸으니, 이는 참소하여 이간질한 일을 분명하
게 드러낸 것이었다.

그런데 전혀 부끄러워하는 마음이 없이228) 도리어 참소하여 이간질한
일이 드러난 것을 스스로 충적(忠赤)하다고 여기고, 다른 사람들이 여러
날에 걸쳐서 정성을 다해 부르짖은 것을 보고 없는 죄를 꾸미는 단서로

---

226) 성명(成命) : 임금이 신하의 신상에 관하여 결정적으로 내리는 명령이다.

227) 기사년 …… 정청 : 기사환국 당시 집권 남인이 인현왕후의 폐위를 저지하기 위해
     정청한 사실을 가리킨다. 서인·노론은 당시 남인들은 폐위문제에 소극적이었다고
     보고, 반나절 정청이라고 표현하였던 것이다. 하지만《동소만록》에는 당시 정황을
     정반대로 묘사하였다. 권대운이 차자를 올려 왕비를 폐위시켜 서인(庶人)으로
     만들고 사저로 돌려보낸 일을 애통하게 여기며 반대하였다. 이처럼 남하정은
     당시 남인 대신들이 적극적으로 국왕의 결단을 막으려 한 사실을 부각시켜 기술하였
     다. 이로써 서인이 남인에게 씌운 명의 죄인(名義罪人)의 혐의에서 벗어날 근거를
     마련하고자 했다. 명의 죄인이란 서인이 남인에게 붙인 죄목으로, 기사환국 당시
     신하로서 인현왕후의 폐위를 적극 막지 않은 불충을 저질렀다는 것이다. 이후
     갑술환국으로 정국이 급변하면서 남인들의 중앙정계 진출을 가로막는 죄목으로
     악용되었다.

228) 전혀 …… 없이 : 底本에는 없다.《稗林》과 연활자본에 근거하여 보충·번역하였다.

만들었으니, 소인의 정태(情態)를 차마 바로 볼 수가 없다.

○ 14일 묵세(墨世)[229]가 14차례 형신을 받았지만 불복하고 죽었다.

○ 8월 15일 이만성(李晚成)[230]이 감옥에서 죽었다.

○ 16일 이헌(李瀗)이 9차례 형신을 받고는 바로 아직 체온이 식지 않은 시신이 되었는데, "결안 취초(結案取招)[231]하였다." 하면서 사형을 집행하였다.

○ 17일 양익표(梁益標)[232]에 대해서는 곧장 때려죽이는 것을 위주로 하여, 4차례 형신을 받고 정강이뼈가 모두 부서졌으며, 12차례 형장을 맞고 양쪽 옆구리가 모두 부러져서 또한 아직 체온이 식지 않은 시신이 되었는데, "결안 취초하였다." 하면서 사형을 집행하였다.

○ 이명좌(李明佐)[233] 또한 아직 체온이 식지 않은 시신이 되었는데,

---

229) 묵세(墨世) : 나인[內人] 이영(二英)의 육촌(六寸)으로, 대전(大殿)의 궁인이었다. 이영은 백망의 아내로서 중국에서 구한 환약을 상궁 지열(池烈) 등에게 주어 경종을 살해하려 했다.

230) 이만성(李晚成) : 1659~1722. 본관은 우봉(牛峰), 자 사추(士秋), 호 귀락당(歸樂堂)·행호거사(杏湖居士)이다. 이유겸(李有謙)의 손자, 이숙(李翻)의 아들이다. 경종대 세제 책봉에 참여하였고, 신임옥사에 연루되어 유배되었다가 죽었다.

231) 결안 취초(結案取招) : 옥사를 종결하는 공초를 받는 것으로, 즉 자백한 공초를 받는 일이다.

232) 양익표(梁益標) : 1685~1722. 보성(寶城) 사람으로 무과에 급제한 호협(豪俠)으로 알려졌었다. 김창집 휘하의 우홍규(禹弘圭)에게 포섭되어 문객이 되었고, 사신으로 중국에 가는 이이명을 수행하기도 했다. 신임옥사가 일어나자 양익표는 전혀 가담한 사실이 없는데도 김씨의 문객이라는 혐의로 사형당했다고 한다.(《靑城雜記·醒言》 참조)

233) 이명좌(李明佐) : 1681~1722. 본관은 전주, 자 사우(士遇)이다. 1722년(경종2) 종조(從

"결안 취초하였다." 하면서, 같은 날 사형을 집행하였다. 길가에서 바라보던 사람들이 모두 말하기를, "이번 국청의 옥사에서는 어찌 이렇게 참수된 역적이 많은가?" 하였다.

○ 28일 김성절(金盛節)²³⁴⁾에게 사형을 집행하였다.

○ 국옥(鞫獄)이 생긴 이래로 혹 무옥(誣獄)과 무초(誣招)는 있었지만 일찍이 거짓 공초[僞招]는 없었다. 이번 국옥은 전후 여러 죄인들의 공초가 거짓 공초가 아닌 것이 없었으니, 어떻게 그것이 거짓이라는 것을 알 수 있는가?

추안에 이미 쓰기를, "불복하고 형장을 맞아서 죽었다." 해놓고, 이어서 쓰기를, "승복한 초사(招辭)이다." 하였으니, 불복하고 형장을 맞아서 죽은 사람에게 어찌 승복한 초사가 있겠는가? 따라서 이른바 "승복한 초사"라는 것은 분명히 거짓이다. 최석항이 조용히 심단과 김일경에게 말하기를,

"불복하고 형장을 맞아서 죽은 사람에게 승복한 초사가 있다고 하는 것은 끝내 이치에 맞지 않습니다. 지금 이후로는 불복하고 형장을 맞아서 죽은 자에게 승복한 초사라고 쓰지 말아야 합니다. 물고(物故)되기 전에 엿보았다가 죽음에 이를 즈음에 승복한 초사를 추안에 써서 내고 즉시 형을 집행한다면 사체[事面]도 구애받지 않고, 옥사의 체통도 타당해질 것입니다."

하였다. 심단과 김일경이 그 말이 옳다고 여기고, 이내 체온이 식지

祖)인 이홍술의 죄에 연좌되어, 백시구(白時耈)·우홍채(禹洪采)·유성추(柳星樞) 등과 함께 국청에 잡혀 들어갔다가 심문 도중 죽었다.
234) 김성절(金盛節) : 조흡과 더불어 삼수 가운데 독약을 쓰는 일에 참여한 일로 고변된 인물이다. 김씨 성의 궁인(宮人)이 어선(御膳)에 독약을 탔다는 말이 김성절의 공초 내용에 있는데 이 말은 경종을 독살했다는 혐의에 대한 단초를 열어 놓았다. (《경종실록》 2년 8월 18일 기사 참조)

않은 시신을 두고 승복한 공초가 있다고 하면서 국안(鞫案)에 써서 냈으니 이는 거짓 공초임에 다름없었다. 비록 거짓 공초를 가지고 말하더라도 자취를 어찌 감출 수 있겠는가?

이른바 이헌의 공초라고 하는 것에서 이르기를,

"제가 정유년(1717, 숙종43) 풍덕 부사(豊德府使)가 되었을 때 장세상의 말을 들었는데, 말하기를, '장차 독대의 일이 있을 것이다.' 하였기 때문에 먼저 이이명에게 알렸지만 믿지 않았습니다. 얼마 안 있어 과연 독대의 거사가 있자 이이명이 비로소 장세상을 믿기 시작하였습니다. 은화를 모아서 들여보내 장세상으로 하여금 지상궁을 도모하도록 하였습니다."

하였다. 이헌은 하나의 미천한 무관(武弁)에 불과한데, 장세상이 비록 독대의 거사가 있다는 것을 알고 있었더라도 이이명에게 알려서 그 은화를 들여보내는 은미한 일을 어찌 이헌에게 말할 이치가 있겠는가?

장세상은 미천한 일개 환관이고, 선왕이 비록 이이명과 독대할 뜻이 있었더라도 이는 임금의 마음속 깊은 곳에서 말없이 구상한 일인데, 어찌 장세상으로 하여금 미리 알게 할 이치가 있었겠는가? 전혀 이치에 가깝지 않은 말로 이헌의 초사를 지어낸 것은, 이이명이 독대한 죄를 밝힐 뿐만 아니라 선왕의 당일 하교가 잘못이라는 조처임을 드러내려고 한 것이었다.

또 공초에서 말하기를,

"정유년 이후 이이명과 김창집이 장세상과 지상궁을 통해서 매번 동궁을 폐위시킬 것을 도모하였는데, 선대왕이 어찌 환첩의 말로 인하여 이러한 일을 행하려 했겠습니까? 그래서 이 일은 끝내 이루어지지 않았습니다."

하였다. 선왕은 세자에게 고치기 어려운 질병이 있고 또한 후사를 이을 희망이 없자 종사를 깊이 우려하여 독대할 때 마침내 세자의 잘못을 지적하는 하교가 있었다.

이이명이 만약 동궁(東宮, 경종)을 폐위할 마음이 있었다면, 임금의 명령을 받들어 따르겠다고 대답하기에 겨를이 없어야 할 것인데, 이에 깜짝 놀라 얼굴색이 변히여 아뢰기를,

"전하께서 어찌 이같은 말을 하십니까?"

하고는, 불안해하며 물러나려 하자, 선왕이 그를 움직일 수 없다는 사실을 알아차리고 다시 하교하기를,

"세자로 하여금 대리청정하게 하라."

하니, 이이명이 이에 아뢰기를,

"이는 곧 여러 신하들과 논의해야 할 입니다."

하였다. 마침내 세자 대리청정의 명이 내려졌는데, 만약 이이명이 한 마디라도 그대로 따른다고 아뢰었다면 당일의 일은 알 수 없었을 것이다. 그가 과연 동궁을 폐할 마음이 있었다면 어찌 선왕께서 꺼낸 단서를 반드시 굳게 거부하고서는, 곧 환첩과 더불어 구차하게 모의하였 겠는가?

세자가 잠저에 있을 때부터 왕위에 오른 뒤에도 김창집이 계속해서 약원(藥院)235)에 있으면서 혹은 환약이나 혹은 탕약을 늘 봉진(封進)하였 다. 김정승이 만약 역모의 마음이 있었다면 짐독(鴆毒)을 섞어서 바치는 일이 그의 손아귀에 있었는데, 이렇게 하지 않고 어찌 반드시 환첩의 무리들과 서로 통하여 비밀리에 모의하였겠는가?

"선대왕이 어찌 환첩의 말로 이러한 일을 행하려 했겠는가?" 운운하였 다고 하는데, 그 말을 상세히 살펴보면 이이명과 김창집이 동궁을 폐위시 킬 의도가 있다는 것을 가지고 환첩이 선왕에게 권하였지만 선왕이 받아들이지 않은 것처럼 말하였는데, 이것은 더욱 이치에 가깝지 않다.

---

235) 약원(藥院): 궁중의 의약을 맡아 보던 관아로, 내의원(內醫院)을 가리킨다. 그것을 책임지는 도제조(都提調)는 영의정이 맡는 것이 관례였으므로, 당시 영의정이었던 김창집이 도제조가 되어 약원을 관장하였다.

선왕이 비록 한때 세자에게 과실이 있다고 하교하였지만 이이명과 김창집이 어찌 감히 동궁을 폐위하려는 논의를 환첩으로 하여금 아뢰게 하였겠는가? 환첩이 비록 백만의 은화를 받았다고 해도 어찌 감히 두 정승의 논의를 선왕에게 몰래 권하였겠는가?

만약 선왕에게 이것을 아뢰었다면 선왕이 참소를 막는 현명함과 자애로운 마음으로써 어찌 한갓 듣지 않는 데에서 그쳤겠는가? 환첩과 두 재상은 순식간에 주륙(誅戮)을 면하기 어려웠을 것이다.

만약 선왕이 그들의 말을 들어주지 않는 데에서 그치고 죄를 주지 않았다면 이는 선왕이 한갓 환첩과 두 정승을 애석해하면서도 세자에게는 자애를 베풀지 않은 것이다. 선왕의 자애로운 덕으로써 어찌 이럴 이치가 있겠는가?

지금 "선대왕이 어찌 환첩의 말로 이 일을 행하려 했겠는가?" 하는 한 구절을 근거 없이 죄인의 초사에 함부로 기회를 틈타 끼워 넣어서 자애롭지 못하다는 죄과(罪科)를 암암리에 선왕에게 전가하는 것은 어째 서인가? 이헌이 선왕에게 무슨 원한이 있다고 그 형벌을 받을 때에 자애롭지 못하다는 죄과를 선왕에게 전가하려고 했겠는가?

한결같이 선조대 뜻을 잃은 무리들이 오래토록 뼈속 깊이 원한을 품고 있다가 오늘날 뜻을 얻자, 죄인의 초사를 빙자하여 몰래 독하게 보복하려는 계략을 행한 것이니, 이것이 과연 이헌의 진짜 초사란 말인가?

○ 양익표의 초사라고 하는 것에서 말한 "궁성을 호위한다." 한 가지 사안에 대하여, "김창집과 이건명이 서로 모의하고 정청이 끝난 뒤 즉시 거행하고자 했습니다. ……" 하였다.

이전에 유취장의 초사에서 이르기를,

"선대왕의 국상[國恤] 뒤에 즉시 군대를 배치하려 하였으나 훈련도감

중군(中軍) 이삼의 용맹을 꺼려서 즉시 거행하지 못하였습니다."

하였다. 지금은 꺼렸던 이삼이 충청 병사(忠淸兵使)가 되고, 믿는 유취장이 중군이 되었으며, 정청(廷請)이 이미 끝났으니 계획한 일도 또한 이룰수 있었는데, 꺼려야 할 사람이 누가 있다고 궁성을 호위하는 계략을거행하지 않았는가?

궁성을 호위한 일이 없었기 때문에 그것과 마찬가지의 근거 없는모함으로서, 이홍술이 불복하고 형장을 맞아 죽은 사람인데도 "진법을 연습한 뒤에 군대를 돌려 돌아왔다."는 공초가 있었다고 하였으니,이홍술이 진법을 연습한 뒤 군대를 돌려서 돌아온 일이 언제 있었는가?

○ 이명좌의 초사라고 하는 것에서 이르기를,

"하루는 김시태(金時泰)236)가 와서 제게 말하기를,

'분명히 좋은 기회가 왔다. 오늘 저녁에 그대 집의 대감께서 패초(牌招)받는 일이 있을 것이니, 동요하지 말고 속에 융복(戎服)237)을 입고 작은길을 따라 궁궐에 도착해야 할 것이다.'

하였습니다."

하였다. 이는 해당 구절 안에 말이 되지 않는 내용이 있는 거짓 공초였다.

김창집은 이미 대신인데 어찌 대신을 패초하는 사례가 있단 말인가?비록 패초하는 일이 있더라도 어찌 동요하는 일이 있단 말인가? 또한그날 저녁 애초에 패초한 일이 없었는데, 융복을 입으라는 말은 또한

---

236) 김시태(金時泰) : 1682~1722. 본관은 안동, 자 대래(大來)이다. 김상준(金尙寯)의 후손으로서, 1722년(경종2)에 임인옥사에 연루되어, 백열이(白烈伊)·이삼석(李三錫) 등과 함께 국청에 불려가 심문을 받다가 죽었다.

237) 융복(戎服) : 군사(軍事)가 있을 때 입는 옷이다. 융복은 문관이나 무관이 몸을단출하게 해야 할 경우의 복장으로, 왕의 행차에 수행할 때, 외국에 사신으로파견될 때, 국난을 당하였을 때에 착용하였다.

무슨 말인가?

전후 여러 죄인의 초사라는 것에서 이르기를,

"은화를 모아서 환첩의 무리들에게 들여보내서, 몰래 독약을 쓰는 계책을 도모하였습니다."

하였다는데, 이른바 오늘 저녁이 과연 독약을 쓸 때인데, 김정승에게 융복을 입고 궁궐에 도착하라고 했단 말인가?

독약을 쓰는 일은 김창집이 융복을 입고 궁궐에 도착하는 데에 있는 것이 아니라, 단지 주방(廚房)에서 비첩이 어선(御饍, 진상 음식)에 섞어서 올리는 일인데, 김창집의 융복을 어디에 쓸 것인가?

융복 차림은 반드시 군대를 배치할 때 쓰는 것인데, 오늘 저녁엔 애초 궁성을 호위하는 일이 없었으니, 김창집이 홀로 융복을 입고 궁궐에 도착하여 장차 어디에 쓰겠는가?

근원이 없는 물을 가리켜 "지류[派流]가 사방으로 도달하였다." 하고, 뿌리가 없는 나무를 일러, "가지와 잎새가 무성하게 자랐다." 하면 사람들이 누가 그것을 믿겠는가?

한갓 믿지 못할 뿐만 아니라 반드시 그 사람을 허망하다고 결론지을 것이니, 그것을 믿지 못하기 때문에 끝내 허망하다고 결론짓는 것은 반드시 그럴 이치가 없기 때문이다.

오늘 저녁 패초를 받는다는 말과 융복을 입는다는 말은 바로 전혀 이치에 없는 허황된 말이었다. 김시태가 이치에 맞지 않는 허황된 말을 이명좌에게 했다는 것은 그럴 리 만무하며, 이명좌가 들은 적이 없는 말을 초사에 진술하였다는 것 또한 그럴 리 만무하였다.

김창집은 바로 저 무리들이 가장 이를 갈고 복수하려는 자였다. 저들이 이를 갈고 복수하려는 이유는 세제 책봉의 일을 주장하였기 때문이었다. 그래서 반드시 극역(極逆)의 죄과에 빠뜨리고자 하여 여러 죄인의 초사를 거짓으로 꾸며서 허황되고 얼토당토않은 말을 만든 것이 이르지 않은

데가 없었다.

이명좌의 초사에 이르러서는 더이상 말할 만한 단서가 없었기 때문에 융복을 입고 궁궐에 도착하였디는 새로운 말을 덧붙여 넣어서 김정승으로 하여금 군대를 동원하려고 모의한 반역에서 피하기 어렵게 한 것이었지만, 그러나 그것이 거짓 초사임이 더욱 드러나게 되어 더이상 숨길 수 없다는 사실을 스스로 깨닫지 못하였다.

○ 김성절의 초사라고 하는 말에 이르기를,

"환약은 정유년 금평위가 중국으로 사행을 떠났을 때, 이기지(李器之) 부자가 은화 5백 냥을 주고 역관 장판사에게 부탁하여 구입하여 왔습니다."

하였다. 그 전에 이헌의 초사라고 하는 말에서 이르기를,

"이이명이 북경에서 독약을 구입해 가지고 와서 두 갈래로 나누어 주었는데, 한 일파는 서덕수(徐德修)[238]였고, 다른 일파는 이기지와 이천기 였습니다."

하였다. 그 약을 마시면 곧 죽는다는 말이 죄인의 초사에 있었다.

김성절의 초사에 이르기를,

"그 독약은 정우관을 통해서 장세상에게 들여보냈으며, 장세상이 수라 간 차지(次知)[239] 김상궁과 함께 모의하여 일차로 독약을 상궁(上躬, 임금) 에게 시험하였는데, 즉시 토하였습니다. 이기지의 무리들이 '약이 맹독(猛毒)이 아니다.' 여겨서 다시 은화를 모아서 다른 약을 구입해 왔습니다."

하였다. 마시면 곧 죽는다는 약이 진실로 이러하였겠는가?

---

238) 서덕수(徐德修) : 1694~1722. 본관은 대구(大丘), 자 사민(士敏)이다. 달성 부원군(達城 府院君) 서종제(徐宗悌)의 손자이며, 영조의 비 정성왕후(貞聖王后)의 조카이다. 1722년(경종2)에 옥사가 발생하자 김창도(金昌道)·이정식(李正植)·조흡(趙洽) 등이 승복한 초사(招辭)에서 독약으로 경종을 시해하려는 역모에 참여하였다고 진술하 였다. 이 일로 김용택·심상길 등과 함께 잡혀가 심문받고 사형에 처해졌다.
239) 차지(次知) : 각 궁방(宮房)의 일을 맡는 사람이다.

이헌의 초사라고 하는 것에서 이르기를,

"그 약을 이소훈(李昭訓)에게 시험해 보았더니 이소훈이 즉시 죽었습니다."[240]

하였다. 약은 하나인데 독은 어찌 전후가 다르단 말인가? 상궁에게 시험했다는 말과 이소훈에게 시험했다는 말은 모두 거짓으로 속인 것이다.

주상이 일찍이 누런 물을 토한 일이 있었는데, 마침내 이것을 가지고 장차 독약을 시험한 확실한 증거물로 삼으려 하였다. 그래서 김상궁과 함께 모의하여 일차로 상궁에게 시험하자 즉시 토하였다는 말이 돌연 김성절의 초사에 끼어들어 갔던 것이다.

그러나 과연 약을 시험한 일이 있었다면 비록 맹독으로 인한 질환은 없었을지라도 가슴이 답답한 증세가 나타나고 장(腸)과 위(胃)가 궤란(潰亂)을 일으켜 옥체가 불안해지는 상태를 면치 못했을 것이다. 어찌 한갓 누런 물을 토하는데 그쳤겠는가?

때마침 이소훈이 급질(急疾)로 궁궐 안에서 죽자 간사한 무리들이 아무개를 통해서 독약의 일을 들어서 알고 있다가 이것을 기화(奇貨)로 여기고[241] 약을 시험한 명확한 증거로 만들고자 하여 이에 말하기를, "약을 시험하여 죽였다." 하였다. 그 음모가 비록 매우 기이하고 교묘했지만 독약이 전후가 다른 것은 어째서인가?

---

240) 그 약을 …… 죽었습니다 : 해당 사건은 《동소만록》에도 소개되었다. 이소훈은 영조의 후궁 정빈 이씨(靖嬪李氏)이다. 1719년(숙종45)에 영조의 아들 효장세자(孝章世子)를 낳았다. 연잉군이 세제로 책봉되자 종5품 소훈에 올랐지만 바로 사망하였다. 당시 상황에 대해서 남하정은 서덕수의 결안 초사(結案招辭)를 인용하여 기술하였다. 즉 서덕수가 말하기를, "이소훈이 우리 집안에 피해를 끼쳤기 때문에 1722년(경종2) 5월에 장세상과 상의하여 백망에게 2백 금을 주어 친분이 있는 역관 집에서 약을 샀습니다. 동궁전의 주부(廚府) 나인을 시켜 음식에 타서 이소훈을 독살하였습니다. 세상이 전하는 말에, '이 여자가 이미 죽었으니 어찌 좋아하지 않을 수 있겠는가.' 했습니다. ……" 하였다.
241) 아무개를 …… 여기고 : 목호룡이 여러 사람들이 논의한 일을 얻어듣고서 이를 기화로 삼았다는 것이다.

환약 한 가지 사안은 이미 목호룡의 고변서에서 나왔으므로 환약이 실재하였다는 증거를 밝히려고, 이헌의 초사를 빌려서 이르기를,

"장판시기 중국에 사행(使行) 가서 구입해 왔습니다."

하였고, 김성절의 초사를 빌려 이르기를,

"이이명이 사행 갔을 때 구입하여 왔습니다."

하였다. 짐약(鴆藥)은 또한 본국에도 많이 있어서 만약 한두 냥의 동전만 지불하면 약은 이루다 쓸 수 없을 것인데 어찌하여 꼭 많은 은화를 써가면서 멀리 중국에서 약을 구해올 필요가 있겠는가? 이것은 이미 근거 없는 말이었다.

이미 "중국에서 구입하여 왔다." 하였는데 한 번도 시험하지 않았다고 하면 허튼 말로 돌아갈 것을 두려워하여 그 약을 시험한 실질적인 증거를 밝히려고, 이헌의 초사를 빌려서 이르기를, "이소훈에게 시험해 보았다." 하였고, 김성절의 초사를 빌려서 이르기를, "상궁(上躬)에게 시험해 보았다." 하였으나, 그 약의 독성은 앞뒤가 다르니 또한 모두 근거 없는 말이었다.

상궁에게 시험하였다는 사안에 관해서는 확실한 증인이 없어서는 안 되었기 때문에 김상궁을 만들어냈고, 이에 국옥 대신과 의금부 여러 당상이 상소하여 김상궁을 찾아내라고 청하였지만, 김씨 성을 가진 상궁이 또한 궁궐 내에 많이 있었다. 주상이 수많은 김씨들 가운데 누가 약을 올린 김상궁인지를 어떻게 적발할 수 있겠는가?

김씨 성을 가진 궁인이 김성절의 초사에서 진짜 나왔다면 여러 신하들이 국청을 다스릴 때 어찌 이름이 뭐고 그 집안이 어떤지를 묻지 않는가? 그러다가 김성절에게 형벌을 시행한 뒤에 이름도 알지 못하고 집안도 알지 못하는 김씨 성을 가진 궁인을 주상에게 찾아내라고 청하였으니, 이것은 들어오라 해놓고 문을 닫은 격이었다. 김씨 성을 가진 궁인 또한 근거 없는 그림자였을 뿐이었다.

국청 대신 조태구·최석항, 판의금부사 이광좌 등이 김상궁을 출부(出付)하라고 청하였는데 비답하기를,

"누런 물을 빙자하여 노론을 일망타진하려는 것은 더욱 지극히 근거가 없으니, 이 뒤로 이와 같은 문자는 다시 거론하지 말라."

하였다. 이른바 김상궁은 바로 필정(弼貞)²⁴²)으로서 지금 이미 죽었는데, 어디서 데려올 수 있었겠는가?

한 편의 무리들이 터무니없는 말을 만들어내어 노론을 일망타진하려는 계책을 주상이 이미 잘 알고 있었다. 지난번 누런 물을 토한 것은 독약을 썼기 때문이 아니라는 사실도 또한 주상 스스로 알고 있었다.

그런데 지금 곧 이르기를, "독약을 썼기 때문에 누런 물을 토하였다." 하여, 이것을 가지고 여러 노론에게 죄를 더하려고 하였는데, 이것은 더욱 이를 데 없이 애매한 말이었다.

그 공초에서 말하기를, "김상궁을 시켜서 어선(御膳)에 독약을 타서 올렸습니다." 하였으니, 이 또한 모두 어선과 함께 토해낸 것이 틀림없다. 어찌 홀로 독약에 중독된 누런 물만 토하였겠는가? 주상께서 누런 물을 토한 것은 옥후(玉候)가 편안하지 않은 때에 마침 위에 신물이 고여 속이 쓰린 증세가 있었기 때문이었다.

이때 우연한 증상을 끌어다가 노론이 시해(弑害)를 모의한 증거로 만들려고 하였는데, 주상이 비록 옥후가 어지러운 가운데 있었지만 노론을 일망타진하기 위한 근거 없는 계략이라는 것을 뉘우쳐 깨닫고, 이내 이같은 비답을 내려서 그 간계를 밝혀냈다. 당일 이 비답을 받든 여러 신하들이 어찌 두렵고 또한 부끄러워 얼굴을 붉히지 않았겠

242) 필정(弼貞) : 궁인 석렬(石烈)과 함께 연잉군을 해치려 하였다. 연잉군이 세제 자리에 오르자 김일경이 환관 박상검과 결탁하여 제거하려 하였다. 박상검은 궁인 석렬과 필정 등을 시켜 밤마다 청휘문(淸暉門)을 닫게 하여 연잉군이 왕에게 문침(問寢)하러 가는 길을 봉쇄하였다.

는가?

이날의 비지(批旨)로써 보건대, 경화(更化)[243] 이후 처분이 아마도 모두 주상에게서 나온 것은 아닌 듯하나. 허다하게 주륙 당한 자들은 모두 노론이었고, 수없이 귀양 간 사람도 모두 노론이었다.

오늘날 조정을 돌이켜보면 더이상 일망타진할 노론이 없는데도 주상이 "노론을 일망타진하려 한다." 하교한 것은 아마도 누런 물이라는 한 가지 사안을 가지고 노론에 대한 일망타진이 시작되었다고 여긴 것 같다. 이미 노론을 일망타진하여 남아 있는 자가 없는데도 주상이 그것을 전혀 알지 못하였기 때문이었다. 따라서 정세가 바뀐 뒤 나온 이전에 없던 처분은 주상에게서 나온 것이 아니었다.

여기에 대해서는 하나의 크고 분명한 증거가 있다. 조태구와 최석항, 심단이 문유도(文有道)와 박상검(朴尙儉)[244]을 국문할 때 누구 아무개가 누구를 부렸다는 공초는 모두 가려서 숨기고, 단지 말이 주상을 침범했다는 공초만을 추안(推案)에 써내었다. 그 공초에 이르기를,

"지난밤 동궁이 대전에게 문후(問候)[245]를 여쭙고, 건의하여 말하기를, '환관의 무리들이 조정에 간여하여 근래 처분이 그들의 손에서 나온 것이 많습니다. 청컨대 죄상을 조사해 내서 엄히 다스려주십시오.'

하였습니다. 이에 주상이 말하기를,

'이것이 어찌 내가 한 일이겠는가?'

하였습니다."

하였다. 박상검의 공초가 이미 이와 같고, 주상의 대답도 또한 이와 같았으니, 환관의 무리들이 주상의 처분을 조작해 낸 것이 이처럼 분명하

---

243) 경화(更化) : 정치를 변경하여 새롭게 교화한다는 말인데, 여기서는 1721년 신축환국으로 노론에서 소론으로 정국 주도 세력이 바뀐 것을 가리킨다.

244) 문유도와 박상검 : 둘은 환관으로 세제를 핍박하였다가 1721년 12월 동궁전 궁관의 요청으로 의금부에 회부되어 국문을 받다가 이듬해 1월 초에 모두 죽었다.

245) 문후(問候) : 웃어른에게 안부를 여쭙다.

였다. 누가 환관을 사주하여 처분을 조작해 냈단 말인가?

처음부터 세제에게 불만을 갖고 있던 무리들이 세제가 책봉된 뒤에 거듭 흉계를 내어 환관과 체결하고 주상의 명령을 거짓으로 꾸며낸 자취가 박상검의 공초에서 탄로났으니, 박상검이 비록 형벌을 받아 죽었으나 어찌 다른 박상검이 없었겠는가?

환국이 발생한 이래로 과중한 비망기와 의외의 따름은 모두 흉악한 무리들이 환관을 시켜서 옥후가 혼미해졌을 때 조작해 낸 짓이었는데 주상은 전혀 알지 못하였다. 그렇지 않았다면 노론이라고 이름하는 자들이 주륙되고 귀양 가서 모두 일망타진 되고 남은 자가 없었겠는가? "노론을 일망타진하려는 것은 더욱 근거가 없다."는 비답을 보면 노론을 이와 같이 혹독하게 일망타진한 짓이 결코 주상의 처분이 아니라는 것을 분명하게 알 수 있다.

24일 명릉(明陵, 숙종 능호)으로 거둥한 뒤 대전과 왕세제가 궁궐로 돌아왔다.

주상이 장차 옥교(玉轎)에서 내리면서 시신(侍臣)을 돌아보고 말하기를,

"백발의 대신이 항상 나를 사랑하여 궁궐 안에서 움직일 때마다 좌우에서 떨어지지 않고 두루 살펴 검사하였는데, 이번 내가 능행할 때는 이 대신이 호종(扈從)[246]하는 것을 볼 수 없었다. 지금 늙고 병들어 일어나서 움직일 수 없기 때문인가? 내 마음이 몹시 서운하고 섭섭하지 않을 수 없다."

하였다. 시신들이 서로 얼굴을 돌아보면서 대답하여 아뢸 말을 알지 못하였다. 김일경이 나아가 다른 일을 아뢰자 주상이 다시 묻지 않았다.

백발의 대신이란 바로 김창집이었다. 김창집을 사사(賜死)하라는 명이

---

246) 호종(扈從) : 임금의 거가(車駕)를 모시고 따라가는 것, 또는 그 사람을 가리킨다.

과연 주상의 처분이라면 어찌 이와 같이 물었겠는가? 또한 김창집을 노적(孥籍)[247]하라는 계사(啓辭)가 날마다 다시 왕성해졌는데 주상이 만약 이것을 직접 보았다면 또 어찌 이와 같이 물었겠는가?

중간에서 임금의 명령을 거짓으로 꾸며낸 자취가 저절로 드러났으니, 임금의 명령을 거짓 꾸며내는 것을 도모한 무리들이 어찌 그 마음이 편안하였겠는가? 그래서 김일경이 황급히 앞으로 나아가서 일부러 다른 일을 아뢰었구나!

○ 이번 달 19일 이건명을 흥양(興陽, 전남 고흥) 유배지에서 도끼로 참수하였다.

참혹하고 참혹하도다! 심단과 김일경 무리들은 오히려 참수했는지 그 여부를 의심하여 의금부 서리와 나장(羅將)을 반구(返柩)[248]가 도착하는 곳에 보내 관을 열어서 시신을 검사하였으니, 심하고도 심하도다!

○ 24일 김창집의 아들 김제겸을 부령(富寧, 함경도 소재) 유배지에서 교수형에 처하였다.

○ 28일 이건명을 노적할 일을 의계(依啓)[249]하였다.

○ 29일 이건명의 아들 이면지(李勉之)[250]를 교수형에 처하였다.

---

247) 노적(孥籍) : 중죄를 지었을 경우 본인을 극형에 처하고 나서 그 처자까지 연좌시켜 관의 노비로 만들고, 또 그들의 재산을 몰수하는 것을 말한다.
248) 반구(返柩) : 객지에서 죽은 사람의 시체를 고향이나 제집으로 돌려보내다.
249) 의계(依啓) : 신하의 계문(啓聞)에 따른다는 뜻으로, 임금이 재가함을 이르는 말이다.
250) 이면지(李勉之) : 1690~1722. 본관은 전주, 자 성일(成一)·희문(希文)이다. 1722년(경종2) 임인옥사에 연루되어 동생 이술지(李述之)와 함께 덕산(德山)에서 죽었다.

9월

9월 12일 백시구(白時耈)[251]가 불복하고 형장을 맞다가 죽었다.

17일 오서종(吳瑞鍾)[252]이 16차례 형신을 받았지만 불복하고 형장을 맞다가 죽었다.

○ 20일 김시태가 불복하고 형장을 맞다가 죽었다.
여러 죄인들이 만약 역모의 죄를 졌다면 어찌 한결같이 불복하고 죽었겠는가? 그것이 억울한 죽음임을 알 수 있다. ─이하 빠져 있다.─

○ 30일 김일경이 또 사친(私親, 장희빈)을 추보하는 일을 아뢰었다.

10월

10월 2일 양사(兩司)가 김창집과 이이명을 부관참시(剖棺斬屍)[253]할 일을 합계하였으나, 주상이 윤허하지 않았다.
봄 사이에 조태구와 최석항, 김일경 무리들이 사친을 추보하는 일을 헌의(獻議)[254]하여 주상의 뜻을 기쁘게 하고 나서 마침내 세 대신을 죽였

---

251) 백시구(白時耈) : 1722년 당시 평안 병사로 있으면서 평안 병영의 은을 내주었다.(《경종실록》 2년 5월 17일·8월 26일 기사 참조)

252) 오서종(吳瑞鍾) : 1693~1722. 본관은 보성(寶城)이다. 1722년(경종2) 임인옥사 당시 숙종의 국상 때 세자[경종]를 해치려는 역모에 유경유(柳慶裕)와 더불어 거사를 위한 자금으로 은을 구해주었다는 혐의를 받고 국문 끝에 장폐(杖斃) 당하였다.

253) 부관참시(剖棺斬屍) : 죽은 뒤 큰 죄가 드러난 사람에게 극형을 나중에 실시하던 일이다. 무덤을 파고 관을 꺼내어 시체를 베거나 목을 잘라 거리에 내걸었다.

254) 헌의(獻議) : 신하들이 정사에 관한 의견들을 논의하여 그 결과를 임금에게 올리다.

다. 이때 이르러 최석항이 또 아뢰기를,

"본 사(本祠)는 이전 자리에 그대로 둔 채 고쳐서 세우고, 칭호는 구례(舊例)에 의거하여 '모부대빈(某府大嬪)²⁵⁵)'으로 정하고 사계절 시제(時祭)²⁵⁶)와 기제(忌祭)²⁵⁷)의 제수(祭需)는 신빈(愼嬪)²⁵⁸)과 인빈(仁嬪)²⁵⁹)의 사례에 따라 봉진(封進)할 것을 담당 기관에 분부하십시오."

하니, 주상이 말하기를, "아뢴 대로 하라." 하였다.

또 이렇게 아뢴 것은 주상의 뜻에 영합하려는 계략에서 다시 나왔으니 조태채 하나를 더 죽이려는 것이구나! 조태채는 지금 비록 생존해 있지만 곧 이미 죽은 사람이 되었다. 어찌 반드시 선왕의 대의(大義)를 져버리고, 국모의 혈수(血讐)²⁶⁰)를 잊고서 다시 이같은 일을 저지르는가? 선왕의 대의를 저버렸으니 이것은 바로 역신(逆臣)이며, 국모의 혈수를 잊은 것은 죄가 명의(名義)와 관련된다.

○ 조태채가 이건명보다 뒤에 죽임을 당한 이유는 이러하다.
조태구가 좌괴(坐魁, 정승)에게 사람을 보내 말하기를,

---

255) 모부대빈(某府大嬪) : 모부는 옥산부(玉山府)이다. 옥산은 장씨 본관인 인동(仁同, 경상도 소재)의 별호이다. 1722년(경종2)에 대빈궁(大嬪宮)을 세워 희빈 장씨를 향사(享祀)하였다.(《경종실록》 2년 10월 10일 기사 참조)

256) 시제(時祭) : 봄·여름·가을·겨울의 중월(仲月)인 음력 2월·5월·8월·11월에 드리는 제사이다. 사중 시제(四仲時祭)라고도 한다.

257) 기제(忌祭) : 삼년상을 마친 뒤 해마다 기일(忌日)에 지내는 제사이다.

258) 신빈(愼嬪) : 1406~1464. 세종(世宗)의 후궁 김씨이다. 1418년(세종 즉위년) 원경왕후(元敬王后)에게 발탁되어 소헌왕후(昭憲王后)의 궁인이 되었다. 세종의 승은을 입고 후궁이 되었고, 1427년(세종9) 계양군(桂陽君)을 출산하였다. 1439년 귀인에 진봉(進封)되었고, 그 뒤 정1품 신빈에 책봉되었다.

259) 인빈(仁嬪) : 1555~1613. 선조(宣祖)의 후궁으로 원종(元宗)의 어머니 김씨이다. 원종은 선조의 아들로 인조의 아버지이다. 1573년(선조6) 인순왕후(仁順王后)의 추천으로 숙원(淑媛)에 책봉되었다. 이후 귀인(貴人)을 거쳐 1604년 인빈에 책봉되었다.

260) 혈수(血讐) : 죽기를 결심하고 갚으려는 깊은 원수이다.

"우리 형제들이 지금 재상의 반열에 있는데, 어찌 차마 같은 할아버지 손자의 피를 볼 수 있겠는가? 이 사람은 삼흉보다 죄가 가벼우니, 똑같이 정형(正刑)261) 할 수는 없다."

하니, 좌괴가 기꺼이 따를 뜻이 있었기 때문에 오히려 지금까지 지체되었다. 그런데 그 동생 조태억이 이를 알고 즉시 좌괴의 집에 가서 혼자만 빼낼 수 없다고 말하고, 김일경으로 하여금 경연에서 아뢰게 하니 10월 27일에 이르러 드디어 법률에 따라 처단하라는 명이 내려져서 의금부에서 사사(賜死)의 사례에 의거하여 거행하였다.

○ 사대신이 지금 이미 모두 죽었다.

죽을 만한 죄가 있는지 없는지가 사실의 자취에서 저절로 드러나서 감출 수 없었다면 어찌 거듭하여 발명할 필요가 있었겠는가? 목호룡의 고변서를 거짓으로 꾸며내고도 아직 부족하다고 여겨서 또 불복하고 형장을 맞다가 죽은 사람과 거듭된 형장에 아직 체온이 식지 않은 시신의 공초를 위조해내어 마침내 김창집과 이이명을, 군대를 일으켜 궁궐을 침범하려 했다는 반역에 빠뜨렸다. 부관참시를 청할 때 또한 거짓 초사 가운데 위조한 진짜 자취가 남김없이 드러냈으니, 그것은 무엇인가?

이홍술이 11월 9일 이미 군진(軍陣)을 연습하였고, 이홍술의 문외출송(門外黜送)262)은 분명히 12월 7일 환국한 날 밤에 있었다. 이른바 "김일관의 초사"라고 하는 것에서 이르기를,

"이홍술은 11월 9일 군진을 연습한 뒤 군대를 돌려 궁궐로 향하려고 계획하였는데, 환국이 단지 사흘밖에 남지 않아서 일을 끝내 이루지 못하였습니다."

---

261) 정형(正刑) : 죄인을 사형에 처하는 큰 형벌이다.

262) 문외출송(門外黜送) : 죄인의 벼슬과 품계를 빼앗고, 도성 밖으로 추방하던 형벌이다.

하였다. 과연 이것이 정말 김일관의 진짜 공초라면 12월에 일어난 환국을 11월에 일어났다고 한 것은 어째서인가? 환국이 군진을 연습하기 이전에 있었다면 이홍술은 이미 문외출송되었을 것이니, 비록 군대를 돌려서 궁궐로 향하는 계획이 있었더라도 진실로 이룰 수 없었을 것이다. 환국은 12월 7일에 있었고, 군진을 연습한 것은 11월 9일에 있었으며, 장수의 권한이 이홍술 자신에게 있는데, 과연 군대를 돌리려는 계획이 있었다면 환국이 뒤에 있다고 해서 무엇에 구애되어 이루지 못하였겠는가?

또한 군진을 연습한 뒤에 한 달이 지나서 환국이 있었으므로, "한 달이 남았다." 하는 것은 괜찮지만, "사흘이 남았다." 한 것은 어째서인가? 또한 환국의 일은 곧 인군이 갑작스럽게 내린 처분이어서 조정의 신하들이 미리 알지 못하였는데, 이홍술이 어찌 능히 30일 뒤에 환국이 일어날 것을 미리 알아서 군대를 돌리는 계획을 시행하지 않았겠는가?

정말로 군대를 돌릴 계획이 있었는데 환국의 일을 미리 알았다면 어찌 환국 이전에 서둘러서 그 계획을 시행하지 않았는가? 또한 어찌 사흘 뒤 일어날 환국에 구애받아서 당일 군대를 돌리지 않았단 말인가? 국청의 초사가 얼마나 상세하고 엄정한데, 이와 같이 말의 앞뒤가 어긋나서 위조한 흔적이 명확하니 어찌 가릴 수 있겠는가?

국청의 초사가 완전히 위조되어 명백히 타파해야 할 곳이 있다. 조태채를 사사하라는 처분이 있던 날 우의정 최석항이 차자를 올려 아뢰기를,

"지난 겨울 비망기를 거둬들인 뒤 이이명과 김창집, 두 흉적이 크게 두려워하여 겁을 먹고, 12월 3일 이건명의 집에 모여서 머리를 모아 모의하였는데, 이기지가 곁에서 고하기를,

'이 일은 이와 같이 해서는 이룰 수 없으니, 기수(旗手) 3, 4백 명을 동원하여 궐문(闕門)을 수직(守直)하게 하고, 또한 판부사(判府事) 조태채를 맞이하여 의논하여 조처해야 할 것입니다.'

하자, 이건명이 얼굴을 찡그리고 말하기를,

'애초에 참여하여 알지 못하던 사람을 어찌 또 참여시켜 듣게 할 수 있겠는가?'

하였습니다. 역적의 공초가 이와 같이 분명하여 흉악한 음모가 여지없이 탄로났습니다."

하였다. 그 몸이 대신이 되어서 차자로 올린 문자가 어찌 감히 허망할 수 있는가? 그렇지만 12월 3일은 이건명이 사신으로 연경에 있을 때였다. 옛날에 "소동파가 여러 사람 있다.[百東坡]"는 말263)이 있었는데, 지금 이건명이 둘이 있는 것이다. 하나는 연경에 있고, 하나는 자기 집에 있는데, 모여서 논의한 일과 얼굴을 찡그렸다는 말이 있을 수 있겠는가?

저 최석항이 그 거짓을 꾸며 다른 사람을 모함하는데 정신을 빼앗겨서 이건명이 당시 연경에 있었던 것도 깨닫지 못하고 이와 같이 순연히 허황된 말을 멋대로 차자를 올려 아뢰었다. 주상 또한 환후가 있어서 정신이 혼미하였으니, 어찌 그것을 깨달을 수 있었겠는가?

옥사를 다스린 자가 바로 최석항으로서 임금에게 아뢰는 문자가 오히려 이와 같이 허망하였는데, 하물며 이른바 "자백한 초사[承款招辭]"라는 것이 모두 이처럼 터무니없으니 다시 무슨 말을 할 수 있겠는가? 허물이 없는 사람 한 명을 죽이는 것도 또한 인주의 덕에 허물이 되기에 족한데, 이와 같이 허황된 말을 거짓으로 꾸며내서 선조(先朝)가 예우하였고 국가가 의지한 사대신을 한꺼번에 주륙하였다.

삼대신에게 노륙의 법을 시행하고, 허다한 조정 신하들을 죄도 없는데 때려죽여서 그 악명은 주상에게 미치고, 권력은 그들 무리들에게로 옮겨

---

263) 소동파가 …… 말 : 소동파(蘇東坡, 1036~1101)가 여럿으로 보인다는 뜻이다. 동파는 소식(蘇軾)의 호이다. 북송(北宋)의 문장가로서, 아버지 소순(蘇洵), 동생 소철(蘇轍)과 함께 삼소(三蘇)라 불리며, 당송(唐宋) 팔대가의 한 사람이다. 소동파의 범영시(泛潁詩)에 "갑자기 물결이 비늘처럼 일어, 나의 수염과 눈썹을 산란케 하네. 동파가 여러 사람으로 분산되었다가, 순식간에 다시 제자리에 있구나.[忽然生鱗甲, 亂我鬚與眉. 散爲百東坡, 頃刻復在玆.]" 한 말에서 기인하였다.

갔으니, 진나라 이사(李斯)²⁶⁴⁾와 조고(趙高),²⁶⁵⁾ 한나라 양기(梁冀)²⁶⁶⁾와 염현(閻顯)²⁶⁷⁾이 어찌 이보다 더하겠는가?

한 편의 무리들에게 사대신은 죽어야 할 죄가 둘이 있었다. 신원의 대의를 따르고 국모의 깊은 원한을 기억하는 것은 희빈에게 보답하려는 저 무리들의 비루한 논의와 배치되었으니, 그것이 첫 번째 죄이다. 종사가 장차 망할 것을 우려하여 저위(儲位)의 대본(大本)을 결정하는 것은 이상대를 세우려는 저 무리들의 흉악한 음모를 가로막고 끊어버렸으니, 그것이 두 번째 죄이다.

국가에 주석(柱石) 같은 공로가 있고 추호도 죄가 없는데 마침내 저 군대를 배치하였다는 참소를 받아서 끝내 형벌로 죽는 환난을 당하기에 이르렀다. 이것은 조후(條侯)²⁶⁸⁾의 공로로도 감옥에 갇혀서 죽음을 면치 못하였고, 악목(岳穆)²⁶⁹⁾의 충성으로도 도리어 시장에서 처형되는 재앙을

---

264) 이사(李斯) : 초나라 출신으로 진나라에서 재상이 되었다. 젊어서 순자(荀子)에게 제왕치세의 법술을 배웠다. 시황(始皇)을 도와 천하를 통일하고, 군현제 실시, 화폐·도로·도량형 통일과 분서갱유(焚書坑儒) 정책들을 입안하여 시행하였다.

265) 조고(趙高) : 진나라의 환관으로 시황(始皇)이 죽자 승상의 자리에 올랐다. 이사(李斯)와 함께 이세(二世) 호해(胡亥)를 세웠고, 이사를 죽인 뒤에 국정을 농단하였다. 이때 신하들의 마음을 떠보기 위해서 '사슴을 가리켜 말이다.[指鹿爲馬]'라고 하면서 이의를 제기하는 자들은 모두 죽였다고 한다.(《史記·秦始皇本紀》 참조)

266) 양기(梁冀) : 후한(後漢) 순제(順帝) 때 양 황후(梁皇后)의 오빠이다. 대장군이 되어 전횡을 일삼자 질제(質帝)가 책망하였는데, 그를 독살하고 환제(桓帝)를 세웠다. 전후 20여 년간 정권을 전횡하다가, 환제가 선초(單超) 등과 의논하여 제거하려 하자 자살하였다.

267) 염현(閻顯) : 후한 안제(安帝)의 염 황후(閻皇后) 오빠이다. 안제가 죽은 뒤 염 황후 등이 유의(劉懿)를 즉위시키고 염현을 거기장군(車騎將軍)으로 삼았다. 얼마 뒤 북향후(北鄕侯)가 죽자, 염현 등이 자신들이 원하는 인물을 세우려고 역모를 시도하였으나, 환관 손정(孫程) 등이 순제(順帝)를 세우고 주살하였다.

268) 조후(條侯) : 한나라 문제(文帝)·경제(景帝) 때 장군 주아부(周亞夫)의 봉호이다. 경제 때 오(吳)·초(楚) 등 7개국이 모반하자, 주아부가 평정하였다. 하지만 후원(後元) 원년(B.C. 143) 그의 아들이 관기(官器)를 훔쳐 팔았다는 고발사건에 연루되어 죽었다.

269) 악목(岳穆) : 송나라의 명장 악비(岳飛)로, 무목(武穆)은 그의 시호이다. 금나라와

받은 것과 같았다. 충신이 참소를 당해 피해를 입는 것이 고금에 어찌 다름이 있겠는가?

당시 사람들이 그들을 위해 시를 지었는데 이르기를,

"내가 처음 태어날 때 하늘의 어짐을 타고나서 스스로 '평생의 성품이 공평하고 진실하다.' 하였네. 무슨 일로 늘 청백(淸白)한 눈을 하고, 지나가는 세상 사람들 유심히 살펴보는가."

하였다. 또 이르기를,

"자신의 몸을 죽여 사직을 지키다가 마침내 어짐을 이루었으니, 네 정승의 절개와 충정이 이에 이르러 진실되구나. 혜초(蕙草)는 지초(芝草)가 불타는 것을 애석해 하지만[270] 구할 수 없다는 것을 알고 있으니 하늘을 우러러 헛되이 탄식하는 그대는 어떤 사람인가."

하였다. 또 이르기를,

"네 정승은 충신이기에 성상께서 어질게 대하였으니, 칼에 찔리는 혹독한 화가 이르러도 감히 진실을 말하였네. 참소하는 자들이 옥후가 나빠질 때를 노려서 조정의 착한 사람들을 속여서 보복하였다네."

하였다. 또 다음과 말했다.

"흉악한 도적이 미쳐 날뛰어 세상이 어질지 못하니, 사대신의 충적(忠蹟)에 대해 누가 진실을 전하겠는가. 따라서 듣고 따라서 기록하는 것은 여기서 멈추니, 나는 원래 국외인일 뿐이라네."

10월 29일 동지사 겸 토역(討逆)을 주문하는 세 사신이 입시했을 때, 부사 이만선(李萬選)[271]이 또한 두 정승을 부관참시하라고 주장하면서

싸워 승리하였으나 진회(秦檜)의 간계에 의하여 투옥 후 사형 당했다.

270) 혜초는 …… 하지만 : 혜초와 지초는 같은 종류이기 때문에 동류가 상하는 것을 가슴 아파한다는 의미를 담고 있다.

아뢰기를,

"의주에 가서 비록 몇 달을 머물더라도 부관참시의 일을 윤허 받은 뒤에 들어가겠습니다."

하였다. 이것은 인군을 강박하는 것이 아니겠는가? 또 어찌 이렇게 심한가? 이른바 "주문(奏聞)"272)이란 그렇게 매우 상세하게 하는 것은 아니었다. 효종 대에는 매번 북벌에 관한 논의가 있었는데, 우리나라 동지사가 연경에서 돌아오는 날 청나라 각로(閣老)가 와서 보고 당판(唐板)273) 책 1갑(匣)을 견고하게 봉하여 전해주며 말하기를,

"귀국으로 돌아간 뒤 열어보시오."

하여, 돌아와서 열어보니, 바로 우리나라 조보(朝報)274)를 인쇄하여 간행한 것이었다. 각로가 이것을 주어 보낸 의도는

"중국이 비록 멀지만 너희 나라의 조보가 오히려 이와 같이 들어온다." 는 속내를 알려 주려는 것이었으니, 북벌의 계책을 또한 이미 탐지하고 있었다.

조보가 중국에 들어간 것은 반드시 역관의 무리들이 뇌물을 받고 한 짓이었으니, 우리 조정 정령의 득실에 대해서 상국(上國, 청나라)에서 자세히 알지 못한 일이 없었다. 기사년(1689, 숙종15)의 변고는 실로 우리나라에서는 없었던 일이었는데, 청나라[彼國]에서 반드시 알지 못할 이치가 없었지만, 당시 사람들로서도 본 사람은 보고, 아는 사람이나

---

271) 이만선(李萬選) : 1654~1735. 본관은 전주, 자 택중(擇中), 호 거재(遽齋)이다. 삼사와 승정원의 관직을 두루 거치고, 풍덕 부사를 거쳐 부호군을 역임하고 판윤에 이르렀다.
272) 주문(奏聞) : 제후가 천자에게 주달하는 것이다. 여기서는 청나라에 보고하는 것을 말한다.
273) 당판(唐板) : 중국에서 새긴 책판(冊板)이나 그것으로 찍어 낸 책을 이른다.
274) 조보(朝報) : 승정원에서 재결 사항을 기록하고 베껴 써서 반포하던 관보(官報)이다. 조보가 역관을 통해 중국에 전달되어 조선 조정의 소식이 정보화된 점은 본서를 통해서 처음 소개된 내용으로 주목된다.

알 뿐이었다.

주문의 일에 이르러서는 중국의 사법(史法)275) 또한 외국의 사적(事蹟)을 싣는지 모르겠지만 만약 우리나라 중전 민씨가 태임(太妊)과 태사(太姒)의 성덕276)을 갖고도 목내선(睦來善)277)과 민암(閔黯)278)의 무리들에게 무고를 당한 일이 중국의 역사에까지 실린다면 천고의 씻기 어려운 누명이 될 것이다. 어찌 우리나라 군신에게 백세토록 매우 수치스러운 일이 아니겠는가?

아! 우리나라는 예의의 나라인데, 형세에 의해 신하로서 저들을 섬길 것을 강요받고 신하 노릇을 하고 있다. 그렇지만 예의 없고 지극히 수치스러운 일을 가지고 갑작스럽게 저들에게 주문하여, 마치 부모의 나라처럼 오랑캐의 조정을 우러러보고 있으니, 목내선과 민암처럼 천고의 소인 무리들이 아니었다면 누가 이 천고의 비루한 일을 만들어 내었겠는가?

오직 바로 이 신축·임인년의 화(禍)279)가 아마도 기사년의 변고보다

---

275) 사법(史法) : 사서(史書)를 사실 그대로 쓰는 원칙을 말한다.

276) 태임 …… 성덕 : 문왕(文王)의 어머니 태임과 무왕(武王)의 어머니 태사의 부덕(婦德)에 힘입어 문왕과 무왕의 정치가 일어났다고 한다.

277) 목내선(睦來善) : 1617~1704. 본관은 사천(泗川), 자 내지(來之), 호 수옹(睡翁)·수헌(睡軒)이다. 할아버지는 이조참판 목첨(睦詹), 아버지는 지중추부사 목서흠(睦敍欽)이다. 허목(許穆)의 문인이다. 숙종대 형조판서·대사헌 등을 역임하였다. 경신환국(1680)으로 삭직되었다가 1689년 우의정에 이르렀다. 그해 발생한 기사환국에서 서인을 제거하는 데 앞장서 좌의정에 올랐다. 갑술환국(1694)으로 귀양 갔다가 1699년에 풀려나 고향으로 돌아갔다.

278) 민암(閔黯) : 1636~1694. 본관은 여흥, 자 장유(長孺), 호 차호(叉湖)이다. 병조판서·우의정 등을 역임하였다. 1689년(숙종15) 기사환국 당시 김수항·송시열을 탄핵하여 그들의 처형을 주장하였다. 1694년 인현왕후를 복위시키려 한다는 고변(告變)을 이용하여 옥사를 일으키려 했지만 숙종은 남인을 쫓아내고 서인을 등용하는 갑술환국을 단행하였다. 이로 인해 유배되었다가 사사되었다.

279) 신축·임인년의 화 : 신축년(1721, 경종1)과 임인년(1722)에 발생했던 옥사를 가리킨다. 경종의 병세를 이유로 노론이 연잉군을 왕세제로 세운 뒤, 연잉군의 대리청정을 건의하자 이것을 경종에 대한 불충으로 몰아 소론이 집권한 것이 신축년 환국이며, 이듬해인 임인년에 목호룡의 고변을 계기로 노론이 역모로 처형된 사건이 임인년 옥사이다. 이것을 '신임사화(辛壬士禍)'라고 표현하는 것은 노론이 억울하게 처벌받

더 심하였다. 간흉의 무리들이 목내선과 민암이 남긴 버릇을 그대로 따르니, 이에 저 무리들이 목호룡의 고변서를 꾸며내어 성청(聖聽)을 속이고 가렸던 것이다.

또 이처럼 주문한 일 역시 목내선과 민암 같은 소인이 한 짓이었다. 이른바 유봉휘가 지은 토역(討逆) 주문을 보면 여러 죄인의 공초를 일일이 나열한 것이 비록 매우 자세하고 분명하였으나 여러 죄인들은 한결같이 모두 불복하지 않고 형장을 맞다가 죽은 자들이었다. 불복하지 않고 형장을 맞다가 죽은 자가 어찌 공초를 남겼을 이치가 있겠는가?

신축년 12월 3일은 바로 이건명이 사신으로 연경에 체류하였을 때였다. 임인년 10월 28일에 우의정 최석항이 차자를 올려 아뢰어 말하기를,

"신이 이 일에 대해서 이미 직접 들은 말이 있어서 이에 감히 우매함을 무릅쓰고 말씀드립니다. 이건명은 작년 12월 3일 이이명·김창집과 모여서 모의하였습니다."

하였다. 신축년 12월 3일 이건명이 연경에 있었다는 사실은 본 조의 사람이 모두 알 뿐만 아니라 중국인들도 모두 알고 있는 일이었다. 그 몸이 만 리 밖에 체류하였는데 어찌 그 집에 모여서 흉악한 일을 모의할 수 있겠는가?

이른바 "여러 죄인들의 공초"라고 말한 것은 최석항이 차자에서 속이지 않은 것이 없었다. 중국 사람들은 이 같은 간사한 거짓을 모르고 주문을 믿었을 것이므로, 본 조의 허다한 정류(正類)가 외국에서 무고한 악명을 뒤집어쓰기에 이르렀으니, 또한 동국 사대부의 백 대에 이르는 치욕이 아니겠는가?

았다는 노론측 입장을 반영하고 있다. 따라서 여기서는 신축환국과 임인옥사로 구분하고, 이 둘을 같이 표기할 때는 '신임옥사'라는 객관적 표현을 사용하고자 한다.

11월

11월 1일 공조판서 한배하가 청대하여 입시하였을 때, 대제학 조태억을 패초하여 훈호(勳號)를 지어 올리라고 하교하였다.

녹훈의 일에 대해 한배하는 갑·을·병, 3등으로 공훈의 등급을 정하자고 아뢰었고, 최석항은 이미 녹훈할 사람이 없으니 단훈(單勳)[280]으로 감정(勘定)하자고 아뢰었다. 여러 의견이 어지럽게 나왔는데, 김일경이 어유구(魚有龜)[281]를 원훈(元勳)으로 삼자고 아뢰니, 주상이 그에 따라서 하교하였다. 어유구가 상소하여 말하기를,

"신이 뜻밖에 김일경의 협박과 오욕을 받아서 놀라움과 두려움을 이길 수 없으니, 감히 일각이라도 스스로 평안할 수 없습니다. 감히 장부(將符)[282]를 바치고 도성문 밖으로 물러나 곧 고향으로 가는 길을 찾아 나서겠습니다. ……"

하였다.[283] 오늘날 훈신이 많은 것을 논한다면, 오히려 한나라를 창업할 때의 공신보다 많았다. 만약 그 순서를 논하면 어유구는 막중(幕中)의 소하(蕭何)[284]와 같았으므로, 김일경이 원훈으로써 아뢴 것이 실로 공정한 마음에서 왔는데 어유구가 협박과 오욕을 받았다고 여기는 이유는 어째서

---

280) 단훈(單勳) : 혼자서 공훈을 받는다는 뜻이다. 원훈(元勳)에 상대하여 이르는 말이다.

281) 어유구(魚有龜) : 1675~1740. 본관은 함종(咸從), 자 성칙(聖則), 호 긍재(兢齋)이다. 1718년 딸이 세자빈[선의왕후(宣懿王后)]이 되었고, 1720년 경종이 즉위하자 함원부원군(咸原府院君)에 봉해졌다. 1721년 노론 사대신이 세제 대리청정 문제로 파직되자 무고라고 주장하였다. 신임옥사 후 김일경이 원훈(元勳)에 오를 것을 청했으나 사양하였다.

282) 장부(將符) : 부험(符驗)을 말한다. 군사를 동원할 때 사용하던 신부(信符)로서, 표면에 '발병(發兵)'이라 썼으며, 좌부(左符)는 궁내에 두고 우부는 절도사 등에게 주었다.

283) 어유구가 …… 하였다 : 당시 어유구는 김일경이 공훈을 조작하고 있다고 아뢰고 원훈을 사양하였다.(《경종실록》 2년 11월 11일 기사 참조)

284) 소하(蕭何) : ?~B.C. 193. 전한(前漢)을 세운 개국공신 중 한 명으로 한나라 고조(高祖) 유방(劉邦)을 도와 천하를 통일하였다. 이때 양식과 군대를 조달하는데 공훈을 세웠고, 유방이 즉위하자 으뜸가는 공신이라 하여 찬후(鄼侯)에 봉해졌다.

인가? 만약 국구(國舅) 어유구가 아니었다면 그 누가 능히 궁궐 안팎을 주선하여 광명(光明)한 훈업(勳業)을 창출할 수 있었겠는가?

김일경은 바로 싸우면 반드시 승리하고 공격히면 반드시 빼앗았던 한신(韓信)285)과 같았다. 만약 김일경이 아니었다면 어찌 누가 능히 사대신을 토벌하여 축출할 수 있었겠는가? 또한 누가 한신이 이좌거(李左車)286)를 다시 등용한 것처럼 목호룡을 꾸며낼 수 있었겠는가?

마땅히 어유구 다음의 공훈으로 삼아야 함에도 단지 어유구를 수훈(首勳)에 천거하고는 자신은 마치 공이 없는 것처럼 자처하였으니, 대수장군(大樹將軍)287)의 풍모를 듣는 것 같지 않은가?

그 나머지 국청 대신 조태구와 최석항, 판의금부사 심단 등도 만약 2등에 자리한다면 억울하다고 하는 것이 마땅하였다. 그밖에 의금부 여러 당상과 국문에 참여한 여러 승지들도 마땅히 등급을 나누어 녹훈했어야 할 것이다. 또한 김일경 상소에 연명한 여섯 사람288)도 공론을 대표하였으므로 또한 녹훈에서 뺄 수 없을 것이다.

일찍이 한(漢) 왕조의 공신들은 봉작(封爵)의 높고 낮음을 둘러싸고 오히려 다투었다고 들었는데, 우리나라 조정에서 오늘날의 훈신들은 그것을 꺼리고 피하는 것이 마치 자기 몸이 더럽혀지는 듯 하였고, 부끄럽

---

285) 한신(韓信) : ?~B.C. 196. 전한의 개국공신 중 한 명으로 대장군으로서 공훈을 세우고, 한나라가 건국된 뒤에 한왕(韓王)으로 봉해졌다. 유방이 천하를 통일한 뒤에 한신에 대해서 "백만의 군대를 연합하여 싸우면 반드시 이기고 치면 반드시 빼앗았다.[連百萬之軍, 戰必勝, 攻必取.]" 칭찬하였다.(《史記·高祖本紀》 참조)

286) 이좌거(李左車) : 조(趙)나라 장군이다. 한신과 장이(張耳)가 조나라를 공격해오자 이를 막을 방책을 진여(陳餘)에게 말했으나 받아들여지지 않았다. 한신은 이좌거를 얻어 스승으로 모시고 그의 계책을 써서 연(燕)·제(齊)나라의 여러 성을 함락하였다.

287) 대수장군(大樹將軍) : 후한(後漢) 때 풍이(馮異)가 겸손하여 여러 장수들이 공을 다툴 때면 언제나 큰나무 밑으로 피해 가있었으므로, "대수장군"이란 별명이 붙게 되었다.(《後漢書·馮異傳》 참조)

288) 상소에 연명한 여섯 사람 : 1721년 12월 김일경이 사대신을 성토하는 상소를 올렸을 때 연명했던 6명을 가리킨다. 여섯 사람은 정해(鄭楷)·이진유(李眞儒)·서종하(徐宗廈)·윤성시(尹聖時)·박필몽(朴弼夢)·이명의(李明誼)이었다.

고 창피하게 여기기를 마치 시장에서 매를 맞는 듯 하였으니 이것은
무엇 때문인가?

목호룡은 역생(酈生)²⁸⁹⁾의 혀를 놀리는데 불과할 뿐인데 단훈(單勳)으로
녹훈하였다. 오늘날 훈신은 저와 같이 많아서 모두 거론할 수 없는데,
단지 목호룡 한 명만 녹훈하여 이웃 나라에 알릴 수도 없게 만들었으니,
저 "공(功)을 힘쓰는 사람은 상으로 권면한다."²⁹⁰⁾는 도리가 어디에 있는
가?

아! 이르기를, "공훈이라는 것은 마치 광명과 같다." 하는데, 어찌 이와
같은가? 천지는 감히 속일 수 없고, 또한 감히 욕되게 할 수도 없는데,
바야흐로 장차 하늘에 제사 지내고 땅에 고하면 천지신명[天地神祗]이
장차 그 제사를 깨끗이 여겨서 흠향하였겠는가? 천지를 속이고 욕되게
한 것이 또한 막대하였다. 어떻게 온 세상의 울분을 진정시키고, 어떻게
백 대의 비웃음을 면할 수 있겠는가?

천지에 제사 지내어 고하고, 희생(犧牲)의 피를 가지고 모여서 서로
맹세하려면 이른바 공훈이 반드시 커야 한다. 태조처럼 옛 강토를 혹
침략한 자가 있어서 이들을 물리치고 영토를 개척한 일이라도 있었던가?
애초 이런 일은 없었다. 임진년(1592, 선조25)처럼 섬 오랑캐가 감히
기회를 노리고 엿보았는데, 혹 능히 토벌하여 평정한 일이 있었는가?
또한 이런 일은 없었다. 이괄(李适)²⁹¹⁾과 같은 역신이 다시 군대를 일으켰

---

289) 역생(酈生) : 역이기(酈食其)를 가리킨다. 한 고조 유방(劉邦)을 도왔는데, 외교 분야
    에서 큰 공을 세웠다. 뛰어난 언변으로 제(齊)나라 70여 성의 항복을 받아냈다.
    하지만 제왕(齊王) 전광(田廣)에게 한나라에 복속할 것을 설득하기 위해 제나라에
    머물렀는데, 한신이 공격하자 분노한 제왕에게 살해되었다.

290) 공(功)을 …… 권면한다 : 《서경(書經)》에 따르면 "덕을 힘쓰는 사람은 벼슬로 권면하
    고, 공(功)을 힘쓰는 사람은 상으로 권면한다."[德懋懋官, 功懋懋賞.] 하였다.(《書經·仲
    虺之誥》 참조)

291) 이괄(李适) : 1587~1624. 본관은 고성(固城), 자 백규(白圭)이다. 1623년 인조반정
    당시 무력을 동원한 공을 세웠으나 반정공신간 알력에 밀려 평안 병사 및 부원수에
    임명되었다. 1624년 아들 이전(李梅)·한명련(韓明璉) 등이 무고를 당하자 반란을

는데, 혹 이들을 무찔러 섬멸한 일이 있었는가? 또한 이런 일은 없었다.

그렇다면 하늘에 제사 지내고 종묘에 고하여 죄를 사면하여 경사를 빛내게 한 공훈은 무슨 명목이란 말인가? 그 잔꾀를 다 부려서 한밤중에 환국을 도모하였고, 요상한 고변서를 꾸며내어 온 세상의 정류(正類)를 일소하였으니, 소인의 대훈업을 어찌 여기에 다시 더할 수 있겠는가?

그 공훈을 이룬 것이 이와 같이 큰 데, 녹훈하는 것을 모두 꺼리고 피하여, 홀로 목호룡만 훈신으로 결정하였으니, 저 소인 무리들이 자기들이 한 일이 괴이하다는 것을 스스로 알고 있었구나!

녹훈을 감정하는 일로 한배하와 최석항, 김일경의 무리들이 임금 앞에서 한바탕 시끄럽게 떠들다가, 마침내 어유구를 원훈으로 삼았는데, 그가 부신(符信)을 바치고 도망쳤던 것이다. 또 그 뒤에 조태구와 심단, 조태억이 임금 앞에서 어지럽게 다투며 이삼을 원훈으로 삼자, 이삼 또한 상소하여 간절하게 사양하였다. 이에 시장 사람들이 서로 희롱하며 이르기를,

"조정에 녹훈할 사람이 없으니 네가 하라."

하니, 답하기를,

"차라리 개 잡는 비천한 장부는 될지언정 오늘날 녹훈한 공신은 되지 않겠다."

하였다. 예로부터 훈신에 책봉되는 은전(恩典)이 얼마나 영광스럽고 귀한 일이었는데, 지금 훈신에 책봉되는 것은 어찌 이와 같이 비천하단 말인가?

이삼에게 보검과 은화를 찾아낸 공이 있다고 해서 일등 공신으로 삼았다면, 대신이 훈신의 은전을 감정(勘定)하는 것이 어찌 그렇게 공정하지 못한가? 유독 국청에서 옥사에 참여했던 여러 대신들의 큰 공훈은 유념하지 못하였는가?

일으켜 한때 도성을 함락하였으나 부하 장수에게 살해되었다.

온 마음의 정력을 다하고 평생의 교묘한 재주를 부려서 형장을 맞다가 승복하지 않고 죽은 혼백에게서 죽은 뒤 자백한 초사를 받아낸 사람이 있으며, 주상이 꺼리고 물리칠 것을 두려워하여 "양왕의 옥사에서 양왕에게 죄를 묻지 않았다."는 차자를 올린 사람이 있었고, 사신으로 가서 연경에 체류한 사람을 집에서 군대를 동원한 역모를 모의한 것으로 만든 사람이 있었으니, 옥사를 다스린 여러 신하들의 공이 이처럼 컸다.

또한 무(無)에서 유(有)를 낳고, 농간을 부려 거짓을 진실로 만들어서, 옥안을 완성하지 않은 것이 없었으니 이삼은 어떻게 은화의 소재를 알아서 찾아낼 수 있었는가? 그의 공로는 개[狗]에 불과한데, 어찌 그 개를 지휘하고292) 옥사를 다스린 여러 신하들을 버리고 이삼을 원훈으로 삼았단 말인가? 아니면 그 대신이 과도하게 녹훈을 사양해서 그런 것인가? 사양하는 마음293)은 예(禮)의 단서인데 그가 혹 예를 아는 대신이란 말인가?

---

292) 그 개를 지휘하고 : 원문은 "發縱指示"이다. 사냥개를 놓아 짐승 있는 곳을 가리켜 잡게 하게 한다는 뜻이다. 곧 방법을 가리켜 보인다는 뜻이다.
293) 사양하는 마음 : 원문은 "辭讓之心"이다. 사단(四端)의 하나로 겸손하게 마다하며 받지 않거나 남에게 양보하는 마음이다.

계묘년(1723)

2월

계묘년(1723, 경종3) 2월 19일 영의정 조태구가 단훈(單勳)으로 감정(勘定)할 것을 아뢰자, 주상이 그 말에 따라서 목호룡을 동성군(東城君)으로 삼았다.

3월

3월 3일 동성군 목호룡이 사은(謝恩)하였다.

○ 4일 영부사 김우항(金宇杭)[1]이 죽었다.

○ 12일 대전과 왕세제가 친히 회맹제(會盟祭)[2]를 거행하였다.
옥지(玉趾, 임금의 발걸음)로 친림하시어 대려(帶礪)[3]의 맹세를 거행하

---

1) 김우항(金宇杭) : 1649~1723. 본관은 김해(金海), 자 제중(濟仲), 호 갑봉(甲峰)·좌은(坐隱)이다. 형조·병조·이조판서 등을 역임하였다. 1722년 김일경의 사친 추존론(私親追尊論)을 반대하다가 화를 입었다.
2) 회맹제(會盟祭) : 임금이 공신(功臣)들과 산 짐승을 잡아 하늘에 제사지내고, 그 피를 서로 나누어 마시며 단결을 맹세하던 의식이다.

는 것을 앞두고 공신(功臣)의 후예들에게 일제히 와서 참여하라고 명하였었다.

우리 태조가 창업한 뒤 공신의 후예가 이루다 셀 수 없었으니, 그 휴척(休戚, 행복과 불행)을 함께 하고, 성대한 거사를 드러내는 자리에 마땅히 한 사람이라도 오지 않는 사람이 없어야 되는데 당일 나아가서 참석한 자는 단지 신성하(申聖夏)⁴⁾와 박태석(朴泰錫), 두 사람뿐이었다.

여러 신하들이 이른바 "지극히 광명한 맹훈(盟勳)"이라 한 것이 어찌 이와 같이 겸연쩍고 부끄럽단 말인가? 대신(臺臣)이 상소하여 훈부(勳府)⁵⁾로 하여금 참석하지 않은 사람을 적발하여 죄를 논할 것을 청하였으니, "위력으로 인심을 굴복시키려 하였다." 할 수 있다.

바야흐로 녹훈도감(錄勳都監)⁶⁾을 설치하여 윤명재(尹明齋)⁷⁾의 아들 충교(忠敎)를 감조관(監造官)에 임명하였는데, 윤충교가 권력을 쥔 사람에게 편지를 보내 이르기를, "굶어 죽는 일은 작고, 절개를 잃는 일은 크다."

---

3) 대려(帶礪) : 황하(黃河)의 물이 허리띠같이 가늘어지고, 태산(泰山)이 숫돌같이 평평해지더라도 영원히 변치 않는다는 맹세이다. "관작에 봉하는 맹세로 말하기를, '황하가 띠처럼 되고 태산이 숫돌 같아도 나라를 영원히 보존하리라.[封爵之誓曰, 使黃河如帶, 泰山若礪, 國以永存.]' 하였다."(《史記·高祖功臣年表》 참조)
4) 신성하(申聖夏) : 1665~1736. 본관은 평산(平山), 자 성보(成甫), 호 화암(和庵)이다. 영의정 신완(申琓)의 아들이다. 돈녕부도정(敦寧府都正)을 거쳐 평운군(平雲君)에 봉해졌다. 영조대 그 아들 경상 감사 신방(申昉)이 신성하가 일찍이 목호룡을 녹훈(錄勳)할 때 회맹에 참여하였다는 혐의로 파직되었다.(《영조실록》 1년 5월 20일 기사 참조)
5) 훈부(勳府) : 여러 공신(功臣)의 관부(官府)인 충훈부(忠勳府)이다. 일명 맹부(盟府) 또는 훈부라고도 하였다. 초기에는 공신도감(功臣都鑑)으로 칭하다가 1434년(세종16) 9월에 공신도감을 충훈사(忠勳司)로 개칭하였다. 1454년(단종2) 1월에 다시 충훈부(忠勳府)로 승격하였는데, 1894년(고종31)에 기공국(記功局)이라 고쳐 의정부에 소속시켰다.
6) 녹훈도감(錄勳都監) : 훈공(勳功)을 세운 공신들의 녹훈을 위해 임시로 설치하는 관아이다.
7) 윤명재(尹明齋) : 명재는 윤증(尹拯, 1629~1714)의 호이다. 본관은 파평, 자 자인(子仁)이다. 성혼의 외증손이자 윤선거의 아들이다. 송시열의 문인이었지만 그를 비판하고 소론의 영수가 되었다. 저서로 《명재유고(明齋遺稿)》를 남겼다.

하면서 마침내 출사하지 않았다. 소론이라고 칭하면서 명재의 아들을 대우하는 것이 어찌 이와 같이 천박한가?

가만히 생각해 보면 애석하고 통탄할 만한 일이었다. 공훈을 감정할 당시에는 사람마다 마치 자기 몸이 더럽혀지는 듯 애써 회피하였고, 그 회맹제를 거행하는 날에는 공신의 후예가 몇 명인지 알 수 없었지만, 한결같이 참석하지 않았다. 그 공훈이 거짓이라는 것을 길 가던 사람들은 다 아는데, 목호룡은 알지 못하였으니, 어쩔 것인가?

상천(常賤), 한 사람을 불러다 놓고 특별히 책훈(策勳)[8]하여 분수에 넘치게 동성군에 봉하였으니 그에게 있어서 지극히 영광스러운 행운이지만, 유독 지존으로 하여금 천승(千乘)[9]의 존귀함을 굽혀서 같은 단(壇)에서 대면하여 맹세하게 했으니 고금 천하에 어찌 이 같은 치욕스러운 일이 다시 있겠는가?

오늘날 여러 신하들이 군부에게 모욕을 주고 군부를 천하게 대한 것이 어찌 차마 이 지경에 이를 수 있겠는가? 충신과 의사(義士)라면 진실로 속이 문드러질 듯하고 간담이 찢어질 듯한 일이어서 백안(白眼)[10]으로 흘겨보면서 청포(靑蒲)[11]를 어루만졌을 것이다.

○ 이번 국청의 옥사는 오로지 동궁을 제거하려고 모의한 계책에서 나온 것으로서 목호룡의 삼급수(三急手)에 대한 고변서[12]를 꾸며서, 김창

---

8) 책훈(策勳) : 공훈이 있는 사람에게 그 공을 찬양하여 훈작(勳爵)을 주는 일이다.
9) 천승(千乘) : 수레 1천 대를 동원할 수 있는 나라의 군주로서 제후를 가리킨다. 전쟁이 발생하면 천자는 만승(萬乘)을, 제후는 천승을 내도록 되어 있었다.
10) 백안(白眼) : 흰 눈자위를 드러내어 경멸하는 뜻을 보인다는 것이다.
11) 청포(靑蒲) : 임금의 좌석에 까는 청록(靑綠)의 부들자리를 가리킨다. 신하가 임금의 허물을 지극히 간쟁할 때 이 자리에 엎드린다고 한다.
12) 삼급수(三急手)의 고변서 : 목호룡이 노론 측에서 경종을 시해하고자 모의했다고 올린 고변서이다. 삼급수란 대급수(大急手)는 칼로 살해하는 것이고, 소급수(小急手)는 약으로 살해하는 것이며, 평지수(平地手)는 숙종의 전교를 위조하여 폐출하는 것이다. 이같은 삼급수설을 지어내어 1722년(경종2) 세제의 대리청정을 요구하던

집이 자질(子姪)과 인척(姻戚) 무리 및 문객들을 지휘하여 주상을 모해하고
이이명을 추대하려 했다고 모함하였는데, 이것은 모두 형적이 없는 터무
니 없는 일이었다. 거기서 이르기를, "환약을 아무개의 주머니 속에서
수사하여 찾아냈고, 보검을 아무개의 방에서 수사하여 찾아냈다." 하는
것은 비록 확실한 증거물[眞贓]로 만들고자 한 짓이었지만 또한 그 속여서
거짓으로 꾸민 말임을 가릴 수 없었다.

만약 그 환약을 음식에 섞어서 올렸을 때 적발했다면 이는 실로 확실한
증거물이 되겠지만, "아무개의 주머니 속에서 수사하여 찾아냈다." 하는
것은 바로 거짓으로 꾸며낸 말이다. 환약은 이미 중국에서 은화를 써서
구해온 것인데 어찌 즉시 섞어서 올리지 않고 몇 년이 지나도록 주머니
속에 그대로 두었단 말인가?

또한 보검을 칼로 시해하려 했을 때[13] 적발했다면 이는 실로 확실한
증거물이 되었겠지만, "보검을 아무개의 방에서 수사하여 찾아냈다."는
말은 이 역시 거짓으로 꾸며낸 것이다. 보검은 이미 김용택을 통해서
백망에게 전해주었는데 어찌 즉시 칼로 시해하려 했을 때 하지 않고
몇 년 동안 방에 그대로 걸어 두었는가? 또한 이르기를,

"이홍술을 지휘하여 그로 하여금 군진 연습을 끝마친 뒤 군대를 돌리게
하려 했다."

하였는데, 이미 이것은 형적이 없는 말이었다. 이홍술이 이미 군진
연습을 마쳤는데, 어찌 그날 군대를 돌리지 않았는가?

이른바 "삼수"라는 것은 모두 실체가 없는 일이니, 어찌 흉악한 무리들
이 거짓으로 꾸며낸 말이 아니겠는가? 오직 저 흉악한 무리들이 동궁을
제거하려는 계략임이 착착 탄로 났다. 환첩을 사주하여 동궁을 제거하는

___

노론을 역모로 몰아 노론 사대신을 사사하였고, 그에 연루된 이들도 처벌되었다.
13) 칼로 시해하려 했을 때 : 원문은 "塗厠"으로, 변소를 수리한다는 뜻이다. 전국시대
   진(晉)나라의 예양(豫讓)이 변소에 숨어 조양자(趙襄子)를 살해하려 했던 고사에서
   나온 말이다. 여기서는 기회를 틈타 칼로 사람을 찔러 죽인다는 의미로 사용하였다.

것이 흉악한 무리들의 진짜 자취가 아니면 무엇이겠는가?

목호룡의 고변서 가운데 거듭 "동궁이 애매하다." 한 말이 있는데, 오직 수상이 조용히 소섭하는 가운데 망각할 것을 두려워하여, 조태구와 최석항의 무리들이 국청에서 나와 입대할 때마다 늘 "양왕의 옥사에서 양왕에게 죄를 묻지 않았습니다." 아뢰었으니, 죄를 범하지 않은 우리 동궁을 양왕처럼 지은 죄가 있는 것으로 몰아가서 주상으로 하여금 참작하여 처리하게 하려고 했던 것이다. 저 무리들이 동궁을 해치려고 모의한 진짜 자취가 바로 여기에 있었으니 어찌 착착 탄로 나지 않겠는가?

환첩의 무리들이 동궁을 제거하려 한 일은 《시강원일기(侍講院日記)》[14]에 분명히 실려 있으며, 조태구의 무리들이 "양왕의 옥사에서 양왕에게 죄를 묻지 않았습니다." 하고 아뢴 일은 승정원 기주(記注)[15]에 분명히 실려 있으니 이는 실로 천추(千秋)에 전해질 진짜 자취이다. 어찌 국청의 초사가 전혀 근거가 없는 것과 같겠는가? 백 구절의 언문 가사(歌詞)에서 비록 말하기를,

"여러 죄인의 초사 안에서 '김보택(金普澤)[16]이 대전 안으로 흘러 들어가게 했다.' 한다."

하였는데, 이것은 김일경이 화를 전가하려는 계략이었다. 김일경이 촛불 아래에서 지어낸 것을 어린 몸종 명손(明孫)이 직접 보았고, 또 명손으로 하여금 정서(正書)하게 하여 대전 안으로 흘러 들어가기 전에 충분히 외워서 도성 안에 퍼져 나가니, 어떤 사람이 누가 지었는지 물어서

14) 시강원일기(侍講院日記) : 세자의 서연(書筵)을 주관하는 기관이 시강원이다. 여기서는 영조가 세제로 있을 때 시강원에서 편찬한 일기로 보이는데, 현전하지 않는다.

15) 기주(記注) : 주서(注書)가 사료를 삼기 위해 군신간의 대화 등을 적은 기록이다.

16) 김보택(金普澤) : 1672~1717. 본관은 광산(光山), 자 중시(仲施), 호 척재(惕齋)이다. 할아버지는 김만기(金萬基), 아버지는 김진귀(金鎭龜)이며, 김춘택의 동생이다. 1701년 희빈 장씨의 처벌 수위를 둘러싸고 노·소론간 갈등이 일어나자 김춘택과 함께 소론의 영수 남구만·최석정을 호역죄(護逆罪)로 탄핵했다. 그리고 송시열을 비판했던 윤증을 배사죄(背師罪)로 논핵하였다.

명손이 "우리 영감이 지은 것입니다." 한 말은 이미 매우 확실한 일이었다.

○ 목호룡은 본래 동궁의 사친(私親) 장례 때 상지자(相地者)¹⁷⁾였는데, 이천기·김용택 등과 매우 친한 자였다. 이천기 등이 흉악한 무리들이 세제를 폐하고 이상대를 세우려는 계략을 듣고 서로 모의하여 말하기를,
"만약 이 지경에 이르면 우리들이 마땅히 죽을힘을 다해서 이상대를 제거하고 세제를 복위시켜야 할 것이다."
하였다. 목호룡과 백망은 바로 은화를 가지고 지상궁과 체결한 뒤에야 이상대를 제거할 수 있다고 주장한 자들이었다. 그런데 목호룡이 김일경의 꼬임을 받고 가서 봉훈(封勳)한다는 말을 듣고 넘어가 이천기 등이 논의한 일을 김일경에게 자세히 고하였다.

목호룡은 또 백망을 유혹하여 데리고 가니, 김일경이 크게 기뻐하여 마침내 백망·목호룡과 함께 흉악한 음모를 논의하였는데, 백망이 거짓으로 응하여 말하기를, "좋다." 하고는 마침내 중도에 배반하고 달아났다.

국문을 받게 되자 백망은 마침내 지난밤에 논의한 흉악한 음모를 하나하나 사실대로 공초하며 김일경을 질책하니, 김일경이 변명하는 말을 하지 못하고 마침내 국청에서 쫓겨났다. 판의금부사 심단과 대신 조태구·최석항 역시 함께 쫓겨났다.

이로써 흉악한 무리들이 세제를 폐하고 이상대를 세우려던 음모가 백망의 맨 처음 공초에서 모두 탄로 났는데, 이것은 의금부의 나장(羅將) 양천경이 직접 본 것을 입으로 전한 말이었다.

○ 환약, 한 가지 사안은 여러 사람들의 초사 내에서 이르기를,
"은화 5백 냥을 장씨 성을 가진 역관에게 주어 중국에서 구입하여

---

17) 상지자(相地者) : 지관(地官)·풍수가이다. 묘지나 택지를 선정할 때 지질과 길흉을 판단하는 사람이다.

왔습니다."

하였는데, 조태구가 포도청과 사역원에 분부하여 수사하여 탐문하게 하니 10년 사이에 애초 장씨 성을 가진 역관으로서 중국에 들어간 자가 없었다. 따라서 중국에서 환약을 구입하여 왔다는 말이 이처럼 근거가 없었으니, 이 한 가지를 들어 그 나머지를 알 수 있다.

○ 최석항이 다음의 차자를 올려 아뢰었다.

"지난 겨울 비망기를 거둬들인 뒤 이이명과 김창집, 양흉(兩凶)이 크게 두려워하면서 12월 3일 이건명 집에 모여서 머리를 맞대고 모의하였는데, 이기지가 옆에서 고하기를,

'이 일은 이와 같이 해서는 이룰 수 없으니, 반드시 기수(旗手) 3, 4백 명을 동원하여 궐문(闕門)을 수직(守直)하게 하고, 즉시 판부사 조태채를 맞아다 의논하여 조처해야 할 것입니다.'

하자, 이건명이 얼굴을 찡그리며 말하기를,

'애초에 참여하여 알지 못하는 사람을 지금 어찌 또 참여시켜 듣게 하겠는가?'

하였습니다. 국문에 참여했던 여러 신하들이 위로 당상(堂上)부터 아래로 낭료(郞僚)까지 모두 함께 들었으니, 속일 수 없는 것입니다. ……"

최석항은 자신이 대신이면서 어찌 감히 추호라도 허황된 말을 차자에서 아뢰었겠는가? 그런데 이건명은 동지사 겸 왕세제 책봉 주청사(冬至使兼王世弟策封奏請使)로서 10월에 출발하여 12월 3일은 연경에 있을 때였으니, 어찌 집에 있으면서 모임을 갖고 얼굴을 찡그리며 말할 수 있었겠는가? 가죽이 없는데 털이 장차 어디에 붙어 있겠는가?

비록 말하기를, "국청에 참여했던 여러 신하들이 모두 함께 들었습니다." 하였지만 이는 곧 최석항이 삼정승이 군대를 배치한 죄를 꾸미는데 정신이 빠져 있어서 이건명이 사신으로서 연경에 가 있다는 사실을

깨닫지 못한 것이었다.

최석항의 이 차자가 허무맹랑하다는 것이 분명하였으므로 삼정승이 군대를 배치했다는 더러운 말은 최석항의 차자에 의해서 저절로 그 혐의에서 벗어나게 되었다. 최석항이 그 차자에서 또 말하기를,

"조태채는 애초 삼흉(三凶)의 은밀한 모의에 참여하지 않았습니다."

하였다. 최석항이 오히려 이와 같이 이야기하였으니, 조태채에게 터럭만한 죄안도 없다는 것을 이로부터 알 수 있다.

흉악한 무리들이 동궁을 참소하여 위태롭게 한 일이 자주 있었다. 몰래 환관을 사주하여 시도 때도 없이 참소를 올렸는데, 비밀스러운 것은 물론하고 그 현저하게 드러난 사례로 말하자면 조태억이 한밤중에 청대하여 우선 비망기를 거둬들이게 하고 나서 계속해서 아뢰기를,

"조성복을 지휘한 자가 사흉(四凶)이고 사흉을 지휘한 자는 따로 그 사람이 있습니다."

하였으니, 그 사람은 바로 동궁을 가리킨 것이었다. 이는 환관 김경도(金景燾)가 전파한 말이어서 이미 매우 확실하였다.

두 환관과 두 비첩이 세제가 조근(朝覲)[18]하러 가는 길을 가로막아 방해하였고, 동궁 제거를 모의하였으니 동궁에게 위기가 아침저녁으로 다가오고 있었다. 다행히 자성(慈聖)이 힘을 다해 구한 덕택으로 동궁을 도와서 보호할 수 있었으니, 이것이 환첩이 독자적으로 처리할 수 있는 일이었겠는가?

목호룡의 고변서에서는 감히 말할 수 없는 말을 재차 동궁에게 가하니 주상이 이 고변서를 동궁에게 내려주어 보게 하였다. 목호룡의 고변서는 바로 김일경이 꾸며서 만든 것이었지만, 이것이 어찌 김일경 혼자서 지어낸 것이겠는가?

---

18) 조근(朝覲) : 제후가 천자를 뵙는 것으로, 봄에 하는 것은 '조(朝)', 가을에 하는 것을 '근(覲)'이라고 한다. 여기서는 세제가 경종을 뵈러 가는 일을 말한다.

처음 국문할 때 대신 조태구와 최석항, 의금부 당상 심단과 김일경이 백망에 의해 쫓겨난 뒤에 국청(鞫廳)을 본부로 옮겨서 다시 문초하여 끝마친 뒤 두 내신과 여러 당상들이 청대하여 아뢰기를,

"국문하여 나온 초사 가운데 동궁과 관련된 것은 추안(推案)[19]에 쓰지 마십시오."

하였다. 백옥같이 흠이 없는 동궁으로 하여금 국문할 때 초사에서 나오게 한 것은 누가 한 짓인가? 추안에 쓰지 말라고 아뢴 일이 과연 동궁을 위한 마음에서 그렇게 말한 것이겠는가?

만약 조금이라도 동궁을 위한 마음이 있었다면, 국문하는 일은 조태구 무리들이 주장하였는데, 동궁이 관련된 일이 있더라도 병길(丙吉)이 태자와 관련된 옥안(獄案)을 스스로 내려서 모두 태워버리고 죽을 때까지 말하지 않은 것[20]과 같게 하지 않았단 말인가?

조태구의 무리들이 동궁과 관련된 초사를 추안에 쓰지 말라고 아뢴 의도는 실로 동궁이 이와 같은 일을 범하였다고 고한 것이었다. 또한 매번 국청이 끝난 뒤 조태구와 최석항의 무리들이 청대하여 아뢰기를, "양왕의 옥사에서 양왕에게 죄를 묻지 않았습니다." 하였다.

생각컨대 우리 동궁이 임금의 아우로서 저사(儲嗣)의 지위에 올랐지만, 그 광명정대한 것은 앞선 옛 열성조(列聖朝)에게서 보기 드문 일이었다. 저사의 지위를 계승하고 나서는 비록 위험이 경각에 달려 있었지만 애초 터럭만한 과오도 없었고, 양궁(兩宮) 사이에 그 효성과 공경하는 도리를 다하였을 뿐이었다.

---

19) 추안(推案) : 죄인을 추문한 내용을 기록한 문서이다.
20) 병길이 …… 않은 것 : 전한(前漢) 무제(武帝)의 아들 위(衛)태자 유거(劉據)가 무고(巫蠱)의 화(禍)에 걸려 억울하게 죽었다. 당시 태자의 손자 병이(病已)만은 군저옥(郡邸獄)에 수감되었는데, 이때 병길(丙吉)이 태자가 억울한 누명을 쓴 것을 알고 돌봐주었다. 뒷날 병이가 제위에 올라 선제(宣帝)가 되었으나 병길은 자신의 사은(私恩)에 대해 절대 말하지 않았고 선제 또한 잊고 있었다. 그 뒤 사실을 알게 된 선제는 병길을 박양후(博陽侯)에 봉하였다.

그런데 "양왕의 옥사에서 양왕에게 죄를 묻지 않았습니다."는 것을
드러내어 아뢰기에 이르렀는데, 동궁에게 양왕이 지은 것과 같은 죄가
무엇이 있는가? 감히 양왕의 죄를 억지로 씌워서 주상으로 하여금 참작하
여 처분하게 하려고 한 것이었다. 그렇지만 양왕이 지은 것과 같은 죄가
없는 것을 어쩌겠는가? 또한 신명(神明)이 말없이 도와주고 있는 것을
어쩌겠는가?

동궁이 저위를 계승한 이후부터 위급한 화가 번갯불이 번쩍이는 사이에
생겼으니 불안한 마음은 바늘방석에 앉은 것과 같았다. 그것은 하나도
흉악한 무리 때문이고, 둘도 흉악한 무리 때문이었다. 진실로 동궁이
위험한 고난을 만나 극도로 고립되고 위태로운 상황을 생각한다면 인신
(人臣)이 눈물이 떨어지는 것을 깨닫지 못할 일이었다. 누군들 동궁을
위해서 한 번 죽을 마음이 없겠는가?

○ 흉악한 무리들이 매번 사대신의 연명차자로써 큰 죄안으로 삼았는
데, 진실로 오늘날 국사를 위한 마음이 있다면, 세제 대리청정 이외
다른 방도가 없었다. 조성복이 대리청정을 청한 것은 실로 나라를 위한
마음에서였지 단연코 다른 의도는 없었다. 청정의 비망기를 거둬들인
뒤 특별히 대리의 비망기를 내리고 연이어 굳게 정하였다고 하교한
것은 조성복 때문이며, 국가의 형세 때문이었다. 사대신이 정유년 절목에
따라서 거행할 일로써 연명차자를 올린 것은 실로 사세(事勢)의 당연한
일이었는데, 어찌 반역의 죄안이 될 수 있겠는가?

○ 사대신을 이미 모두 주륙하였고, 그 나머지 정류(正類) 또한 모두
때려 죽였으며, 간혹 살아남은 자는 모두 귀양 가서 쫓겨났다. 국옥이
거의 종료될 무렵 사대신 편의 인아(姻婭)21)족속들, 또한 전날 친분이

---

21) 인아(姻婭) : 사위집 편의 사돈 및 동서 집 편의 사돈을 총칭한다. 사위의 아버지인

있는 자들을 모두 수색하여 찾아내고 사로잡아서 곧 의금부[王府]에서 국문하였으니, 비록 해를 넘겨서 오랜 세월이 지나도 옥사가 끝날 날이 없었다. 또 조정에서는 회덕(懷德)과 이성(尼城)의 다툼[22]으로 조신과 유생의 상소가 공거(公車)[23]에 쌓였다. 국사가 단지 이와 같을 뿐이어서 볼만한 것이 하나도 없었다.

4월

4월 18일 홍석보(洪錫輔)[24]를 거제도에 안치(安置)하였다.

28일 조성복이 형장을 맞다가 죽었다.

조성복이 올린 대리청정을 청한 상소는 인신의 분수와 의리에 비추어 지극히 패악하였다. 따라서 당시 여러 신하들이 그 일을 성토하는 것은 괜찮지만 오늘날 반드시 형장을 쳐서 죽인 것이 괜찮은지는 알지 못하겠다.

사돈을 인(姻), 여자 형제의 남편끼리인 동서 사이를 아(婭)라 하였다.

22) 회덕(懷德)과 이성(尼城)의 다툼 : 회덕에 사는 송시열과 이성의 윤증 사이에서 시작된 사상적·정치적 대립을 가리킨다. 서인 내 노론과 소론이 분기하는 계기로 작용하였다. 이 논쟁은 윤선거의 묘갈명 시비에서 시작되어 윤휴에 대한 사문난적(斯文亂賊) 시비, 윤선거의 병자호란 당시 행적에 대한 논란 등으로 확대되어 노론과 소론 사이에 격렬한 정치적 갈등을 불러일으켰다.

23) 공거(公車) : 한나라 때 장주(章奏)를 접수하는 관서(官署)의 이름이다. 공가(公家)의 수레가 있는 곳이었기에 공거라고 이름하였다. 천하의 상서(上書) 및 징소(徵召)의 일을 맡아 보았다.

24) 홍석보(洪錫輔) : 1672~1729. 본관은 풍산(豊山), 자 양신(良臣), 호 수은(睡隱)이다. 김창협의 문하에서 수학하였다. 신임옥사 당시 노론 사대신과 함께 유배되었다. 1725년(영조1) 풀려나와 도승지·평안도 관찰사 등을 역임하였다.

6월

6월 1일 판의금부사 심단이 아뢰기를,

"임창(任敞)25)은 특별히 다시 물을 단서가 없으니, 곧 바로 정형(正刑)하십시오."

하니, 주상이 아뢴 대로 하라고 하였고, 당일 정형되었다.

국청을 설치한 뒤 최석항과 심단이 가장 혹독하고 심하였으니, 사대신이 외딴 섬에 위리안치된 것이나 수많은 사람들이 억울하게 죽은 것은 역적 심단의 손에서 말미암았다.

5일 양사가 합계하여 괴산(槐山) 현감 이직(李溭), 문경(聞慶) 현감 황태하(黃泰河)를 삭거사판(削去仕版)26)하는 일을 청하자, 주상이 번거롭게 하지 말라고 답하였다.

이 두 사람이 무슨 죄를 저질러서 몹시 어그러지는 일이 있다고 삭거사판하라고 발계(發啓)27)하는가? 김정승이 성주(星州)에서 후명(後命)28)을

---

25) 임창(任敞) : 1652~1723. 본관은 풍천, 자 회이(晦而), 호 강개옹(慷慨翁)이다. 1701년 인현왕후가 죽자 역적을 벌주고 왕후의 원수를 갚아야 한다고 상소하였다. 1723년 흉언을 일삼았다는 이유로 참형되었다. 《동소만록》에서는 그 내용이 해괴하고 정상에서 벗어났다고 비판하였다. 남하정은 임창의 상소가 단지 장희빈의 처단만을 주장한 것이 아니라 당시 세자였던 경종에게까지 은연중 미치고 있다고 보았다. "세자의 마음이 정모(正母, 인현왕후)가 시해당한 데는 무심하고, 사친(私親, 희빈 장씨)만 치우치게 두둔하는 것처럼 말하고 있으니 그 자취가 비록 세자에게 충성을 바치는 듯 하지만 사실은 세자를 옳지 못한 데로 돌아가게 하는 것입니다." 임창의 상소는 장희빈을 보호해야 세자를 보호할 수 있다는 논리를 깨고 그 혐의를 물어서 세자 교체로까지 확대하려는 의도가 숨겨져 있었기 때문이었다.
26) 삭거사판(削去仕版) : 관리의 장적(帳籍)에서 이름을 지우는 것으로, 죄지은 관리를 처벌하는 규정이다. 초사(初仕) 이후의 모든 임관(任官)을 말소하였다.
27) 발계(發啓) : 대관(臺官)이 국왕에게 죄의 유무·경중 등에 관하여 계사(啓辭)를 내는 제도이다.
28) 후명(後命) : 죄인에게 사약(賜藥)을 내리는 일이다.

받고 나서, 반구(返柩)29)할 때 담군(擔軍)30)을 변통하여 마련하지 못하였는데, 토착 양반 이생원(李生員)이 의로운 기운을 내어 자기 집 노정(奴丁)과 인척 집 노정을 빌렸다.

반구가 문경에 이르자 문경 현감이 담군을 보조하려고 미리 영(令)을 내려 두었는데, 교장(校長) 남희중(南熙重)이 향교 안에 다수의 선비들을 모아 놓고 영군(領軍)과 색리(色吏)를 구타하고 담군을 몰아내자 운구가 중간에 멈추어 섰다. 이에 부의(賻儀)로 받아서 남은 약간의 돈으로 담군을 빌려서 겨우 고개를 넘었는데, 고개를 넘은 뒤에는 믿을 수 있는 자가 오직 괴산의 관군뿐이었다.

그런데 충청 병사(忠淸兵使) 민제장(閔濟章)31)이 괴산 현감이 군병을 내었다는 보고를 받고 충주 진장(忠州鎭將)에게 공문을 보내 그로 하여금 엄히 금지하게 하였다. 그래서 괴산 현감이 군병을 거느리고 연풍(延豊) 경계에 이르자 충주진의 장교와 나졸(羅卒)이 병영과 진영의 명령이 있다고 하면서 관군과 관졸을 몰아내었으므로 괴산 현감이 어쩔 수 없이 헛되이 돌아왔다. 본래 일은 단지 이와 같았을 뿐이었다. 그런데 문경 현감 황태하가 말하기를,

"담군의 일을 제대로 준비하지 못하여, 심지어 색리(色吏)의 죄를 다스리는 일까지 있었다."

하였고, 괴산 현감 이직은 말하기를,

"직접 담군 70명을 거느리고 가서 고개 밑에서 기다렸다."

하였는데, 이를 빌미로 발계(發啓)하여 죄줄 것을 청하였다. 이로 보건대 전후 삼사의 계사(啓辭)에서 아무개는 이와 같은 죄가 있고, 아무개는

---

29) 반구(返柩) : 객지에서 죽은 사람의 시신을 본가로 모셔 오는 의식이다.
30) 담군(擔軍) : 상여(喪輿)나 무거운 것을 운반하는 인부를 가리킨다.
31) 민제장(閔濟章) : 1671~1729. 본관은 여흥(驪興), 자 회백(晦伯), 호 삼금당(三錦堂)이다. 충청·전라 병사 등을 역임하였다. 1728년(영조4) 이인좌의 난 당시 안성 군수로서 큰 공을 세웠다.

저와 같은 죄가 있다고 말한 것은 모두 이와 같이 거짓된 무고였다.

7일 영의정 조태구가 병으로 죽었다.

14일 송상기(宋相琦)[32]가 유배지에서 죽었다.

15일 정언 조지빈(趙趾彬)[33]과 지평 심준(沈埈)[34]이 상소하여 윤회(尹會)를 파직하라고 청하였다.

윤회는 곧 저 무리들의 수하(爪牙)인데, 무엇 때문에 파직을 청하였는가? 이경지(李慶祉)가 황해도 고을에 있을 때, 약간의 은화 몇 냥과 명주[綿紬] 몇 필을 김정승에게 보내어 판재(板材) 가격을 부조하였다. 한쪽 편 사람들이 이 소식을 듣고 윤회를 사주하여 삼수에 쓰일 자금을 댔다고 발계하게 하자 대신(臺臣)이 마침내 이경지를 잡아들이라고 청하였다.

윤회와 친분이 있던 이징만(李徵萬)이 공적인 마음에서 윤회를 질책하여 말하기를,

"판재 가격으로 부조한 것을 삼수의 자금으로 몰아서 곧장 사람을 악역(惡逆)의 죄과에 빠뜨렸으니, 이것이 어찌 사람으로서 할 일이겠는가?"

하였다. 윤회가 크게 후회하며 한쪽 편 사람들이 조밀하게 앉아 있는 가운데서 꾸지람을 들었다.

---

32) 송상기(宋相琦) : 1657~1723. 본관은 은진(恩津), 자 옥여(玉汝), 호 옥오재(玉吾齋)이다. 아버지는 예조판서 송규렴(宋奎濂)이다. 송시열의 문인이다. 경종대 세제에게 청정(聽政)을 시키자고 여러 대신들과 더불어 상소하였다. 이 일로 강진으로 유배되어 이듬해 유배지에서 죽었다.

33) 조지빈(趙趾彬) : 1691~1730. 조태억의 아들이다. 1718년(숙종44) 문과에 급제한 뒤 대사간·대사성 등을 역임하였다.

34) 심준(沈埈) : 본관은 청송, 자 숙평(叔平)이다. 부친은 제릉 참봉(齊陵參奉) 심연희(沈延熙)이다.

이에 심준과 조지빈 등이 상소하여 윤회가 다른 사람을 논하면서
제대로 살피지 않은 실수를 하였다면서 도리어 파직하라고 청하였던
것이다. 권력을 쥔 재상의 십안에 여러 읍에서 바치는 봉물(封物)35)은
이루다 셀 수 없는데, 만약 이것을 모두 삼수의 자금으로 몰아간다면
봉물을 받은 재상은 모두 삼수의 반역을 모의한 것인가?

여러 죄인이 자백한 초사라는 것에서 이르기를,

"아무개는 곧 은화 몇천 냥을 보냈고, 아무개는 은화 몇백 냥을 보냈으니,
이를 합쳐 계산하면 거의 만여 냥이 넘는다."

하면서 모두 삼수의 자금으로 돌렸으니, 그렇다면 삼수의 자금이 된
은화가 무엇 때문에 이와 같이 많단 말인가?

최석항과 심단 등이 차자를 올려 수사하여 찾아낸 이 은화로써 경기도
내 굶주린 백성을 진휼할 것을 청하였는데, 그 은화가 몇 냥인지를 살펴보
니 1백 냥을 넘지 않았다. 만여 냥이라는 은화가 어찌 이와 같이 매우
적단 말인가? 이경지가 판재 가격을 부조한 것을 가지고 삼수의 자금으로
썼다고 모함하지 않음이 없었다. -이하는 빠져 있다.-

대신과 여러 신하들이 입시하였을 때 주상이 묻기를,

"수염이 허연 대신이 지금도 아직 몸에 탈이 없는데, 어디에 있는가?
오랫동안 보이지 않으니 내가 매우 서운하고 섭섭하다."

하였다. 주상이 다시 이 질문을 하였으니 작년에 내린 사사(賜死)의
명이 과연 주상으로부터 나온 것이겠는가? 당일 입시했던 여러 신하들
가운데 이 하교를 받든 자들은 그 마음이 능히 편안하였겠는가 그렇지
않았겠는가? 김일경은 또 어찌 다른 말로 진대(進對)36)하여 미봉하지
않았는가?-이하는 빠져 있다.-

정승 김창집 공을 반구(返柩)37)하는 길에서 상서(尙書) 정호(鄭澔)38)가

---

35) 봉물(封物) : 지방에서 서울 사는 관리에게 선사하는 물건이다.
36) 진대(進對) : 신하가 나아가서 임금을 뵙고 여러가지 정사(政事)를 의논하던 일이다.

곡하면서 맞이하였다고 하면서 여러 신하들이 죄를 청하여, 또 귀양
갔던 곳으로부터 섬 가운데로 옮겨 유배 보냈다.

옛날 자로(子路)³⁹⁾가 난리 중에 죽자 자하(子夏)⁴⁰⁾가 분곡(奔哭)⁴¹⁾하였으
니, 이는 현인의 억울한 죽음을 슬퍼해서였다. 악무목(岳武穆)⁴²⁾은 사람이
많이 모인 곳에서 처형되어 그 시체를 군중이 보도록 내버려 두었는데,
두영(杜英)이 가서 곡을 하였으니, 이는 충신이 억울하게 죽은 것을 조문한
것이었다.

정상서(鄭尙書,정호)가 김정승을 위해 곡한 일은 자하가 자로를 위해
곡한 것이나, 두영이 악무목을 조문한 것과 같다. 옛사람이 이르기를,
"대의(大義)에 입각하여 친족의 정을 끊는다."⁴³⁾ 하였으니, 대의가 관련된

37) 반구(返柩) : 객지에서 죽은 사람의 시신을 본가로 모셔 오는 의식이다.
38) 정호(鄭澔) : 1648~1736. 본관은 연일(延日), 자 중순(仲淳), 호 장암(丈巖)이다. 정철(鄭
澈)의 현손, 정종명(鄭宗溟)의 증손, 송시열의 문인이다. 1715년에 유계(兪棨)의
유저(遺著)인《가례원류》의 발문을 썼는데, 윤증이 송시열을 배반했다는 내용이
문제되어 파직되었다. 이듬해 윤선거의 문집이 간행되자, 효종에게 불손한 내용이
있다고 하여 훼판(毁板)하고 윤선거 부자의 관작도 추탈하게 하였다.
39) 자로(子路) : B.C. 543~B.C. 480. 공자의 십대제자 중 한 명이다. 공자의 훈계로
입문하여 헌신적으로 공자를 섬겼다. 공자도 그를 매우 사랑한 듯하며《논어》에
그 친분이 잘 표현되어 있다. 위(衛)나라에서 벼슬하던 중 내란이 일어났을 때
싸우다 죽었다.
40) 자하(子夏) : B.C. 507~B.C. 420. 공자의 십대제자 중 한 명이다. 공자 사후 위나라
문후(文侯)에게 초빙되어 스승이 되었다. 자하는 자신보다 먼저 세상을 여읜 아들의
죽음을 비통해하다 실명(失明)하였다고 전해진다.
41) 분곡(奔哭) : 부모나 남편의 부음(訃音)을 듣고 달려가는 것을 말한다.
42) 악무목(岳武穆) : 무목은 송나라의 명장 악비(岳飛, 1103~1141)의 시호이다. 남송대
악비는 금나라에 대항하여 싸울 것을 주장하였다고 무고한 누명을 쓰고 투옥된
뒤 39세의 나이에 살해되었다.
43) 대의에 …… 끊는다《춘추좌씨전(春秋左氏傳)》에 나오는 구절이다. 춘추시대 위
(衛)나라 현대부(賢大夫) 석작(石碏)의 아들 석후(石厚)가 공자 주우(州吁)와 함께
위 환공(衛桓公)을 시해하자, 석작이 치밀하게 계획을 세워 공자 주우와 자기 아들
석후를 잡아 죽였는데, 이에 대해서 은공(隱公) 4년 조에 "대의에 입각하여 친족의
정을 끊는다고 하는 것은 바로 이를 두고 말함일 것이다.[大義滅親, 其是之謂乎.]"

일이면 지친(至親)의 정의(情誼)도 오히려 끊어버렸는데, 하물며 동료[朋僚] 사이에 있어서랴?

김정승 공이 만약 반역을 모의한 사람이라면 성상서가 비록 오래 알고 지낸 친구 사이라도 반드시 제문을 들고 맞이하여 곡을 할 이치가 없을 것인데, 정상서가 제문을 들고 맞이하여 곡을 한 것을 보면 김정승 공의 충정(忠正)을 알만하였다. 그러나 정상서는 상소하여 희빈(禧嬪)⁴⁴⁾을 추보하자는 논의, 역적 환관을 곧장 정형에 처하라는 논의, 사대신을 귀양 보내 내쫓은 일 등을 배척한 일로, 멀리 초산(楚山, 평안도 소재)으로 유배되어 있었다.

임인년(1722, 경종2) 4월 17일 금부도사 유상휘(柳尚徽)가 죄인을 압송하여 갔는데, 김정승이 후명(後命)을 받은 것은 이달 29일이었다. 정상서가 바야흐로 천리 밖 유배지에 있었으니, 비록 가서 김정승을 곡하고자 해도 어떻게 그럴 수 있었겠는가?

이 또한 허무맹랑한 말이었다. 정상서는 유배지에 있으면서 김공이 후명을 받았다는 소식을 듣고, 제문을 작성하여 그의 아들에게 부탁하여 대신 가서 조문하게 하였기 때문에 제문을 들고 맞이하여 조문하였다는 모함을 받았던 것이다.

하였다.

44) 희빈(禧嬪) : 1659~1701. 1688년(숙종14) 경종을 낳고 이듬해 원자로 책봉되면서 희빈이 되었다. 기사환국으로 서인이 몰락하면서 폐서인된 인현왕후를 대신하여 왕비에 책봉되었으나 1694년 갑술환국으로 다시 희빈으로 강등되었다. 1701년 인현왕후를 저주해 죽게 했다는 혐의를 받아 사사되었다.

단독 상소를 올린 명단〔獨疏秩〕

박필항(朴弼恒), 유중무, 송성명(宋成明),[45] 이진검(李眞儉),[46] 김시환.

---

45) 송성명(宋成明) : 1674~1740. 본관은 여산(礪山), 자 성집(聖集)·군집(君集), 호 송석(松石)이다. 호조참판 송징은(宋徵殷)의 아들이다. 숙종대 이조전랑을 역임하였고, 경종 즉위년(1720) 동부승지가 되었는데 정치의 득실을 상소하다 탄핵을 받아 파직되었다. 이후 대사성 등을 역임하였다.

46) 이진검(李眞儉) : 1671~1727. 본관은 전주, 자 중약(仲約), 호 각리(角里)이다. 이경직의 증손으로, 할아버지는 이정영(李正英), 아버지는 이대성(李大成)이다. 1721년(경종1)에 동부승지로 이이명을 탄핵하다 밀양에 유배되었으나 이듬해 풀려나왔다. 신임옥사 당시 소론으로서 노론 축출에 가담하였다. 1725년(영조1) 귀양가서 유배지에서 죽었다.

연명 상소를 올린 명단〔聯疏秩〕

    김일경, 정해, 이진유, 서종하(徐宗廈),[47] 윤성시(尹聖時),[48] 박필몽, 이명의.【이상은 육적(六賊)의 상소에 연명한 사람들이다.】

---

47) 서종하(徐宗廈) : 1670~1730. 본관은 달성(達城), 자 비세(庇世)이다. 1721년 김일경 등과 노론 사대신 처벌을 주장하였다. 영조가 즉위하자 그해 관직을 박탈당하고 이어 유배되었다. 1728년 이인좌의 난으로 신문을 받던 중 매를 맞고 죽었다.

48) 윤성시(尹聖時) : 1672~1730. 본관은 해평(海平), 자 계성(季成)이다. 좌찬성 윤근수(尹根壽)의 현손, 윤현(尹晛)의 증손이다. 1721년 김일경·목호룡 등과 신임옥사를 주도하였다. 영조가 즉위하면서 유배되었고, 이어 의금부에 잡혀와 고문받던 끝에 죽었다.

연명 계사를 올린 명단[聯啓秩]

여선장, 박필항, 이현장, 심단, 권익순, 이제, 윤회, 이경열, 이거원(李巨源),[49] 이만선, 이진순, 정석오(鄭錫五),[50] 정석하(鄭錫夏), 이광보, 구명규, 이진망(李眞望),[51] 김시경, 권익관, 한배하, 양정호, 김연, 이삼, 조태억, 최석항, 이광좌, 이진수(李眞洙),[52] 신경제, 이태좌, 윤취상, 이사상, 김중기, 이조, 조익명, 조경명, 이명언, 김중희, 윤대영, 윤유(尹游),[53] 윤순(尹淳),[54] 권중경(權重經),[55] 이보욱, 황이장, 유엄(柳儼),[56] 이세덕(李世德).[57]

---

49) 이거원(李巨源) : 1685~1755. 본관은 한산(韓山), 자 이준(彝準, 而準)이다. 1722년(경종 2) 지평 재직시 노론 탄핵에 일조하였다. 영조 즉위 직후 이의연(李義淵)이 신임옥사 당시 죽은 노론 사대신 신원(伸冤)을 주장하자 이진수(李眞洙)와 함께 이의연의 처벌을 진언하고, 김일경을 구원하다가 파직되고 유배되었다. 1727년 정미환국으로 조정에 복귀해서도 김일경 신구(伸救)에 힘쓰다가 처벌받았다. 1755년 심정연(沈鼎衍)의 흉서 사건(凶書事件)이 일어나자, 심악(沈鍔)·유수원(柳壽垣) 등과 함께 주살되었다.

50) 정석오(鄭錫五) : 1691~1748. 본관은 동래(東萊), 자 유호(攸好)이다. 영의정 정태화(鄭太和)의 증손으로, 할아버지는 정재대(鄭載岱)이다. 1721년(경종1) 지평 재직시 김일경 등과 노론 사대신 탄핵을 주도하였다. 1725년 영조 즉위로 관직에서 삭출되었다가 정미환국(1727)으로 다시 기용된 이래 우의정·좌의정 등을 역임하였다.

51) 이진망(李眞望) : 1672~1737. 본관은 전주, 자 구숙(久叔), 호 도운(陶雲)·퇴운(退雲)이다. 영의정 이경석(李景奭)의 증손이다. 영조의 잠저(潛邸) 때 사부(師傅)로서 예우를 받았다. 대제학 등을 역임하였다.

52) 이진수(李眞洙) : 1684~1732. 본관은 전주, 자 자연(子淵), 호 서간(西澗)이다. 이경직의 증손으로, 아버지는 충청도 관찰사 이덕성(李德成)이다. 경종대 정언·지평 등을 역임하였다. 1725년(영조1) 김일경의 당으로 지목되어 유배되었다. 이후 황해도 관찰사 등을 지냈다.

53) 윤유(尹游) : 1674~1737. 본관은 해평(海平), 자 백수(伯修), 호 만하(晩霞)이다. 경종대 부교리·이조좌랑 등을 역임하였다. 1725년(영조1) 신임옥사 주동자의 한 사람으로 지목되어 삭출되었다. 정미환국(1727) 직후 대사간에 복직되었다. 이조·예조판서를 역임하였다.

54) 윤순(尹淳) : 1680~1741. 본관은 해평(海平), 자 중화(仲和), 호 백하(白下)·학음(鶴陰)이다. 윤두수(尹斗壽)의 5대손이다. 정제두(鄭齊斗)의 문인이며 정제두의 아우 제태(齊泰)의 사위이다. 응교 등을 거쳐, 영조대 대제학·예조판서 등을 역임하였다.

55) 권중경(權重經) : 1658~1728. 본관은 안동, 자 도일(道一), 호 손재(巽齋)·정묵당(靜默

찬배(竄配)된 사람이 백여 인이었다. 음서(蔭敍)58)로 관직에 나갈 수
있었지만 출사(出仕)하지 않은 자가 70여 인이었다.

소론으로 음사로 관직에 나갈 수 있었지만 출사하지 않은 자가 두
사람이었다. 윤충교가 녹훈도감(錄勳都監)59) 감조관(監造官)에 임명되었으
나 출사하지 않았다. 명재(明齋)60)의 아들이었다. 이징만이 후릉(厚陵)61)
참봉에 임명되었으나 출사하지 않았다. 청백리(淸白吏)였던 고(故) 이조참
판 이신효(李愼孝)62)의 후손이다.

堂)이다. 할아버지는 영의정 권대운(權大運)이다. 이조참의 등을 역임하였는데,
갑술환국(1694) 이후 민암(閔黯) 등과 함께 처벌받아 유배되었다. 1721년(경종1)
풀려나 전라도 관찰사·호조참의 등을 역임하였다. 1728년 척질(戚姪) 이인좌가
난을 일으키자 자살하였다.

56) 유엄(柳儼) : 1692~?. 본관은 진주(晉州), 자 사숙(思叔), 호 성암(省庵)이다. 경조대
정언을 역임하였고, 영조가 즉위하자 지평으로 등용된 뒤 예조·형조판서 등을
지냈다.

57) 이세덕(李世德) : 1662~1724. 본관은 용인(龍仁), 자 백소(伯邵)이다. 1717년(숙종 43)
지평 재직시 윤증 부자를 신원(伸寃)하는 상소를 올렸다가 유배되었다. 1722년(경종
2) 다시 윤증 부자를 옹호하였는데, 이로 인해 집안 대대로 사문난적의 혐의를
받아 배척받았다.

58) 음서(蔭敍) : 부(父)나 조부(祖父)가 관직생활을 했거나 국가에 공훈을 세웠을 경우에
그 자손을 과거에 의하지 않고 특별히 서용하는 제도이다.《경국대전》의 이전(吏典)
〈음자제조(蔭子弟條)〉에 의하면 음직 제수의 범위를 공신이나 2품 이상관의 자(子)·
손(孫)·서(壻)·제(弟)·질(姪), 실직(實職) 3품관의 자손으로 제한하여, 실력에 의한
선발 시험인 과거의 비중을 높였다. 그러나 음서는 혈통을 중시하는 신분제 사회의
속성을 띠면서, 실력을 중시하는 관료제 사회의 속성을 대표하는 과거와 함께
양반관료 사회를 형성하는 하나의 축으로 기능하였다.

59) 녹훈도감(錄勳都監) : 나라에 훈공을 세운 공신들에 대한 녹훈을 하기 위하여 임시로
설치하는 관아이다.

60) 명재(明齋) : 윤증(尹拯, 1629~1714)의 호이다. 송시열의 문인이었지만 그들 간에
벌어진 정치사상적 대립은 이후 노소 분당(老少分黨)을 초래하였다.

61) 후릉(厚陵) : 정종(定宗)과 정안왕후(定安王后)를 모신 쌍릉이다. 황해북도 개풍군
영정리 백마산 기슭에 위치한다.

62) 이신효(李愼孝) : 본관은 전의(全義), 자 자경(子敬), 호 영옥헌(永玉軒)이다. 세조대
원종공신(原種功臣) 3등으로 녹훈되었으며, 황해도 도사·여주 목사 등을 역임하였
다. 1481년(성종12) 청백리에 피선되었다. 만년에 벼슬을 사양하고 귀향하였다.

계묘년(1723, 경종3) 4월 이조판서 유봉휘가 이징만을 후릉 참봉에
제수하였는데, 이징만이 병을 핑계로 출사하지 않았다.

이징만은 몸가짐과 행실을 삼가는, 그 뜻이 고상한 선비였다. 최석항·
조태억·유봉휘 등과 젊어서부터 교유하였는데, 이들이 공경으로 대우하
지 않은 적이 없었다. 왕세제를 정책(定策)한 뒤 유봉휘가 도리에 어긋나는
상소를 올리자 이징만이 가서 묻기를,

"왕세제 책봉은 비록 창졸간에 일어난 일이지만 양전(兩殿)이 특별히
성명(成命)(63)을 내려서 군신의 명분과 의리가 이미 정해졌습니다. 그런데
영감[令公]께서는 상소에서 기쁘지 않은 마음을 현저하게 드러냈으니,
어찌 재앙을 부르는 단서가 되지 않겠습니까?"

하니, 유봉휘가 말하기를,

"저 흉악한 무리들이 다른 사람보다 앞서 공을 세우려고 감히 국가의
지극히 중대한 일을 애초부터 같은 조정의 신하들과 서로 의논하여 확정하지
않고서, 단지 얼마 안 되는 자기네 사람들과 한밤중에 갑작스럽게 독자적으
로 처리하였습니다. 그래서 우리 당여 사람들이 분개하지 않을 수 없어서
나로 하여금 상소하여 아뢰게 하였으므로 부득이해서 그렇게 한 것입니
다. 그런데 지금 그대의 말을 들으니 마음이 매우 두렵습니다."

하였다. 이징만이 일부러 따져 묻기를,

"들건대 어유구는 바로 우리 편과 뜻을 같이하는 사람인데, 중전이
어머니라는 소리를 듣고 싶어 한다든가, 왕제(王弟)는 한번 아뢰는 것으로
제거할 수 있다는 등의 말을 매부 김순행(金純行)(64)에게 언급하였습니다.
김순행이 이것을 김창집에게 가서 고하니, 김창집이 말하기를,

---

(63) 성명(成命) : 임금이 신하의 신상에 관하여 결정적으로 내리는 명령이다. 양전은
    경종과 인원왕후를 가리킨다.
(64) 김순행(金純行) : 1683~?. 본관은 안동, 자 성중(誠仲), 호 추옹(鶖翁)이다. 김상용(金尙
    容)의 현손 김시보(金時保)의 아들이다. 1714년(숙종40)에 생원시에 합격하였으며,
    저서에 《추옹유고》가 있다.

'일이 급하게 되었다. 만약 대전에서 아무개로 저사(儲嗣)를 정하였다고 전지(傳旨)를 써서 내리면 어쩔 수 없게 된다.'

하면서, 마침내 이이명과 이건명, 조태채가 빈청에 모여 급하게 아뢰어서, 드디어 연잉군으로 정책하였으니, 그렇다면 저들에게 갑작스럽게 서둘렀다고 책임을 돌려서는 안 됩니다."

하였다. 유봉휘가 말하기를,

"국구(國舅)는 경솔한 사람이어서 자기 매부가 믿을 만한 사람이라고 생각하고 이런 중대한 일까지 언급하였으니, 더벅머리 아이와는 함께 모의할 수 없는 것과 같습니다."

하였다. 이징만이 말하기를,

"그렇다면 우리 당여는 누구를 저사로 정하려고 논의하고 있습니까?"

하니, 유봉휘가 말하기를,

"중전을 어머니라고 부를 수 있는 사람을 저사로 정하는 것이 이치로 보아 좋은데, 본래 그에 적합한 사람이 있습니다."

하였다. 이징만이 다시 따져 묻기를,

"지금 연잉군이 이미 저사로 정해져서 사대신이 보좌하고 있고, 그 나머지 여러 노론 가운데 요직에 있는 자들이 모두 연잉군을 위해 노력하고 있습니다. 또한 연잉군이 저사에 오르는 것은 명분과 의리에 정당하고 말이 사리에 맞는 일이므로 며칠 사이에 마음으로 기뻐하고 즐거워하지 않는 사람이 없어서 그 형세를 움직이기는 어렵습니다.

영감의 상소가 나오자마자 영감을 국문하라고 다투어 아뢰어서, 주상이 윤허하여 따르겠다는 비답을 내렸으므로 저는 매우 위태로운 상황이라고 생각합니다."

하니, 유봉휘가 냉소하며 말하기를,

"치장(致章, 이징만의 자)은 세상 물정에 어두운 선비이니 어떻게 저간의 기괄(機括)[65]을 알겠습니까? 중전이 어머니라고 부르는 말을 듣고 싶어

하는 것은 천리와 인정에 당연한 일이고, 대전의 마음 또한 중전의 마음과 같습니다. 이것은 국구가 아침저녁으로 문안할 때 종종 격식을 차리지 않고 넌지시 아뢰어 일찍부터 이미 완전히 정해졌습니다.

그래서 우리 당여에 속한 여러 부류의 사람들이 나로 하여금 먼저 시험 삼아 일전의 상소를 올리게 한 것입니다. 저 무리들이 비록 국청을 설치하라고 청하였지만 어찌 구원하는 자가 없겠습니까? 나는 근심하지 않습니다. 연잉군이 비록 '저위에 올랐다.' 하지만 어찌 제거하는 것이 어렵겠습니까? 사흉(四凶)이 비록 '강성(强盛)하다.' 하지만 어찌 축출하는 것이 어렵겠습니까?"

하였다. 이징만이 이와 같은 말을 듣고 심담(心膽)이 떨리는 것을 이기지 못하다가 억지로 기운을 차리고 말머리를 돌려서 이르기를,

"오늘은 매우 추워서 갑자기 소름이 돋을 정도이니 신기한 논의를 더 이상 들을 겨를이 없습니다."

하였다. 하직하고 돌아가던 도중에 들으니, 우의정 조태구가 과천에서 올라와 급하게 유봉휘를 구하는 차자를 올려서 과연 국문을 시행하지 말라는 하교가 있었다.

이징만이 곧장 자기가 잘 아는 사람의 집에 가서 이러저러한 일에 대해서 설명하고 말하기를,

"노형[丈氏][66])께서는 이미 김정승과 젊어서부터 친하여 말하지 않는 것이 없으니 이와 같이 일의 기미에 대해 마땅히 알려 주어야 할 것입니다."

하니, 그 사람이 웃으며 말하기를,

---

65) 기괄(機括) : 관건을 뜻한다. 여기서는 중요한 결정이나 정국 변동의 관건이 되는 사건을 의미한다. 본래 쇠뇌의 시위를 걸어 화살을 쏘는 장치인 노아(弩牙)와 전괄(箭栝)을 가리킨다. 사물의 중요한 작동 혹은 민첩하게 기선을 잡는 것을 의미하는 것으로 사용되었다. 원래 기(機)는 활 양 끝의 활시위를 거는 곳이고, 괄(栝)은 화살 끝으로 활시위를 받는 곳을 말한다.
66) 노형[丈氏] : 열 살 연상의 노형(老兄)에 대한 존칭어이다.

"치장은 진짜 우물 안 개구리입니다. 저 무리들의 흉악한 계략을 지금 비로소 들었단 말입니까? 저 같은 포의(布衣)도 들은 지 오래되어 잘 알고 있는데, 하물며 당국자인 김징승은 어떻겠습니까?"

하였다. 김정승이 김순행에게서 어유구가 운운하였다[67]는 말을 듣고 급히 두 이정승과 모여서 죽음으로써 서로 맹세하며 이정소(李廷熽)[68]로 하여금 정책(定策)을 청하는 상소를 올리게 하고, 관대(冠帶)를 갖추고 비답이 어떻게 내려올지를 기다렸다. 여러 대신이 헌의하라는 비답이 있자, 삼정승이 또한 서로 맹세하며 말하기를,

"저사를 정하는 일이 만약 이루어지지 않는다면 우리 세 사람이 용체(龍砌, 궁궐의 섬돌)에 머리를 부딪치고[69] 죽어서 다시는 살아서 궁궐 문을 나가지 맙시다."

하고는 마침내 함께 빈청으로 나아갔다.

그 당시 판부사 조태채가 마침 교외(郊外)의 강가에 있었는데, 이 소식을 듣고서 재빨리 말을 달려 곧장 빈청으로 나아가니, 삼대신과 여러 신하들이 이미 모여 있었다. 조판부사가 말하기를,

"여러 대감들이 이처럼 종사의 중대한 일을 하면서 어찌 소생을 함께 참여하게 하지 않으십니까? 원컨대 생사를 같이 하고 싶습니다."

---

67) 어유구가 운운하였다 : 앞서 소개된 대화 내용을 정리하면 다음과 같다. 어유구가 김순행에게 "대전에게서 후사를 이을 희망은 아직도 기약할 수 없으니, 특별히 저사를 정하는 외에는 다시 다른 계책이 없다. 그런데 중전이 어머니라고 부르는 소리를 듣고 싶어 하는 것은 인지상정이고 사리(事理) 또한 그러하다." 하였다. 또한 종실 가운데 소목(昭穆)의 친척 중에서 선택이 가능하다고 하면서 연잉군은 "한번 아뢰는 것으로 배제할 수 있다." 하였다.

68) 이정소(李廷熽) : 1674~1736. 본관은 전주, 자 여장(汝章), 호 춘파(春坡)이다. 1721년 (경종1) 노론 사대신과 함께 속히 세자를 정할 것을 발의하여, 왕제 연잉군을 책봉하였다. 그러자 김일경 등이 노론 사대신을 사흉(四凶)으로 규정하며 공격하자, 그도 유배되었다. 1725년(영조1) 풀려나온 뒤 병조참판 등을 역임하였다.

69) 머리를 부딪치고 : 원문은 "碎首"이다. 머리가 부서지는 것으로, 죽음을 무릅쓰고 간언하는 정신이나 행위를 형용하는 말이다.

하였다. 비할 데 없이 기이하도다! 조판부사의 충성스러운 마음이여! 사대신이 밤을 세워가며 힘껏 청하여, 다행히도 연잉군으로 정책하였다. 사대신은 정책한 날부터 이미 죽을 뜻으로 결심하였던 것이다.

오늘에 이르러 저 흉악한 무리들이 끝내 불령(不逞)스러운 마음으로 귀척(貴戚)과 체결하여 동궁을 제거하려고 모의한 것은 사대신 또한 익히 잘 알고 있었던 일이었으니, 또한 무슨 서로 알려줄 일이 있었겠는가?

또한 국구는 중전의 의향을 중요하게 여기니 어쩔 수 없었지만, 저 무리들의 흉악 계략이 만에 하나라도 이루어졌다면 사대신은 그 직책을 다해 저지하다가, 안 되면 죽음이 있을 뿐 더 이상 다른 계책이 없었다. 치장이 말하기를,

"소론을 세상에서 청류(淸流)라고 하는데, 저 무리들이 저와 같이 흉악하고 사나우니 지난날 교유한 것이 이제와서 후회된다. 저 임금을 업신여기는 역적들을 모두 같이 소론이라고 칭하는 것은 지극히 수치스러운 일이다."

하고, 문을 걸어 잠그고 밖에 나아가지 않고 자질들을 가르치면서 학업에 몰두하니, 세상 사람이 칭찬하여 말하기를, "학자로다 이 아무개여!" 하였다.

이때 이르러 유봉휘가 이조판서가 되자 이징만을 후릉 참봉에 제수하였으나 이징만이 병을 핑계로 정체(呈遞)[70]하였다. 그의 친구가 묻기를,

"옛사람 가운데 가난 때문에 벼슬한 사람이 있었으니, 그대처럼 청빈한 사람이라면 비록 두록(斗祿)[71]의 관직이라도 처지로 보아 사양하기 어려

---

70) 정체(呈遞) : 체차(遞差) 되기를 청하는 서면을 제출하는 것이다. 관리를 의망(擬望) 할 때 부임하는 곳에 친족이 벼슬을 하고 있을 경우의 사피(辭避), 혹은 인사에 문제가 있을 경우, 정세상 부득이한 경우, 신병이 있을 경우, 부모의 초상이나 봉양할 때 등의 일로 다른 사람으로 갈아 임명하기를 청하는 것이다.

71) 두록(斗祿) : 박봉(薄俸)을 뜻한다. 1말이나 1곡(斛)의 쌀이란 의미에서 두곡지록(斗 斛之祿)이라고도 한다.

울 것인데, 지금 어찌 아무 이유 없이 관직을 버리려 하는가?"

하자, 이징만이 말하기를,

"그대는 내 마음을 아는 친구이면서 내가 관직을 버리는 것을 어찌 '아무 이유가 없다.' 하는가?"

하였다. 친구가 말하기를,

"성인(聖人)의 가르침에 이르기를, '학문을 하고서 여유가 있으면 벼슬을 한다.'72) 하였고, 또 이르기를, '40세에는 지기(志氣)가 강해져서 벼슬할 수 있다.'73) 하였는데, 지금 그대의 학문이 이미 벼슬하기에 충분하고, 또한 그 나이가 벼슬 시작할 시기는 이미 지났다. 따라서 비록 병을 핑계로 체직을 청하였지만 실제로는 병이 없는데, 관직을 버릴 이유가 무엇이 있는가?"

하였다. 이징만이 말하기를,

"만약 벼슬에 나갈 수 있는 때가 되었다고 해서 학문이 비록 뛰어나지 않고 나이도 미치지 못하는데도 장차 즐겁게 벼슬에 나아간다면 이미 이것은 그 재목이 아닌 사람을 천거한 것이다.

또한 지금은 어떤 시기인가? 조정에 정류(正類)는 한 사람도 남아 있지 않아서 종사는 위태롭고, 국모의 원수는 지금 도리어 추보되어 삼강오륜이 무너졌으니, 이것이 어찌 사군자(士君子)가 관직에 나아갈 시기인가?"

하였다. 친구가 말하기를,

"치장의 오늘 이 말은 괴이하고 의심스러운 단서가 없지 않다. 그대가 젊어서부터 따라다니던 자는 곧 유봉휘의 무리였는데, 그들에 대해 항상 말하기를, '한 시대의 명류(名流)이다.' 하였다가 지금은 도리어 '그 재목이

---

72) 학문을 …… 한다 : 《논어(論語)》〈자장(子張)〉에 나온다. 자하가 말하기를, "벼슬을 하면서 여가가 있으면 학문을 하고 학문을 하고서 여가가 있으면 벼슬을 한다.[仕而優則學, 學而優則仕.]" 하였다

73) 40세에는 …… 있다 : 《예기(禮記)》〈곡례 상(曲禮上)〉에서, "나이 40세가 되면 지기(志氣)가 강해져서 벼슬길에 나갈 수 있다.[四十曰, 強而仕.]" 하였다.

아닌 사람을 천거하였다.' 하고, 그대가 배척한 사람은 바로 사대신인데,
심지어 '권력을 탐하고 세력을 즐긴다.'고까지 하였다가 지금은 '조정의
정류'라고 칭찬하니, 어째서 이전과 이후가 다른가?"

하였다. 치장이 말하기를,

"성인이 말하기를, '좋아하면서도 그의 잘못된 점을 알아차리고, 싫어하
면서도 그의 장점을 인정한다.[74] 하였다. 유봉휘의 무리들은 이미 나와
같은 당여의 사람들이며, 또한 죽마고우(竹馬故友)[75]의 교분이 있는데
어찌 이전과 같은 호감이 없겠는가?

그런데 지난번 흉악한 상소를 보고, 또한 당일 흉악한 역모의 계책을
듣고 나서는 결코 친하게 지낼 수 없는 사람들이라고 생각하게 되어,
저 무리들을 깊이 미워하여 발길을 끊은 지 이미 3년이나 되었다. 더욱이
지금 유봉휘가 정사(政事)하여 나를 두곡의 녹봉이나마 받는 관직에 제수
하였으니, 어찌 그 재목이 아닌 사람을 천거한 것이 아니겠는가?

네 정승에 대해서는 평소 다른 편 사람으로 여겼으며, 더욱 편당에
치우쳤으므로 어찌 전날 미워한 일이 없었겠는가? 그렇지만 죽고 사는
것을 잊고서 한 마음으로 힘을 합쳐서 왕제를 정책하여 마침내 국맥을
부지하였으니, 그 충적(忠赤)의 정성은 사람을 감복시켰다. 이들이야말로
조정의 정류가 아닌가?"

하니, 친구가 말하기를,

"과연 내 친구의 말과 같다면 사대신이 무슨 죄가 있어서 주상이
모두 다 주살하였는가?"

하자, 치장이 말하기를,

---

74) 좋아하면서도 …… 알아차린다 : 《대학장구(大學章句)》전 8장에, "좋아하면서도 그
　　의 잘못된 점을 알아차리고, 싫어하면서도 그의 장점을 인정하는 자세를 취하는
　　사람은 이 세상에 드물다.[故好而知其惡, 惡而知其美者, 天下鮮矣.]" 말이 나온다.
75) 죽마고우(竹馬故友) : 함께 죽마를 타던 벗으로, 어릴 때 아주 긴밀했던 친구를
　　뜻한다.

"그대는 네 정승이 주상의 처분에 의해서 살해되었다고 알고 있는가?"

하니, 친구가 놀라서 묻기를,

"주상이 처분한 것이 아니라면 어찌 된 일인가?"

하였다. 치장이 다음과 같이 말하였다.

"그대는 이미 잘 알고 있으면서도 일부러 시험 삼아 나에게 묻는 것인가? 그렇다면 내가 대략 말해주겠다. 신축년(1721, 경종1) 2월 조태채가 문안을 드리기 위해 입시하였을 때, 우연히 옆에서 살펴보니, 환관한 명이 임금의 책상에 있는 붓을 뽑아서 급하게

'전교하기를,

「형신을 면제하고 상의하여 처리하라.[傳曰除刑議處]」

하였다.'

하였는데, 여섯 자를 쓰는 것을 보고, 마음속으로 매우 괴이하게 여겼다. 그 다음날 유학(幼學) 이몽인(李夢寅)·심득우(沈得佑)·조형(趙瀅) 등이 윤지술(尹志述)76)과 김창집을 참수할 일을 청하는 상소를 올렸는데,77) 승정원에서 물리치니, 세 사람이 도끼를 지니고 금문(禁門)으로 들어왔고, 승정원에서 아뢰어서 형조에 잡아 가두었다.

형조판서 이홍술이 형추(刑推)하여 사실을 파악하고 그것을 주상에게

---

76) 윤지술(尹志述) : 1697~1721. 본관은 칠원(漆原), 자 노팽(老彭), 호 북정(北汀)이다. 1720년(경종 즉위년) 이이명이 편찬한 숙종의 지문(誌文)에 희빈 장씨의 죄목을 기록하지 않은 일을 지적하는 상소를 올렸다. 이는 경종을 역적의 아들로 간주하고 국왕을 모욕하는 처사로 볼 수 있었다. 이에 이듬해 신축환국 이후 김일경 등 소론의 탄핵으로 사형되었다. 노론측에서는 그를 임창·이의연(李義淵) 등과 함께 신임(辛壬)의 삼포의(三布衣)라고 불렀다. 1725년(영조1) 노론이 집권하자 신원되고, 1802년(순조2) 사현사(四賢祠)에 제향되었다. 1841년(헌종7) 이조판서에 추증되었으며, 시호는 정민(正愍)이다.

77) 이몽인 …… 올렸는데 : 당시 이몽인 등은 경종의 어머니 희빈 장씨를 죽인 것이 숙종의 큰 업적이라고 한 윤지술이야말로 인륜을 무너뜨린 자이며, 이이명이 6만 냥으로 청나라 사신을 매수하고 김창집이 청나라 사신에게 연잉군의 신상을 써준 것을 비난하였다.

아뢰니, 전교하기를,

'형신을 면제하고 상의하여 처리하라.'

하여, 어제 환관이 쓴 것과 한 글자도 더하거나 뺀 것이 없었다. 조판부사가 비로소 환관이 농간을 부린 것과 환관을 지휘한 자가 바로 조태구의 무리임을 알게 되자, 그들이 반드시 패망할 것을 알고 김창집과 부합하였다. 또한 역적 환관 박상검이 초사에서 이르기를,

'근래 비지(批旨)는 모두 이 환관 무리가 중간에서 위조한 것입니다.'

하였고, 주상이 하교하기를,

'이것이 과연 내가 한 것인가?'

하였다. 그런즉 크고 작은 비지가 모두 환관이 거짓으로 꾸며 내린 가짜 명령이었다. 신축년 한밤중에 일어난 환국 당시의 허다한 비망기가 모두 그러하지 않은 것이 없었으니, 사대신을 주륙한 것이 어찌 주상의 처분이겠는가? 사대신이 만약 죽을죄를 지었다면 우리 무리들이 어찌 그들이 살해당한 것을 애석해하겠는가?

그 공으로써 말하면 위기일발의 상황에서 저사를 정하였고, 그 충성으로 말하면 수많은 사람들이 죽임을 당한 일에 그 신명(身命)을 던졌으니, 비록 오랑캐일지라도 오히려 감탄하며 공경하였을 것인데, 하물며 우리처럼 예의가 있는 나라의 사람은 어떠하겠는가?

임금과 신하가 있은 뒤에야 편당이 있는 법이다. 사대신은 바로 노론이고 나는 소론이지만, 저 사대신이 군신의 의리를 다하였으니 내가 어찌 감탄하여 우러르지 않겠는가?

목호룡의 고변서는 김일경이 동궁을 제거하기 위해 거짓으로 지어낸 것이었으니, 비루한 일이어서 족히 입에 담고 논의할 만한 일이 아니다. 왕세제는 백옥과 같아서 흠결이 없는데, 조태구는 '양왕의 옥사에서 양왕에게 죄를 묻지 않았습니다.' 아뢰어 양왕이 지은 죄를 세제에게 억지로 가하려고 하였다. 이건명이 사신으로 연경에 갔는데, 최석항이

차자를 올려 아뢰기를,

'신축년 12월 3일 김창집·이이명과 모여서 군대를 배치할 것을 함께 논의하였습니다.'

하였다. 연경에 있던 이건명이 어떻게 집에서 군대 배치를 모의할 수 있었겠는가? 최석항의 상소는 저절로 거짓임이 드러났다.

목내선과 이현일(李玄逸)[78]은 국모를 무욕(誣辱)한 역적이었는데, 심단이 제멋대로 신원을 청하였다. 심단의 죄는 한갓 여기에 그치지 않았다. 목호룡의 고변서 이외 또한 별도의 문목을 지어내어 죄 없는 사람을 때려죽였고, 죽은 사람의 초사를 위조하여 애매한 사람까지 끌어들여서 3년이 지났지만 억울한 옥사가 아직도 끝나지 않고 있다.

조태채에 이르러서는 애초 더할 죄가 없었는데, 이내 삼흉(三凶)과 투합한 것으로써 죄안을 구성하여 마침내 사사하기에 이르렀다. 세 정승이 세제를 정책한 일은 진실로 종사를 위한 대계(大計)였으므로 조판부사가 죽음을 잊고 투합하여 지극하게 충적을 다 하였는데, 도리어 투합하였다고 얽어 모함하였으니, 죽을죄가 이와 같다면 위험한 세상에 어떻게 도성에서 살 수 있겠는가?"

이징만이 마침내 결심하고 고향으로 내려갔다.

계묘년 6월 11일 양사(兩司)에서 다음과 같이 아뢰어 말하였다.

"전 정랑(正郞)[79] 이중환(李重煥)[80]이 일찍이 김천(金泉, 경상도 소재)

---

78) 이현일(李玄逸) : 1627~1704. 본관은 재령(載寧), 자 익승(翼升), 호 갈암(葛庵)이다. 대사헌·이조 판서 등을 역임하였다. 퇴계 학풍을 계승한 대표적인 영남 산림이었다. 저서로는 《갈암집(葛庵集)》 등이 있다.

79) 정랑(正郞) : 육조의 정5품 관직으로서, 중견 실무 책임자들이다.

80) 이중환(李重煥) : 1690~1756. 본관은 여주(驪州), 자 휘조(輝祖), 호 청담(淸潭)·청화산인(靑華山人)이다. 아버지는 참판 이진휴(李震休)이며, 이익(李瀷)의 문인이다. 1722년(경종2) 병조정랑·전적을 역임하였다. 영조가 즉위하자 목호룡의 당여로 사로잡혀 유배되었다.

우관(郵官)[81]으로 재직하였을 때 일이 생겨 상경(上京)하였는데, 본 역의 말을 다른 사람[82]에게 빌려주었다가 잃어버렸습니다. 그해 겨울 이천기의 집에서 빌려준 말을 돌려받았다고 하는데, 당초 빌려주기를 허락하고 뒤늦게 돌려받았다고 하는 것 모두 의심할 만하여, 결코 그만두고 묻지 않으면 안 되니, 이중환을 잡아다가 국문하여 사실을 속속들이 밝힐 것을 청합니다. ……”

역마(驛馬)를 다른 사람에게 빌려주는 것이 비록 법으로 금지되어 있지만 이미 돌려받았다면 이는 우관으로서는 다행이고, 돌려받지 못하였다면 자신이 대립(代立)[83]해야 하니 이는 우관에게는 불행이다.

그런데 이같이 미세한 일을 대관(臺官)이 어디서 듣고 알았는가? 비록 혹 들어서 알았다고 하더라도 어찌 반드시 계문(啓聞)하여 주상을 번거롭게 하는가? 아마도 또한 권모술수[84]가 끼어 있는 것 같다.

김일경의 아들 윤흥(允興)은 이징만과 매우 절친하여 못하는 말이 없는 사이였다. 김윤흥은 자기 아버지가 세도(世道)에 끼어들어 간섭하는 것을 항상 고민하여 매번 간하였지만 듣지 않았다. 그래서 때때로 이징만의 집에 가면 그 번민하는 절박한 생각을 대략 말하곤 하였다.

이징만이 비록 김일경과 평소 친하였지만 차츰 흉패한 일을 꾸미는 것을 보고, 스스로 멀리하여 끊으려고 마음먹었지만 김윤흥은 능히 그 아버지의 잘못을 알고 있었으므로 가르칠만하다고 여겨서 정의(情誼)가

81) 우관(郵官) : 각 도의 역참(驛站)을 관장하던 문관 종6품 외관직(外官職)이다. 서울을 중심으로 각 지방에 이르는 중요한 도로에 마필(馬匹)과 관원을 두어, 공문서를 전달하고 공용(公用) 여행자에게 숙소제공·마필공급 등 편리를 도모하는 일을 관장하였다.
82) 다른 사람 : 목호룡을 가리킨다.(《경종실록》 3년 5월 11일 기사 참조)
83) 대립(代立) : 대신 배상한다는 뜻이다. 본래 대립은 군역이나 부역의 의무가 있는 사람이 대가를 지불하고 다른 사람을 대신 입역케 하는 일을 가리킨다.
84) 권모술수 : 원문은 “機關”이다. 계략을 꾸미는 속마음을 가리키는 말로, 권모술수를 부린다는 뜻이다.

예전과 같았다. 하루는 이징만이 관직을 버리고 고향으로 내려간다는
소식을 들고 김윤흥이 작별하기 위해서 와서 말하기를,

"집사(執事)85)가 관직을 버리는 뜻은 엿보아 알 수 있는데, 고향으로
내려가기까지 한다니 마음이 매우 섭섭합니다. 또한 최근 대계(臺啓)86)를
들으니, 관직에 나아가지 않는 사람을 적발하여 감죄(勘罪)한다고 하는데,
집사가 위험에 처할까 두렵습니다."

하였다. 이징만이 말하기를,

"내가 또한 듣건대, 성인의 가르침에 이르기를, '아침에 도를 들으면
저녁에 죽어도 좋다.'87) 하였으니, 내가 관직을 버린 것은 곧 도를 듣는
마음에서 나온 것입니다. 이로 말미암아 비록 귀양 가는 처벌을 받는다
하더라도 이것은 바로 횡역(橫逆)88)이 오는 것이니, 어찌 구차하게 면할
수 있겠습니까?"

하였다. 김윤흥이 말하기를,

"내 마음을 아는 자는 바로 집사인데, 어찌 한마디 말이라도 숨길
수 있겠습니까? 어제 본 일은 더욱 근심스럽습니다."

하였다. 이징만이 말하기를,

"무슨 일입니까?"

하자, 김윤흥이 다음과 같이 말하였다.

"어제 심단과 이진유, 조태억, 유봉휘, 박필몽 등이 와서 모였는데,
갑자기 목호룡이 뒤늦게 도착하여 팔을 걷어붙이고 큰소리로 말하기를,

---

85) 집사(執事) : 존귀한 사람을 높여서 부르는 말이다.
86) 대계(臺啓) : 대간이 논하여 아뢰는 일이다. 특히 관리의 잘못을 지적하여 유죄임을
     밝히려고 임금에게 올리는 계사(啓辭)이다.
87) 아침에 …… 좋다 :《논어》〈이인(里仁)〉에 나온다. 주자는 해당 구절에 대해 "도는
     사물의 당연한 이치이니, 참으로 이것을 얻어듣는다면, 살아서는 이치에 순하고
     죽어서는 편안하여 다시 남은 한이 없을 것이다.[道者事物當然之理, 苟得聞之, 則生順死
     安, 無復遺恨矣.]" 하였다.
88) 횡역(橫逆) : 강포(强暴)하여 이치를 거스르는 것을 말한다.

'오늘 모두 한자리에 모여서 다시 어떻게 고변서를 꾸며낼 것이며, 어떻게 또 다른 목호룡을 부리고 또 혼자만 녹훈할[89] 것입니까? 나는 마음이 약하고 귀가 얇아서, 여러 대감들이 이익으로 꼬드기는 말을 달갑게 듣고서 죽음을 무릅쓰고 고변서를 올렸는데, 당초의 논의가 단지 노론을 제거하는데 그치고 말았단 말입니까? 노론이 비록 이미 모두 제거되었지만 제일로 마음에 두고 있던 사람은 오히려 편안하여 뒷날의 근심이 될 것인데, 어찌 단지 우리 집안만 홀로 망하겠습니까?

여기 자리에 앉아 있는 여러 공들 역시 모두 망할 것입니다. 어찌 한갓 여러 공들만 모두 망하겠습니까? 오늘날 뜻을 이룬 소론도 역시 모두 망할 것입니다. 만약 이와 같다면 동궁을 옥죄고 핍박하는 말이 무슨 이유로 고변서 가운데 두 번이나 들어갔단 말입니까?

여러 신하들을 주륙하라는 계사와 귀양 보내 내쫓는 계사, 이것을 윤허하는 비답 등을 꾸며내지 못한 것이 없는데, 유독 동궁을 폐출하라는 비답을 도모하여 얻어 내지 못하니, 보좌하는 자들이 모두 제거된 뒤에도 끝내 계사 하나를 올리지 못한단 말입니까?'

하였습니다. 이진유가 말하기를,

'그대는 환옥(環玉)이 귀밑털을 비추는 것을 보면 지극히 영화롭고 귀한데, 무엇이 부족하여 이와 같이 원망한단 말인가?'

하니, 목호룡이 크게 노하여 망건을 벗어서 이진유에게 던지면서 말하기를,

'이 환옥이 만약 영화롭고 귀한 것이라면 영감이나 쓰십시오. 중간에 주선한 것은 모두 함원군(咸原君, 어유구)의 공이었으므로 수훈(首勳)으로 감정하였더니 협박과 오욕을 받았다고 이르고는 도성을 나아가 도피하였습니다.

---

89) 혼자만 녹훈할 : 1722년 당시 목호룡은 고변의 공으로 부사 공신(扶社功臣) 3등으로 동성군(東城君)에 봉해진 사실을 가리킨다.

교묘한 솜씨로 문서를 농락하여 역적을 확실하게 국문하였으니 이 또한 옥사를 주관한 여러 대신들과 여러 의금부 당상들의 공이었으므로, 마땅히 그다음 순서로 봉훈(封勳)해야 했으나 모두 꺼리며 회피하였습니다.

유독 이놈만 녹훈하여, 사람들이 비웃지 않는 사람이 없으니, 만약 그 훈공(勳功)이 그렇게 광명(光明)한 것이었다면 어찌 이와 같겠습니까?

당초 양성헌(養性軒)90)의 「양」자를 끝내 양숙(養叔)의 「양」자로 돌렸는데 양숙은 이이명의 자였습니다. 만약 양숙이 아니라면 장차 어디로 돌리겠습니까? 이 영감은 바로 밖에 있으면서 주선한 원훈(元勳)의 공로가 있었는데, 어째서 수훈으로 삼지 않았습니까?'

하니, 조태억이 황급히 목호룡의 손을 잡고 낮은 목소리로 말하기를,

'어찌 일의 끝을 보지 않고 경솔하게 먼저 걱정하십니까? 그대는 다만 여기에서 끝났다고 여깁니까? 그대가 이른바 「마음에 두고 있는 사람」은 아침저녁으로 갑자기 사라질 사람이 아닌데, 우리 무리들이 어찌 우리 무리들을 위한 만전의 계책을 세우지 않겠습니까? 오늘 우리가 만난 것도 바로 이 때문이니, 다시 걱정하지 말기 바랍니다.'

하였습니다. 목호룡이 말하기를,

'그렇다면 일전에 단독으로 녹훈되어 사람들에게 조롱과 비웃음을 받은 것이 매우 부끄럽고 창피하였습니다. 이중환은 곧 당대의 명류(名流)이고, 나와 매우 친한 사람이니, 이 사람과 함께 녹훈을 받는다면 한(恨)이 없을 것입니다.'

하였습니다. 조태억이 말하기를,

'추가로 녹훈할 일을 아뢰어야 하는데, 지금 일의 실마리가 없으니 어찌하면 좋겠습니까?'

하자, 목호룡이 말하기를,

---

90) 양성헌(養性軒) : 창의궁(彰義宮)의 당호 양성헌을 가리킨다. 영조는 양성헌으로 자호(自號)를 삼았으므로, 여기서는 세제 시절 연잉군을 지칭한 것이다.

'이중환이 잃어버린 말을 이천기의 집으로부터 되돌려 받았는데, 마침 이 일 때문에 오명신(吳命新)이 상소하여 배척하였습니다.[91] 지금 이 일로 이중환에 대해 발계(發啓)할 수 있게 되었으니, 우리가 마땅히 상소하여 이중환의 일을 밝히고 그 공을 성대히 칭찬해야 할 것입니다. 녹훈을 추가하는 한 가지 사안은 지금 모인 여러 공들에게 달려 있습니다.'

하니, 모두 '알았다.' 응답하였습니다. 목호룡이 말하기를,

'나는 무식한 사람이라 상소를 지을 수 없으니, 여러 공들이 함께 의논하여 지어주시는 게 어떠하신지요?'

하자, 모두 말하기를,

'어찌 사양하겠습니까?'

하였다. 목호룡이 말하기를,

'그렇다면 내일 안에 먼저 이중환의 일을 발계하시고 상소의 초고를 작성하면 오늘 저녁 내가 다시 와서 상의하여 마무리하고 제출하겠습니다.'

하자, 모두 '알았다.' 하였다. 목호룡이 먼저 떠나자 심단이 말하기를,

'저놈을 죽여 그 입을 막은 뒤에야 후환이 없을 것입니다.'

하니, 조태억이 말하기를,

'죽이는 일은 어렵지 않으나 만약 우리 무리들이 죽인다면 세상 사람들이 입을 막았다고 지목하는 것을 면치 못할 터이니 이 또한 어렵습니다. 모두 목호룡이 운운한 「마음에 두고 있는 사람」을 제거할 일을 모의하는 것만 같지 못하겠습니다.'

하였습니다."

이징만이 김윤흥의 이야기를 듣고 와서 마음이 매우 두려워져서 진정되

---

91) 오명신이 …… 하였습니다 : 《경종실록》 3년 5월 11일 기사에 따르면 홍문관 관원 오명신과 윤유(尹游) 등이 상소를 올려 이중환을 논척하였다. 즉 "이중환이 김천 찰방으로 있을 때 역마를 목호룡에게 빌려주고서 잃어버렸다고 했다가 뒤에 역적 이천기의 집에서 찾아내었다고 하였습니다. 이 일은 대단히 의심스러운 데 관계되어 사람들의 말이 떠들썩합니다." 하였다.

지 않았다. 이어서 말하기를,

"지금 들은 이같은 이야기에 대해서 집사의 뜻은 어떠하신지요?"

묻자, 이싱만이 말하기를,

"그대 입에서 나와서 내 귀로 들어갔으니 들은 것은 들은 것이지만 이같이 꺼려서 감추어 둔 일을 나에게 말한 것은 어째서입니까?"

하였다. 김윤흥이 말하기를,

"집사는 격의 없는 사이인데, 그런 말을 들었다고 해서 무슨 혐의가 있겠습니까? 내가 애를 태우며 답답한 마음을 하소연할 데가 없다가, 오직 집사가 있기 때문에 집사로 하여금 알게 하고자 한 것입니다."

하고는 김윤흥이 하직하고 돌아갔다.

이징만이 곧장 자신의 마음을 잘 이해해주는 사람의 집으로 가서 그날 들은 이야기를 말하면서 이르기를,

"저 무리들이 흉악한 일을 저지르는 날은 종사가 장차 망하는 때일 것입니다. 인신(人臣)이 되어서 어찌 그 망하는 것을 앉아서 보겠습니까? 내가 그날 김윤흥에게서 들은 내용을 종사를 위해 일조(一助)하는 마음으로 간절하게 고변하려고 합니다. 그로 인해 비록 사대신처럼 주륙되는 재앙을 당해도 달가운 마음으로 받아들이겠습니다."

하였다. 그 친구가 말하기를,

"사대신은 비록 주륙을 당하였지만 이미 정책의 공을 세웠습니다. 그런데 지금 그대는 고변하더라도 형방청(刑房廳)에 소지(訴志)를 바치는 일과 다르지 않을 것입니다. 이미 조금도 국가에 공은 없으면서 한갓 그 몸이 처형당하여 시체를 전시하는 데에 이르게 될 텐데 그대는 어찌 살피지 않습니까?

또한 사대신은 선왕의 유탁(遺托)을 받고도, 주상이 후사를 이을 희망이 끊어지게 되자 저사를 정책하는 한 가지 사안이 한때 시급하게 되었지만 오히려 머뭇거리면서 기회를 기다렸습니다.

그러다가 김순행이 전한 국구의 말을 듣고 난 뒤에 한밤중에 급급하게 헌의하여 마침내 정책의 공을 세웠으니, 기회를 엿본 것이 귀신같았다고 할 수 있습니다. 그 공이 이와 같이 컸지만 저들의 무리들이 싫어하고 미워하여 터무니없는 말을 지어내어 마침내 사대신을 주륙하였습니다.

사대신이 주륙당한 한 가지 이유는 왕제로 정책한 일 뿐입니다. 오늘 그대의 말이 충성스러우나 저들의 계략이 아직 이루어지지 못한 때인데 경솔히 먼저 고변한다면 이득이 없을 뿐만 아니라 먼저 큰 재앙을 받을 것입니다. 또한 왕제에게 화를 재촉할 우려도 없지 않으니, 저들의 계략이 확실하게 드러나는 것을 기다리는 것만 같지 못합니다."

하였다. 이징만이 말하기를,

"저 흉악한 무리들의 계략이 지극히 은밀하고 비밀스러워서 하루아침 사이에 거행되면 미칠 수가 없으니 어찌 하겠습니까?"

하자, 친구가 말하기를,

"저들의 계략이 비록 '몰래 양성한다.' 하지만 그것을 거행하기까지 어찌 아침저녁 사이에 갑작스럽게 준비할 수 있는 일이겠습니까? 김일경의 무리들이 발계하고 난 뒤에야 흉악한 계책을 시행할 것이니 그 발계할 때 우리 두 사람이 궁궐 문에 머리를 부딪쳐 죽는다면 또한 마땅하지 않겠습니까? 지금 그대와 김윤홍이 이전처럼 서로 교유하면서 비밀리에 기관(機關)을 염탐하는 것 또한 훌륭하지 않겠습니까?"

하였다. 이징만이 말하기를,

"노형의 말이 과연 옳습니다. 그렇지만 내가 고향으로 내려갈 것을 결정하고 그 집을 팔고 재산을 옮겨서 이미 출발할 형세인데, 장차 어찌해야 합니까?"

하니, 친구가 말하기를,

"이는 그렇지 않습니다. 가솔(家率)을 고향 집으로 보내고, 그대는 일단 경성(京城)에 머무르면서 기미를 살피는 것이 어떠하신지요?"

하니, 이징만이 "알았습니다." 하였다. 며칠 뒤 과연 이중환이 말을 빌려준 일에 대해 대계(臺啓)가 있었고, 이어서 목호룡이 상소하여 이중환의 죄를 구원하고 이중환의 공을 칭찬하였다.

계묘년 6월 14일 의금부에서 목호룡과 이중환을 잡아 가둘 것을 아뢰자, 전교하기를,

"형신을 면제하고 상의하여 처리하도록 하라."

하였다. 목호룡이 다음과 같이 공초하였다.

"저와 이중환은 이잠(李潛)92)의 일을 논하다가 말이 왕실에 미쳤는데, 이중환이 억울하고 원통해 하며 눈물을 흘리면서 말하기를,

'지금 종사의 위기가 바로 마치 한 터럭과 같습니다.'

하였습니다."

목호룡은 도장(導掌)93)을 업으로 하는 미천한 자에 불과하였고, 또한 무식한 사람이었는데, 어떻게 능히 이잠의 일을 알아서 이중환과 함께 논의했단 말인가? 이것은 바로 없는 사실을 꾸며 지어낸 거짓말이었다.

목호룡이 비록 이러한 말을 했다고 하더라도 이중환은 곧 사대부이자

---

92) 이잠(李潛) : 1660~1706. 본관은 여주, 자 중연(仲淵), 호 섬계(剡溪)·서산(西山)이다. 실학자 성호(星湖) 이익의 형이다. 1706년(숙종32) 이잠은 세자를 모해하려는 김춘택(金春澤)을 제거하지 않으면 종사가 위태롭다는 상소를 올렸다.(《숙종실록》 32년 9월 18일 기사 참조) 이 상소로 인해 이잠은 노론의 집중 공세를 받게 되었고, 결국 모진 형문 끝에 세상을 떠났다. 이잠의 상소는 갑술환국 이래 남인에게 덧씌워진 명의 죄인(名義罪人)의 혐의를 부정하고 새롭게 동궁보호 문제를 제기하여 정국의 반전을 도모했다는 점에서 큰 의미를 지녔다. 즉 기왕의 서인이 주장했던 명의는 인현왕후 복위와 관련된 것이었지만, 이잠은 이것을 동궁보호로 바꾸어 그간 남인들에게 덧씌워진 죄목을 부정하고 정국의 주도권을 회복하려는 의도를 갖고 있었다. 한편 이 사건을 계기로 이익은 출사의 뜻을 접고 광주(廣州) 첨성리(瞻星里)에 은거하면서 성호학파를 육성하였다. 이잠의 죽음은 결과적으로 이익을 청남계(淸南系) 산림으로 좌정시키는 계기가 되었던 것이다.

93) 도장(導掌) : 관둔전(官屯田)과 궁둔전(宮屯田)을 관리하며 매년 일정한 도조(賭租)를 관아나 궁궐에 바치는 일을 맡았던 이속이다.

조정의 관료인데, 어찌 종사의 안위를 미천하고 무식한 목호룡에게 강론한 일이 있었겠는가? 그러니 이 진술은 거짓말을 끌어내는 계기로서 말한 것이었다.

또 공초에서 다음과 같이 말하였다.

"'나는 반드시 나의 종사를 보존할 것이다.' 하자, 이중환이 말하기를,

'그대가 만약 충의의 마음이 있다면, 반드시 먼저 사정을 염탐하여 알아낸 뒤에야만 그 계략을 저지할 수 있다. 저 김춘택과 이희지의 무리들이 밤낮으로 경영하는 일은 실로 망측하여 국가의 존망이 반드시 이 무리들에게 달려있다.'

하였습니다. 이어서 저에게 이르기를,

'오늘날 급선무는 동궁(東宮, 경종)을 보호하는데 있고, 그 방도는 단지 김춘택 무리들의 실정을 염탐하여 알아내서 불측한 변고를 제압하여 막는 것에 달렸다.'

하였습니다."

신사년(1701, 숙종27) 남인(南人)을 모두 쫓아내고 노론을 등용하였다.[94] 그 뒤로 노론은 금상(今上) 신축년(1721, 경종1) 환국[95]이 일어나기 전까지 때를 얻어 정국을 주도하였는데 뭐가 미진하다고 김춘택의 무리들이 국가에 화를 입히려는 계략을 꾸몄겠는가?

---

94) 신사년 …… 등용하였다 : 1701년(숙종27) 인현왕후가 죽은 해인데, 숙종은 이것을 장희빈의 무고(巫蠱) 때문이라고 보고 사사(賜死)하였다. 당시 장희빈이 취선당(就善堂) 서쪽에 신당(神堂)을 설치한 것을 확인한 숙종은 이것을 다시 중전이 되기 위한 시도로 간주하고 사약을 마실 것을 강요하였다. 이에 소론은 세자를 위하여 희빈을 용서할 것을 청하였지만 숙종은 듣지 않고, 장희재 등 장씨 일파까지 국문하여 죽였다. 아울러 남구만·유상운·최석정 등 소론 대신들을 귀양 또는 파면시켰다. 이 사건을 계기로 노론이 조정에 크게 진출하게 되었다.

95) 신축년 환국 : 신축년(1721, 경종1) 경종의 병세를 이유로 노론이 연잉군을 세제로 세운 뒤, 대리청정을 건의하자 이것을 경종에 대한 불충으로 몰아 소론이 집권한 사건이다.

김춘택의 무리가 설령 국가에 화를 입히려는 계략을 꾸몄다고 하더라도 목호룡이 어떻게 그 실정을 탐지하고 제압하여 막을 수 있었겠는가? 이중환이 반드시 이처럼 황당한 말로 목호룡에게 권면하지는 않았을 것인데, 이것은 장차 올릴 고변서의 전말이 되었다.

또 공초에서 다음과 같이 말하였다.

"이중환과 함께 장지(葬地)를 자세히 살피러 가다가 봉안역(奉安驛, 경기도 광주 소재)에 도착하여, 이희지와 맞부딪쳤는데, 이에 이중환에게 말하기를,

'그대 말이 맞다. 우연이 아닌 듯하니, 한 번 이희지를 제압하면 종사를 보존하는 일을 준비할 수 있을 것이다.'

하였습니다."

이중환이 일찍이 이희지가 군대를 일으켜서 모처로부터 올 것이라는 말을 목호룡에게 말한 적이 있어서, 목호룡이 과연 이희지를 모처에서 맞부딪쳤으므로 "그대의 말이 맞다." 한 것인데, 이희지가 비록 종사를 위태롭게 만들 마음이 있었다 하더라도 목호룡이 한번 보고 어찌 능히 그 마음을 제압할 수 있었겠는가?

또 공초에서 다음과 같이 말하였다.

"마침내 이희지와 만나서 이야기해 보니, 과연 이는 간흉의 역적이었습니다. 한마디 말이라도 입 밖으로 나오기만 하면 모두 국가에 화를 입히려는 마음에서 나온 것이었습니다."

목호룡이 처음으로 여기에서 이희지를 만났다면 이전에는 평소 몰랐던 사람이었는데, 그런 사람들이 길을 가다가 만나서 무슨 실질적인 교분이 있다고 속내를 드러냈겠는가?

이희지가 비록 간사하고 흉악한 마음을 가졌다고 하더라도 반드시

목호룡에게는 드러내지 않았을 것이고, 목호룡이 비록 실정을 염탐하는 계략이 있었더라도 이희지에게 쓰지 못하였을 것이다. 이것은 무(無)에서 유(有)를 낳아서 거짓을 실제로 만들려는 계략이었다. 그러나 애초 이치에 가깝지 않아서 온전히 말이 안 되는 것을 어쩔 것인가?

또 공초에서 다음과 같이 말하였다.

"충성심을 격발하여 역적을 염탐하는 것은 기묘한 꾀가 아니겠습니까? '한번 역적 이희지를 제압하면 종사를 보존하는 일을 준비할 수 있다.' 한 것은 비밀스러운 계략이 아니겠습니까? 몸을 던져 유인하여 역적을 제압하는 것은 사람 힘으로 이룰 수 있는 지극한 경지가 아니겠습니까?"

충성심을 격발하여 역적을 염탐한 것을 이중환의 공으로 만들려고 하였더니, 가령 이중환이 비록 "충성심을 격발하여 역적을 염탐한다.[激忠探賊]" 네 글자로 목호룡을 권면하였더라도 이 한마디 말이 봉훈(封勳)할 수 있는 공이 되기에 충분하단 말인가? 어찌 그 훈공이 이와 같이 쉽단 말인가?

또한 저 목호룡은 일개 우매하고 비천하며 의롭지 못한 놈인데, 어디에 격발시킬 만한 충성심이 있겠는가? 어디에 역적을 염탐할 지혜가 있어서 이중환이 권면할 수 있었겠는가? 이희지를 제압하는 것은 과연 어떤 오묘한 이치가 시행된 결과인가? 종사를 부지(扶持)한다는 것은 또한 어떤 실질적인 일에서 드러나서 "교묘한 계책"이라고 말하는가?

김일경의 무리들이 동궁을 제거하려는 계략은 두 환관이 복주되어 이미 어긋났다. 또 흉악한 계략을 만들어내어 고변서를 올릴 사람을 널리 구하였는데, 소론 측 사람은 같은 당이라는 혐의를 면키 어려웠고, 노론 측 사람들이라면 바야흐로 오묘하다고 할 수 있었는데, 이에 김일경이 알아보고 목호룡을 얻은 것이었다.

본래 목호룡은 동궁의 사친 장례 때 상지자(相地者)[96]였고, 또한 이천기·

김용택 등과 서로 친한 자였으므로, 이에 꼬드겨서 그로 하여금 고변서를
올리게 하였다. 동궁을 도와서 보호하는 사람들은 모두 김일경의 무리들
이 역적으로 산주하었는네, 국문에 참여한 여러 신하들은 김일경의 무리
가 아닌 자가 없었다.

때문에 김일경의 무리에 의해 역적으로 간주된 여러 신하들이 일망타진
되었는데, 만약 옥사를 주관하던 여러 사람들 가운데 김일경 무리들이
역적으로 간주한 신하가 한 명이라도 그 자리에 참석하였다면 무옥(誣獄)
의 확실한 증거물이 즉석에서 드러나서 목호룡의 한 몸은 먼저 분골쇄신
되었을 것이다. 목호룡이 이른바 "몸을 던져 유인하였다."는 말은 이런
측면에서 그럴듯하였다.

또 공초에서 다음과 같이 말하였다.

"저를 격발하여 역적을 염탐하고 불측한 변고를 제압하여 방지하게
한 자는 사실 이중환이었습니다. 그 어떤 것이 경자년(1720, 경종 즉위년)
성상을 보호한 공로보다 크겠습니까? 만약 '삼수가 무슨 일이며, 막아서
물리친 것이 어떤 계책인가?' 묻는다면 이는 모두 국청의 문안(文案)
가운데 있습니다."

목호룡이 고변서를 올린 것은 경자년이 아니라 임인년(1722, 경종2)이
었으니, 가령 말하기를, "임인년에 성상을 보호하였다." 하면 오히려 가능하
지만, 이르기를, "경자년에 성상을 보호하였다."는 것은 더욱 근거 없는
말이다. 흉악한 무리들이 네 정승의 상소를 배척하면서 매번 칭하기를,
"사흉의 음모와 비밀 계획은 하루아침에 이루어진 것이 아니며, 실로
경자년 주상이 즉위한 뒤로부터였다."
하였다. 이는 실로 길 가던 사람들도 모두 아는 전혀 근거가 없이

---

96) 상지자(相地者) : 지관(地官)·풍수가를 가리킨다. 묘지나 택지를 선정할 때 지질과
   길흉을 판단하는 사람이다.

무함하는 말이었지만, 흉악한 무리들로서는 끝내 성에 차지 않는 마음이
있었던 것이다.

이때 이르러 목호룡의 초사(招辭)를 빙자하여 "경자년에 성상을 보호하
였다."는 말을 첨가하여 집어넣어서 사대신을 무함하는 말을 사실로
만들려고 하였다. 비록 말하기를, "경자년에 성상을 보호하였다." 하였지
만, 주상이 경자년에 즉위한 뒤 비록 평소 병환이 있어 늘 화평하지
못했음에도 팔역(八域)이 편안하고 보좌(寶座)가 크게 안정되었는데, 목호
룡이 무슨 보호할 일이 있었겠는가?

"성상을 보호하였다."는 말 또한 허무맹랑한 말이며, 또한 "모두 국청의
문안 속에 있다." 하였는데, 국청의 문안에는 애초 목호룡이 계책을
막아서 물리쳤다는 기록이 없는 것은 어째서인가? 형적이 없는 말을
지어내어 형적이 없는 공을 조작하려 했으니 그것이 가능한 일이겠는가?

또 공초에서 다음과 같이 말하였다.

"경자년이 되자 여러 흉악한 무리들이 반역을 모의하였는데, 만약
제가 흉악한 음모를 막아서 물리치지 않았다면 삼수의 변고를 누가
능히 금지할 수 있었겠습니까?"

여러 흉악한 무리들의 역모가 과연 경자년에 있었다면 목호룡이 고변서
를 올린 것이 어찌 경자년에 있지 않았던가? 칼로써, 독약으로써, 군대로
써 모반을 꾀한 것을 "삼수"라고 하였는데, 독약을 사용할 때 목호룡이
금지한 일이 있었다면 마땅히 말하기를, "제가 막아서 물리쳤다." 해야겠
지만, 애초 독약을 사용한 일이 없었으니, 목호룡이 "막아서 물리쳤다."
하는 것은 과연 무슨 일이었던가?

칼로 시해하려 했을 때 목호룡이 방어한 일이 있었다면 마땅히 "제가
막아서 물리쳤다." 해야겠지만, 애초 칼로 시해하려 한 일이 없었으니
목호룡이 "막아서 물리쳤다." 한 일은 또한 무슨 일이었던가?

군대를 배치하였을 때, 목호룡이 가로막은 일이 있었다면, 또한 "제가

막아서 물리쳤다." 해야겠지만, 애초 군대를 배치한 일이 없었으니 목호룡
이 이른바 "막아서 물리쳤다." 한 일은 또한 무슨 일이었던가? 이 때문에
이른바 "삼수"라는 것에 대해 세상 사람들이 모두 말하기를, "이것은
모두 허무맹랑한 일이다." 하였던 것이다.

목호룡의 고변서는 바로 김일경이 터무니없이 지어낸 말이었으므로,
비록 옥사가 종료된 뒤였지만 오히려 성에 차지 않고 부끄러운 마음이
있었는데, 목호룡의 계략을 듣고 스스로 만족스럽게 여겨서 목호룡의
공초를 대신 작성하고, 이중환을 증인으로 세워서 고변서의 내용을 사실
로 만들려고 했던 것이었다.

다시 이중환을 추문(推問)하니 이중환이 목호룡의 공초를 하나 같이
뒤집어서 말하기를,

"잘 만들려 하다가 도리어 잘못된 상황이 진실로 지극히 가소롭습니다.
이것은 속이기 어려운 일임을 쉽게 알았기 때문에 오히려 또한 이와
같이 억지로 끌어다 붙였으니 다른 말도 모두 허무맹랑한 것임을 따라서
알 수 있습니다."

하였다. 또 말하기를,

"제가 그의 말과 같이 과연 충의를 격려하여 권면하고, 도모하려고
계획한 일을 가르쳐 주었다면 이것이 얼마나 큰 계책이고 큰 거조(擧措)인
데, 그사이에 도모하려고 계획한 일이 이처럼 허술하여 틀어져 어긋났겠
습니까?

대저 그가 옥중에 몇 개월간 오래 갇혀 있으면서 남의 마음을 미루어
헤아리다가 감옥에서 나올 때가 되자 이잠에 의지하여 그 몸을 씻고,
종전의 떳떳지 못한 행적을 감추려고 하였습니다.

그런데 이잠이 죽은 지 이미 오래되어 계기로 삼을 경로가 끊어졌으므
로 생각하기를, '제가 이잠 일가의 사람'이고, 또한 그와 서로 알고 있었으
므로, 비슷하여 분간하기 어려운 일을 빌려서 증거로 끌어다가 그 말을

사실로 만들어서 스스로 풀려날 계책으로 삼았던 것에 불과할 뿐이었으니, 이 또한 제가 공이 있기 때문이 아닙니다. ……"

하였다. 목호룡이 이중환의 명성을 빌려서 홀로 녹훈된 비루함을 씻어내려 했지만 앞서 있었던 일과 함께 모두 허무맹랑한 것으로 귀결되고 말았다. 김일경은 목호룡의 공초를 통해서 고변서의 거짓을 사실로 만들려고 했지만 그 공초와 함께 허황된 조목으로 귀결되었다.

성인의 가르침에 이르기를, "사람이 진실되지 않으면 상서롭지 않다."[97] 하였는데, 김일경이 전후로 한 짓이 모두 이처럼 실제가 없었으니, 어떻게 상서롭지 못하게 될 근심을 면할 수 있겠는가? 목호룡 고변서가 허위라는 것이 이중환의 공초 하나에서 모두 드러났다.

○ 승지 박휘등(朴彙登)이 상소하여 다음과 같이 말하였다.

"전하가 지난겨울 특별히 전교를 내려 신릉(新陵)에 전알(展謁, 참배)하려고 하였는데, 역적 신하 김창집이 근거 없는 유언비어로 교묘하게 농락하여 끝내 가로막았으니, 이것을 신민이 지금까지 매우 한탄하고 있습니다.

지금 새해가 되어 이미 새로워지고 봄날이 따뜻해져서 전하의 편치 못한 증세도 또한 편안하게 회복되어 가고 있으니, 공경히 전알하여 슬픔을 펴셔야 할 것입니다. 지금이 바로 마땅히 세제와 함께 나아가셔서 슬프게 추모하는 마음을 펴실 때입니다. ……"

국군(國君)은 3년상 중에 성문을 나가지 않는 것이 《예경(禮經)》에 밝게 실려 있는데, 주상이 바야흐로 양음(諒陰)[98] 가운데 있으니, 어찌 어가(御

---

97) 진실 …… 않다 : 《맹자》〈이루 하(離婁下)〉에서, "맹자께서 말씀하셨다. '말에 진실성이 없으면 상서롭지 못한데, 상서롭지 못한 것의 실례를 들면, 간사한 말로 현자(賢者)가 나올 길을 막는 경우가 이에 해당된다.[孟子曰, 言無實不祥, 不祥之實, 蔽賢者當之.]'라는 말에서 유래하였다.

駕)를 움직여 도성을 나갈 수 있겠는가? "지난겨울"이라고 하였으니, 이는 추운 겨울 절기인데, 어찌 교외로 거둥하는 법이 있겠는가?

또한 "전하께서 편치 못한 증세가 또한 편안하게 회복되어 가고 있습니다." 하였으니, 그전에 주상의 증세에 차도가 없었던 것이 이미 매우 틀림없는데 옥후(玉候)의 화평함이 손상된 와중에 어떻게 능행을 할 수 있겠는가?

김정승이 예법, 겨울 날씨, 옥후 때문에 능행을 그만둘 것을 청한 것은 실로 대신으로서 당연한 도리였다. 비록 천한 하인일지라도 모두 사체에 맞는 일이라고 칭송하면서 능행을 중지한 것을 신민들이 다행으로 여기지 않는 이가 없었다. 그런데도 저 박휘등은 중외(中外) 신민이 지금까지 매우 한탄하고 있다고 말한단 말인가!

질투하고 미워하는 마음을 품은 소인이 감히 대신의 나라를 걱정하고 백성을 사랑하는 충성을 배척하였으니, 그렇다면 장차 능행의 영(令)에 따라서 주상으로 하여금 《예경》을 어기고 겨울 추위를 무릅쓰다가 끝내 주상의 건강을 상하게 한다면 저 박휘등의 마음이 흡족하단 말인가?

주상의 능행이 김정승에게 무슨 해로움이 되며, 능행을 중지하는 것이 무슨 이득이 된다고, 이내 이르기를, "근거 없는 유언비어로 교묘하게 농락하여 끝내 가로막았다." 하는가?

김정승에 대해서 저 무리들이 분하게 여겨서 이를 갈고 있었으므로, 옳고 그름의 가부를 돌아보지 않고, 단지 터무니없는 사실을 꾸며 남을 속이려는 마음으로 바로 이와 같이 상소한 것은 김정승에게 죄과를

---

98) 양음(諒陰) : 양암(諒闇). 임금이 거상(居喪)할 때의 거처를 말하는데, 보통 제왕의 거상을 뜻하는 말로 쓰인다. 《예기》〈상복사제(喪服四制)〉에 "은나라 고종이 양암에서 3년 동안 말하지 않았다.[高宗諒闇, 三年不言.]"라는 《서경》의 말이 인용되어 있는데, 《서경》〈무일(無逸)〉에는 양암(亮陰)으로 되어 있다. 또 《논어》〈헌문(憲問)〉에는 고종이 양암(諒陰)에서 3년 동안 말하지 않았다면서, 그 까닭에 대해 공자는 "임금이 죽었을 때에는 백관들이 자기의 직책을 총괄하여 3년 동안 총재의 명을 듣는다.[君薨, 百官總己, 以聽於冢宰三年.]" 하였다.

더하고자 한 것이었으나, 도리어 김정승의 충정(忠正)을 드러내고 말았다.

○ 송인명이 상소하여 다음과 같이 말하였다.

"정형익의 상소에서 희빈을 추보하는 일에 대해 수의(收議)한 것을 크게 논하였는데, 사용한 말이 지나치게 준엄하고 그 의도가 위험해 보이기는 하지만 그가 주장한 의리는 모두 따져 볼 만하므로 신이 청컨대 대략 말해 보겠습니다.

대저 아들이 어머니에게 작위를 줄 수 없다는 것은 《예경》의 대방(大防)이니 칭호를 추가하는 것은 부당하며, 중자(仲子)의 궁(宮)을 《춘추》에서 비판하였으니[99] 묘우(廟宇)를 따로 세우는 것도 부당합니다. 삼가 바라옵건대 전하께서는 정형익의 의논을 버리지 마십시오."

아들이 어머니에게 작위를 줄 수 없다는 것은 과연 《예경》의 대방이므로 오늘날 신하된 자가 참으로 감히 희빈의 명호를 별도로 세우라고 주상에게 권해서는 안 되고, 중자의 궁을 과연 《춘추》에서 비판하였으니 오늘날 신하된 자는 감히 희빈의 사당[祠屋]을 고쳐 세우라고 주상에게 권해서도 안 된다.

또한 희빈에게는 명호와 사옥이 없지 않았다. 선왕께서 세운 명호와 지은 사옥이 있었으니, 주상으로서는 그것을 그대로 따라야 할 뿐 진실로 감히 바꾸어 고쳐서는 안 된다. 만약 별도의 묘호를 세운다면 어찌 아들이 어머니에게 작위를 주는 혐의가 있지 않겠는가? 새롭게 사옥을 짓는다면

---

99) 중자의 …… 비판하였으니 : 《춘추곡량전(春秋穀梁傳)》 은공(隱公) 5년에 "9월에 중자의 궁(宮, 묘(廟))을 완성하고 처음으로 육우의 춤을 바쳤다.[九月, 考仲子之宮, 初獻六羽.]" 하였다. 중자는 노나라 효공(孝公)의 첩이자 혜공(惠公)의 어머니이다. 비록 혜공이 임금이 되었지만 중자는 정부인(正夫人)이 아니었기 때문에 제사는 아들 대(代)까지만 지내야 하는데 손자 은공이 사당을 세워 제사한 것은 예에 맞지 않았기 때문에 비판한 것이다.

어찌 증자의 궁이 받은 비판을 면할 수 있겠는가?

비록 주상이 이러한 처분을 내리더라도 인신(人臣)으로서는 임금을 허물이 없게 인도해야 하는 도리가 있으므로 마땅히 사사로운 정을 억눌러 통제하고 선왕을 따라서 의리를 생각하라고 아뢰었어야 마땅하다.

추보, 한 가지 일은 주상이 즉위하신 뒤 이때까지 애초 제기하는 자가 없었으니 어찌 사사로운 정이 부족해서 그런 것이겠는가? 그것이 대의(大義)였기 때문이었다. 저 김일경이 추보에 대한 말을 만들어내어 경연 석상에서 방자하게 아뢰니 조태구·최석항·한배하·김연·김시경·박필몽·이진유 등이 신명(神明)처럼 떠받들었다.

그리고 곧바로 별도로 칭호를 세우고, 사우(祠宇)를 지으라고 한 목소리로 함께 아뢰어서 주상으로 하여금 선왕이 처분하신 의리를 어기게 만들어서 후세의 비판하는 논의를 받게 하였다. 이에 정형익이 성덕에 누를 끼칠까 두려워 상소하여 구원하였다. 그 상소에서 이르기를,

"3년 동안 아버지의 도(道)를 고치지 않아야 효(孝)라고 할 수 있다.'[100] 하였습니다. 희빈의 옛 호칭은 바로 선왕이 하사한 것이고, 희빈의 옛 사당 또한 선왕이 세운 것인데, 주상께서는 어찌 감히 3년 이내에 별도의 호칭을 세우고 별도로 사우를 지으려 하십니까?"

하였다. 또 상소에서 이르기를,

"예전에 세운 사우에서 그 공향(供享)하는 의절(儀節)을 더해야 합니다."

하였으니, 이는 주상으로 하여금 사사로운 정의 지극함을 펼 수 있게 한 것이었다. 또 상소에서 이르기를,

"저 김일경 이하는 진실로 말할 것도 못됩니다만, 대신된 자들도 따라서

---

100) 3년 …… 있다 : 《논어》〈학이(學而)〉에 공자가 말하기를, "부친이 생존해 있을 때에는 자식의 뜻만을 볼 수가 있고, 부친이 작고한 뒤에야 그 자식의 행동을 볼 수 있다. 그러나 작고한 뒤 3년 동안은 부친이 해 오던 일을 고치는 일이 없어야 효라고 말할 수 있다.[父在觀其志, 父沒觀其行. 三年無改於父之道, 可謂孝矣.]" 하였다.

부화뇌동하였으니 훗날 지하에서 장차 무슨 말로 선왕께 대답하겠습니까?"

하였다. 이것은 여러 대신들이 선왕의 대의를 저버리고 주상을 불의(不義)로 인도한 일을 개탄한 것이다.

이와 같은 정형익의 상소는 위로는 은혜와 의리를 아울러 온전히 한 것이고, 아래로는 여러 신하들이 부끄러움을 아는 단서가 될 것으로 생각하였는데, 조태구가 말하기를,

"정형익의 상소가 나오자 조정의 상황이 더욱 다시 어지러워져서 아득히 그 끝이 보이지 않습니다."

하였다. 정형익의 상소가 한번 나오자 어두워져서 보이지 않던 의리가 광명을 거의 회복하고, 어그러져 혼란스러운 조정이 엄숙하고 맑아지기를 기대할 수 있었는데, 조태구는 도리어 이처럼 비난하고 배척하는 차자를 올렸단 말인가!

최석항의 차자에서 이르기를,

"정형익의 말과 같다면 반드시 성상으로 하여금 낳아주고 키워준 은혜를 끊어버린 뒤에야 바야흐로 그 마음이 통쾌해질 것입니다."

하였는데, 정형익 상소 어디에 조금이라도 낳아주고 키워준 은혜를 끊어버리는데 가까운 점이 있는가? 말하기를,

"예전의 사우를 그대로 두고 제향을 풍성히 해야 합니다."

하였는데, 예전의 사우를 그대로 둔 것은 선왕의 뜻을 따르려 한 의도이고, 그 제향을 풍성히 한 것은 바로 주상의 정을 펴고자 한 일이었으니, 은혜와 의리를 모두 온전히 한 것을 두고 최석항이 도리어 이처럼 거짓을 얽어서 무함하는 차자를 올렸단 말인가!

김일경·김연·이진유·김시경·한배하의 무리들이 모두 일어나 번갈아 가며 나와서 군부를 위협하여 제압하고 임금을 무시하는 본색을 드러내는 말로써 정형익을 공격하여 배척하였고, 심지어 합계를 올리기까지 하였는데도 한 사람도 구원하는 사람이 없었다.

오직 송인명만이 편당의 사사로움을 잊고 공정한 마음에서 우러나와 항거하는 말로 상소하여 아뢰기를, "정형익이 말한 의리는 진실로 모두 따져볼 만합니다." 하였는데, 이것은 비로 정형익을 의리가 있는 사람이라고 인정한 것이었다.

끝에서 말하기를, "정형익의 논의를 버리지 마십시오." 하여 주상으로 하여금 정형익의 논의를 받아들여 사용하게 하였으니, 송인명과 같은 사람은 바로 소론 가운데 정류(正類)에 속하는 사람이었다. 그러니 추보의 일로써 주상을 꾀어 권한 여러 신하들은 단지 선왕의 죄인일 뿐만이 아니라 또한 송인명의 죄인이었다.

조태구 등 여러 신하들이 사우를 세우는 일로써 서로 번갈아 가면서 상소하자 비답하기를, "추보하는 예절은 지금 우선 그대로 두라." 하고, 이를 승정원에 내리니 승정원에서 봉환(封還)¹⁰¹하였다.

희빈의 일에 대해서는 처음부터 끝까지 그 전 과정을 주상이 잠저에 있을 때부터 이미 성상의 마음속에 기억하고 있었는데, 즉위한 뒤에도 추보에 대한 말이 한마디도 없었던 것은 어찌 혹여 사사로운 정이 지극하지 못하여 그러하였겠는가?

진실로 일이 선조와 관련되어 있으므로 경솔하게 의논할 수 없었기 때문이었다. 이런 까닭에 지난번 조중우가 상소하여 시험 삼아 주상의 마음을 떠보자, 특별히 비망기를 내려 유배형에 처하였으니, 주상의 성의(聖意)를 우러러 헤아려 볼 수 있다.

그런데 오늘날 여러 신하들이 도리어 "추보", 한 가지 사안을 기화(奇貨)로 삼고서 아래로부터 제기하여 김일경이 앞장서서 주장하였다. 대신 조태구와 최석항도 차자를 올려 아뢰었고, 주상이 사친을 생각하는 도리로 보아 차마 굳게 거절하지 못하였기 때문에 일단 허락하였다. 하지만

---

101) 봉환(封還) : 왕명이 도리에 맞지 않으면 해당 왕명을 해당 부서로 보내지 않고 봉함하여 임금에게 환송하는 것이다.

선왕의 뜻을 계술(繼述)하는 도리로 보아 끝내 불가한 점이 있었기 때문에
중지하라고 곧장 하교하였던 것이다.

그런데 승정원에서 이 비답을 봉환한 일은 역시 군상의 착함을 가려서
간사한 무리들을 보호하려는 계략에서 나온 것이었다. 승정원에서 입직
한 신하들이 누군지는 알지 못하겠지만 이 또한 불충한 사람들이었다.

○ 상서(尙書) 정호가 상소하여 말하기를,

"선조 대신은 모조리 내쫓겼고, 인사를 맡은 신하와 태학(太學)의 선비들
은 침질(椹鑕)[102]당하지 않으면 천극(荐棘)[103]되었습니다."

하였고, 또 다음과 같이 말하였다.

"한두 명의 환첩이 동궁을 제거하려고 모의하였으니, 어찌 하찮은
무식한 자가 홀로 준비할 수 있겠습니까? 마땅히 국청을 설치하여 엄중히
조사해야 하는데, 도리어 경솔하게 먼저 앞질러 정형(正刑)하였습니다.
이에 자전의 수교를 힘껏 청하여 받았는데, 영의정 조태구가 중간에
수교를 저지하여 봉환시키는데 급급하였으니 이는 어떤 의도에서 나온
것입니까? ……"

사대신은 다만 선조의 예우 받던 신하였을 뿐만 아니라 바로 오늘날
조정에서 사직을 지키는 신하인데, 한쪽 편의 무리들이 왕세제 정책을
급히 서두른 일 때문에 매우 분노하여, 정유년 절목에 따라서 거행하라는
차자를 가지고 죄안을 지어냈다.

그러나 주상이 전후 양궁(兩宮)[104]에게서 끝내 후사를 이을 희망이

---

102) 침질(椹鑕) : 죄인을 참살하는 대(臺)를 가리킨다. 여기서는 참살당했다는 뜻이다.
103) 천극(荐棘) : 유배된 죄인에게 가해지는 형벌로, 유배지 주위에 가시 울타리를 설치
     하여 외부와 격리하는 것이다.
104) 양궁(兩宮) : 경종의 두 왕비를 가리킨다. 첫 번째 왕비는 청은 부원군(靑恩府院君)
     심호(沈浩)의 딸 단의왕후(端懿王后)이고, 계비는 어유구(魚有龜)의 딸 선의왕후(宣懿
     王后)이다. 단의왕후는 경종이 세자로 있을 때 사망하여 동구릉 혜릉에 안장되었고,
     선의왕후 또한 소생이 없이 1730년(영조6)에 사망하였다.

없었으므로 왕제를 정책하는 것은 실로 공명정대한 원리와 법칙이었다. 그런데 어유구가 한 나라의 원구(元舅)이면서도 홀연히 두 마음을 품었기 때문에 시대신이 급히 주의(奏議)하여 정책하였던 것이다.

주상의 건강이 오랫동안 좋지 못하여 만기(萬機)[105]를 수응(酬應)하는데 어려움이 있었으므로 세제가 수고를 나누는 것은 때에 알맞은 일이었다. 하물며 대리청정의 명을 내린 뒤 사흘 동안 복합(伏閤)[106]하고 정청(庭請)[107]하였지만 처음에는 반한(反汗)[108]의 명 없이 연이어 굳게 정하였다고 하교하였기 때문에 사대신이 마침내 절목을 제시하는 차자를 올렸던 것이다. 그런데 사대신에게 무슨 죄가 있다고 배척하여 쫓아내는 거조(擧措)가 있었단 말인가?

희빈은 종사의 죄인이고 신민의 원수인데, 한쪽 편의 무리들이 처음부터 도와서 보호하였으므로, 주상이 왕위를 계승한 초기에 이르러 조중우가 추보의 상소를 지어내어 아뢰자 장차 그 발자취를 이어서 희빈을 추숭하는 논의가 일어날 것이 예상되었다. 그리하여 이내 윤지술이 미연에 화란을 방지하려는[109] 뜻에서 곧 배척하는 상소를 올렸다. 그 상소의 내용은 비록 지극히 광망(狂妄)하였으나, 그 뜻과 의도를 생각해보면 실로 의리와 관련된 것이니 어찌 형륙할 수 있겠는가?

환관과 비첩이 동궁을 제거하려고 모의한 일이 그 무리들만이 독자적으로 준비한 것이 아님을 분명히 하였으므로 반드시 사주한 자가 있었을 텐데, 조태구와 최석항 등은 국문하는 것을 달가워하지 않고 곧장 정형하

---

105) 만기(萬機) : 임금의 정무 또는 여러가지 정사를 가리킨다.
106) 복합(伏閤) : 대궐문에 엎드려 상소하는 것이다.
107) 정청(庭請) : 백관이 함께 궁궐에 나아가 일을 계품(啓稟)하고 하교를 기다리는 것이다.
108) 반한(反汗) : 나온 땀을 다시 들어가게 한다는 뜻이다. 군주가 일단 포고한 명을 취소하거나 고치는 일을 말한다.
109) 미연에 화란을 방지하려는 : 원문은 "防微杜漸"이다. 싹이 트기 전에 막고 물이 스며들기 전에 막는다는 말로 곧 화란을 미연에 방지한다는 뜻이다.

기를 청하였다. 자성이 이미 언문 하교를 내렸지만 조태구가 소매 속에
감추고서 끝내 반포하지 않고 봉하여 도로 바쳤으니, 이것은 모두 의아스
럽고 괴이한 일이었다.

　송상기·정형익·조상경(趙尙絅)110)·이교악(李喬岳)111)·이기익(李箕
翊)112)·신사철(申思喆)113)·이민영(李敏英)114)·이병상(李秉常)115)·이성룡
(李聖龍)116)·박성격(朴聖輅)·이정주(李挺周)117)·윤심형(尹心衡)118)·김취로
(金取魯)119)·박사익(朴師益)120)·이성조(李聖肇)121)가 상소하여 논척한 까닭

---

110) 조상경(趙尙絅) : 1681~1746. 본관은 풍양(豊壤), 자 자장(子章), 호 학당(鶴塘)이다.
　　풍안군 조흡(趙潝)의 증손, 김창협(金昌協)의 문인이다. 1720년 경종 즉위 후 대사간·
　　승지·이조참의 등을 거쳐, 1722년 신임환국 때 유배되었다. 영조대 병조판서 등을
　　역임하였다.

111) 이교악(李喬岳) : 1653~1728. 본관은 용인(龍仁), 자 백첨(伯瞻), 호 석음와(惜陰窩)이
　　다. 송시열의 문인으로, 1721년 김일경의 상소를 흉참(凶慘)하다고 지적하고, 도봉서
　　원(道峰書院)을 철폐하자 항변하였다. 신임환국 당시 유배되었다가 영조 즉위로
　　복귀하여 대사헌 등을 역임하였다.

112) 이기익(李箕翊) : 1654~1739. 본관은 전주, 자 국필(國弼), 호 시은(市隱)이다. 1694년
　　성균관 유생을 이끌고 송시열의 신원(伸冤)을 위한 소를 올려 윤허 받았다. 승지·병
　　조참판 등을 역임하였다.

113) 신사철(申思喆) : 1671~1759. 본관은 평산(平山), 자 명서(明敍)이다. 경종 즉위 후
　　대사헌 등을 역임한 뒤 신임환국 당시 파직되었다가 영조 즉위 후 노론이 집권하자
　　대사헌과 호조판서가 되었다.

114) 이민영(李敏英) : 1653~1722. 본관은 전주, 자 사행(士行)이다. 필선·승지 등을 역임하
　　였다.

115) 이병상(李秉常) : 1676~1748. 본관은 한산(韓山), 자 여오(汝五), 호 삼산(三山)이다.
　　1721년(경종1) 이조참판 등을 지내며, 소론에 맞서다가 신축환국 때 파직되기도
　　하였다. 1725년(영조1) 대제학을 역임하고, 1727년 정미환국으로 파직되었다가
　　이듬해 한성부판윤으로 기용되었다.

116) 이성룡(李聖龍) : 1672~1748. 본관은 경주, 자 자우(子雨), 호 기헌(杞軒)이다. 정언·지
　　평 등을 역임하였다.

117) 이정주(李挺周) : 1673~1732. 본관은 벽진(碧珍), 자 석보(碩輔)이다. 1722년(경종 2)
　　의주부윤 시절 재물을 모았다는 이유로 탄핵받았다. 영조가 등극한 뒤 승지로
　　재직하였으나 정청(庭廳)에 참여하였다 파면되었다.

118) 윤심형(尹心衡) : 1698~1754. 본관은 파평, 자 경평(景平), 호 임재(臨齋)이다. 1722년
　　정언 재직 시 박상검·문유도 등을 심문하여 사실을 밝힐 것을 상소했다. 신임환국으
　　로 삭직되었다가 영조대 이조좌랑·헌납 등을 역임하였다.

은 모두 정성스럽고 한결같은 충분(忠憤)의 마음에서 나온 것인데, 어찌 천극의 죄로 다스린단 말인가?

정상서 또한 충분의 마음에서 우리나와 바로 이 상소를 올렸는데, 대계(臺啓)가 준엄하게 일어나 이산(理山, 평안도 소재)으로 멀리 유배되었다. 계묘년에 이르러 정상서가 충주 월역(月驛)에 가서 김정승 공의 상례 행렬을 제문을 들고 맞이하여 곡을 하였다고 하였다.

이산으로부터 또 신지도(薪智島, 전라도 완도군 소재)에 안치하였는데, 정상서가 이산으로 유배된 것은 임인년 5월 보름 뒤였고, 김정승 공의 상례 행렬이 충주를 지난 것은 임인년 5월 그믐 사이였다. 이산으로부터 충주 월역까지의 거리가 거의 1천 리나 되는데, 중신(重臣)의 몸으로 바야흐로 1천 리 밖 이산 유배지에 있었으니 어떻게 김정승 공의 상례 행렬이 충주 월역을 지날 때 제문을 들고 맞이하여 곡을 할 수 있었겠는가?

이것은 정승 이건명이 사신으로 연경에 가 있던 날 자기 집에서 김정승·이정승과 모임을 갖고 군대 동원을 모의하였다는 최석항의 차자와 별 차이가 없었다. 신축·임인·계묘, 3년간 옥사에서 일어난 수많은 일들은 모두 이와 같이 허무맹랑한 일이었다.

○ 김창집의 자는 여성(汝成)이고 호는 몽와(夢窩)이다. 문곡(文谷, 김수항(金壽恒)[122])의 아들이며, 숙종대 영의정을 지냈고, 시호는 충헌(忠獻)이

---

119) 김취로(金取魯) : 1682~1740. 본관은 청풍(淸風), 자 취사(取斯)이다. 이조참판 김유(金楺)의 아들이다. 임인옥사에 연루되어 1723년 유배되었다가 영조 즉위로 풀려나 대사간·도승지 등을 역임하였다.

120) 박사익(朴師益) : 1675~1736. 본관은 반남(潘南), 자 겸지(兼之), 호 노주(鷺洲)이다. 박동량(朴東亮)의 후손이다. 경종이 즉위하자 유봉휘와 조태구의 죄를 강경하게 논박하였다. 1723년 귀양 갔다가 영조가 즉위하자 풀려나 강화유수에 임명되었고, 공조·예조판서 등을 역임하였다.

121) 이성조(李聖肇) : 1662~1739. 본관은 전의(全義), 자 시중(時中), 호 정묵재(鄭默齋)이다. 병조참의·광주 부윤 등을 역임하였다.

122) 김수항(金壽恒) : 1629~1689. 본관은 안동, 자 구지(久之), 호 문곡(文谷), 시호는 문충

다. 김창집이 성주에서 후명을 받았는데, 금오랑(金吾郞, 의금부 도사)이
바로 정암(靜庵)[123]의 후예인 조문보(趙文普)였다. 그가 문 앞까지 와서
심하게 독촉하자 공이 말하기를, "어찌 조상을 생각하지 않는가?" 하였다.
상서 민진원이 편지를 보내 말하기를,

"죽고 사는 즈음에 받들어 아뢸 수 없군요. 오직 선대야(先大爺)가 죽음에
임박하여 어지럽지 않았던 것을 생각하여 우러러 힘쓰기를 권합니다."

하자, 다음과 같은 사언시(四言詩)를 보내왔으니,

"사람이 죽고 사는 것은 당연한 이치이니, 오직 의리에 맞게 할 뿐인데,
도거(刀鋸)[124]든 임석(袵席, 이부자리)이든 어찌 피하고 어찌 택할 것인가.
오직 공의 일생은 단지 국가만 알 뿐이기에 돌아가 명릉(明陵, 숙종 능호)에
절하더라도, 거의 부끄러울 것이 없을 것이네."

하였다. 이에 공이 답장하기를,

"천리 바깥에서 사로잡혀 온갖 모욕을 당하였으니, 도리어 한 번 죽는
영광만 못합니다. 지금 성산에 이르러 비로소 후명을 들었으니 죽으러
가는 길에 어찌 대감의 가르침을 기다려서 스스로 힘쓰겠습니까? 대감께
서 마침 이곳으로 온다면 내 뼈를 수습할 수 있을 것이니 어찌 다행스럽지
않겠습니까?

사언시에 차운합니다. '선왕을 따라갈 수 없으니 아! 나는 어디로 갈
것인가. 한결같이 높은 충성은 평탄하고 험한 것을 가리지 않았다네.

(文忠)이다. 숙종 때 영의정이 되었으나, 1689년 기사환국으로 남인이 재집권하게
되자 진도에 유배되었다가 사사되었다.

123) 정암(靜菴) : 조광조(趙光祖, 1482~1519)의 호이다. 본관은 한양(漢陽), 자 효직(孝直)
이다. 1515년(중종10) 안당의 천거로 관직에 나아갔고, 정언으로서 장경왕후 사후
계비 책봉문제가 거론될 때 김정(金淨)과 박상(朴祥)을 옹호하고 박원종의 처벌을
상소했다가 이행(李荇)의 탄핵을 받았다. 1518년 대사헌이 되어 김식(金湜)·안처겸
(安處謙)·박훈(朴薰) 등 사림파와 함께 도학정치(道學政治) 실현을 위해 소격서(昭格
署)의 혁파, 현량과(賢良科) 실시, 위훈 삭제(僞勳削除) 등 각종 개혁을 단행하였다.
하지만 훈구파의 공세로 1519년 기묘사화 때 사사되었다.

124) 도거(刀鋸) : 칼과 톱으로 형구(刑具)를 가리킨다.

보답할 길이 없어서 국가를 위해 죽으려 하니, 선왕이 강림하셔도 실로 부끄럽지 않을 것이네.'"

하였다. 아들 심세겸이 울산에 있있는데, 길에서 망극한 소식올 듣고서 능히 죽지 못하다가 닷새 뒤 감옥에 갇혔다. 또한 그의 아들 김성행은 장살을 당하였으니 참혹하고 참혹하였다. 김제겸은 부령(富寧, 함경도 소재)으로 옮겨져 유배되었다가 곧 또 교수형에 처해졌다. 예로부터 충성스럽고 선량한 사람들 가운데 재앙을 입은 자가 비록 간혹 있었지만 어찌 이 집안처럼 혹독하게 당한 사람들이 있었겠는가?

○ 이이명의 자는 양숙이고, 호는 소재(疎齋)·죽서자(竹西子)이다. 좌의정을 지냈고, 시호는 충문(忠文)이다. 그의 형 이사명(李師命)125)은 기사년(1689, 숙종15) 재앙 당시 사약을 받고 죽었다.

○ 이건명의 자는 중강(仲剛)이고, 호는 한포재(寒圃齋)·서하자(西河子)이다. 좌의정을 지냈고, 시호는 충민(忠愍)이다. 공이 덕산(德山, 충청도 예산 소재)에 유배되었다가 죽음에 임하여 시를 남겼으니,

"나라에 몸 바치는 충심 간직하고서 죽고 사는 것을 하늘에 맡겼어라. 외로운 신하가 오늘 통곡하노니 선왕을 뵐 면목 없도다."

하였다. 조정에서 이참(莅斬)126)을 명하였는데, 흰 기운이 목구멍으로부터 나와서 무지개로 변해서 하늘에 뻗쳤고, 날씨가 음산해졌다. 충성스럽고 선량한 사람들을 가혹하게 죽였으니 어찌 원망하는 기운이 위아래를

---

125) 이사명(李師命) : 1647~1689. 본관은 전주, 자 백길(伯吉), 호 포암(蒲菴)이다. 할아버지는 이구여(李苟輿), 아버지는 대사헌 이민적(李敏迪)이다. 1680년(숙종6) 경신환국에서 세운 공으로 보사공신(保社功臣) 2등에 녹훈되고, 완녕군(完寧君)에 봉해졌다. 1685년 형조판서가 되고, 이듬해에 병조판서가 되었으나, 1688년 윤세희(尹世喜) 등의 탄핵으로 삭주에 유배되었다. 이듬해 남인이 다시 정권을 잡는 기사환국 때 사사되었다가 갑술환국 이후 신원되었다.
126) 이참(莅斬) : 도사를 파견하여 죄수가 있는 곳에서 참형에 처하는 것을 가리킨다.

관통하지 않겠는가? 세 정승이 왕제를 정책한 것이 과연 주륙 당할 만한 죄였던가?

○ 조태채의 자는 유량(幼亮)이며, 호는 이우당(二憂堂)이다. 조사석(趙師錫)[127]의 조카이고, 우의정을 지냈으며, 시호는 충익(忠翼)이다. 삼대신은 공이 조태구의 종제였으므로 애초 왕제 정책의 논의에 참여시키지 않았다.

정책하는 날이 되자 공이 마침 교외(郊外)의 강가에 있었는데, 아들 조관빈이 급히 가서 고하니 마침내 말을 달려 도성으로 들어와 곧장 빈청에 나아가 삼정승을 대면하여 말하기를,

"여러 대감들이 이와 같은 종사의 대사를 거행하면서, 어찌 나와 함께 죽으려고 하지 않으십니까?"

하고, 드디어 힘을 합쳐서 헌의하였다. 그날 정책의 일이 이루어지지 않았더라도 삼대신은 장차 분골쇄신의 화를 입었을 것이고, 공은 애초 논의에 참여하지 않았지만 졸지에 삼대신과 함께 사지(死地)로 나갔을 것이다. 그런데 사직을 떠받드는 대사를 이루었으니, 그 충정(忠精)을 논한다면 세 대신에게 양보할 수 없을 것이다.

흉악한 무리들이 말하기를, "삼흉(三凶)에게 투합하여 왕명을 속였다." 하면서 사약을 내려서 죽였으니, 왕제를 정책한 것이 과연 흉악한 일인가?

○ 조성복은 평소 우직하고 강직하여 고집이 센 사람이었다. 평소 말하기를,

"인신(人臣)은 마땅히 대의로써 임금을 섬기되 조금이라도 사사로운 마음을 용납하지 말아야 한다. 만약 떳떳하지 못한 길을 따르면 비록

---

127) 조사석(趙師錫) : 1632~1693. 본관은 양주(楊州), 자 공거(公擧), 호 만회(晩悔)·만휴(晩休)·향산(香山)·나계(蘿溪)이다. 할아버지는 조존성(趙存性)이고, 아버지는 형조판서 조계원(趙啓遠)이다. 조태구의 아버지이다. 숙종대 좌의정 등을 역임하였다.

경상(卿相)의 자리에 오를 수 있더라도 내 마음이 그렇게 하지 않으며, 만약 의리를 따르다가 비록 도끼로 허리를 베는 형벌이 더해지더라도 나는 또한 피하지 않을 것이다."

하였다. 이외 다른 언론에도 준절한 것이 많아서, 그의 형 조성집(趙聖集)이 항상 질책하였다. 신축년에 올린 대리청정을 청하는 상소는 겉으로 말하자면 비록 "우리 임금은 할 수 없다."는 마음을 면하기 어렵다는 것을 조성복이 알지 못하는 것이 아니었지만 그 속내를 말하자면 조성복은 마음속으로,

"주상이 환후 때문에 항상 정신이 어지러운 일이 많았으므로 만기의 번거로움을 감당하기 어려워서 국사가 장차 날로 잘못될 것이므로, 만약 세제로 하여금 수고를 나누게 한다면 진작하여 쇄신하는 방도가 있을 것이다."

생각하였다. 또한 환관의 무리들이 기미를 엿보아 음모를 꾸며 간사한 무리들과 체결하여 조정의 명령이 거짓으로 꾸민 왕명에서 많이 나왔으므로, 만약 세제로 하여금 정사에 참여하여 듣게 한다면 저절로 흐트러지고 혼란스러운 폐단이 없어졌을 것이니, 이것이 조성복이 마침내 대리청정을 청하는 상소를 올린 까닭이었다. 진실로 그 마음의 자취를 헤아려보면 국가를 위한 충성심에서 나온 것에 불과하였는데, 역적이라 하면서 형장을 때려죽였으니, 세상 사람들 가운데 비난하는 자가 많았다.

형장을 맞다가 죽은 사람이 자백한 초사 목록〔杖斃人承款招辭秩〕

백망은 8차례 형신(刑訊)[128]을 받고 형장 13대를 맞았고, 오서종은 16차례 형신을 받고 형장 6대를 맞았고, 또 형장 8대를, 또 형장 17대를 더 맞았다. 김용택은 7차례 형신을 받고 형장 9대를 맞았고, 홍철인(洪哲人)은 3차례 형신을 받고 형장을 8대를 맞았으며, 이기지는 3차례 형신을 받고 형장 20대를 맞았다. 이천기는 7차례 형신을 받고 형장 17대를 맞았고, 이희지는 8차례 형신을 받았다.

심상길(沈尙吉)은 5차례 형신을 받고 형장 8대를 맞았고, 김성행은 12차례 형신을 받고 형장 3대를 맞았으며, 조성복은 12차례 형신을 받다가 스스로 죽었다. 홍의인이 3차례 형신을 받고 형장 9대를 맞았고, 장세상－환관－은 12차례 형신을 받았으며, 김민택은 8차례 형신을 받았다. 이홍술(李弘述)[129]은 6차례 형신을 받았고, 백시구는 3차례, 백열이－나인－는 4차례 형신을 받고 형장 9대를 맞았고, 또 형장 3대를 더 맞았다.

묵세는 5차례 형신을 받고 형장 6대를 맞았고, 또 형장 9대를 맞고, 또 형장 2대를 더 맞았다. 이우항은 5차례 형신을, 유후장은 5차례, 조송은 8차례, 이상집은 5차례 받았다. 현덕명은 3차례 형신을 받다가 스스로 죽었고, 이상건은 형신을 11차례, 김시태는 9차례, 김운택(金雲澤)[130]은

---

128) 형신(刑訊) : 죄인을 형구(刑具)로 고문하면서 신문(訊問)하여 자백을 받아내는 조사 방법이다. 주로 정강이 부분을 형장으로 때리면서 죄인을 신문하는 것을 말한다.

129) 이홍술(李弘述) : 1647~1722. 경종이 즉위하자 김창집 등과 함께 세제 책봉을 청하였다. 1722년 목호룡 고변으로 하옥되었다가 죽었다. 《진감》에서는 이홍술을 포함하여 이우항·윤각·백시구·김시태·심진·유취장·이상집 등을 '8명의 절도사'로 추숭하였다.

130) 김운택(金雲澤) : 1673~1722. 본관은 광산, 자 중행(仲行), 호 백운헌(白雲軒)이다. 김만기의 손자, 예조판서 김진귀의 아들, 김춘택의 동생이다. 형조참판 등을 역임하였다. 1722년 임인옥사 당시 목호룡의 고변으로 노론 사대신과 함께 죽임을 당했다.

4차례, 홍순택(洪舜澤)131)은 3차례, 홍계적(洪啓迪)132)은 4차례 받았다.

　이상 형장을 맞다가 죽은 뒤 "자백한 초사가 있다." 하였는데, 이미 형장을 맞다가 죽었다면 어찌 자백할 이치가 있겠는가? 그 결안은 위조된 것이 분명하여 결코 의심할 여지가 없다.

---

131) 홍순택(洪舜澤) : 역관으로 중국에서 독약을 구입한 장본인으로 지목받았다. 1717년 (숙종4) 북경에 갔다 온 역관 중에 장씨 성의 역관이 없자 국청에서 김성절을 다시 추궁하였고, 이때 진짜 범인으로 홍순택을 지목했다. 홍순택은 부인했지만 종 업봉(業奉)이 '북경에서 계란 크기만 한 황흑색(黃黑色)의 환약(丸藥) 두 덩이를 구입했다.' 자백했다.

132) 홍계적(洪啓迪) : 1680~1722. 본관은 남양(南陽), 자 혜백(惠伯), 호 수허재(守虛齋)이다. 1702년(숙종28) 태학생으로서, 박세당의 《사변록(思辨錄)》과 이경석의 비문을 태워 없애도록 상소해 이를 관철하였다. 1721년(경종1) 노론의 선봉에 서서 세제의 대리청정을 주장하였고, 이를 저지하려는 조태구를 논핵하였다. 1722년 노론 사대신의 당인(黨人)이라는 죄목으로 서울로 압송되어 신문을 받다 옥사하였다.

아직 체온이 식지 않은 시신의 자백한 초사 목록〔未冷屍承款招辭秩〕

이헌은 9차례 형신을 받고 형장 6대를 맞았고, 정인중은 3차례 형신을 받고 형장 17대를 맞았으며, 정우관은 5차례 형신을 받고 형장 8대를 맞았다. 김창도(金昌道)는 3차례 형신을 받고 형장 11대를 맞았고, 이영(二英)133)은 5차례 형신을 받고 형장 2대를 맞았으며, 또 형장 3대를 더 맞았다. 심진(沈縉)은 9차례 형신을 받았고, 김일관은 4차례 형신을 받고 형장 7대를 맞았다.

서덕수는 3차례 형신을 받고 형장 11대를 맞았고, 이정식(李正植)은 3차례 형신을 받고 형장 13대를 맞았으며, 김극복(金克復)은 4차례 형신을 받고 형장 8대를 맞았다. 양익표(梁益標)134)는 3차례 형신을 받고 형장 7대를 맞았고, 김성절은 4차례 형신을 받고 형장 8대를 맞았으며, 최수만(崔壽萬)은 3차례 형신을 받고 형장 10대를 맞았다. 이명좌(李明佐)는 4차례 형신을 받고 형장 4대를 맞았고, 우홍채(禹弘采)는 5차례 형신을 받고 형장 14대를 맞았다.

이상은 때려죽이는 것을 위주로 하였으므로 한차례 형신에 정강이뼈가 모두 부서지고, 한차례 형장에 갈비뼈가 모두 부러졌다. 이와 같이 형신하고 형장을 쳐서 장차 죽을 지경에 이르렀으므로, 이른바 "자백한 초사"란 의금부 당상의 소매속에서 나와서 서리로 하여금 아직 체온이 식지 않은 시신의 손을 끌어가다 강제로 그 이름을 써서 결안으로 만들었던 것이다.

133) 이영(二英) : 세제의 여종이자 백망의 첩이다. 백망이 준 은화를 궁녀들에게 바치고 궁녀가 독약을 쓰도록 했다고 자백하기도 했다.

134) 양익표(梁益標) : 보성 사람으로 무과에 급제한 호협(豪俠)으로 알려졌었다. 김창집 휘하의 우홍규에게 포섭되어 문객이 되었고, 사신으로 중국에 가는 이이명을 수행하기도 했다. 신임옥사가 일어나자 양익표는 전혀 가담한 사실이 없는데도 김씨의 문객이라는 혐의로 사형 당했다.(《靑城雜記·醒言》 참조)

이것이 형장을 맞다가 죽은 사람이 자백한 초사와 어찌 다르겠는가?

의금부 당상 중 한 사람이 조용히 말하기를,

"자백하지 않고 형장을 맞다가 죽은 사람을 결안 초사기 있다고 하면 끝내 이치에 가깝지 않으니, 이런 까닭에 바깥 의논이 분분합니다."

하였다. 김일경의 무리들이 이 뒤로부터는 의례적인 문목에 따라서 별도로 형장을 가하여 거의 죽을 지경에 이르면 승복한 것으로 결안하여 써서 내었으니, 마침내 아직 체온이 식지 않은 시신을 형신하여 나온 이른바 "여러 죄인들의 초사"라고 한 것은 한결같이 거짓이었다. 혹자가 말하기를,

"승복한 초사 가운데 유혹을 받고 공초를 바친 것도 간혹 있다."

하였으니, 이 말은 근거가 없지 않다. 옥사를 주관하던 두 대신과 의금부 여러 당상은 은밀하게 서로 논의하여 말하기를,

"국옥이 발생한 이래로 죄인이 차마 형장을 이기지 못하여, 혹 무복(誣服)[135]하는 일이 있었으나, 지금 이 여러 죄인들 개개인은 불복(抵賴)하여 비록 죽을지라도 자복하지 않으니 어찌 안타깝지 않겠습니까?"

하니, 심단과 김일경이 말하기를,

"우리 두 사람이 서로 의논하여 확정한 일이 있으니, 오늘 장차 시험해 볼 것입니다."

하고는, 마침내 서리 이만준(李晩俊)을 불러서 귀에 대고 여차여차 하라고 말하였다. 이만준이 그 말에 의거하여 몰래 이영을 꼬드겨 말하기를,

"너는 오늘 국문할 때 만약 여차여차하다는 말로 공초를 바치면 살아서 감옥 문을 나아갈 수 있을 것이다."

하였으나, 이영이 쌀쌀한 태도로 비웃으며 말하기를,

"삶이 있다면 반드시 죽음도 있으니, 병을 얻어 죽거나, 형벌을 받아 죽는 것 모두 이는 천명이고 죽는 것은 한 가지입니다. 이미 죽을 수밖에

---

135) 무복(誣服) : 죄가 없으면서 어쩔 수 없이 굴복하여 형을 받는 일이다.

없는데 어찌 반드시 거짓을 공초하여 의롭지 못한 귀신이 되겠습니까?
다시는 더 이상 말하지 마십시오."

하였다. 이만준이 또 여차여차한 말로써 정우관을 꼬드겼으나 정우관
이 말하기를,

"남자가 되어 차라리 죽을 뿐이지 어찌 거짓으로 자복하겠습니까?
내가 오늘 형벌을 받아 죽는다면 바로 내 자리를 얻은 것입니다."

하였다. 이만준이 이영과 정우관에게 한 말을 심단과 김일경에게
고하며 말하기를,

"애초 그런 말을 하지 않은 것만 못하게 되어, 단지 서리로 하여금
그 깊고 얕음을 엿보아 알았습니다."

하니, 김일경이 말하기를,

"먼저 말한 자는 대감이 아닙니까?"

하자, 최석항과 조태구, 두 대신이 말하기를,

"이것이나 저것이나 정도(正道)가 아닌 것은 한 가지니 당초 이 계책을
세우면서 깊이 헤아리지 못한 결과입니다. 이미 지난 일인데 어찌 반드시
누가 틀렸다고 드러내어 말할 필요가 있습니까?"

하였다. 김일경이 말하기를,

"지금 이후로 이 옥사는 한결같이 애초에 하던 대로 마무리하는 것이
좋겠습니다."

하였다. 죄인을 꼬드겨서 공초를 받는다는 말이 과연 있었으니 여러
죄인 가운데 한 사람도 꼬드김을 받고 공초를 바치지 않은 자가
없었다. 형장을 맞아 죽은 사람의 초사를 위조한 것은 다시 거론할
일이 없고, 형신을 받은 사람의 초사도 모두 의금부 당상의 소매속에서
나온 것이었다.

신임옥사[136]의 허위를 전체적으로 논한다〔總論辛壬獄事虛僞〕

실체가 없는 것을 "허(虛)"라 하고, 진실이 아닌 것을 "위(僞)"라고 하는데, "허"와 "위"는 또 단서가 두 가지로 구별된다. "순연(純然)한 허"가 있고 "순전(純全)한 위"가 있으며, "가실(假實)의 허"가 있고 "가진(假眞)의 위"가 있다. 그 "허"라고 하고, 그 "위"라고 하는 것은 족히 거행할 수 없고, 족히 믿을 수 없다.

그런데 후세에 이르면 어지럽게 형태가 변화하여 황홀하게 번쩍거려서 하늘과 땅처럼 큰 것도 오히려 덮을 수 있고, 해와 달처럼 밝은 것도 오히려 가릴 수 있다. 그리하여 사람들이 그것을 믿게 되면 검은 것을 바꾸어 하얗게 만들듯 기교가 은밀해져서 총명한 군주라 할지라도 속아 넘어가고, 충성스럽고 선량한 신하라 할지라도 빠져들게 되니, 아! 또한 슬프다.

그 허위의 일은 비록 지극히 은미하고 비밀스럽더라도 허위의 자취는 자연스럽게 드러난다. 허위를 끝내 가릴 수 없는 것이 있으니 저 신임옥사를 보면 알 수 있지 않는가? 지금 두 해에 걸쳐 일어난 옥사는 비록 한결같이 허위였지만 그 가운데에는 "순연한 허"와 "순전한 위"가 있으며, 또한 "가실의 허"와 "가진의 위"도 있다. 이처럼 구별할 수 있는 단서가 두 가지이니 아래와 같다.

형장을 맞다가 죽은 사람이 27명이었다. 연일 가혹한 형신으로 정강이가 깨지고 뼈가 모두 부서졌으며, 거듭되는 혹독한 형장에 이빨이 부러지고 갈비뼈가 부러져서 피와 살을 가진 몸이 실로 감당하기 어려웠다.

---

136) 신임옥사 : 신축년(1721, 경종1)과 임인년(1722)에 발생했던 옥사를 가리킨다. 경종의 병세를 이유로 노론이 연잉군을 왕세제로 세운 뒤, 연잉군의 대리청정을 건의하자 이것을 경종에 대한 불충으로 몰아 소론이 집권한 것이 신축년 환국이며, 이듬해에 목호룡의 고변을 계기로 노론이 역모로 처형된 사건이 임인년 옥사이다.

비록 한두 사람이 오히려 거짓으로 자백한 일은 있었지만 오직 저 27명은 한 사람 한 사람이 개별적으로 자복하지 않다가 모두 형장을 맞고 죽었으니, 승복한 초사가 없었음은 말할 필요도 없었다.

그런데 국안에서 써서 내기를, "아무개 아무개가 여차여차한 초사가 있다." 하고, "아무개 아무개가 저차저차한 초사가 있다." 하였는데, 승복하지 않고 형장을 맞다가 죽은 자에게 어찌 승복한 초사가 있었겠는가? 형장을 맞다가 죽은 자에게 승복한 초사가 있다고 하는 것은 온 세상이 모두 아는 "순연한 허"이고 "순전한 위"인 것이니, 이른바 27인이 진술한 각각의 공초는 반드시 조목을 따져보지 않아도 그 허위를 판별할 수 있다.

형벌이 집행된 자는 17명이니, 겉으로 봤을 때는 이미 승복한 초사가 있었으므로 형벌이 거행된 일은 있었다. 그러나 모두 아직 체온이 식지 않은 시신에 형벌이 거행되었으니 그들이 이른바 "승복한 초사"임을 또한 알 수 있는데, 사람들 각각의 초사라고 하는 것을 세밀히 살펴보면 허위의 자취 또한 매우 분명하였다.

심상길이 초사에서 다음과 같이 말하였다.

"이천기가 말하기를, '긴요하게 쓸데가 있으니 은화 1백 냥을 구해달라고 청하라.' 하는 일을 편지로 부탁하였으므로, 벼슬을 도모하기 위한 것이라고 생각하여 제가 과연 마련해 주었습니다."

이천기는 즉 심상길과 절친한 사이였으므로, 1백 냥의 은화를 청하여 구하는 것은 서로 친한 사이에 늘 있을 수 있는 일이었다. 그리하여 심상길이 과연 은화를 마련해 준 일이 실제로 있었는데, 이것을 증거물로 삼아서, 부풀리고 덧붙여서 전혀 이치에 가깝지 않은 말을 꾸며내고는 이것을 심상길의 초사라고 하였다. 심상길이 거듭 무거운 형장을 맞아서 정신이 비록 혼미하였지만 어찌 역모의 일을 거짓으로 자백하였겠는가?

이것은 중간에 있었던 사실을 빌려서 지어낸 허구의 초사였다.

이영이 초사에서 다음과 같이 말히였다.

"백망이 조흡(趙洽)의 은화 2천 냥, 심상길의 은화 1백 냥, 이희지의 은화 7백 냥, 홍의인의 은화 5천 냥을 저에게 주어, 궁녀 이씨와 백씨를 통해 지상궁에게 전해 주어서 그로 하여금 독약을 쓰는 일을 도모하여 이루게 하였습니다."

백망은 궁궐의 도장(導掌)으로서 이미 지상궁과 절친하였는데, 모아진 은화를 어찌 직접 주지 않고 이영으로 하여금 전해 주게 하였겠는가? 지상궁은 이미 다른 사람의 많은 은화를 받고서 끝내 독약을 사용한 일이 없는 것은 어째서인가? 이영으로 하여금 지상궁에게 은화를 전해 주게 하였다는 말 역시 이치에 없는 허황된 말이었다.

또 이영이 초사에서 말하였다.

"백망의 주머니 속에 환약(丸藥) 3개가 있었는데, 바로 소합원(蘇合元)[137] 이었고, 황색 환약이 있었는데, 그 이름은 알 수 없었습니다.이것을 단단히 풀로 봉하여 필통[筆匣]에 넣어 두었는데, 심상길이 저의 집으로 나오자 이에 백망이 주어 보냈습니다."

단단히 풀로 봉하여 필통에 감춰 놓은 환약을 이영이 어떻게 보고서 그 색깔이 황색인지를 알았는가? 소합원은 술기운을 진정시키는 효험이 있기 때문에 술꾼은 반드시 주머니 속에 넣고 다녔다. 백망은 술꾼으로 이영의 주막에서 술을 마시다가, 주머니 속에서 소합원을 꺼내서 먹은 일이 있었는데, 이영이 때마침 이것을 보았던 것이다.

그런데 엄한 형신과 함께 국문을 당할 때 별다른 공초할 말이 없자 백망이 소합원을 먹은 일을 가지고 공초하였는데, 이 소합원에 대한

---

137) 소합원(蘇合元) : 소합환(蘇合丸). 악기(惡氣)를 물리치는 효력이 있다. 소합유(蘇合油)·서각첨(犀角尖)·정향(丁香) 등 여러 재료가 들어가며 각성 효과가 있다.

말을 빌려서 황색의 환약이라는 말을 덧붙여 만들어 낸 것이었다.

어째서 반드시 "황색의 환약"이라고 하였는가? 주상이 마침 황색 물을 토한 일이 있었기 때문이었다. 이것을 독약을 쓴 결과라고 말하려면 반드시 황색의 환약이라고 칭한 뒤에야 바야흐로 황색 물을 토한 일에 부합될 수 있었기 때문이었으니, 그 계략이 지극히 교묘하였다.

이영은 연이어 혹독한 형장을 받아서 바로 아직 체온이 식지 않은 시신이 되었는데, 무슨 정신으로 그 말을 교묘히 하여서 그 공초를 바쳤겠는가? 주상이 황색 물을 토한 일이 과연 실제로 있었으므로 이 또한 중간에 있었던 사실을 빌려서 거짓을 꾸며낸 것이었다.

이정식이 공초에서 다음과 같이 말하였다.

"제가 지난해 12월 김창도와 함께 장세상의 집에 갔는데, 장세상이 말하기를, '이소훈(李昭訓)138)이 독약을 마시고 바로 절명하였다.' 하였습니다."

지난해는 바로 신축년이었는데, 이소훈은 신축년 10월에 관격(關膈)139)으로 인해 대변(大便)이 나오지 않아서 연이어 비급환(備急丸)140) 6, 7개를 복용하였더니, 이틀에 걸쳐 구토와 설사를 하다가 궐랭(厥冷)141)으로 죽었다. 그런데 10월에 이미 죽은 사람이 어떻게 12월에 독약을 마실 수 있단 말인가? 이런 말이 나온 것은 맥락이 있었다.

이소훈의 어머니가 7월에 전주 본가에 내려갔는데 이질(痢疾)에 걸려

---

138) 이소훈(李昭訓) : 영조의 후궁 정빈 이씨(靖嬪李氏)이다. 1719년(숙종45) 영조의 아들 효장세자(孝章世子)를 낳았다. 연잉군이 세제로 책봉되자 종5품 소훈에 올랐지만 바로 사망하였다.
139) 관격(關膈) : 소화기 계통의 병으로 대소변이 잘 통하지 않는 증상을 가리킨다.
140) 비급환(備急丸) : 한기(寒氣)나 찬 음식이 위중(胃中)에 남아 있어 심복(心腹)이 더부룩하게 아프고 대변이 나오지 않는 것을 치료하는 처방이다.
141) 궐랭(厥冷) : 팔다리가 차가워지는 증세이다. 손발 끝에서부터 차츰 싸늘해져 올라온다. 여러 가지 원인으로 생길 수 있으며 궐증(厥證) 때에 흔히 볼 수 있다.

삶과 죽음 사이를 왔다 갔다 하다가 12월에 병이 조금씩 나아져 서울로 올라왔다. 이소훈의 본가가 전동(典洞, 서울 종로구 소재) 길가에 있었는데, 이소훈의 어머니가 문간에 쓰러져서 가슴을 두드리고 통곡하며 말하기를,

"의객(醫客)이 무슨 원한이 있다고 죽을 약을 써서 내 딸을 죽였단 말인가?"

하였다. 김일경이 마침 조정에서 퇴근하다가 그 울부짖으며 하는 말을 듣고 괴이하게 여겨 하인을 시켜서 물어보니, 이소훈의 어머니가 말하기를,

"우리 딸이 소훈인데, 의원이 엉뚱한 약을 써서 비명(非命)에 곧 죽었습니다."

하였다. 김일경이 당일에 있었던 이소훈의 죽음을 마음속으로 기억해 두었다가 목호룡의 고변서를 지을 때 두 가지 단서를 첨가하여 집어넣었다. 한 가지 단서는 이르기를,

"서덕수(徐德修)[142]가 이소훈을 미워하여 장세상으로 하여금 독약을 마시게 하여 죽였다."

하였고, 또 한 가지 단서는,

"환약이 독약인지 아닌지를 알기 위해 장세상으로 하여금 먼저 이소훈에게 시험하여 죽였다."

하였다. 장세상은 바로 환관이었으니, 궁궐 내 일에 대해서 알지 못하는 것이 없는데, 어찌 10월에 있었던 이소훈의 죽음을 알지 못하여 12월에 독약을 마시고 죽었다는 말을 이정식에게 하였단 말인가?

장세상이 이 말을 할 이치가 전혀 없었고, 장세상이 이미 이정식에게

---

142) 서덕수(徐德修) : 1694~1722. 본관은 대구, 자 사민(士敏)이다. 달성 부원군(達城府院君) 서종제(徐宗悌)의 손자이며, 영조의 비 정성왕후(貞聖王后)의 조카이다. 1722년(경종2) 옥사가 발생하자 서덕수가 독약을 사용하여 경종을 시해하려는 역모에 참여하였다는 진술이 나왔다. 이 일로 김용택·심상길 등과 함께 사형당하였다.

이 말을 하지 않았으니, 이정식이 어떻게 장세상이 하지도 않은 말을
내서 공초하겠는가? 김일경이 이소훈의 어머니가 시골에서 새로 와서
그 딸의 죽음을 거슬러 올라가 곡을 한 경위는 알지 못하고 단지 그
어머니가 의원을 원망하며 울부짖던 때 이소훈이 죽었다고 생각하여,
이소훈이 죽었다는 진실을 빌려서 독약을 사용한 일을 증명하고자 한
것이었지만, 그 세월이 서로 어긋난 것에 대해서는 어찌하겠는가?

  또한 이정식이 공초에서 말하기를,

  "이소훈의 출상(出喪)143) 후에 장세상이 저에게 일러 말하기를,

  '이 약은 또 사용할 곳이 있는데, 다시 은화 1천 냥을 얻은 뒤에야만
바야흐로 사용할 수 있을 것이다.'

  하였는데, 이른바 '사용할 곳'이란 바로 성궁을 가리킨 것이었습니다."

  하였다. 장세상은 환관 가운데 강직한 사람이었다. 선왕이 만약 지나친
처분을 내리면 종종 슬그머니 간쟁하였고, 주상이 만약 과실이 있으면
간절하게 힘껏 간쟁하여, 궁궐 안에서는 그를 지목하여 말하기를, "간쟁하
는 환관이다." 하였다. 다른 환관과 나인 무리들에게 간혹 수상한 일이
있다면 일절 금지[禁戢]144)하여 궁궐 내 사람들이 매우 꺼려하였는데,
이처럼 강직한 사람이 다른 사람의 지휘를 받아서 이러한 흉악한 일을
모의할 수 있단 말인가?

  만약 장세상이 궁궐 안을 떠나지 않았다면 흉악한 무리들이 흉계를
거행하기 어려웠을 것이므로, 반드시 제거하려고 이소훈에게 독약을
먹여 죽이려 은화를 모았다는 등의 말을 이정식의 공초에서 기회를
틈타 제기하였던 것이다.

  그 계책은 단지 이정식에 그치지 않고 장세상도 죽이기 위한 것이었다.
이소훈이 죽은 것은 12월이 아니고 10월이었는데, 비록 10월, 12월로

---

143) 출상(出喪) : 상가(喪家)에서 상여(喪輿)가 나가는 것이다.
144) 금지[禁戢] : 어떤 사람을 물리치거나 어떤 일을 하지 못하도록 금하다.

서로 같지 않지만 죽은 것은 사실이었다. 또한 그 어머니가 잘못 약을 복용하였다고 원망한 말이 있었으니 약을 먹은 것은 정확한 사실이었다. 이것 역시 중간에서 그 죽은 사실과 약을 먹었던 사실을 빌려서 이정식의 거짓 공초를 꾸며낸 것이었다.

김창도가 공초에서 다음과 같이 말하였다.

"이정식이 서덕수에게 말하기를,

'청정(聽政)의 일이 비록 이루어지지 않았지만 장차 비망기가 내려올 것이니 어찌 좋지 않겠는가?'

하였습니다. 제가 영의정의 집에 가서 말하기를,

'듣건대 서덕수가 「장차 이와 같은 일이 있을 것이다.」 하였으니, 모름지기 긴요하지 않은 정청(庭請)은 다시 하지 마시고 바로 거행하십시오.'

하였습니다."

"비망기가 장차 내려올 것이다.", "바로 거행하십시오." 등의 말은 모두 긴요하고 중요하면서도 의심스럽고 혼란스러운 말인데, 그것이 과연 김창도의 입에서 나온 것이라면 국청의 여러 신하들이 어찌 그것이 어떤 비망기이고 어떻게 거행하려고 했는지에 대해서 형신하여 묻지 않았단 말인가?

이처럼 긴요하고 중요하면서도 의심스럽고 혼란스러운 공초가 있는데도 애초 형신하여 묻지 않았다면 김창도가 처음부터 이렇게 공초하지 않은 것이 분명하다.

"비망기가 장차 내려올 것이다." 한 말은 환관과 체결하였다는 말을 사실로 만들고자 한 것이고, "바로 거행하십시오."라는 말은 궁성에 군대를 배치하였다는 무고를 사실로 만들고자 한 것이다. 그러나 끝내 비망기를 내리고, 거행한 일이 없었으니, 그 운운했다는 말은 저절로 허위로 돌아가게 되었다.

총애받는 환관과 체결하여 비망기를 꾸며내려고 도모한 것은 바로 저 무리들이 실제로 한 일이었다. 그러나 끝내 주상의 뜻을 거역하기 어려워서 곧 정청을 끝낸 것 역시 사대신이 실제로 한 일이었다.

"비망기가 장차 내려올 것이다."는 말을 지어낸 것은 저들이 비망기를 꾸며내려고 도모한 일을 다른 사람들에게 떠넘기려 한 계략이었다. "이에 정청을 끝냈다."는 말을 끌어다 제기한 것은 그 뒤에 군대를 배치하여 흉악한 일을 도모하였다고 잇따라 제기하려 했던 것이니, 그 간사한 정상과 교활한 태도가 여지없이 드러났다.

또한 김창도가 공초에서 다음과 같이 말하였다.

"영의정이 제게 말하기를,

'지난번 이기지가 와서 말하기를 너와 이정식·정우관·조송 등이 함께 하는 일이 있다던데, 무슨 일인가?'

하여, 제가 말하기를,

'백가(白哥)·목가(睦哥)와 모의하는 일이 있습니다.'

하였습니다. 제가 이기지를 가서 보니, 그가 말하기를,

'심자팔(沈子八)[145]은 말이 가벼워 모든 일을 목호룡에게 누설하였으니, 고변하는 일이 있을까 두렵다.'

하였습니다."

이기지의 무리들이 이미 목호룡이 장래 고변할 것을 두려워하였다면 어찌 당초 함께 모의하였는가?

또한 "백망과 함께 모의했다." 하였는데, 유독 목호룡에 대해서만 걱정하고, 백망은 걱정하지 않은 것은 어째서인가? 이것은 다른 것이 아니라 "이기지가 모의하였다."는 말은 애초 신빙할 수 없었는데, 목호룡이 고변한 일은 지금 이미 있었으므로, 마침내 근거가 있는 목호룡의 고변을 빌어서 근거가 없었던 이기지가 모의한 일을 사실로 만들려고 한 것이었

---

145) 심자팔(沈子八) : 자팔은 심상길(沈尙吉)의 자(字)이다.

다. 김창도의 공초 역시 중간에 있던 사람이 사실을 빌려서 거짓을 꾸며낸 것이었다.

서덕수가 공초에서 다음과 같이 말하였다.

"이소훈이 저희 집에 해를 끼쳤기 때문에 장세상과 모의하여 독살하였습니다."

이소훈이 죽은 것은 병 때문이지 독살된 것은 아니었으며, 또한 그녀가 죽은 시점은 10월이지 12월이 아니었으니, 장세상과 모의하여 독살하였다는 것이 허언(虛言)이었음은 이미 이정식의 공초에서 해명되었으므로 이것은 다시 거론할 필요가 없다.

또한 서덕수가 공초에서 말하였다.

"비망기가 만약 내려오면 궁성을 호위하여 소장(疏章)이 올라올 염려를 막으십시오."

소장을 막는 것은 바로 승정원의 일이었으니, 소장을 막으려고 했다면 승정원을 호위하면 되는데, 무엇 때문에 궁성을 호위한다는 말인가? "궁성을 호위하여 소장을 막는다."는 말은 더욱 이치에 가깝지 않으니, 역시 중간에 거짓을 꾸며서 함부로 지껄인 말이었다.

이헌이 공초에서 다음과 같이 말하였다.

"정유년 간에 장세상이 장차 독대할 일이 있을 것이라고 먼저 이이명에게 통지하였습니다. 얼마 안 있어 과연 독대한 일이 있었습니다."

장세상은 환관에 불과한 미천한 자였다. 비록 어전에서 혹 가까이 모시고 있더라도, 이미 "독대"라고 하였으니, 이것은 반드시 군신 사이의 은밀한 일인데, 선왕이 이처럼 은미한 일을 어찌 장세상으로 하여금 먼저 알게 하였겠는가? 장세상이 이미 먼저 알지 못하였는데 어떻게 먼저 이이명에게 통지할 수 있었겠는가? 비록 혹 먼저 알았다고 하더라도 무슨 이익이 있다고 반드시 먼저 통지하였겠는가?

정유독대는 과연 실제로 있던 일인데, 이 또한 중간에 있던 사람이 독대의 일을 빌어다가 이헌이 은화를 내고 함께 모의하였다는 거짓을 사실로 만들려고 한 것이다.

김성절이 공초에서 다음과 같이 말하였다.

"정유년(1717, 숙종43) 금평위가 연행(燕行) 갔을 때 이기지 부자가 역관 장지사(張知事)로 하여금 독약을 구입해서 오게 하였습니다."

정유년은 곧 주상이 동궁이었던 시절이었는데, 중국에서 독약을 구입해서 가져온 것은 바로 동궁을 해치려고 모의한 계략이었다. 이미 독약을 구입하여 왔다면 정유년으로부터 신축년에 이르기까지 5년 사이에 어찌하여 섞어서 바치지 않았던가? 이미 섞어서 바친 일이 없으니 독약에 대한 말은 저절로 거짓말로 귀결되었다.

또한 조태구가 사역원으로 하여금 장지사를 수사하여 찾아내게 하였는데, 10년 사이에 애초 장씨 성을 가진 사람 가운데 연경에 들어간 자가 없었으니, 장지사에게 독약을 구입하게 하였다는 말은 저절로 터무니없는 데로 귀결되었다.

장지사에 대한 말이 이미 터무니없는 데로 귀결되었는데도 이이명이 연경에 갔을 때 독약을 구입해 왔다는 말로써 이헌의 공초에 기회를 틈타 끼워 넣었다. 이이명이 연경에 사신으로 간 일이 과연 있었으므로, 연경에 간 사실을 빌려서 독약을 구입하였다는 거짓을 꾸며낸 것이었다.

또 김성절의 공초에서 말하였다.

"이 독약을 정우관으로 하여금 장세상에게 보내어 수라 차지(水剌次知) 김 상궁과 함께 모의하여 한 차례 시험 삼아 사용하게 하였는데, 주상이 바로 토해냈으므로 '약이 맹렬한 독이 아니다.' 여겨서 다시 은화를 모아서 다른 약을 구하였습니다."

저 무리들이 이른바 "마시자마자 곧 죽는 약"이 어찌 그렇게 효험이 없는가? 서덕수가 공초에서 이른바 "이소훈을 독살하였다." 하였으니 약은 모두 같은 것인데, 성궁(聖躬)에게 시험하였을 때는 맹렬하지 않다가 이소훈에게 시험하니 즉사하였다. 이것으로 미루어 보면 성궁에게 시험하였다는 것이나 이소훈을 독살했다는 말은 거짓이었다.

또한 장세상과 김상궁이 함께 모의하여 상궁(上躬)에게 시험하여 사용하였다는 김성절의 공초가 이와 같이 진실이었다면 김성절을 국문할 때 어찌 이름[名字]과 거주지를 묻지 않았다가 김성절이 죽은 뒤에 이름도 없고 거주지도 없이 단지 김씨 성을 가진 궁인을 대간이 발론하여 아뢰어서 상청(上聽, 임금의 들음)을 번거롭게 하였는가? 허다한 김씨 성을 가진 궁인 가운데 주상이 어떻게 독약을 쓴 김상궁을 알아서 내줄 수 있겠는가? 김상궁이라는 말 또한 허황된 것이었다.

또 김성절이 공초에서 말하였다.

"제가 작년 12월 3일에 영의정을 찾아가 뵙고 말하기를,

'6일 큰 상소가 장차 나와서, 대감께서 반드시 먼저 화를 받게 될 것입니다.'

하였습니다."

한쪽 편 사람들의 큰 상소가 장차 나올지를 김성절이 어떻게 사흘이나 앞서 알 수 있었는가? 이것은 역적의 상소가 실제로 있었다는 사실을 빌려서 영의정을 무고하는 헛된 말을 꾸며내려고 한 것이다.

또한 김성절의 공초에서 말하였다.

"영의정이 말하기를,

'김시태는 정녕 나의 행차(行次)가 떠나기 전에 반드시 다시 들어온다고 말하였다. 이번 일은 박상검(朴尙儉)의 무리가 중간에서 저지른 짓이니, 만약 이것을 임금에게 아뢴다면 마땅히 다시 처분이 있을 것이다.'

하였습니다."

저 박상검의 무리는 곧 한쪽 편 사람의 복심(腹心)이자 수하였다. 한결같이 저 무리들의 지휘에 따라 긴요한 전지(傳旨)를 도출하지 않은 것이 없었고, 크고 작은 일의 기미를 몰래 통하지 않은 것이 없어서 바야흐로 흉악한 무리들과 더불어 동궁을 제거하려고 모의하였다.

박상검이 이렇게 나올 것을 영의정이 이미 잘 알고 있었으니, 그 공초에서 "이번 일은 박상검의 무리가 중간에서 저지른 짓이다." 하였지만 영의정은 반드시 이같이 말할 필요가 없었다. 영의정이 이미 이러한 말을 한 적이 없는데, 김성절이 어떻게 이렇게 공초할 수 있었겠는가?

이것은 다름이 아니다. 저 무리들이 박상검의 무리들과 체결하여 동궁을 제거할 것을 모의하였다가 그 형적이 탄로 나서 박상검의 무리들이 복주되었으므로 세상 사람들은 박상검의 무리들을 저 무리의 당여라고 지목하였다.

저 무리들은 오히려 이것을 마음속으로 불만스럽고 부끄럽게 생각하다가 이때 이르러 김성절의 공초를 빌려서 박상검의 무리라는 말을 기회를 틈타 끼워 넣어서, 도리어 은연중에 박상검의 무리들이 영의정과 체결한 것으로 귀결시키려 하였으니, 아! 가소로운 일이다.

정우관이 공초에서 다음과 같이 말하였다.

"제가 고향으로부터 올라와서 장세상의 집에 의탁하였는데, 서덕수·이정식·김창도 등이 장세상과 함께 서로 친하게 왕래하였습니다."—이하는 빠져 있다.—146)

김극복(金克復)의 공초에서 이른바, "이우항과 함께 천문(天文)을 논하였다."는 말은 비록 거칠고 잡되지만 무슨 형벌을 시행할 만한 죄가 있단

---

146) 이하는 빠져 있다 : 연활자본에는 다음과 같은 내용이 있다. "이정식·김창도가 저에게 말하기를, '우리들이 지금 좋은 기회를 맞아 상의할 일이 있다.' 하여, 제가 그것을 듣고자 하니, 장세상이 말하기를, '오늘의 기회가 좋아서 큰 계책이 있으니, 그대는 다른 사람에게 누설하지 않으면 다행이겠다.' 하였습니다."

말인가?

유취장(柳就章)147)이 공초에서 다음과 같이 말하였다.

"지난해 10월에 영의정이 이르기를,

'군문(軍門)의 장관(將官)은 친히 믿는 사람으로 배치하는 것이 마땅한데 영감이 중군(中軍)을 거치지 않았으니, 영감이 중군이 되면 좋겠다.'

하였습니다."

훈련도감의 중군은 또한 중요한 자리이니, 감당할 만한 사람으로 임명하는 것은 실로 대신이 마땅히 신칙해야 할 일인데, 유취장은 평소 근면하고 성실하다는 평가를 받고 있었으므로 그 직임에 합당하였다. 그래서 영의정이 유취장을 만나보고, "영감이 중군이 되면 좋겠다." 말한 것은 유취장을 격려하고 권장하려는 뜻에 불과하였다. "친히 믿는 사람으로 배치하는 것이 마땅하다."는 말은 영의정을 무고하는 계기가 되기에 충분한 말이었으므로, 유취장의 공초에 기회를 틈타 끼워 넣었던 것이다.

또 유취장이 공초에서 말하였다.

"제가 이홍술에게 투자(投刺)148)하였는데, 이홍술이 말하기를,

'정청(庭請)을 끝마친 뒤에는 노론이 매우 위태로우니, 한편으로는 군병으로 궁궐 문을 수직(守直)하고, 다른 한편으로는 대신이 아뢰어 환관을 죽이고, 다시 전선(傳禪)149)을 청해야 한다.'

하였습니다."

이미 궁궐 문을 수직한 일이 없었고, 또 환관을 죽인 일도 전선을

---

147) 유취장(柳就章) : 1721년(경종1) 분부총관(分副摠管)을 지내고, 이듬해 훈련중군(訓鍊中軍)이 되었다. 그러나 신임옥사로 소론의 공격을 받아 유배되었다가 처형되었다.
148) 투자(投刺) : 처음으로 윗사람을 뵈올 때에 미리 명함(名銜)을 전하여 드리던 일이다.
149) 전선(傳禪) : 임금이 살아 있으면서 세자나 후계자에게 왕위를 물려주고 물러나는 것을 말한다.

청한 일도 없었으므로, 운운한 말은 모두 허위였다. 그것이 과연 유취장의
공초라면 어떻게 이처럼 허위일 수 있겠는가? 이 또한 중간에서 공초를
조작한 것이다.

심상길·김일관·우홍채·양익표·이명좌 등이 공초한 말 가운데 혹 은화
를 왕래한 일이나, 환관과 체결한 일에 대한 이른바 "국청 문안(鞫廳文案)"이
라고 하는 것은 한결같이 믿을 만한 점이 없으니 말하기에도 비루하다.
이처럼 허위의 문안으로써 대신으로부터 삼사에 이르기까지 반드시
가리켜 말하기를, "삼수의 흉악한 음모가 국청 문안에서 모두 드러났다."
할 수 있겠는가?

만약 허위의 부고(府庫)150)를 보고자 한다면 신축년과 임인년의 국청
문안을 시험 삼아 보면 될 것이다. 선조(先朝, 숙종) 때 목내선(睦來善)과
민암(閔黯)151)의 무리들이 복죄(伏罪)되자 온 나라 사람들이 모두 말하기
를, "통쾌하고 통쾌하다!" 하였는데, 오늘날 사대신과 여러 신하들이
죽임을 당한 것에 대해서 온 나라 사람들이 모두 "원통하고 원통하다!"
하였으니, 나라 사람들의 논의가 진정으로 공정하였다.

사대신이 왕제를 정책한 것은 인신(人臣)이 마땅히 거행해야 할 도리인
데 어찌 유별나게 뛰어난 충성이 될 수 있겠는가? 주상이 전후 양궁에게서
모두 진숙(震夙)152)을 기대할 수 없었는데, 삼종 혈맥(三宗血脈)153)으로서

---

150) 부고(府庫) : 문서나 재물을 넣어 곳간으로 지은 집이다.
151) 민암(閔黯) : 1636~1694. 본관은 여흥, 자 장유(長孺), 호 차호(叉湖)이다. 병조판서·우
    의정 등을 역임하였다. 1689년(숙종15) 기사환국 당시 김수항·송시열을 탄핵하여
    그들의 처형을 주장하였다. 1694년 인현왕후를 복위시키려 한다는 고변을 이용하여
    옥사를 일으키려 했지만 숙종은 남인을 쫓아내고 서인을 등용하는 갑술환국을
    단행하였다. 이로 인해 유배되었다가 사사되었다.
152) 진숙(震夙) : 《시경(詩經)》 〈대아(大雅)〉에서, "아기를 배고 신중히 하여, 낳아 기르셨
    으니, 이분이 바로 후직이시라.[載震載夙, 載生載育, 時維后稷.]" 하였다. 본문에서는
    후사를 낳을 기미를 가리킨다.
153) 삼종 혈맥(三宗血脈) : 효종·현종·숙종의 혈육임을 지칭하는 말이다. 경종이 후사
    없이 죽자 삼종의 맥을 잇고 있는 연잉군이 왕위를 계승하는 것이 순리임을 주장하기

왕제가 있었을 뿐이었으니 오늘날 북면(北面)[154]하는 신하로서 누가 왕제를 저사(儲嗣)로 정하는 것을 마음에 두지 않겠는가?

부인은 성질이 편벽되니 중전이 어머니 소리를 듣고자 하는 것은 또한 혹 사사로운 정에서 나오기 쉽지만 여러 신하들이 같은 마음으로 동요하지 않았다면 곤극(坤極, 왕후의 지위)이 비록 중심에 이러한 마음이 있다하더라도 어찌 혹 이러한 마음을 겉으로 드러낼 수 있었겠는가?

어유구가 왕실과 친밀한 근친(近親)으로서 대의(大義)를 잊고 사의(私意)를 따라서 궁궐 안에서 주선하자 환첩의 무리들이 그림자처럼 따르지 않는 자가 없었고, 김일경처럼 음험하고 간사한 종자가 굽은 길을 뚫고 흉계를 양성하여 바깥에서 화응하니, 간악한 무리들이 호응하지 않는 자들이 없었다.

그들이 꼼꼼하게 준비한 음모에 안과 밖이 서로 응하고, 음험하고 비밀스러운 계략에 뱃속까지 서로 연결되어 추진한 것은 모두 왕제, 한 명을 제거하기 위해서였다. 이때 왕제를 저사로 정하는 것은 바로 나무에 올라가서 물고기 구하는[155] 일과 같고, 복첩(卜妾)[156]하여 처(妻)를 구하려고 도모하는 것과 같았다.

나무에 올라가서 물고기를 구하는 일은 비록 물고기를 구하지 못하더라

위해 만들어진 말이다. 당시 대비 인원왕후는 언문교서에서 효종대왕의 혈맥과 선대왕의 골육으로 경종과 연잉군만이 있음을 거론하여 세제 책봉을 인정하였다. (《경종실록》 1년 8월 20일 기사 참조) 왕대비의 언문교서는 다시 전지(傳旨)로 작성되어 연잉군의 세제 책봉을 대외적으로 천명하였다. 왕대비가 거론한 삼종 혈맥을 잇는 혈육이라는 명분은 세제 책봉이 정당성을 보장받는 중요한 논리가 되었다.

154) 북면(北面) : 임금은 남면(南面)하여 앉으므로, 신하로서 임금을 섬기는 것을 이른다.

155) 나무에 …… 구하는 : 본문은 "緣木而求魚"이다. 도저히 불가능한 일을 하려고 하는 데에 비유한 말이다. 전국시대 제나라 선왕(宣王)의 영토확장 욕심에 대하여, 맹자가 이르기를, "이러한 행위로써 이러한 욕망을 구하신다면 나무에 올라가서 물고기를 구하는 것과 같습니다.[以若所爲, 求若所欲, 猶緣木而求魚也.]" 하였다.(《孟子·梁惠王上》 참조)

156) 복첩(卜妾) : 같은 성(姓)을 피하여 성이 다른 여자로 첩을 들이는 일을 가리킨다.

도 뒤따르는 재앙은 없었고, 복첩하여 처를 구하려고 도모하는 것은 비록 그러한 첩을 얻지 못해도 후환은 없다. 그렇지만 왕제를 저위에 정하는 일은 단지 성공하지 못할 뿐만 아니라 깊은 구덩이에 빠지는 것이 발길을 돌리기도 전에 따르고 분골쇄신의 화가 때를 넘기지 않고 이를 것이었다. 누가 감히 말을 발설하여 그 논의를 아뢰겠는가?

그렇지만 사대신이 도거(刀鋸, 형구(刑具))를 마치 화려한 담요처럼 보고, 탕확(湯鑊)[157]을 마치 즐거운 땅을 밟듯 하여 충성스러운 마음으로 분발하여 떨쳐 일어나서 신명(身命)을 던져서 밤새도록 헌의하여 마침내 저위를 정책하였다. 만약 사대신이 아니었다면 누가 종사를 보존할 수 있었겠는가? 이것이 바로 사대신이 탁월한 충신인 이유였다. 성인이 전하는 말씀에, "날씨가 추워진 다음에야 소나무와 잣나무가 뒤늦게 시든다는 것을 알게 된다.[158]" 하였는데, 이 말이 얼마나 지극한가!

---

157) 탕확(湯鑊) : 죄인을 끓는 물에 삶아 죽이는 형벌을 말한다.

158) 날씨가 …… 있도다 : 《논어》〈자한(子罕)〉에서 공자가 "날씨가 추워진 다음에야 소나무와 잣나무가 뒤늦게 시들음을 알게 된다.[歲寒然後, 知松柏之後凋也.]" 하였다.

총론(總論)

　아! 신축·임인년에 집안과 국가가 당한 재앙과 난리를 어찌 차마 말할 수가 있겠는가! 동궁이 무함받고 위난(危難)을 겪은 것은 비록 남산의 대나무를 깎아도 모두 다 기록할 수 없고,[159] 사대신이 받은 오욕과 악명은 비록 바다의 물을 다 퍼서도 모두 다 씻어낼 수 없다.

　동궁이 저위에 오른 뒤 유봉휘가 한 번의 상소 안에서 두 차례 무함하였으니, 첫 번째는 "갑작스럽게 서둘렀다."는 말이고, 두 번째는 "인심이 의혹한 것이 오래되어 정해지지 않았다."는 말이었다.

　한세량(韓世良)[160]은 한 번의 상소 안에서 네 차례에 걸쳐 무함하였다. 첫째는 "지상에는 두 임금이 없다."는 말이고, 둘째는 "천위(天位)를 몰래 옮기려 했다."는 말이며, 셋째는 "대리(代理)함을 전선(傳禪)이다."는 말이고, 넷째, "공정대왕(恭靖大王)[161] 때 일과 같다."는 말이었다.

　조태구는 두 차례 무함하였으니, 첫째는 "혐의를 무릅썼다."[162]는 말이

---

159) 남산의 …… 없고 : 죄가 이루 다 기록할 수 없을 만큼 많다는 뜻이다. 이밀(李密)이 수나라 양제(煬帝)의 죄악을 낱낱이 열거하는 격문에 이르기를 "남산의 대나무를 모두 깎아서 기록한다고 해도 그의 죄는 끝이 없고, 동해의 물을 쏟아서 흘러내리게 한다 해도 그의 죄는 다 씻기가 어렵다.[罄南山之竹, 書罪無窮, 決東海之波, 流惡難盡也.]"하였다.(《舊唐書·李密列傳》 참조)

160) 한세량(韓世良) : ?~?. 본관은 청주, 자 상오(相五)이다. 숙종대 승지·여주목사 등을 역임하였다. 1721년(경종1) 조태구·유봉휘 등과 함께 세제 대리청정에 극력 반대하다가 탄핵을 받기도 하였다.

161) 공정대왕(恭靖大王) : 2대 정종(定宗)의 시호(諡號)이다. 예종대 안종(安宗)으로 추존하였다가 그 뒤로 공정이라고 일컬었다. 정종은 1398년 제1차 왕자의 난이 일어나자 그 아우인 태종 이방원을 세제로 책봉하였다가 그에게 왕위를 물려주었다. 이것은 노론이 연잉군을 세제로 책봉하라고 넌지시 압박한 것이라고 소론 측에서 비판한 것이었다.

162) 혐의를 무릅썼다 : 당시 우의정 조태구가 숙종의 상례에 조문 온 청나라 사신이 세자와 종실의 자질을 만나보겠다는 요구를 들어주어서는 안 된다고 하였다. 즉 상국(上國)에서 열국(列國)의 임금을 조문할 때, 그 배신(陪臣)이 된 아우와 조카까

고, 둘째는 "양왕의 옥사에서 양왕에게 죄를 묻지 않았습니다."는 말이었
다.

　조태억은 두 차례 무함하였으니, 첫째는 "사대신을 지휘한 자는 본래부
터 그 사람이 따로 있다."163)는 말이고, 둘째는 "정책 국노(定策國老)164)·문
생 천자(門生天子)165)"라는 말이었다.

　김일경은 세 차례 무함하였다. ─이하 모두 빠져 있다.─

지 보는 일은 실례라고 하면서 배신이 조문을 받는 것은 임금 자리를 노리고
있다는 혐의를 무릅쓰는 것이 된다고 하였다. 따라서 정중히 거절하라고 촉구하였
다.(《경종실록》 즉위년 11월 26일 기사 참조)

163) 사대신을 …… 있다 : 앞선 《수문록》 기사에 따르면, "최석항과 조태억, 두 신하와
　　 야대(夜對)했을 때 끝 무렵에 '조성복이 사대신의 지휘를 받았고, 사대신을 지휘한
　　 자는 본래부터 그 사람이 따로 있다.'" 하였다. 이때 그 사람은 세제를 가리킨다.

164) 정책 국로(定策國老) : 당나라 말기에 환관(宦官)들이 권한을 멋대로 휘둘러 천자를
　　 마음대로 폐립(廢立)하면서 스스로 '정책 국로'라고 했다. 또한 천자를 마치 시관(試
　　 官)이 문생(門生) 보듯이 했다고 해서 '문생 천자(門生天子)'라고도 했다.

165) 문생 천자(門生天子) : 당나라 경종(敬宗)에서 선종(宣宗)에 이르는 동안의 임금 폐립
　　 (廢立)이 모두 환관에 의해서 이루어졌다. 당시 환관 양복공(楊復恭)이 스스로 '정책
　　 국로' 혹은 '문생 천자'라고 했다. 천자를 폐립하는 나라의 원로로서 천자가 자기들
　　 문하에서 생겨난다는 뜻이다. 앞선 《수문록》 기사에 따르면, "연잉군으로 정책한
　　 날, 한쪽 편 사람들이 모두 한곳에 모였는데, 어떤 자는 팔을 걷어붙이고 분통을
　　 터트리고 어떤 자는 발끈 화를 내는 자가 있었으니 차마 똑바로 쳐다볼 수 없었다.
　　 조태억이 팔을 걷어붙이고 말하기를, '어찌 오늘날 당나라 말기의 정책 국노를
　　 다시 보게 될 줄을 생각이나 했겠는가?' 하였고, 그 가운데 거괴(巨魁)가 말하기를,
　　 "오래지 않아 문생 천자가 될 것이다." 하였다.

찬배자 목록〔竄配秩〕

민진원(閔鎭遠)166)

조성복이 유배지로 떠날 때 소용되는 물품을 갖추어 보낸 일이 있었다. 박필몽(朴弼夢)167)이 발계(發啓)168)하여 성주(星州)에 유배 보냈는데, 공이 김정승 공이 붙잡혀 본주에 와서 후명(後命)169)을 받았다는 소식을 듣고 직접 가서 빈렴(殯殮)170)하였다. 또한 며느리가 김정승 공의 딸이었지만 인연을 끊지 않았다. 박징빈(朴徵賓)이 발계하여 아주 멀리 떨어져 있는 변경(邊境)으로 귀양 보냈다.

홍석보(洪錫輔)171)

조태구가 몰래 선인문(宣仁門)으로 들어가 청대(請對)하자,172) 승정원에

---

166) 민진원(閔鎭遠) : 1664~1736. 본관은 여흥, 자 성유(聖猷), 호 단암(丹巖)·세심(洗心)이다. 민유중의 아들, 인현왕후의 오빠, 민진후의 동생이다. 송시열의 문인이다. 1722년(경종2) 임인옥사로 유배되었다가, 1724년 영조가 즉위하자 우의정에 올랐다.

167) 박필몽(朴弼夢) : 1668~1728. 본관은 반남(潘南), 자 양경(良卿)이다. 1721년 김일경 등과 노론 사대신의 죄를 성토하여 신임옥사를 일으켰다. 1728년(영조4) 이인좌의 난 당시 반란에 가담하였다가 능지처참되었다.

168) 발계(發啓) : 대관(臺官)이 국왕에게 죄인의 죄의 유무와 경중 등에 관하여 계사(啓辭)를 내는 제도이다.

169) 후명(後命) : 귀양살이를 하는 죄인에게 사약(死藥)을 내리는 일이다.

170) 빈렴(殯殮) : 죽은 이를 염습하여 초빈(草殯)하는 것을 말한다. 초빈은 장사를 지내기 전에 시체를 방 안에 둘 수 없는 경우에, 관을 바깥에 놓고 이엉 같은 것으로 덮어서 눈비를 가리는 것이다.

171) 홍석보(洪錫輔) : 1672~1729. 본관은 풍산(豊山), 자 양신(良臣), 호 수은(睡隱)이다. 김창협의 문하에서 수학하였다. 신임옥사 당시 노론 사대신과 함께 유배되었다. 1725년(영조1) 풀려나와 도승지·평안도 관찰사 등을 역임하였다.

172) 선인문으로 …… 하자 : 선인문은 창경궁의 북문이다. 1721년(경종1) 10월 17일 소론계 우의정 조태구가 선인문을 통해 들어가 세제 대리청정의 명을 거둘 것을 청하여 윤허를 받아냈다. 당시 대간의 탄핵을 받고 궐 밖에 물러나 있던 조태구가 신하들이 일반적으로 다니는 문로(門路)가 아닌 선인문을 통해 입궐하여 청대하였

서 저지하며 말하기를,

"언관에게 배척받은 대신은 입대할 수 없습니다."

하였는데, 홀연히 사알(司謁)173)이 독촉하여 우의정이 입시할 수 있었다. 여러 신하들이 청대를 마친 뒤 홍석보가 아뢰어 말하기를,

"이전에 승정원의 계문(啓聞)174)이 없었는데, 전하께서는 어디서 우의정이 들어온 것을 들었습니까?"

하였다. 윤성시(尹聖時)175)와 박필몽이

"군부를 협박하였다."

하며 발계하여 멀리 유배된 뒤에 또 《영정행(永貞行)》176)이라는 시를 찾아간 일177)을 서명우(徐命遇)178)가 발계하여 사로잡아 국문하였다.

는데, 탄핵 중이라 하여 승정원에서 이를 거절하니 사알(司謁)을 통해 끝내 경종을 만나 대리청정의 명을 거두도록 설득시켰다.

173) 사알(司謁) : 임금의 명령을 전달하는 일을 맡아보던 정6품의 잡직(雜職)이다.

174) 계문(啓聞) : 지방관이 중앙에 상주하던 일이다. 관찰사·어사·절도사 등이 글로 상주하던 일을 말한다. 여기서는 신하가 임금에게 아뢰는 일을 가리킨다.

175) 윤성시(尹聖時) : 1672~1730. 본관은 해평(海平), 자 계성(季成)이다. 좌찬성 윤근수(尹根壽)의 현손이며, 윤현(尹晛)의 증손이다. 1721년 김일경·목호룡 등과 신임옥사를 주도하였다. 영조가 즉위하면서 유배되었고, 이어 의금부에 잡혀 와 고문받던 끝에 죽었다.

176) 영정행(永貞行) : 원래 '영정행'이란 한유(韓愈)가 지은 시 제목이다. 당나라 순종(順宗)이 즉위하고 나서 병으로 인해 정사를 보지 못하자, 왕비(王伾)·왕숙문(王叔文) 등이 헌종(憲宗)을 옹립하고 연호를 '영정(永貞)'이라 고쳤다. 이에 한유가 '영정행'이란 시를 지어 당시 소인배들의 행태를 풍자하였다. 그런데 이희지가 '속영정행(續永貞行)'이라는 시를 지어 경종을 순종에 비유하였다고 한다. 여기서 '영정행'은 '속영정행'을 가리킨다.

177) 영정행이라는 …… 일 : 이희지가 붙잡혀 간 뒤, 홍석보가 이희지의 시고(詩稿)와 언찰(諺札)을 찾아간 일을 가리킨다. 이와 관련하여 서명우가 올린 계사는 다음과 같다. "역적 이희지를 잡으러 간 도사(都事)가 영암(靈巖)에 이르자, 군수 문덕린(文德麟)이 소매 속에서 본 군(本郡)에 원찬(遠竄)된 죄인 홍석보의 소찰(小札)을 꺼내 보이며 역적 이희지의 집에서 수색해 찾아낸 문서 가운데 언찰(諺札) 1장과 시고(詩稿) 1장을 내어 달라고 간청하였습니다. 그리고 도사가 길을 떠날 즈음에는 홍석보가 또 뒤따라 겸인(傔人)을 보내어 도중에서 그 시고(詩稿)와 언찰을 돌려줄 것을 요구하게 하였습니다. 그런데 언찰은 곧 이희지 어미의 편지였고 시고는 곧 역적

서종급(徐宗伋)[179]

조성복의 상소를 "패악하고 망령된다." 하였지만, 이명의(李明誼)[180]와 서종하(徐宗廈)[181]가 아뢰기를,

"말을 둘러대어 임금을 떠본 것으로서, 조성복을 편들어서 구하려는 계책으로 삼고자 한 것이다."

하며, 발계하여 섬으로 유배 보냈다.

황선(黃璿)[182]

김일경이 올린 상소에 대한 비답에서 "흉인(凶人)"이라는 두 글자는 주상이 이정익(李楨翊)을 가리켜서 배척한 것인데, 황선이 은미하게 아뢰어서 비답을 고쳐서 내리게 하였다.[183] 이진유(李眞儒)[184]가 발계하여

이희지가 지은 '속영정행'이었습니다. 만약 홍석보가 애초부터 역적과 정상을 같이 한 일이 없었다면 시고와 언찰의 있고 없음을 그가 어떤 연유로 함께 알았겠으며, 재삼 주기를 청한 것이 이처럼 간곡하였겠습니까? 끝까지 핵실하여 실정을 알아내지 않을 수 없으니, 청컨대 국청으로 하여금 잡아들여 엄하게 신문하도록 하소서."

178) 서명우(徐命遇) : 1666~?. 본관은 달성(達城), 자 응회(膺會)이다. 1722년(경종2) 5월 5일 집의 재직시 사사된 이이명과 김창집에게 처자식을 노비로 삼고 가산을 몰수하는 법을 시행하라 청하였다.

179) 서종급(徐宗伋) : 1688~1762. 본관은 달성(達城), 자 여사, 호 퇴헌(退軒)이다. 권상하(權尙夏)의 문인이다. 1721년(경종1) 지평 재직시 세제의 대리청정을 건의했던 조성복을 두둔하였다가 유배되었다. 영조대 대사헌·대사성 등을 역임하였다.

180) 이명의(李明誼) : 1670~1728. 본관은 한산(韓山), 자 의백(宜伯)이다. 경종대 대사간 등을 역임하였다. 1721년 김일경 상소에 연명하여 신축환국을 주도하였다가 영조 즉위 뒤 귀양 갔고, 1728년(영조4) 이인좌 난에 연루되어 고문을 당하다가 죽었다.

181) 서종하(徐宗廈) : 1670~1730. 본관은 달성(達城), 자 비세(庇世)이다. 1721년 김일경 등과 노론 사대신을 처벌을 주장하였다. 영조가 즉위하자 그해 관직을 박탈당하고 이어 유배되었다. 1728년 이인좌의 난으로 신문을 받던 중 매를 맞고 죽었다.

182) 황선(黃璿) : 1682~1728. 본관은 장수(長水), 자 성재(聖在), 호 노정(鷺汀)이다. 1721년(경종1) 승지로서 상소를 올려 김일경과의 관련을 변론하였으나 박필몽의 탄핵을 받아 유배되었다. 1727년 대사간이 되어 좌천된 서종급을 옹호하는 상소를 올리기도 하였다.

멀리 귀양 보냈다.

이정익(李禎翊)

지난해 한 상소에서 "은혜를 베풀어 복을 구하였다." 말하였는데,[185] 이제와서 윤성시가 이것은 "주상을 핍박한 것이다." 하며, 발계하여 멀리 귀양 보냈다.

김진상(金鎭商)[186]

근년에 주상이 세자로 있을 때 장희빈의 면례(緬禮)[187]에서 망곡(望哭)[188]하려고 하자 김진상이 상소하여 비판하였는데, 그 가운데 백어(伯魚)[189]의 일을 인용하였다.[190] 윤성시와 이제가 "힘껏 저지하였다." 하며,

---

183) 황선이 …… 하였으니 : 《경종실록》 1년 12월 12일 기사에 따르면 승지 황선이 성교(聖敎)를 잘못 생각한 것으로 돌려 사알(司謁)을 불러 방자하게 고치기를 청하였다고 이진유 등의 탄핵을 받았다.

184) 이진유(李眞儒) : 1669~1730. 본관은 전주, 자 사진(士珍), 호 북곡(北谷)이다. 경종 때에 좌부빈객·대사성 등을 역임하였다. 1730년 문초 받다가 옥사하였다.

185) 지난해 …… 말하였는데 : 《경종실록》 즉위년 8월 4일 기사에 따르면 승지 김일경이 이정익의 상소를 다음과 같이 비판하였다. "원로(元老) 여러 신하들의 근심이 깊고 염려가 지나친 것은 다만 임금 한 사람을 위한 것인데, 이정익이 '시은요복(市恩徼福)' 네 글자로써 위아래를 지적하여 핍박한 죄상에 대하여는 여론이 모두 분통하게 여기는 바입니다."

186) 김진상(金鎭商) : 1684~1755. 본관은 광산, 자 여익(汝翼), 호 퇴어(退漁)이다. 김장생의 현손으로, 부친은 예조참판 김만채(金萬埰)이다. 1722년 신임옥사로 유배되었다가 영조가 즉위하자 이조정랑으로 등용되었다.

187) 면례(緬禮) : 매장한 뒤 새로이 묘지를 택하여 장사를 다시 지내다.

188) 망곡(望哭) : 먼 곳에서 어버이의 초상을 당했을 때 고향을 향하여 슬피 우는 일이다.

189) 백어(伯魚) : 공리(孔鯉)의 자이다. 공자(孔子)의 아들이고, 자사(子思)의 아버지이다.

190) 김진상이 …… 인용하였다 : 1719년(숙종45) 김진상이 상소하여 장희빈을 이장할 때에 망곡(望哭)하는 것이 예(禮)가 아니라고 비난하였다. 이때 예조의 초기(草記)에서, "희빈의 구분(舊墳)을 발인하여 이장할 때에 세자와 세자빈이 세 번 망곡하는 절차가 있어야 한다." 하자 김진상이 백어의 사례를 들어 반박하였다. "옛날 공자의 아들 백어(伯魚)가 이혼한 생모가 죽자 기년(朞年)이 지난 뒤에도 곡을 하였는데,

발계하여 멀리 귀양 보냈다.

박치원(朴致遠)[191]·어유룡(魚有龍)[192]·이중협(李重恊)[193]

조태구가 뒷길을 통해서 입대하였다고 논하여 배척하였다. 사헌부에서 삭출하라고 아뢰니, 모두 멀리 귀양 보내라고 명하였다.

신임(申銋)[194]

상소하여 옥사를 주관한 대신 조태구와 최석항, 의금부 당상 심단과 김일경이 백망의 구초(口招)[195]에서 긴요하게 나왔는데도 국청(鞫廳)에서 나문(拿問)을 청하지도 않았다고 논하였다. 이사상이 발계하여 외딴 섬에 천극(荐棘)[196]하였다.

정호(鄭澔)[197]

상소하여 박상검을 느슨하게 다스린 일과 조태구가 자전(慈殿)의 하교

공자가 '아! 심하다.' 했으니 기년에도 오히려 곡을 하지 않는데, 더구나 이장할 때이겠습니까?" 하며, 세자의 망곡에 반대하였던 것이다.(《燃藜室記述·肅宗朝故事本末》 참조)

191) 박치원(朴致遠) : 1680~1767. 본관은 밀양(密陽), 자 사이(士邇), 호 읍건재(泣愆齋)·설계(雪溪)·손재(巽齋)이다. 1721년(경종1) 어유룡·이중협 등과 함께 세제 대리청정을 주장하다가 유배되었다. 영조 즉위 뒤 한성 판윤 등을 역임하였다.

192) 어유룡(魚有龍) : 1678~1764. 본관은 함종(咸從), 자 경우(景雨)이다. 경종의 장인 어유구의 재종제이다. 세제 대리청정을 반대하는 조태구 등을 탄핵하여 박치원·이중협과 함께 노론의 3대 대간으로 불렸다. 영조대 대사간 등을 역임하였다.

193) 이중협(李重恊) : 1681~?. 본관은 경주, 자 화중(和仲)이다. 1722년(경종2) 이후 사간·수찬·교리 등을 역임하였다. 영조대 도승지 등을 지냈다.

194) 신임(申銋) : 1639~1725. 본관은 평산(平山), 자 화중(華仲), 호 한죽(寒竹)이다. 세제 대리청정의 근거를 실록에서 초출하였다.

195) 구초(口招) : 죄인이 자백하는 공술(供述)로서 공초와 같은 말이다.

196) 천극(荐棘) : 귀양지 거처 담이나 울타리에 가시나무를 둘러치는 형벌이다.

197) 정호(鄭澔) : 1648~1736. 본관은 연일, 자 중순(仲淳), 호 장암(丈巖)이다. 정철의 현손, 정종명(鄭宗溟)의 증손, 송시열의 문인이다.

를 비밀리에 처리한 일198)을 논척하였다. 양사가 발계하여 임인년(1722,
경종2) 5월 12일 멀리 이산(理山, 평안도 소재)으로 귀양 갔다. 계묘년(1723,
경종3) 이세덕(李世德)199)이 아뢰기를,

"정상서가 유배지에 있으면서 임인년 5월에 김정승의 반구(返柩)200)가
충주를 지나갈 때 제문을 들고 맞이하여 곡을 하였다."

하며, 발계하여 섬으로 유배 보냈다.

송상기(宋相琦)201)·정형익(鄭亨益)202)

양사에서 박상검의 옥사를 느슨하게 다스린 일과 조태구가 자전의
하교를 비밀리에 처리한 일을 논척하고, 발계하여 멀리 귀양 보냈다.

이의현(李宜顯)203)

이사상이 아뢰기를,

"이의현의 부친 이세백(李世白)204)이 성상이 잠저(潛邸)에 있을 때 불리

---

198) 조태구가 …… 일 : 영조가 세제 시절 환첩의 핍박을 받고 대비전에 가서 울면서
　　호소하여 대비였던 인경왕후가 세제의 사직을 허락하는 언문 하교를 내렸는데,
　　조태구 등이 그 하교를 봉환(封還)한 일을 말한다.
199) 이세덕(李世德) : 1662~1724. 본관은 용인(龍仁), 자 백소(伯邵)이다. 1717년(숙종43)
　　지평으로서 윤증 부자를 신원(伸寃)하는 상소를 올렸다가 유배되었다. 1722년(경종
　　2) 다시 윤증 부자를 두호(斗護)하였는데, 이로 인해 집안 대대로 사문난적(斯文亂賊)
　　의 혐의로 배척받았다.
200) 반구(返柩) : 객지에서 죽은 사람의 시체를 고향이나 제집으로 돌려보내다.
201) 송상기(宋相琦) : 1657~1723. 송시열의 문인이다. 경종대 세제의 대리청정에 찬성
　　하여 여러 대신들과 더불어 상소하였다. 이 일로 유배되어 이듬해 유배지에서
　　죽었다.
202) 정형익(鄭亨益) : 1664~1737. 본관은 동래(東萊), 자 시해(時偕), 호 화암(花巖)이다.
203) 이의현(李宜顯) : 1669~1745. 본관은 용인(龍仁), 자 덕재(德哉), 호 도곡(陶谷)이다.
　　아버지는 좌의정 이세백(李世白)이다. 김창협의 문인으로 송상기(宋相琦)에 의해
　　천거되었다. 예조판서 재직시 세제의 대리청정문제로 김일경 등의 공격을 받아
　　벼슬에서 물러났다. 뒤이어 신임옥사가 일어나자 유배되었다. 영조가 즉위한 뒤
　　풀려 나와 1725년(영조1) 형조판서로 서용되었다.

한 계략을 은밀하게 품었었는데, 이의현이 대를 이어 악한 짓을 저질러서 윤지술과 협동하여 흉악한 말을 권면하고 장려하였다."

하며, 발계하여 멀리 귀양 보냈다.

황귀하(黃龜河)205)

이사상이 아뢰기를,

"불학무식하여 다른 사람의 입만 쳐다보다가 외람되게 초기(草記)206)를 진달하여 성명(成命)을 거둬들이게 하려 했다."

하며, 발계하여 멀리 귀양 보냈다.

김유경(金有慶)207)

김시엽(金時燁)과 김일경이 아뢰기를,

"의주 부윤으로 있을 때, 이정식을 편비(偏裨)208)로 삼았다."

하고, 또한 말하기를,

"감영의 공문(營關)을 가탁(假托)하여 우홍채와 김창도에게 은화를 마련해 주었다."

무함하며, 발계해서 멀리 귀양 보냈다.

---

204) 이세백(李世白) : 1635~1703. 본관 용인, 호 우사(雩沙)·북계(北溪)이다. 1689년 기사환국 때 도승지로서 송시열을 유배시키라는 전지(傳旨)를 쓰지 않아 파직되었다. 1694년 서인이 집권하자 좌의정 등을 역임하였다.

205) 황귀하(黃龜河) : 1672~1728. 본관은 창원(昌原), 자 성징(聖徵)이다. 1721년 대사간 재직시 파직되었다가 영조 즉위 직후 대사성에 올랐다. 이후 도승지·호조판서 등을 역임하였다.

206) 초기(草記) : 각 관서에서 국왕에게 올리는 문서로서, 정무상 중대하지 않은 사항을 그 내용만 간단히 적어 올리는 서식이다.

207) 김유경(金有慶) : 1669~1748. 본관 경주, 자 덕유(德裕), 호 용주(龍洲)·용곡(龍谷)이다. 1722년(경종2) 신임옥사 때 유배되었다가, 영조 즉위 뒤 부사직 등을 역임하였다.

208) 편비(偏裨) : 대장을 보좌하며 소속 부대를 지휘하던 무관직이다.

임방(任埅)[209]

국청에서 아뢰기를,

"평안 병사[西閫]의 은화와 관련된 기로소(耆老所)[210] 관문(關文)[211]은 임방이 서명한 것이다."[212]

하며, 계문하여 멀리 귀양 보냈다.

조상경(趙尙絅)

김홍석(金弘錫)[213]이 아뢰기를,

"이전에 백망의 공초로 인해 조태구·최석항, 두 정승이 명을 기다릴 즈음에 대신 김우항(金宇杭)[214]에게 차자를 올리라고 권하였다."

하고, 또한 아뢰기를,

"조흡이 사로잡혔을 때 조흡에게서 재화를 받아두었다."

하며, 발계하여 멀리 귀양 보냈다.

---

209) 임방(任埅) : 1640~1724. 본관은 풍천(豊川), 자 대중(大仲), 호 수촌(水村)·우졸옹(愚拙翁)이다. 송시열과 송준길의 문인이다. 신임옥사 당시 유배되었다가 금천(金川)으로 옮겨져 그곳에서 죽었다.

210) 기로소(耆老所) : 60세 이상 된 임금이나 실직(實職)에 있는 70세가 넘는 정2품 이상의 문관들이 모여서 대우를 받던 곳이다. 1394년(태조3)에 창설되고 태종 즉위년(1400)에 제도화되어 전하였다. 전함재추소(前銜宰樞所)라고 하던 것을 1528년(세종10)에 기로소로 개칭하였다.

211) 관문(關文) : 동격 이하의 관아 사이, 즉 동등한 관부 상호 간과 상급관아에서 그 하급관아에 보내는 문서 양식으로, 오늘날의 공문서와 비슷한 것이었다.

212) 국청에서 …… 것이다 : 《경종실록》 2년 5월 17일 기사에 따르면 임방이 기로소 당상이 되었을 때 은 4천 냥을 빌려주는 것을 허락하는 일로 평안 병사 백시구(白時耈)에 관문을 보냈고, 수량대로 내어 주었지만 기로소에서는 실제로 받아두고 처리한 일이 없었다고 한다.

213) 김홍석(金弘錫) : 1676~?. 본관은 광산, 자 윤보(胤甫)이다. 박세당의 사위로서 1722년 세제 대리청정을 주장하는 이이명과 김창집을 규탄하였다.

214) 김우항(金宇杭) : 1649~1723. 본관은 김해, 자 제중(濟仲), 호 갑봉(甲峰)·좌은(坐隱)이다. 이조판서·우의정 등을 역임하였다. 1722년 김일경의 사친 추존론(私親追尊論)을 반대하다가 화를 입었다.

신사철(申思喆)[215]·김재로(金在魯)[216]·장붕익(張鵬翼)[217]·김취로(金取魯)[218]·김고(金橰)·김영행(金令行)[219]·김희로(金希魯)[220]·강욱(姜頊)·구정훈(具鼎勳)[221]

권익관(權益寬)[222]이 아뢰기를,

"북쪽에서 자문(咨文)이 오는 것을 빙자하여 중외(中外)를 선동하였으니, 근래 서울[都下]에서 있었던 소동은 모두 이 무리가 한 짓이다."

하며, 발계하여 멀리 귀양 보냈다.

---

215) 신사철(申思喆) : 1671~1759. 본관은 평산(平山), 자 명서(明敍)이다. 경종 즉위 후 대사헌 등을 역임한 뒤 신임옥사 당시 파직되었다가 영조 즉위 후 대사헌과 호조판서가 되었다.

216) 김재로(金在魯) : 1682~1759. 본관 청풍(淸風), 자 중례(仲禮), 호 청사(淸沙)·허주자(虛舟子)이다. 김징(金澄)의 손자, 우의정 김구(金構)의 아들이다. 1722년(경종2) 신임옥사로 파직되었고, 이듬해 유배되었다. 1724년 영조가 즉위하자 풀려나 이듬해 대사간에 기용되었다. 1731년(영조7) 신임옥사로 죽은 김창집·이이명의 복관(復官)을 실현시켰다. 이후 영의정 등을 역임하면서 노론의 권력 기반을 확고히 하는데 일익을 담당하였다.

217) 장붕익(張鵬翼) : 1674~1735. 본관은 인동, 자 운거(雲擧)이다. 훈련대장·형조참판 등을 역임하였다. 1723년(경종3) 김재로·신사철 등과 함께 김창집의 당으로 연루되어 유배되었다.

218) 김취로(金取魯) : 1682~1740. 본관은 청풍, 자 취사(取斯)이다. 대제학 김유(金楺)의 아들, 김상로(金尙魯)의 형이다. 1723년(경종3) 신임옥사로 유배되었다가 영조의 즉위로 복귀하여 대사간·도승지 등을 역임하였다.

219) 김영행(金令行) : 1673~1755. 본관은 안동, 자 자유(子裕), 호 필운옹(弼雲翁)이다. 김창흡의 문인이다. 1723년(경종3) 김일경 등에 의해 노론 김창집의 일당이라 하여 유배되었다. 영조 즉위 뒤 풀려나 첨지중추부사 등을 역임하였다.

220) 김희로(金希魯) : 1673~1753. 본관은 청풍(淸風), 자 성득(聖得)이다. 할아버지는 관찰사 김징(金澄)이며, 아버지는 우의정 김구(金構)이다. 세제의 대리청정을 주장하였다가 1721년(경종1) 신임옥사 때 형 김재로(金在魯)와 함께 유배되었다. 영조가 즉위하자 풀려나 호조참판·동지중추부사 등을 역임하였다.

221) 구정훈(具鼎勳) : 1674~1737. 본관은 능성(綾城), 자 자수(子受)이다. 1723년 김창집 일파라고 하여 유배되었다가 1725년(영조1) 풀려났다.

222) 권익관(權益寬) : 1676~1730. 본관은 안동, 자 홍보(弘甫)이다. 경종대 충청감사를 역임하였고, 1724년(영조 즉위년) 노론에 의해 유배되었다가 복귀하여 공조참의 등을 역임하였다. 1728년 이인좌의 난에 연좌되어 다시 절도(絶島)에 안치되었다가 이듬해 풀려났다.

조정만(趙正萬)²²³⁾

김홍석이 아뢰기를,

"김정승의 집에 은밀하게 숨어서 치밀하게 모의하였는데, 홀로 16인의
유배자 명단에서 빠졌다."

하며, 발계하여 멀리 귀양 보냈다.

유숭(兪崇)²²⁴⁾

유수(柳綏)²²⁵⁾가 아뢰기를,

"신축년 10월 비망기를 거둬들인 뒤, 사대신의 연명 차자를 다시 내리라
는 뜻으로 급급하게 아뢰어 청하였다."

하며, 발계하여 멀리 귀양 보냈다.

윤양래(尹陽來)²²⁶⁾·유척기(兪拓基)²²⁷⁾

정해(鄭楷)²²⁸⁾가 아뢰기를,

---

223) 조정만(趙正萬) : 1656~1739. 본관은 임천(林川), 자 정이(定而), 호 오재(寤齋)이다.
  송준길·송시열의 문인이다. 김창협·김창흡·이희조 등과 친교가 깊었다. 1722년(경
  종2) 신임옥사로 유배되었다. 영조 즉위로 풀려나 호조참판 등을 역임하였다.

224) 유숭(兪崇) : 1666~1734. 본관은 창원(昌原), 자 원지(元之)이다. 승지를 지내다가
  1723년 신임옥사로 유배되었다. 영조 즉위 뒤 경기도 관찰사·공조참판 등을 역임하
  였다.

225) 유수(柳綏) : 1678~1755. 본관은 진주, 자 여회(汝懷), 호 성곡(聖谷)이다. 문성공
  유순정(柳順汀)의 9대손이며 아버지는 이조참판 유진운(柳振運)이다. 남구만(南九
  萬)의 문인이다. 1721년(경종1) 급제한 이래 승지 등을 역임하였다.

226) 윤양래(尹陽來) : 1673~1751. 본관은 파평(坡平), 자 계형(季亨), 호 회와(晦窩)이다.
  1722년(경종2) 동지 겸 주청부사(冬至兼奏請副使)로 청나라에 갔다가 경종의 병약함
  을 발설했다는 죄목으로 유배되었다. 영조대 호조판서·대사헌 등을 역임하였다.

227) 유척기(兪拓基) : 1691~1767. 본관은 기계(杞溪), 자 전보(展甫), 호 지수재(知守齋)이
  다. 김창집의 문인이다. 1721년(경종1) 세제를 책립하자 책봉주청사(冊封奏請使)의
  서장관으로 청나라에 다녀왔다. 1722년 신임옥사 때 이거원(李巨源)의 탄핵을 받고
  유배되었다. 영조 즉위 뒤 호조판서 등을 거쳐 우의정에 올랐다. 임인옥사 당시
  사사된 김창집·이이명의 복관을 건의해 신원(伸寃)시켰다.

"연경에 사신으로 갔을 때, 자문 가운데 '위약(痿弱)'²²⁹), 두 글자를
성궁에 더하였고, 또 청나라 사람들과 문답할 때 '위질(痿疾)'²³⁰)이라는
말을 발설하였으며, 또 '잉첩(媵妾)'이라는 말을 하였다."
하며, 발계하여 모두 멀리 귀양 보냈다.

이정주(李挺周)²³¹)

이철보(李喆輔)²³²)가 아뢰기를,
"의주 부윤으로 있을 때 이익을 도모하여 모두 개인 주머니로 돌렸다."
하며, 발계하여 멀리 귀양 보냈다.

홍용조(洪龍祚)²³³)

이경열(李景說)²³⁴)이 아뢰기를,
"삼급수의 계책을 도모하는 것을 참여하여 알고, 바깥에서 그 일을
그림자처럼 도왔다."
하며, 발계하여 멀리 귀양 보냈다.

---

228) 정해(鄭楷) : 1673~1725. 본관은 연일(延日), 자 여식(汝式)이다. 1721년(경종1) 김일경
·박필몽 등과 같이 노론 사대신을 4흉(凶)으로 몰아 논죄하는 소를 올려 사사(賜死)시
켰다. 1722년 장령을 거쳐 사간이 되어 노론을 비호하는 어유구를 논죄하는 소를
올렸다. 영조가 즉위하자 유배되었다가 죽었다.
229) 위약(痿弱) : 사지(四肢) 등이 마르고 약해지는 증상이다.
230) 위질(痿疾) : 감각을 잃어 마음대로 움직일 수 없는 질병이다.
231) 이정주(李挺周) : 1673~1732. 본관은 벽진(碧珍), 자 석보(碩輔)이다. 1722년(경종 2)
의주 부윤 시절 재물을 모았다는 이유로 탄핵받았다. 영조가 등극한 뒤 승지로
재직하였으나 정청(庭廳)에 참여하였다가 파면되었다.
232) 이철보(李喆輔) : 1691~1775. 본관은 연안(延安), 자 보숙(保叔), 호 지암(止庵)이다.
1723년(경종3) 급제하여 검열 등을 지냈고, 영조대 이조참판 등을 역임하였다.
233) 홍용조(洪龍祚) : 1686~1741. 본관은 남양(南陽), 자 희서(羲瑞), 호 금백(金伯)이다.
1721년(경종1) 세제 책봉을 반대하는 유봉휘를 처형하라고 상소하였다가 파직되었
으며, 이듬해 신임옥사로 유배되었다. 영조대 호조참 등을 역임하였다.
234) 이경열(李景說) : 1677~?. 본관은 수안(遂安), 자 여즙(汝楫)이다. 1704년(숙종30) 춘당
대시에 합격하였고, 사헌부 장령 등을 지냈다.

이수민(李壽民)[235]

이기성(李基聖)이 아뢰기를,

"정승 이이명이 천극(荐棘)되자 통제사로서 배로 끊임없이 실어 날라 환양(豢養)[236]을 일삼았다."

하며, 발계하여 멀리 귀양 보냈다.

이정소(李廷熽)[237]

이기성(李基聖)이 아뢰기를,

"일찍이 영남(嶺南)의 우관(郵官)[238]으로 있을 때 많은 불법을 저질렀으며, 또한 대각(臺閣)에 들어가서는 경주의 적당들에게 많은 뇌물을 받았다."

하며, 발계하여 멀리 귀양 보냈다.

이재(李縡)[239]

---

235) 이수민(李壽民) : 1651~1724. 본관은 청해(靑海), 자 일경(一卿)이다. 개국공신 이지란 (李之蘭)의 후손이다. 전라 병마절도사·삼도통제사 등을 역임하였다. 1721년(경종1) 신임옥사로 김창집이 유배도중 통영을 지나자, 원문(院門)에 나가 인사하고 비장을 시켜 김창집을 호행(護行)하도록 한 것 때문에 탄핵받아 유배되었다가 죽었다.

236) 환양(豢養) : 가축을 길러 양육하다. 여기에서는 귀양 온 대신에게 먹거리를 대주었 다는 뜻이다.

237) 이정소(李廷熽) : 1674~1736. 본관은 전주, 자 여장(汝章), 호 춘파(春坡)이다. 1721년 (경종1) 세제 책봉을 청하는 상소를 처음 올렸고, 결국 이로 인해 김일경 등의 공격을 받아 사대신과 함께 유배되었다. 1725년(영조1) 풀려나온 뒤 병조참판 등을 역임하였다.

238) 우관(郵官) : 각 도의 역참(驛站)을 관장하던 문관으로 종6품 외관직(外官職)이다. 1535년(중종30) 찰방이라고 개칭하였다.

239) 이재(李縡) : 1680~1746. 본관은 우봉(牛峰), 자 희경(熙卿), 호 도암(陶菴)·한천(寒泉) 이다. 김창협의 문인이다. 1721년(경종1) 도승지가 되었으나 소론의 집권으로 삭직 되었다. 1722년 임인옥사로 중부(仲父) 이만성(李晩成)이 옥사하자 은퇴하고, 성리학 연구에 전념하였다. 영조대 대제학 등을 역임하였고, 노론의 준론을 대표하는 인물로 영조대 탕평정치를 비판하였다. 1727년 정미환국 이후 조정에서 물러나 후진육성에 힘썼다.

이진유가 아뢰기를,

"근년에 비망기가 내려졌을 때, 예조참판으로서 교외에 편안히 있으면서 조금도 마음을 움직이지 않았다."

하며, 발계하여 멀리 귀양 보냈다.

이교악(李喬岳)[240]·안윤중(安允中)[241]

서종하가 아뢰기를,

"김범갑(金范甲)과 황욱(黃昱)이 우암(尤菴)[242]을 무고하였다고 변론하는 상소[243]를 올렸다."

하며, 발계하여 멀리 귀양 보냈다.

홍우저(洪禹著)

조진희(趙鎭禧)[244]가 아뢰기를,

---

240) 이교악(李喬岳) : 1653~1728. 본관은 용인, 자 백첨(伯瞻), 호 석음와(惜陰窩)이다. 송시열의 문인이다. 1721년(경종1) 김일경의 상소를 흉참(凶慘)하다고 논척하였으며, 송시열의 도봉서원(道峰書院)을 철폐하자 항변하였다. 신임옥사로 유배되었다가 영조 즉위 후 대사간·형조참판 등을 역임하였다.

241) 안윤중(安允中) : 1677~?. 본관은 죽산, 자 중집(仲執)이다. 1722년(경종2) 송시열의 무함을 변론하는 상소를 올렸다가 유배되었다.

242) 우암(尤菴) : 송시열(宋時烈, 1607~1689)의 호이다. 효종대 〈기축봉사(己丑封事)〉(1649)와 〈정유봉사(丁酉封事)〉(1657)를 올려 조정의 논의를 주도하였다. 현종대 두 차례 예송(禮訟)에 깊이 간여했다가 1674년 서인들이 패배하자 파직·삭출되었다. 1682년(숙종8) 김석주(金錫胄)·김익훈(金益勳) 등 훈척들이 역모를 조작하여 남인들을 축출한 사건에서 김장생의 손자 김익훈을 두둔하다가 서인의 젊은 층으로부터 비난을 받았다. 1689년 기사환국으로 남인이 재집권했는데, 이때 세자 책봉에 반대하는 소를 올렸다가 유배되었다. 그해 6월 정읍에서 사약을 받고 죽었다.

243) 김범갑과 …… 상소 : 김범갑과 황욱은 모두 관학 유생이었는데, 1722년(경종2) 송시열을 비난하고 윤선거와 윤증 부자의 신원(伸冤)을 청하는 상소를 올렸다. 이듬해에도 송시열을 도봉서원에서 출향하기를 청하였다.

244) 조진희(趙鎭禧) : 1678~1747. 본관은 한양(漢陽), 자 천우(天佑)이다. 1720년 경종이 즉위한 뒤 정언·지평 등을 지내면서 소론으로서 신임옥사 때 노론을 배척하는 데 가담하였다. 영조대 집의·승지 등을 역임하였다.

"신치운(申致雲)²⁴⁵)이 수암(遂菴)²⁴⁶)을 무고하였다고 상소하여 변론하였다."

하고, 또한 아뢰기를,

"김정승과 이정승의 남은 서자와 홍계적(洪啓迪)²⁴⁷)의 지친을 위하여 드러내놓고 죄인을 변론하여 국시(國是)를 가로막아 문란케 하였다."

하며, 발계하여 멀리 귀양 보냈다.

유하기(兪夏基)

이세덕이 아뢰기를,

"지난 겨울 흉악한 무리들이 천극(栫棘)되자 이들에게 계속 연이어서 뇌물을 보내고 문안하였으며, 조성복을 나가서 기다리고, 이천기를 정성껏 대접하였다."

하며, 발계하여 멀리 귀양 보냈다.

---

245) 신치운(申致雲) : 1700~1755. 본관은 평산(平山), 자 공망(公望)이다. 영의정 신흠(申欽)의 5세손이다. 1723년 소론의 신예로서 노론계 권상하(權尙夏)·이희조(李喜朝) 등을 축출하는 데 앞장섰다. 이듬해 교리 재직시 송시열을 공박하는 소를 올렸다가 파직되었다. 1755년(영조31) 나주 괘서 사건에 연루되어 처형당하였다.

246) 수암(遂菴) : 권상하(權尙夏, 1641~1721)의 호이다. 본관은 안동, 자 치도(致道), 호 한수재(寒水齋)이다. 송준길·송시열의 문인이다. 1660년(현종1) 진사가 되고, 성균관에 들어가 수학 중, 1668년 송시열이 좌의정 허적(許積)과의 불화로 우의정을 사직하자 유임시키라고 상소하였다. 1689년 기사환국으로 송시열이 제주에 위리안치되고 이어 정읍에서 사약을 받게 되자, 유배지로 달려가 스승의 임종을 지키고 의복과 서적 등 유품을 가지고 돌아왔다. 송시열의 유언에 따라 괴산 화양동(華陽洞)에 만동묘(萬東廟)와 대보단(大報壇)을 세워 명나라 신종(神宗)과 의종(毅宗)을 제향하였다.

247) 홍계적(洪啓迪) : 1680~1722. 본관은 남양(南陽), 자 혜백(惠伯), 호 수허재(守虛齋)이다. 1721년(경종1) 노론의 선봉으로 세제의 대리청정을 주장하였고, 이를 저지하려는 조태구를 논핵하였다. 1722년 노론 사대신의 당인(黨人)이라는 죄목으로 서울로 압송되어 신문을 받다 옥사하였다.

윤정주(尹挺周)

서명우가 아뢰기를,

"흉악한 역적의 사인(私人)이 되어 행동서시가 비밀스럽고 괴이하었다."

하며, 발계하여 멀리 귀양 보냈다.

이명룡(李命龍)

사간원에서 아뢰기를,

"김정승의 처가[妻黨]가 되어서, 김정승에게 말하기를,

'만약 제 말을 듣고 소론을 때려죽였다면 어찌 오늘날의 화(禍)가 있었겠습니까?'

방자하게도 공공연히 말하였다. 또 이번 옥사에서 역적을 일망타진한 것을 두고 온갖 말로 헐뜯어서 이르지 못하는 곳이 없었다."

하며, 섬으로 유배 보냈다.

이지연(李志連)

윤대영(尹大英)이 아뢰기를,

"윤지술이 처벌받고 죽은 뒤 제문을 들고 가서 곡을 하면서 '인(仁)을 구하여 인을 얻었다.'248)는 말이 있었다."

하며, 발계하여 멀리 귀양 보냈다.

황상정(黃尙鼎)

윤대영이 아뢰기를,

"이희지를 육시(戮屍, 부관참시)하는 날, 몸소 그 상가(喪家)에 나아가

---

248) 인 …… 얻었다 : 《논어》〈술이(述而)〉에서 공자가 이르기를, "백이와 숙제는 구악을 생각하지 않았으므로, 원망이 이 때문에 적다. 인(仁)을 구하여 인을 얻었으니, 또 무엇을 원망하리요? 수양산에서 굶어 죽어서 백성들은 지금까지 그를 칭찬한다.[伯夷叔齊不念舊惡, 怨是用希. 求仁得仁, 又何怨? 餓于首陽山, 民到于今, 皆稱之.]" 하였다.

선주(神主)를 만들어 주었다."

하며, 발계하여 멀리 귀양 보냈다.

권응일(權膺一)

사간원이 아뢰기를,

"이기지와 긴밀하게 왕래하면서 빈틈없이 준비하였고, 이희지의 시신
이 돌아오는 날, 직접 가서 조문하며 곡하였다."

하며, 멀리 귀양 보냈다.

임욱(任勗)

이경열이 아뢰기를,

"은화 3백 냥을 이천기에게 주어서 정승 이이명에게 벼슬을 구하여
용천(龍川, 평안도 소재) 부사가 되었다."

하며, 발계하여 멀리 귀양 보냈다.

윤재중(尹在重)

정해가 아뢰기를,

"김정승에게 붙어서 수하가 되어 크고 작은 소장이 모두 그의 손에서
나왔다."

하며, 발계하여 멀리 귀양 보냈다.

문덕린(文德麟)[249]

여선장이 아뢰기를,

"이희지의 압객(狎客)[250]으로서 이희지가 사로잡혀 올 때 문서를 없애버

---

249) 문덕린(文德麟) : 1673~1739. 본관은 남평(南平), 자 성휴(聖休)이다. 보령 현감·영암
  군수를 역임하였다.

렸다."

하며, 발계하여 국문할 것을 청하였다가 뒤에 귀양 보내라고 명하였다.

홍우전(洪禹傳)[251]

조지빈(趙趾彬)[252]이 아뢰기를,

"성상(聖上)이 대리청정할 때 삼사의 상소와 차자 및 병조의 공사를 동궁에게 들여보내라고 명하였는데, 이것을 다시 거둬들이라고 힘써 청하였다."

하며, 발계하여 멀리 귀양 보냈다.

나라가 다스려지면 군자가 나아가고 소인은 물러나며, 나라가 어지러워지면 소인이 나아가고 군자는 물러난다. 나라가 다스려지고 어지러워지는 것은 오로지 인주(人主)가 어진 자와 사특한 자를 밝게 분별하여 나아가게 하고 물러나게 하는 데에 온전히 달려있다. 인주된 자가 어찌 어진 자를 나아가게 하고 사특한 자를 물러나게 하려고 하지 않겠는가?

그렇지만 어진 자와 사특한 자를 분별하는 것은 지극히 어려운 일이다. 비록 요(堯)와 순(舜)도 오히려 사람을 아는 것을 어려워하였으니, 처음부터 어떻게 능히 그 어짐을 알아서 등용하며, 그 사특함을 알아서 등용하지 않겠는가?

이 때문에 바야흐로 애초 등용할 즈음에 그 어짐과 사특함을 구분하지 못하다가 이미 등용한 뒤에야 누가 어질고 누가 사특한지가 거울 속에

250) 압객(狎客) : 마음을 터놓고 지내는 사람이나 친하게 지내는 손님을 가리킨다.
251) 홍우전(洪禹傳) : 1663~1728. 본관은 남양(南陽), 자 집중(執中), 호 구만(龜灣)이다. 송시열의 문인이다. 1722년 지평 박필몽의 탄핵을 받아 삭직되어 은거하였다. 1723년 지평 조지빈의 탄핵을 받았고, 이듬해 귀양 갔다. 영조대 공조참판 등을 역임하였다.
252) 조지빈(趙趾彬) : 1691~1730. 본관은 양주(楊州), 자 인지(麟之)이다. 조태억(趙泰億)의 아들이다. 1722년(경종2) 정언 등을 역임하였고, 영조 즉위 뒤 교리 등을 역임하였다.

보이는 고운 것과 추한 것처럼 저절로 드러나게 된다. 오직 밝은 군주만이 충분히 살펴서 그 사특한 자를 물리치고 어진 자를 등용할 수 있다.

생각해보면 우리 숙종 대왕은 총명한 자질로써 어린 나이에 대통(大統)을 이어받아 어진 이를 등용하고 사특한 자를 물리치는 업무를 우선으로 삼아서 명공(名公)·석보(碩輔)253)가 조정에 포열하여 인재가 성대함이 삼대에 비견할 수 있었다.

그렇지만 아주 간악한 사람이 충성을 가장하였기 때문에 목내선과 민암 무리의 교묘한 아첨에 속아서 이 무리들을 임용하였으므로 국사가 나날이 잘못되어 갔다. 이에 성심(聖心)이 하루아침에 깨달아서 먼저 목내선의 무리들을 물리쳤고, 뒤에 김일경의 무리들을 멀리한 것이 지극히 엄정하여 김일경의 당여들이 뜻을 잃고 원망하였다.

동궁이 저위에 오르자 이 무리들은 마음속에 장돈(章惇)·채경(蔡京)254)과 같은 생각을 품고 이미 악독한 계책을 시행하여, 조태구가 '혐의를 무릅쓴다.[冒嫌]'는 두 글자로 앞서 조절하고, 유봉휘가 "인심이 의혹스러워 한다."는 말을 뒤에 상소에 내었다.

주상의 옥후(玉候)가 악화되어 수응을 감당하기 어렵게 되자, 대리청정의 명이 있었는데, 최석항과 조태구가 "전선(傳禪)"이라는 말로써 중외를 미혹게 하였다. 또 한세량으로 하여금 "지상에는 두 임금이 없다.", "은밀히 천위를 옮기려 한다." 이어서 상소하게 하고, 끝에 가서는 "공정대왕 때의 일과 같다." 다시 언급하여, 건저의 일을 아울러 분명하게 지목하여 배척함으로써 우리 동궁을 속박하였다.

---

253) 석보(碩輔) : 보좌하는 현량(賢良)한 신하를 가리킨다.

254) 장돈(章惇)·채경(蔡京) : 송나라 철종 때 간신이다. 이들은 선인태후(宣仁太后)를 무함하여 폐하려 하였다. 선인태후는 영종(英宗)의 후비 고황후(高皇后)이다. 영종이 죽고 철종이 즉위하자 그녀가 태후로서 국정을 대리(代理)했는데, 왕안석 신당을 내치고 사마광 등을 등용하여 '원우의 다스림[元祐之治]'을 이루었으므로 '여자 가운데 요순[女中堯舜]'으로 일컬어졌다.

김일경·이진유·윤성시·정해·서종하·이명의·박필몽 등이 하나의 상소를 올려서 직접 "기(冀)·현(顯)",255) "찬탈" 등의 말을 썼다. 이른바 "기·현"은 양기(梁冀)와 엄현(閹顯)으로서 태후를 빙자하여 멋대로 폐위와 시해를 모의한 자였다. 여러 흉적들이 그 상소에서 기회만 나면 양기와 엄현 같은 역적이라고 제기한 것은 동궁을 위태롭게 만들려고 모의한 것일 뿐만 아니라 자성(慈聖)도 함께 무함하려는 것임이 이미 밝게 드러났다.

이 상소 뒤 채 한 달도 안 지나 역적 환관과 역적 비첩이 나왔는데, 자궁의 언문 하교로 환관과 비첩이 저지른 짓이 저절로 저 무리들의 지휘한 데로 돌아갔는데도 조태구가 중간에서 가로막고 돌려주어서 바깥사람들로 하여금 알지 못하게 하였다.

여러 흉악한 무리들은 바로 환관과 비첩을 참수하라고 상소하여 힘껏 청하였으니, 그것이 그들의 입을 막으려는 계략임을 불 보듯 밝게 알 수 있었다. 그렇지 않다면 국가의 큰 역적인데도 반드시 국문하려고 하지 않은 것은 어째서인가?

또한 저 환관과 비첩의 무리들이 동궁에 대해 무슨 미워하고 원망할 혐의가 있다고 제거하는 계략을 독자적으로 처리하였겠는가? 두 비첩은 즉시 국문하지 않고, 고의로 지연하여 스스로 죽게 하였고, 두 환관은 비록 국문하였지만 문유도는 때려 죽였고, 박상검은 바로 형벌을 시행하여 안팎으로 화응한 자취가 더욱 가리기 어려웠다.

모든 국적(國賊)256)과 관계된 자는 국문하여 근본 원인을 규명하는 것이 곧 국법[邦憲]이다. 판부사 김우항, 병조판서 송상기, 사직(司直) 정호,

<hr />

255) 기(冀)·현(顯) : 양기(梁冀)와 엄현(閹顯)을 가리킨다. 모두 한나라 왕실을 무시하고 태후와 내통하여 사군(嗣君)을 독살한 죄가 있다. 이해 1월 8일에 방만규(方萬規)가 상소를 올려, 김일경이 지은 반교문과 상소에 '기현', 두 글자가 두세 번씩이나 보이는데, 이것이 이른바 소급수(小急手)로 은연중에 자성(慈聖)이 역모에 가담한 혐의로 삼고자 하였다.
256) 국적(國賊) : 나라를 망친 역적 혹은 국경을 넘어 침범해오는 도적을 가리킨다.

개성유수 김재로, 좌윤(左尹) 황일하, 여러 신하들이 서로 이어서 상소하여
아뢰기를,

"이것은 환관과 비첩이 독자적으로 처리할 수 있는 일이 아니므로,
국청을 설치하여 심문하는 것을 결단코 그만둘 수 없는데, 곧장 정형(正
刑)²⁵⁷⁾을 청하였으니, 이미 상례에 어긋났습니다."

하였다. 조태구 이하 여러 사람들이 국청을 설치하여 심문하는 것이
당연하다고 알고 있었지만 그들이 사주한 일이 탄로 날 것을 두려워하여
아뢰어 말하기를,

"국문이든 정형이든 죽이는 것은 한 가지입니다."

하였다. 그 입을 막으려 했으므로 곧장 정형한 것이고, 근본 원인과
경위를 탐구하려 했다면 국청을 설치하여 추궁하여 심문해야 한다는
것은 삼척동자도 또한 아는 사안이었다.

저 환관과 비첩의 흉계는 곧 국조(國朝)에 없던 대역(大逆)이니, 반드시
지휘한 자가 있을 것인데, 국법을 어기면서까지 곧장 정형을 청한 일이
어찌 그 입을 막고자 하는 계책이 아니었겠는가? "국문과 정형이나 죽이는
것은 매한가지입니다."는 말은 둔사(遁辭, 회피하려는 말) 중의 둔사여서,
성훈(聖訓)에 말하기를, "둔사를 들으면 어디에 가려져 있는지를 안다."²⁵⁸⁾
하였으니 이 말은 또한 얼마나 지극한가!

신인(神人)의 도움으로 환관과 비첩이 복주되어 동궁을 제거하려고
모의한 계략이 이미 잘못되자, 더욱 무장(無將)²⁵⁹⁾한 마음을 품고 몰래

---

257) 정형(正刑) : 죄인을 사형에 처하는 큰 형벌이다.

258) 둔사를 …… 안다 : 《맹자》〈공손추 상(公孫丑上)〉에서, "편벽된 말을 들으면 어디에
가려져 있는지를 알고 회피하려는 말을 들으면 어디에 논리가 막힌 것인지를
안다.[詖辭知其所蔽, 遁辭知其所窮.]" 하였다.

259) 무장(無將) : 임금을 시해하려는 마음을 품는다는 뜻이다. 《춘추공양전(春秋公羊
傳)》 장공(莊公) 32년에 "군친에 대해서는 시해하려는 마음을 품어서는 안 되는
것이니 그런 마음을 품으면 주벌(誅罰)을 받게 된다.[君親無將, 將而誅焉.]" 한 데서
나온 말이다.

잔꾀를 부릴 수단을 찾다가 목호룡을 구하여 얻어서 급하게 고변서를 올렸는데, 여기에 동궁이 주상을 간범(干犯)하였다는 말을 두 차례나 기회를 틈타 끼워 넣었으니, 그 내용이 여러 신하들을 고변하는 것이 아니라 바로 동궁을 고변하는 것이었다.

고변하기 전날 영의정 조태구와 좌의정 최석항, 판의금부사(判義禁府事) 심단과 동지의금부사(同知義禁府事) 김일경·유중무(柳重茂)[260] 등이 이진유 집에서 모였는데, 어유구는 먼저 도착해 있었다. 이진유가 말하기를,

"국사의 흥망과 우리 당의 성패는 오로지 목호룡의 한 입에 달려 있는데, 목호룡의 사람됨이 본래 매우 확고하지 못하고, 또한 우매하고 겁이 많은 자입니다. 처음부터 함께 참여하여 알지 못하였으니 만약 고육(苦肉)의 계책[261]을 쓴다면 목호룡은 제대로 알지 못하고 마침내 원망하는 마음이 생겨서 반드시 도리어 반항할 염려가 있습니다. 목호룡을 불러다가 그로 하여금 먼저 알게 하는 것도 불가함이 없을 듯한데, 여러 대감들의 생각은 어떠하신지요?"

하였다. 심단이 말하기를,

"영감의 이 논의는 오묘합니다. 우리 무리들이 헤아리지 못한 것인데, 영감이 생각해 냈으니, 일반 사람들의 생각을 넘어선 것이라고 할 만합니다."

하고는, 이에 목호룡을 불러서 그가 오자, 김일경이 목호룡에게 일러 말하기를,

"추궁하여 심문할 때가 되면 저 자의 공초와 이 자의 공초가 서로 어긋나는 이유는 바로 형세 때문이니, 형추(刑推)[262]하여 실정을 얻어내지

---

260) 유중무(柳重茂) : 1652~1728. 본관은 문화(文化), 자 미중(美仲)이다. 1720년(경종 즉위년) 노론의 홍문록을 둘러싼 농간을 논박하고, 조태구를 우대하고 이광좌의 억울함을 풀어줄 것을 요청하였다가 파직되었다. 1721년 신축환국 이후 소론이 정권을 잡자 승지로 복귀하였다.

261) 고육(苦肉)의 계책 : 자기 몸을 해쳐가면서까지 꾸며내는 계책이다. 어려운 상태를 벗어나기 위해 어쩔 수 없이 꾸며내는 계책을 이르는 말이다.

262) 형추(刑推) : 죄인을 닦달하여 사실을 캐어묻는 일을 말한다.

않을 수 없을 것이다. 유독 저들에게만 형장을 쓰면 사람들이 이상하게
볼 것이니 비록 헐장(歇杖)[263]이라도 그대는 마땅히 면하기 어려울 것이다.
이것을 이른바 고육의 계책이라고 부르니, 모름지기 미리 알아 두어야
한다."

하니, 목호룡이 말하기를,

"여러 날 형구를 차고 갇혀 있는 것[264]도 또한 매우 어려운데 어떻게
합니까? 하물며 형장을 받는단 말입니까? 비록 한 대의 형장이라도
만약 소인의 몸에 미친다면, 애초 고변하지 않겠습니다. 뒷날 비록 공후(公
侯)처럼 존귀한 사람이 되더라도 눈앞에서 먼저 부모가 준 신체를 상하게
하는 것이 좋겠습니까?"

하며, 머리를 흔들며 듣지 않았다. 여러 사람들이 다시 논의하여 말하기를,

"그렇다면 비록 사사롭게 편드는 혐의가 있지만 목호룡을 형추하여
심문하는 일을 면제하는 것 외에는 다시 다른 방도가 없습니다."

하고는 이내 목호룡에게 일러 말하기를,

"그대는 모름지기 고변서에 의거하여 잘 대답해야 될 것이다. 혹시
한마디 말이라도 서로 어긋나지 않게 해야 한다."

하였다. 목호룡이 말하기를,

"그 내용을 내 마음속에 이미 상세하게 새겨 두었는데, 어찌 한마디
말이라도 어긋날 이치가 있겠습니까? 마땅히 고변서에 의거하여 먼저
공초할 것입니다만, 백망에게는 우선 각별하게 형장을 써서 입을 열지
못하게 해야지 만약 혹 느슨하게 다스린다면 지난밤 회의에 대한 말을
반드시 실토할 것입니다."

하니, 김일경이 머리를 끄덕이면서 목호룡에게 고변서를 올리라고

---

263) 헐장(歇杖) : 장형(杖刑)을 형식으로만 행하던 일이다.
264) 형구 …… 것 : 원문은 "枷囚"이다. 형벌의 일종으로 죄인의 목에 나무칼을 씌워서
　　가두는 것이다. 사형죄나 그 밖의 무거운 죄에는 25근(斤), 도(徒)나 유죄(流罪)에는
　　20근, 장죄(杖罪)에는 15근의 칼을 씌웠다.

재촉하였다. 백망에게 문목에 따라 추문(推問)하자, 백망이 김일경이 은화를 사용하여 자궁과 동궁을 해치려고 모의했다는 말을 바로 공초하자 김일경이 곧 나아가 명을 기다렸다.

백망이 다시 공초하기를,

"여러 대신들이 또한 모두 김일경과 함께 모의하였습니다."

하니, 두 대신과 여러 당상들 또한 모두 국청을 나와서 명을 기다렸다. 국문에 참여했던 승지 조경명(趙景命)265)이 백망의 공초가 모두 허황되고 말이 안 된다고 주상에게 아뢰니, 즉시 명을 기다리지 말라는 하교를 내렸다.

이에 여러 신하들이 곧장 청대하여 감옥에 갇힌 죄수의 말 가운데 양궁을 범한 것은 추안(推案)266)에 쓰지 말라고 정탈(定奪)267)하고 스스로 옥사를 다스리면서 말하는 자를 모두 쫓아냈다.

또한 옥사를 다스리는 일이 공정하지 않다고 말하는 자가 생길 것을 우려하여 국외의 사람이 국청의 옥사와 관련하여 올린 상소는 봉입(捧入)268) 하지 말라고 아뢰었으니, 천하에 어찌 이와 같은 옥사가 있단 말인가?

박상검의 흉계가 이루어지지 않자 저 무리들이 위태롭게 만들려고 모의한 자취가 모두 드러났지만, 목호룡의 고변서가 한 번 올라오자 동궁을 도와서 보호하려는 신하들은 남아나지 못하였다.

앞에 있던 박상검과 뒤에 나온 목호룡은 누가 시킨 것인가? 저 바로 그 무리들이 감히 "내가 아니다." 할 수 있단 말인가? 양성헌(養性軒)269)의

---

265) 조경명(趙景命) : 1674~1726. 본관은 풍양, 자 군석(君錫), 호 귀락정(歸樂亭)이다. 좌의정 조문명, 영의정 조현명의 형이다.

266) 추안(推案) : 죄인을 추문한 내용을 기록한 문서이다.

267) 정탈(定奪) : 신하들이 올린 논의나 계책 가운데 임금이 가부를 결정하여 그 가운데 한 가지만 택하던 일을 이른다.

268) 봉입(捧入) : 백성들이 올린 청원 서류로서 임금에게 올린 것을 승정원에서 접수하거나, 각 조(曹)와 각 사(司)에서 수리하여 승정원에 회부(回付)하고 진달(進達)하여 올리는 것을 말한다.

"양"자를 중간에 양숙(養叔, 이이명의 자)의 "양"자로 바꾸어서 감히 동궁을 추대하자는 말을 바로 하지 못한 것은 아직도 자궁의 뜻을 두려워했기 때문이었다.

삼급수라고 무함하는 말을 널리 퍼뜨리고 천만 가지 단서를 만들어서 노론과 관계된 이름난 사람들을 모두 다 제거한 것은 동궁을 고립시켜 위태롭게 만들려는 계략이었다. "은미하여 그 형적이 드러나지 않는다." 말하지 않고 그들이 형적을 스스로 드러낸 것은 무엇 때문인가? 비록 동궁을 고립시켜 위태롭게 만들었지만 귀신과 인간의 보우(保佑)가 있지 않겠는가?

동궁을 도와서 보호한 신하들이 주륙되거나 유배되거나 삭출되어서 애초 단 한 사람도 살아남아 조정에 선 자가 없었으니 춘방(春坊)[270]을 돌아보면 동궁 한 사람만이 고립되어 있을 뿐이었다. 저 무리들의 흉악한 음모는 비록 끝없이 넓고 아득하게 자행되었지만, 그 누가 거리낌 없이 바른말을 하며 분주히 구원하겠는가? 저들의 계략을 장차 다시 어찌하겠는가?

---

269) 양성헌(養性軒) : 창의궁(彰義宮)의 당호 양성헌을 가리킨다. 영조는 양성헌으로 자호(自號)를 삼았으므로, 여기서는 세제 시절 연잉군을 지칭한 것이다.

270) 춘방(春坊) : 세자시강원(世子侍講院). 정3품 아문(衙門)으로 세자를 모시고 경사(經史)를 강독(講讀)하며 도의(道義)를 바르게 계도(啓導)하는 일을 관장한다.

8월

계묘년(1723, 경종3) 8월 이광좌의 유봉휘로 복상(卜相)²⁷¹⁾하였는데, 좌의정 최석항이 이광좌를 정승에 제배(除拜)할 것을 은미하게 아뢰니, 마침내 이광좌가 우의정이 되었다.

10월

○ 10월 홀연히 대신·승지·홍문관에게 입시하라는 명이 있어 여러 신하들이 입시하였다. 전교하기를,

"무슨 아뢸 일이 있는가?"

하니, 대신과 여러 신하들이 어찌해야 할 바를 몰랐는데, 발[簾]안에 부인의 그림자 같은 것이 숨어 있는 것이 희미하게 보였고, 부인의 가는 말소리가 들리는 듯 하였다.

여러 신하들이 급히 도로 물러났는데, 국구(國舅)가 정전(正殿)의 협문(挾門)²⁷²⁾을 따라서 나아가 최석항을 손짓하여 불러서 귀에 대고 말하니, 최석항이 고개를 끄덕였다.

다시 여러 승지들이 함께 청대하여 입시하고, 최석항이 앞으로 나아가 은미하게 아뢰어 말하기를,

"이제 막 국구의 말을 들었는데 전하의 성의(誠意)가 이미 이와 같으니

---

271) 복상(卜相) : 매복(枚卜). 의정(議政)급 관원의 선발 방식으로, 집정관(執政官)을 점쳐서 선발하는 방식에서 유래하였다. 시임(時任) 의정이 작성한 복상 단자에 국왕이 낙점하는 방식으로 운영되었으나, 복상 단자에 기록된 인물 이외의 후보자를 추가하여 낙점하는 가복(加卜)이 행해지기도 하였다. 의정의 선발은 복상 방식이 아닌 중비(中批)로 제수되는 경우도 있었다.

272) 협문(挾門) : 궁궐이나 관아 등의 정문 좌우에 딸린 작은 문이다. 동협문(東挾門)과 서협문(西挾門)이 있다

이는 실로 종사의 행복입니다. 빨리 성명(成命)을 내려주십시오."

하였지만 주상이 오랫동안 발락(發落, 결정하여 끝냄)하지 않았다.
또 아뢰기를,

"전하가 이미 이 같은 뜻을 갖고 옥음(玉音)을 내리셨는데 어찌 주저하실
것이 있습니까?"

하였지만 또한 발락하지 않으니, 홀연히 부인이 나와서 분노하여 말하
기를,

"전하께서 스스로 하는 일을 이와 같이 결단하지 못하는데 무슨 일을
하실 수 있겠습니까? 곧장 왕제에게 선위(禪位)하십시오. 왕제는 작년에
빈(嬪)과 함께 죽기로 약속하였는데, 그런 빈의 계획을 드디어 자궁이
알고 위급을 고하여 마침내 위태로운 형세는 면하였지만 전하께서는
어찌 내 말을 따르지 않습니까?"

하면서 창문을 밀치는 소리가 크게 들렸다. 주상이 노하여 말하기를,
"대신이 무상(無狀)[273]하니 좌의정을 잡아서 국문하여 엄히 처단하라."

하자, 홍문관이 잘못을 지적하고 구원하며 나아가 엎드리니 주상이
말하기를,

"홍문관도 함께 잡아서 가두고, 승지도 아울러 파직하라."

하였다. 우의정 이광좌가 입시하여 바로잡아 구원하자 주상이 말하기를,
"최석항의 말이 매우 무엄하였는데, 우의정이 구원하는 것은 더욱
잘못이다."

하였다. 이광좌가 다시 아뢰자 주상이 말하기를,

"나라가 망하면 함께 망하는 것인데, 신하가 군부를 대우하는 것이
어찌 이럴 수 있단 말인가?"

하고는 좌의정 최석항을 아주 멀리 떨어져 있는 변경으로 귀양 보냈다.
승지 이진검(李眞儉)[274]이 또한 진달하자, 주상이 말하기를,

---

273) 무상(無狀) : 멋대로 행동하여 내세울 만한 선행이나 공적이 없는 것을 말한다.

"이진검을 삭출하라."

하였다. 이광좌가 또 힘껏 진달하니, 주상의 노기(怒氣)가 겨우 가라앉았지만 다시 머리가 어지럽고 눈앞이 아찔해지는 증세가 나타났다.

주상이 동궁을 폐위하라고 아뢰는 말을 들으면 비록 혼미한 와중에도 심신이 홀연히 놀라 한층 격하게 진노하여 뭇 간신들의 계략을 엄하게 제어하였으므로 동궁이 오늘에 이르도록 보존될 수 있었던 것이다.

필정(弼貞)과 석렬(石烈)275)은 궁궐 안팎에서 교통하며 양전(兩殿) 사이를 이간시켜서 동궁을 해치려 모의했던 자였고, 문유도는 흉악한 무리들의 사주를 받아서 암암리에 기밀을 알려준 자였으며, 박상검은 궁궐 안에서 주선하여 전지를 도출(圖出)한 자였다.

동궁은 흉악한 무리들이 한 짓을 탐지한 지 이미 오래되었다. 매번 자궁에게 문후(問候)276)를 드리고 대전에게 문후를 드리려고 할 때면 반드시 수종(隨從)을 물리치고 마치 용이나 호랑이가 걸어가듯 하여, 비록 지척에 이르더라도 나인과 환관들이 미처 알지 못하였다.

하루는 자궁에 문후하고 대전으로 가려고 낭무(廊廡)277)를 지나서 어느 협문으로 들어갔는데 바로 정침(正寢)278)이었다. 문득 어린 환관 하나가 전지를 다른 환관에게 주는 것을 보았는데, 어린 환관은 도로 대전방(大殿房)으로 들어갔고, 다른 환관은 전지를 펴서 보면서 걷다가 갑자기 동궁이

---

274) 이진검(李眞儉) : 1671~1727. 본관은 전주, 자 중약(仲約), 호 각리(角里)이다. 이경직의 증손으로, 할아버지는 이정영(李正英), 아버지는 이대성(李大成)이다. 1721년(경종1) 동부승지로서 이이명을 탄핵하다 밀양에 유배되었으나 이듬해 풀려나왔다. 신임옥사 당시 소론으로서 노론 축출에 가담하였다. 1725년(영조1) 귀양가서 유배지에서 죽었다.

275) 필정(弼貞)과 석렬(石烈) : 연잉군이 세제 자리에 오르자 김일경이 환관 박상검과 결탁하여 해치려고 하였다. 박상검은 궁인 석렬과 필정 등을 시켜 밤마다 청휘문을 닫게 하여 연잉군이 왕에게 문침(問寢)하러 가는 길을 봉쇄하였다.

276) 문후(問候) : 웃어른에게 안부를 여쭈다.

277) 낭무(廊廡) : 궁궐이나 종묘의 정전(正殿) 아래에 동서로 붙여 지은 건물이다.

278) 정침(正寢) : 임금이 정사를 보던 정전이다.

이미 면전(面前)에 있는 것을 보고 놀라고 당황하여 얼굴색이 달라지며 급히 전지를 소매 속에 넣으려 할 때 동궁이 억지로 빼앗자 그 환관이 뿌리쳐 빼앗아 도망쳐 버렸다.

그런데 동궁의 손에 잡힌 종이에는 아직 찢어지고 남은 한 단락이 있어서 이에 남아 있는 종이에 쓰인 첫 줄을 살펴보니 "세제를 폐출하라.[廢出世弟]"는 네 글자였으며, 다음 줄에는 "어찌할 수 없이 이 일을 거행한다.[不得不爲此擧]"는 여섯 글자였다.

드디어 그 종이를 소매 속에 숨긴 채 문침(問寢)하고 물러 나왔는데, 그 날로부터 위급한 기미가 아침저녁으로 닥쳐오자 자궁의 언문 교지에 의지하여 대궐문을 밀치고 곧장 들어가 환관의 처소에서 찢어진 나머지 종이를 빼앗아 주상 앞으로 나아가 보여드리고,

"환관이 조정의 처분에 간여하여 근일의 처분이 그 손에서 나온 것이 많으니, 이러한 일들을 속속들이 캐어내어 엄히 다스릴 것을 청합니다."

아뢰었다. 주상이 말하기를,

"이것이 어찌 내가 한 일이겠느냐? 너의 말이 이와 같으니 사건의 실상을 조사해내는 것이 좋겠다."

하니, 세제가 즉시 청음정(淸陰亭, 창경궁 소재)에 나아가 여러 환관을 불러서 사건의 실상을 조사하게 한 뒤 주상에게 아뢰자, 곧 승정원에 내리라고 하교하였다.

주상이 찢어진 종이를 되찾아 오라 하고, 또 차마 들을 수 없는 하교를 내리면서부터 사특한 여우를 핑계대며 양궁(兩宮)을 문안하러 가는 길을 막아서 세제에게 위기가 시시각각으로 다가오고 있었는데, 송인명(宋寅明)[279]의 지휘에 따라 멀리 떨어져 있는 높은 누각에 어렵게 올라가서

<hr>

279) 송인명(宋寅明) : 1689~1746. 본관은 여산(礪山), 자 성빈(聖賓), 호 장밀헌(藏密軒)이다. 아버지는 송징오(宋徵五)이며, 어머니는 이단상(李端相)의 딸이다. 경종대 세자시강원 설서(世子侍講院說書)로 있으면서 연잉군의 총애를 받았다. 영조가 즉위하자 탕평책에 적극 협조하였다. 노·소론을 막론하고 온건한 인물들을 두루 등용하여

자성에게 위급한 상황을 고하였다.[280]

　이에 자궁이 깊은 밤에 궁궐 문을 열고 들어갔는데, 대전은 바야흐로 혼수상태였고, 중진이 옆에서 모시고 있었다.

　자궁이 중전을 질책하며 하교하여 말하기를,

　"자네 한 여자로 말미암아 종사를 장차 망하게 하려는가?"

　하니, 중전 또한 노하여서 답하기를,

　"어미가 자식 때문에 존귀해지는 것은 피차 — 빠져 있다. — "

　하였다. 이에 자궁이 동궁에게 위험이 닥친 일을 대전에게 설명하면서, 심지어 "미망인(未亡人)"이라 하고, 또한 "사제(私第)로 내보내라."는 하교가 있었는데, 대전이 전연 알지 못하고 말하기를,

　"애초 동궁에게 하교한 일도 없었고, 또한 찢어진 종이를 받들어 올린 일도 없었습니다. 일전에 환관이 별다른 해괴한 일을 아뢰었기 때문에 그 종이를 찢어버린 일이 있었는데, 이 한 가지 사안은 소자도 생각이 납니다."

　하였다. 자궁도 또한 중간에서 누군가가 한 짓이라는 것을 알고 있었으므로 다음날 영의정 조태구와 우의정 최석항을 책망하는 하교를 거듭 내렸는데, 세 번째의 하교에 이르러서 말하기를,

　"궁인·환관과 체결하여 나와 동궁을 외롭고 위태로운 상황에 이르게 만든 것은 스스로 해당되는 사람이 있다는 것을 경들도 또한 잘 알고 있을 것이다. ……"

　하였다. 이 언문 하교에는 애통한 말과 엄절한 뜻이 많이 들어 있었는데, 영의정이 소매 속에 숨겨서 다른 사람들로 하여금 보지 못하게 하고, 이어서 반려하였다. 그리하여 이와 같이 간략하게 베껴냈는데, 그 한

당론을 조정, 완화함으로써 영조의 신임을 두터이 받았다. 우의정 등을 역임하였다.
280) 송인명의 …… 고하였다 : 송인명의 도움으로 세제가 대왕대비를 알현하게 된 일과 관련된 상세한 내용은 본서 권1에 보인다.

등본에서 이르기를,

"환관과 체결하고 궁인을 사주하여, 나라가 거의 망할 지경에 이르고, 나와 동궁을 외롭고 위태로운 상황에 처하게 만들었다."

하였다. "주상이 말하기를 이것이 어찌[此豈]"의 "기(豈)"자를 도중에 "시(是)"자로 고친 것[281]은 환관이 한 짓을 암암리에 주상이 한 것처럼 만들려고 한 것이었다. 동궁이 주상에게 받들어 올렸다는, 되찾아 온 찢어진 종이란 원래부터 찢어진 채로 받들어 올린 종이가 아니었다.

박상검이 세제를 폐위한다는 전지(傳旨)를 거짓으로 꾸며내었는데, 이것이 문유도에 의해 동궁에게 탄로 나자 서로 움켜쥐고 다투는 사이에 본지(本紙)가 찢어졌다.

이에 박상검이 즉시 또 전지를 거짓으로 만들어 소매 속에 감춰두고, 동궁이 주상에게 받들어 올린 종이도 또한 소매 속에 받아서 넣어 두었는데, 대전에게 진헌(進獻)할 때에는 잘못하여 세제를 폐하는 전지를 주상에게 올리니, 대전이 이것을 보고 즉시 찢어버렸던 것이다.

되찾아 온 종이를 받들어 올린 일을 승정원에 내렸다는 것과 동궁에게 차마 듣지 못할 하교를 내렸다는 것은 모두 중간에서 교묘하게 꾀를 부려 농락한 일이었다.

주상이 동궁에 대해 돈독하게 우애하는 마음을 갖고 있었는데 어찌 차마 듣지 못할 하교를 동궁에게 내렸겠는가? 또한 어찌 찢어진 종이를 받들어 올린 일이 있었겠는가? 그 찢어버린 종이란 바로 폐출을 거짓으로 꾸며낸 것이었으니, 이것으로 보건대 주상은 애초부터 세제를 폐위시키려는 논의를 엄하게 거부하였다.

또 임인년 6월 26일 삼사가 청대하여 입시하였을 때 국구가 먼저 은미하게 아뢴 일이 있었다. 그런데 주상이 말하기를,

---

281) 주상이 …… 것 : 앞에 보이는 "此豈吾之所爲也"라는 경종의 말을 "此是吾之所爲也"로 고쳤다는 말이다.

"좌우가 하는 것이 옳겠는가? 세제가 하는 것이 옳겠는가?"

하면서 끝내 결단하지 못하였다. "좌우가 하는 것이 옳겠는가? 세제가 하는 것이 옳겠는가?" 하교로써 미루어 보면 국구가 은미하게 아뢴 것은 즉 세제를 폐위하는 일이었다. 여선장이 아뢰어 말하기를,

"전하께서는 너무 지나치게 말없이 침묵만 지키십니다."

하자, 주상이 말하기를,

"근래 홍문관에서 군부의 명을 거역하면서 '말없이 침묵을 지킨다. 말없이 침묵을 지킨다.' 하니 매우 해괴하다. 승지는 어찌하여 추국할 것을 청하지 않는가? '말없이 침묵을 지키는 것이 너무 지나치다.' 등의 말을 어찌 감히 입 밖으로 낼 수 있단 말인가? 이와 같은 버릇은 지금 비로소 처음 들었다. 모두 파직하라."

하고, 또 전교하기를,

"파직은 그 죄를 징계하기에 부족한 가벼운 처벌이니, 모두 잡아다가 추문(推問)하라."

하였다. 주상이 평일에 대신(臺臣)이 역적을 성토하는 계사(啓辭)를 윤허하지 않자, 대간이 곧 "너무 지나치게 말없이 침묵만 지키십니다." 아뢴 것이 이루다 셀 수 없었지만 한 번도 노여운 기운을 발한 적이 없었다.

그런데 이날은 국구가 막 은미하게 아뢴 일이 있고 나서, 대신이 계속해서 "말없이 침묵만 지킨다." 아뢰었는데, 지금 "말없이 침묵만 지킨다."는 말은 국구가 아뢴 것에 대해서 결단하지 않고 침묵만 지키는 태도를 근심하여 나온 말이었으므로 주상이 특별히 노여워하였던 것이다.

이거원(李巨源)[282]이 다음과 같이 아뢰었다.

---

282) 이거원(李巨源) : 1685~1755. 본관은 한산(韓山), 자 이준(彛準, 而準)이다. 1722년(경종2) 지평으로 노론 탄핵에 참여하였다. 영조 즉위 후 이의연(李義淵)이 노론 사대신의 신원을 주장하자 이에 반대하고, 김일경을 힘써 구원하다가 파직되었다.

"홍문관의 여러 신하들이 군부를 위해 역적을 성토하는 의리로써 합사(合辭)[283]하여 힘껏 간쟁하면서 간혹 말을 가려서 하지 못하였더라도 그것은 충성하는 마음이 격해져서 나온 것에 불과한데, 윤허하지 않을 뿐만 아니라 갑자기 말투와 낯빛으로 너무 지나치게 꺾으시니 실로 대성인(大聖人)의 선(善)을 듣기 좋아하는 아름다움이 아닙니다. ……"

지극히 교활하도다! 이거원이여! 주상이 노여워한 것이 어디에 있는지를 알면서도 그날 아뢴 일을 역적을 성토하는 계사로 돌렸으니, "너무 지나치게 말없이 침묵만 지키다.[太過淵默]"는 네 글자가 과연 역적을 성토하는 계사를 윤허하지 않아서 그런 것이라면 주상이 이전에는 노하지 않다가 오늘 특별히 분노하였다는 것인가? 주상이 말하기를,

"이거원이 쓸데없는 말로 구원하려 했으니, 우선 체차(遞差)[284]하라."

하자, 이제가 또 아뢰었는데, 주상이 말하기를,

"입시한 대관(臺官)들을 모두 체차하라."

하였다. 주상의 사기(辭氣)가 엄하고 사나워져서 말하기를,

"여러 신하들이 매번 말없이 침묵만 지킨다고 하는데, 나를 벙어리로 여기는 것인가?"

하였다. 옥음이 종(鍾)이 울리듯 대전 안을 크게 울려서 뒤흔들자 여러 신하들이 벌벌 떨며 물러갔다. 이로써 세제를 폐위하려는 흉악한 음모를 감히 다시는 주상에게 시도할 수 없게 되었다.

이때 이르러 최석항이 국구의 은밀한 사주를 받고 또 세제를 폐위하는 일을 은미하게 아뢰었다가 사로잡아 국문하여 엄단하라는 명이 나오기에 이르렀던 것이다.

홍문관이 바로잡아 구원하며 나아가 엎드리니 주상이 말하기를, "홍문

---

283) 합사(合辭) : 임금에게 주청(奏請)할 때 여러 관사(官司)나 여러 관원이 글을 합하여 연명해서 상소하던 일이다.

284) 체차(遞差) : 관리의 임기가 차거나, 또는 부적당한 때 다른 사람으로 갈아서 임명하다.

관을 모두 잡아 가두라." 하고, 계속해서 최석항을 아주 멀리 떨어져 있는 변경으로 귀양 보내라는 엄한 전지를 내렸다.

　이 뒤로부터는 저 무리들이 감히 다시는 흉악한 음모를 부릴 수 없었다. 만약 최석항이 귀척과 체결하지 않았다면 그날 어떻게 머리를 보존할 수 있었겠는가? 만약 주상이 힘껏 동궁을 도와주지 않았다면 어찌 오늘날 저위를 보전할 수 있었겠는가?

　계묘년-빠져 있다.-토역과(討逆科)285)를 시행하여 박사유(朴師游) 등을 뽑았다.286)-빠져 있다.-전 부사 이집(李㙫)287)과 진사 이징만(李徵萬)이 그 자질(子姪)들을 단속하여 과거에 응시하지 못하게 하였다. 수찬 이광보 (李匡輔)288)가 멀리 귀양 보내라고 발계하였는데, 주상이 윤허하지 않았다.

　이징만이 비록 적발된 사람들 가운데 들어 있었지만 계사에서 홀로 빠진 것은 이광보와 서로 친하였기 때문이었다. 장문위(張文煒)가 무과에 합격하고서 자기 고향으로 내려갔는데, 전 현감 김정오(金定五)와 전 찰방 최익수(崔益秀)289)가 말하기를,

---

285) 토역과(討逆科) : 역적을 토벌한 뒤 특별히 보이는 과거시험이다.

286) 토역과 …… 뽑았다 : 《경종실록》 3년 3월 16일 기사에 따르면, 토역 정시(討逆庭試)를 설행하여 문과에서 박사유 등 13인을 뽑고, 무과에서 유덕징(柳德徵) 등 478인을 뽑았다고 했다.

287) 이집(李㙫) : 1664~1733. 본관은 덕수(德水), 자 노천(老泉), 호 취촌(醉村)이다. 할아버지는 이합(李柙), 아버지는 한성 판윤 이광하(李光夏)이며, 어머니는 영의정 심지원 (沈之源)의 딸이다. 숙종대 최석정을 구원하였으며, 영조대 우의정까지 현달하였다.

288) 이광보(李匡輔) : 1687~?. 본관 전주, 자 좌백(左伯)이다. 호조판서 이경직의 현손이 다. 소론 가문 출신으로 유생 시절에 최석정이 지은 글을 가지고 윤증을 제사한 일 때문에 노론 측의 공격을 받아 정거(停擧) 처분을 받았다. 경종 즉위 후 지평 등을 지내면서 노론 사대신을 탄핵하였다. 영조가 즉위하자 노론측으로부터 탄핵을 받아 유배되었다가 정미환국(1727, 영조3)을 계기로 수찬에 복직하였다.

289) 김정오(金定五)와 전 찰방 최익수(崔益秀) : 김정오(1660~1735)의 본관은 안산(安山), 자 여일(汝一), 호 노포(老圃)이다. 《경종실록》 4년 5월 27일 기사에 따르면 "사간원에 서 논하기를 '전 현감 김정오와 전 찰방 최익수는 역괴(逆魁)의 품 안에서 자란 사람으로서, 연전에 삼흉(三凶)인 이이명·김창집·이건명이 처형되었을 적에 길가

"충신을 역적으로 만들고 나서 마침내 토역과를 실시하였는데, 이러한 과거시험에 합격한 사람이 어떻게 우리 고을에 들어올 수 있겠는가?"

하고서는 그로 하여금 발을 붙이지 못하게 하였다. 이에 응교 이세덕이 발계하여 김정오는 멀리 유배 보내고, 최익수는 삭탈하였다.

어떤 사람이 이징만에게 묻기를,

"그대와 이집이 아들을 단속하여 과거 시험에 나가지 못하게 한 것은 동일한데 이집은 논계(論啓)[290]되었지만 그대는 빠졌으니, 세도(世道)가 어찌 이와 같이 불공정하단 말입니까?"

하자, 이징만이 말하기를,

"계사에서 홀로 빠진 것은 나의 수치이고, 특별히 계사에서 언급된 것은 이집의 영광스러운 행복입니다. 이번 토역과는 역적을 토벌한 것이 아니라 충신을 토벌하여 생긴 것이니 흉역의 자질이라면 즐겁게 달려갈 수 있지만, 우리 무리의 자질들이 어찌 과장(科場) 근처에라도 발을 들일 수 있겠습니까? 그래서 내가 금지하였는데, 나만 홀로 대계(臺啓)에서 빠졌으니 실로 이집에게 수치스러운 일이 되어서 더욱 이루다 부끄러움을 이길 수 없습니다."

하였다. 계사에서 이징만만 홀로 빼버린 것이 어찌 혹시라도 이징만의 입장을 고려한 것이겠는가? 실제로는 소론 가운데 역시 과거시험에 응시하지 않는 자가 있는 것을 부끄러워하였기 때문이었다. 만약 그 토역과가 광명(光明)한 일이었다면 어찌 이와 같았겠는가?

에서 상여를 맞아 곡하는가 하면, 같은 마을 사람 장문위(張文煒)가 토역 별시(討逆別試)에 응하고 집에 돌아오자 강력하게 배척하고 발길도 닿지 못하게 하는 등, 그의 마음이 오로지 역당에게 쏠려 있습니다. 청컨대 나국 정죄(拿鞫定罪)하게 하소서.' 하니, 임금이 그대로 따랐다." 하였다.

290) 논계(論啓) : 사실을 적어서 임금에게 아뢰거나, 잘못을 따져 간쟁하는 것이다.

갑진년(1724)

1월

갑진년(1724, 경종4) 1월 6일, 이진수(李眞洙)[1]와 이진유 등이 선정신(先正臣) 송시열의 사원(祠院)을 철거할 것[2]을 청하였다. ―이하 빠져 있다. ―

○ 영의정 최석항이 한밤중에 병사(病死)하였다고 한다.

○ 지평 이광덕이 상소하여 말하였다.

"풍창 부부인(豊昌府夫人)[3]이 여강(驪江, 경기도 이천 소재)으로 거처를 옮겨 살고 있는데, 나이가 많고 병이 위독하여 눈앞에서 서로 의지하는 것은 단지 민진원, 한 사람만 있을 뿐입니다. 그런데 민진원이 지금 멀리 귀양 가 있으니, 부부인이 하루아침에 갑자기 세상을 떠나면 모자(母

---

1) 이진수(李眞洙) : 1684~1732. 본관은 전주, 자 자연(子淵), 호 서간(西澗)이다. 이경직의 증손, 아버지는 이덕성(李德成)이다. 경종대 정언·지평 등을 역임하였다. 1725년(영조1) 김일경의 당으로 지목되어 유배되었다. 이후 황해도 관찰사 등을 지냈다.

2) 송시열의 사원(祠院)을 철거할 것 : 《서원등록(書院謄錄)》에 따르면, 당시 이진수가 송시열을 모시는 서원이 중첩해서 설립한 곳이 많다고 하면서 해당 서원에 대해 유사(有司)로 하여금 조사하여 훼철할 것을 주장하였다.

3) 풍창 부부인(豊昌府夫人) : 풍양(豊壤) 조씨(趙氏)로서, 여양 부원군(驪陽府院君) 민유중(閔維重)의 셋째 부인이다. 인현왕후와 민진원에게는 계모가 된다. 인현왕후와 민진원의 생모는 은성 부부인(恩城府夫人) 은진(恩津) 송씨인데 일찍 사망하였고, 풍창 부부인은 팔십 수를 누리고 1741년(영조17)에 사망하였다.

子)가 서로 볼 수 없어서 하늘에 있는 선비(先妃, 인현왕후)의 혼령이 어찌 몹시 원통해하지 않겠습니까? 삼가 바라옵건대 특별히 민진원을 풀어주십시오. ……"

8월

갑진년 8월 8일 전교하기를,

"창경궁(昌慶宮)[4] 환취정(環翠亭)[5]으로 이어(移御)할 일을 하교하라."

하였다. 약방 제조(藥房提調) 이광좌가 구전(口傳)으로 아뢰기를,

"오늘부터 신이 여러 의관을 거느리고 직숙(直宿)[6]할 것입니다."

하였다. 주상의 건강이 여러 해 동안 나아지지 않았는데, 작년 겨울부터 이전보다 더 나빠지고 올해 봄에 이르러서는 더욱 심해져서 정신이 혼미해지는 때가 많고 정신을 차릴 때는 적어졌다. 음식을 드시는 것을 꺼려하여 평상시 먹는 음식이 이전보다 반으로 줄었고, 다른 사람과 대화하는 것을 힘들어하여 곁에 있는 사람조차도 옥음(玉音)을 듣는 일이 드물었다.

가슴 속의 화기(火氣)가 때때로 올라오면 갑자기 일어나 사나운 목소리로 말하기를,

"이 자리를 물려주려고 하는데, 세제가 하는 것이 옳겠는가? 좌우가 하는 것이 옳겠는가?"

---

4) 창경궁(昌慶宮) : 1418년 왕위에 오른 세종이 생존한 상왕인 태종을 모시기 위해 지은 궁궐로, 수강궁(壽康宮)으로 불리었다. 1482년(성종13) 세조의 비 정희왕후(貞熹王后), 덕종의 비 소혜왕후(昭惠王后), 예종의 계비 안순왕후(安順王后)를 모시기 위해 수강궁을 수리하여 1484년 주요 전각을 완공하였고, 그즈음에 창경궁으로 개명하였다.

5) 환취정(環翠亭) : 경종이 세상을 떠난 곳이다. 재위 4년 2개월 만인 37세였다.

6) 직숙(直宿) : 문무 관리가 주간에 수직(守直)하거나 야간에 숙직하는 것을 말한다.

하였다. 아침에 신기(神氣)가 다소 맑아지면 누운 채 온화한 목소리로
말하기를,

"오늘 춘방에 나아가시 동궁이 강학(講學)히는 소리를 들어야겠다."

하였으니, 어찌 지극하지 않은가? 주상의 세제에 대한 돈독한 우애여!
비록 환후(患候)가 더욱 심해지는 와중에서도 일찍이 세제를 보살펴 사랑
하는 마음을 잊은 적이 없었다. 약방이 이때부터 직숙하였는데도 고의로
이르기를,

"주상의 건강이 평상시와 같아서 관례에 따라서 입진(入診)하여 문안하
였을 뿐이다."

하였다.

임금의 질병을 숨긴 일을 논함〔諱疾論〕

아! 나라를 세운 이래로 간신과 난적(亂賊)으로서 혹 임금의 총명을 속여 가리는 자가 있었고, 혹 권병(權柄)을 도둑질한 자가 있었으며, 혹 군부를 죽이고 그 자리를 빼앗은 자가 있었지만, 일찍이 임금의 질병을 꺼리어 숨긴 자는 있어 본 적이 없다.

아! 우리 주상 전하께서는 잠저(潛邸)에 있던 어린 시절부터, 총명한 자질이 수많은 왕보다 뛰어났고, 효성스럽고 인자하다는 명성이 일찍부터 전국에 드러났다. 겨우 일곱 살에 간사함과 올바름을 명확히 구분하였고, 열 살에 이르러서는 사부와 빈객을 대면해서 제왕(帝王) 정치의 득실을 두루 거론하였고, 성현 도학의 연원을 강문(講問)하였는데, 여러 궁료(宮僚)들은 능히 미치지 못하였다.

그런데 신사년(1701, 숙종27)에 망극한 변고가 일어나 사친을 영결(永訣)[7]하는 날 홀연히 기이한 질병을 얻었다. 이 뒤로부터는 정신이 꺾이고 손상되어 문득 생각한 것도 돌아서면 잊어버리고, 가슴속 화병이 때때로 일어나서 잠시 가라앉았다가 곧 어지럽고, 하체에는 기운이 없어서 보행이 불편하였다. 마침내 고질병이 되어 후사를 이을 희망이 빠르게 사라지기에 이르렀다.

선대왕(先大王, 숙종)이 부지런하게 정사를 보시면서도 이것을 근심하여, 의관을 신칙[飭令]해서 늘상 진맥(診脈)하고, 날마다 시약(試藥)해서 병세가 차츰 감소하는 형세였다. 경자년(1720, 경종 즉위년) 유궁(遺弓)[8]의 고통을 당하여 부여잡고 통곡하다가 놀라고 억눌러 제어하였다. 소식

---

7) 영결(永訣) : 죽은 사람과 산 사람이 영원히 이별하다.
8) 유궁(遺弓) : 황제(黃帝)가 용을 타고 신선이 되어 떠날 때 신하들이 붙잡고 함께 올라가려 하자, 황제의 활이 땅에 떨어졌다는 데서 나온 말로 임금의 죽음을 뜻한다.

(素食)9)을 실천하면서 보체(寶體)가 많이 손상되었고, 슬픈 와중에 약으로 치료할 겨를이 없어서 본래 병증이 틈을 비집고 일어나 이전처럼 편찮아지셨다.

이때 영의정 김창집이 약원에서 의관을 거느리고서 주상의 건강을 자세히 살펴보고는 날마다 탕제(湯劑)를 올리면서, 정성을 다해 조리(調理)하고 진심으로 보호하여, 주상의 건강은 이 덕분에 차츰 병세가 감소하였다. 이 때문에 삭제(朔祭)10)와 망전(望奠)11)을 전례와 같이 몸소 행하였고, 강연(講筵)12)과 소대(召對)13)를 날마다 열어서 신료를 접하니 중외 인심을 거의 위로할 수 있었다.

그런데 국구가 주상의 건강을 살피고 나서부터 매번 옥체가 평상시와 같다고 하여 의약 등의 절차가 이로 인해 소홀해졌으니, 이것이 임금의 질병을 감추려는 조짐이었다. 홀연히 9, 10월 이후부터는 삭망(朔望)의 제전(祭奠)을 연이어서 대신이 섭행(攝行)14)하더니, 심지어 "초헌관(初獻官)15)을 섭행할 일을 마련하라."는 하교까지 있자 중외의 여러 신료들이 모두 말하기를,

"환후(患候)에 차도가 있다고 하는데, 제전에는 참석하지 않고 이러한 하교를 내리는 것은 무슨 이유 때문인가?"

하면서 의아하게 여기지 않는 사람이 없었다. 이의현·김제겸·조성복·

---

9) 소식(素食) : 고기를 먹지 않고 채식만을 먹는다. 소반(素飯)이라고도 한다.
10) 삭제(朔祭) : 왕실에서 매달 음력 초하루마다 조상에게 지내던 제사이다.
11) 망전(望奠) : 상중에 있는 집에서 매달 음력 보름날 아침에 제사 때와 같이 차리어 지내는 의식이다.
12) 강연(講筵) : 임금이나 왕세자 등이 경학(經學)에 밝은 신하들과 함께 경전을 읽고 토론하여 수학하는 자리를 말한다. 시간에 따라 조강(朝講)·주강(晝講)·석강(夕講)으로 구별하였다.
13) 소대(召對) : 왕명에 따라 입대(入對)하여 정사에 관한 의견을 아뢰는 일이다.
14) 섭행(攝行) : 임금 대신 일을 거행하다.
15) 초헌관(初獻官) : 종묘나 능에서의 제례에서 삼헌(三獻)을 할 때 처음으로 술잔을 신위(神位)에 올리는 직임으로 대개 정1품의 관원이 이를 맡았다.

임형(任泂)16)·이중협 등 여러 신하들이 서로 이어서 일어나 상소하여 바로잡아 구원하고, 명백한 하교를 내려서 바깥사람들의 의혹을 풀어주기를 청하였다. 이에 비망기를 내려서 말하기를,

"효령전(孝寧殿, 숙종의 혼전(魂殿)) 섭행은 실로 다리가 아프기 때문인데, 이중협이 번거롭게 계달하였으니 나의 마음이 매우 부끄럽다. 비록 억지로 하려고 해도 형세상 할 수 없으니, 여러 신하들은 자세히 알아야 할 것이다."

하였다. 이재가 또 계속해서 상소하여 진달하기를,

"장례 전 은전(殷奠)17)은 단지 이번 달 초하루에 있을 뿐이니, 삼가 바라옵건대 빨리 분명한 하교를 내리셔서 친히 삭전(朔奠)18)을 거행하십시오. 만약 혹시 절하고 무릎을 꿇어앉는 일이 어려우시면 관장(祼將)19) 한 절차는 대신으로 하여금 대신 행하게 하십시오. ……"

하였다. 또 말하기를,

"전하께서 시험 삼아 앞선 역사를 보십시오. 어찌 일찍이 임어(臨御)한 초기에 한해가 다 지나도록 한 번도 개강(開講)하지 않은 경우가 있었습니까? ……"

---

16) 임형(任泂) : 1660~1721. 본관은 풍천(豊川), 자 중경(仲夐)이다. 정언·사간·집의 등을 역임하였다.

17) 은전(殷奠) : 성대하게 제사의 찬품(饌品)을 올린다는 뜻이다. 찬의 품목을 조석전과 삭망전에 따라 증감하는 법이 있다. 삭망전(朔望奠)이 조석전(朝夕奠)에 비하여 상대적으로 은전이다.

18) 삭전(朔奠) : 상가(喪家)에서 그 죽은 사람에게 매달 음력 초하룻날 아침에 지내는 제사이다.

19) 관장(祼將) : 강신제(降神祭)를 지낸다는 의미이다. 《시경》〈문왕(文王)〉에 나오는 말이다. "주나라에 복종하니 천명이 일정하지 않은지라. 은나라 선비의 아름답고 민첩한 이들이 주나라 서울에서 강신제를 지내니 강신제를 지냄이여, 항상 보상(黼裳)을 입고 은나라 관을 쓰도다. 왕의 진신들은 네 조상을 생각지 아니하랴.[侯服于周, 天命靡常, 殷士膚敏, 祼將于京. 厥作祼將, 常服黼冔. 王之藎臣, 無念爾祖.]" 하였다. 주자는 이에 대해 "관(祼)은 울창술을 땅에 부어 강신(降神)하는 것이다. '장(將)'은 행한다는 뜻이니 술을 떠서 올리는 것이다."라고 하였다.

하였다. 어찌 주상의 효성이 미진하여 삭전에 참석하지 않았겠는가? 성심이 어찌 혹 쉴 것을 생각하여 오랫동안 강연을 폐하였겠는가?

치료하는 여러 절차가 질병을 숨기는 데로부터 말미암아 점차 소홀해졌으니, 오래된 병환이 어찌 약을 쓰지 않고 저절로 나아지는 효험을 볼 수 있겠는가?

다리 부위의 시리고 아픈 증세도 점점 더해져서 차도가 없었고, 가슴속 화증을 충격하는 기운이 잠깐 내려갔다가 곧 올라와서 어지럽고 눈앞이 아찔한 증상이 시도 때도 없이 기회를 틈타 일어나니, 몸의 온갖 곳이 느슨해지기를 기다리지 않고도 저절로 느슨해지고, 사총(四聰)[20]을 억지로 수습하려 해도 할 수 없었다.

따라서 절하고 무릎을 꿇어앉는 절차를 거행할 수 없었으므로 은전에 연이어서 참석하지 못하였고, 우불(吁咈)[21]의 지혜를 강론할 수 없었으므로 경연이 오랫동안 열리지 못하였던 것이다.

여러 신하들이 어찌 은전을 연이어 섭행하고 강연을 오랫동안 폐한 것이 환후가 요즘에 더욱 점차 더해지는 것에서 말미암아 그런 것임을 알지 못하였겠는가?

그런데도 교대로 상소하여 우러러 질정(質正)한 것은 한편으로는 신하가 바로잡아 구원하여 바로잡는 도리를 다하고, 다른 한편으로는 주상의 건강이 나아지는지 나빠지는지를 탐지하려 한 것이었다. "비록 억지로 하려고 해도 그 형편이 어쩔 수 없다."는 하교를 받기에 이르자 이에 중외가 환후가 더해진 것을 환히 알게 되었다.

---

20) 사총(四聰) : 널리 사방 만민에게서 듣고 막힘이 없이 하다. 《서경》〈순전(舜典)〉에서 순임금이 즉위하고 나서 "사악에게 자문을 구하며 사방의 문을 활짝 열어 놓아 사방의 눈으로 자신의 눈을 밝게 하고 사방의 귀로 자신의 귀를 통하게 하였다.[詢于 四岳, 闢四門, 明四目, 達四聰.]" 하였다.

21) 우불(吁咈) : 도유우불(都兪吁咈)의 준말이다. 군신 간에 정사를 논하고 문답하는 것이 조화롭고 화목함을 이르는 말이다.

아! 임금의 질병을 숨기려는 저 무리들의 간특한 실정이 이로써 탄로 났으니, 마땅히 그 마음을 기울여 속인 것을 부끄러워해야 하는데 도리어 한층 더 갈등을 격화시키려는 마음을 갖고서, 혹은 "주상의 건강에 대한 말을 지어내어 나라를 위태롭게 만들려고 모의한다." 하거나, 혹은 "근거 없는 말을 전파하여 인심을 동요하게 한다." 하였다.

심지어 기찰(譏察)²²⁾하는 사람을 다수 풀어놓고 주상의 건강에 대해서 말하는 자가 있으면 곧 결박하여 잡아가서, 주상의 건강, 한 가지 사안은 곧 당시의 금기(禁忌)가 되었다.

그들이 주상의 질병을 숨긴 일에 깔린 계략은, 긴요하게 관건이 되는 비망기나 상소에 대한 비답, 정령(政令) 등의 출척(黜陟)이나 가부(可否)를 바야흐로 가깝게 모시고 있는 사람들 가운데 총애받는 환관으로 하여금 중간에서 거짓으로 꾸며내게 하고, 그것을 조정 신료들이 주상에게서 나온 것으로 알게 하려고 했던 것이다. -빠져 있다.- 나라의 운명이 한 번 기우는 때를 만나서 그런 것인가?-빠져 있다.-

선대왕이 종사를 위한 계책을 깊이 생각하여 유언으로 연잉군을 자궁께 부탁하였는데, 한쪽 편 사람들은 선왕의 유명(遺命)을 받지 못하였으므로 몰래 무장(無將)²³⁾한 마음을 품고, 김일경의 지휘를 받아서 국구 어유구가 중궁의 뜻에 가탁하여 어머니라고 부르는 소리를 듣고 싶어 한다는 말을 멋대로 김순행에게 발설하였다. 이것은 내외의 화응이 이미 이루어 진 것이니, 종사가 망할 위기가 거의 급박해졌다.

이에 사대신과 병조판서 이만성, 호조판서 민진원, 형조판서 이의현, 판윤 이홍술, 공조판서 이관명(李觀命),²⁴⁾ 좌참찬 임방, 대사헌 홍계적,

---

22) 기찰(譏察) : 행동 따위를 엄중히 감시하거나 범인을 체포하려고 수소문하고 염탐하며 행인을 임검(臨檢)하는 일이다.

23) 무장(無將) : 임금을 시해하려는 마음을 품어서는 안 된다는 뜻이다.

24) 이관명(李觀命) : 1661~1733. 본관은 전주, 자 자빈(子賓), 호 병산(屏山)이다. 할아버지는 이경여(李敬輿), 아버지는 판서 이민서(李敏敍)이다. 1722년(경종2) 임인년

대사간 홍석보, 승지 조영복, 교리 신절(申哲)25)이 급히 빈청에 모여서 밤새도록 헌의(獻議)하여 갑작스럽게 왕제를 저위(儲位)로 결정한 것은 실로 지들의 계략이 먼지 이루이질 것을 두려워했기 때문이었다.

저위가 오랫동안 비어 있다가 왕제가 영명한 자질로써 주창(主鬯)26)의 임무를 맡았으니 이는 실로 종사의 홍복(洪福)이며, 신민의 큰 경사였으므로 기뻐하는 소리가 일시에 터져 나오고, 뛰고 춤추는 모습이 팔도에 이어졌다.

아! 우리 동궁이 저위에 오른 것은 훌륭한 덕과 백성들의 바램 그리고 당시의 형세 때문이었다. 이 가운데 하나라도 맞지 않았다면 인심이 즐거워하는 것이 어찌 이와 같았겠는가?

저 무리들이 비록 불만스러운 마음이 있더라도 군신의 분의가 이미 정해졌으니 흉악한 음모를 거둬들이고 조정을 받들어 축하했어야만 했을 뿐이었다. 아! 저 유봉휘가 분노의 마음을 이기지 못하고 흉패한 소장을 던져 아뢰었으니, 오늘날 저위를 결정한 것도 오히려 늦었다고 해야 할 텐데, 그가 감히 "갑작스럽게 서둘렀다." 하는가? 동궁이 저위에 오른 것을 온 나라가 모두 기뻐하였는데, 그가 감히 "인심이 의혹스러워 한다." 하는가?

그 상소 한 편의 의도는 기뻐하지 않는 마음을 드러냈을 뿐만 아니라 장차 저지하여 좌절시키려는 계략이었으니, 한마디로 말해서 "흉역의 신하"였다. 비록 주상의 너그럽고 인자한 성품으로도 크게 화를 내시며 하교하기를,

---

옥사 때 아우 이건명이 노론 사대신으로서 극형을 받자, 이에 연좌되어 유배되었다. 1725년(영조1) 풀려나와 우의정이 되고 이듬해 좌의정에 이르렀다.
25) 신절(申哲) : 1681~1723. 본관은 평산(平山), 자 성여(聖與)이다. 도승지 신익전(申翊全)의 증손으로, 할아버지는 이조판서 신정(申晸)이다. 1722년(경종2) 신임옥사로 관작을 삭탈 당하고, 이듬해 선산으로 유배되어 그곳에서 죽었다.
26) 주창(主鬯) : 종묘의 제사를 주관하는 것으로, 세자의 이칭(異稱)으로 쓰인다.

"유봉휘의 상소는 말이 크게 망령되어 그대로 둘 수 없으니, 경들이 논계(論啓)하라."

하였다. 따라서 진실로 인신(人臣)의 의리가 있다면 어떻게 유봉휘의 머리가 붙어 있는 것을 용납하겠으며, 하물며 "그대로 둘 수 없다."[27]는 엄한 하교를 받고도 그럴 수 있겠는가?

이에 영의정 김창집, 좌의정 이건명, 대사헌 홍계적, 대사간 유숭(兪崇),[28] 사간 신절, 장령 송도함(宋道涵),[29] 정언 이성룡, 교리 신방(申昉)[30]이 국청을 설치하여 엄히 심문하라고 아뢰어 청하니, 윤허한다는 비답이 겨우 내렸는데, 조태구가 급히 구원하는 차자를 올려 말하기를,

"국청을 설치하기까지 하였으니, 어찌 이 지경에까지 이르렀단 말입니까? 처분이 이미 정해진 뒤 이러한 말을 올렸으니 '그릇되고 망령되다.[謬妄]' 할 수 있지만, 그 마음은 충적(忠赤)에서 나왔는데, 말하는 사람을 때려죽이라고 인주를 인도하는 것은 아마도 아름다운 일이 아닐 것입니다."

하였다. 유봉휘의 흉역한 상소가 충적의 마음에서 나왔다고 하였으니, 조태구 역시 유봉휘였다. 몰래 유봉휘를 구원하려는 자도 스스로 은밀한

27) 그대로 둘 수 없다 :《경종실록》1년 8월 23일 기사에 따르면 유봉휘가 세제 책정에 반대하는 상소를 올리자 비답하기를, "유봉휘의 상소가 천만 뜻밖에 나와 말이 광망(狂妄)하기까지 하였으니, 이는 어떤 사람이기에 어찌 이와 같을 수가 있는 것인가? 이를 내버려 둘 수가 없으니 경 등이 의논하여 계달(啓達)하라." 하였다.

28) 유숭(兪崇) : 1661~1734. 본관은 창원(昌原), 자 원지(元之)이다. 신임옥사로 파직되어 유배되었다가 1725년 영조의 즉위로 풀려났다. 정미환국으로 소론들이 등용되자 이를 반대하다가 파직, 문외송출(門外送黜) 당하였다. 1728년 이인좌의 난이 일어나자 호서 소모사(湖西召募使)로 기용되고 이어서 도승지·공조참판 등을 역임하였다.

29) 송도함(宋道涵) : 1657~?. 본관은 진천(鎭川), 자 형보(亨甫)이다. 인현왕후의 폐위 교문(敎文) 작성을 거부하고 낙향하였다. 이후 장령 등을 역임하였다.

30) 신방(申昉) : 1686~1736. 본관은 평산(平山), 자 명원(明遠), 호 둔암(屯菴)이다. 목사 신여식(申汝拭)의 증손으로, 할아버지는 영의정 신완(申琓)이고, 아버지는 장성도호부사(長城都護府使) 신성하(申聖夏)이며, 어머니는 박세채의 딸이다. 경종 때 헌납 등을 거쳐 영조대 이조참판 등을 역임하였다.

곳에 숨어 있었는데, 조태구가 어찌 반드시 교외에서 마치 미치지 못할까 두려워하는 것처럼 차자를 올려 구원하여 함께 유봉휘의 당으로 돌아갔단 말인가? 누가 조태구를 지혜롭다고 하였는가?

아! 음험하고 사특한 무리들이 바깥에서 흉포한 기세를 떨치고, 참소하고 아첨하는 신하들이 안에서 여우처럼 아첨하였으므로, 주상이 안정을 취하며 몸을 조섭하는 가운데 고립되어, 만기(萬機)[31]에 실로 수응하기 어려워지고, 온갖 정무가 저절로 해이해졌다.

이때를 만나 만약 자기 일처럼 절실하게 보좌하는 공을 세울 수 있는 사람이 있다면 국사(國事)는 잘 이루어져 갈 수 있고, 간특한 무리는 자취를 감추게 할 수 있을 것이라고 바랄만 했다. 이것이 조성복이 왕제의 대리청정을 청하는 상소를 올린 까닭이었다.

무릇 대리청정이란 감히 아래로부터 우러러 청할 수 없는 일이니, 그것은 "우리 임금은 능력이 없다." 간주하는 혐의가 있기 때문이다. 조성복이 이것을 알면서도 상소한 것은 다름이 아니라 나라를 걱정하고 나라를 위하는 마음에서 작은 절개에 구애받지 않은 것이었으므로, 여러 신하들이 조성복을 성토하고 배척한 것은 곧 당연하였다.

이에 박태항(朴泰恒)[32]·이진유·윤성시·김유(金濰)[33]·김시형(金時炯)·이광보·이광도(李廣道)·황정(黃晸)[34]·심수현(沈壽賢)[35]·유중무·이진망·

---

31) 만기(萬機) : 임금의 정무 또는 여러 가지 정사를 가리킨다.

32) 박태항(朴泰恒) : 1647~1737. 본관은 반남(潘南), 자 사심(士心)이다. 1720년(경종 즉위년) 세제 책봉을 주장하는 노론을 적극 탄핵하였다. 영조가 즉위하자 삭탈관직 되었다가 1727년 정미환국으로 다시 기용되어 형조판서 등을 역임하였다.

33) 김유(金濰) : 1685~1748. 본관은 안동, 자 여즙(汝楫)이다. 대사간 등을 역임하였다.

34) 황정(黃晸) : 1689~1752. 본관은 장수(長水), 자 양보(陽甫)이다. 아버지는 예조참판 황이장(黃爾章)이다. 경종대 지평을 지냈고, 영조대 대사간·호조참판 등을 역임하였다.

35) 심수현(沈壽賢) : 1663~1736. 본관은 청송, 자 기숙(耆叔), 호 지산(止山)이다. 심억(沈檍)의 증손으로, 할아버지는 심약한(沈若漢)이고, 아버지는 응교 심유(沈濡)이다. 경종대 공조판서 등을 거쳐 영조대 영의정 등을 역임하였다.

이명의·윤유·김일경·여선장·박휘등·윤진(尹搢)·김대(金垈)[36]·조명교(曺命敎)[37]·이경열·윤회·윤동형(尹東衡)[38]·조원명·서종하·권익관·유만중(柳萬重)·정해 등이 연명으로 상소하여 조성복을 성토하였다. 단지 조성복의 죄를 성토하는 것은 괜찮지만 멋대로 삼대신을 침해한 것은 또한 무엇 때문인가?

정승 이이명에 대해서 이진검이 은화의 설과 이미 끝난 독대의 일을 가지고 연경에 사신으로 간 뒤에 침해하여 배척하였으니, 이것은 사대신을 제거하는 첫 발단이었다. 심지어 한세량이 "지상에는 2명의 군주가 없다.", "공정대왕 때의 일과 같다.", "국인(國人)이 의혹스러워 한다." 등의 말을 조성복을 성토하는 상소에 끼워 넣어서 반드시 동궁에게 혐의가 있다고 핍박하려고 한 것은 무슨 의도였는가? 이것은 동궁을 해치려고 모의한 첫 발단이었다.

대리청정의 비망기가 내려지자 여러 신하들이 성명(成命)을 거두어들일 것을 청하였는데, 진실로 이것은 신자(臣子)의 당연한 도리였다. 그렇지만 권규(權珪)[39]·심단·목천임(睦天任)[40]·목지경(睦趾敬)[41] 등은 상소하여, "전하가 질병이 없는 것은 온 나라가 알고 있다."고까지 말하였다. 성상이

---

36) 김대(金垈) : ?~1742. 본관은 부안, 자 사종(士宗)이다. 이조 좌랑 등을 역임하였다.
37) 조명교(曺命敎) : 1687~1753. 본관은 창녕(昌寧), 자 이보(彛甫), 호 담운(澹雲)이다. 1721년(경종1) 신임옥사로 파직되었다가 영조 즉위 뒤 정언에 등용되었다.
38) 윤동형(尹東衡) : 1674~1754. 본관은 파평, 자 사임(士任)이다. 윤순거(尹舜擧)의 증손으로, 할아버지는 윤절(尹晢)이다. 윤증의 문인이다. 지평·사간 등을 역임하였다.
39) 권규(權珪) : 1648~1722. 본관은 안동, 자 국서(國瑞)·덕장(德章), 호 남록(南麓)이다. 아버지는 영의정 권대운(權大運)이다. 1721년(경종1) 세제 대리청정을 반대하는 상소를 올렸다. 1722년 신임옥사로 소론이 집권하자 공조참판 등을 역임하였다.
40) 목천임(睦天任) : 1673~1730. 본관은 사천(泗川), 자 대숙(大叔), 호 묵암(默菴)이다. 좌의정 목내선의 손자로, 아버지는 대사헌 목임일(睦林一)이다. 경종대 박상검과 목호룡 등과 왕래하였다. 1725년(영조1) 목호룡 옥사에 연루되어 유배되었다가 1728년(영조4) 이인좌의 난으로 죽임을 당하였다.
41) 목지경(睦趾敬) : 1683~1731. 본관은 사천, 자 우린(于麟)이다. 병조좌랑을 지냈으며, 1728년(영조4) 무신난(戊申亂) 때 목천임 등과 붙잡혀 처벌되었다.

만약 질병이 없었다면 삭망전(朔望奠)[42]과 사향(四享)[43]을 한결같이 직접
거행하지 않고, 개강(開講)하여 신료들을 접하는 일을 오랫동안 폐지한
주상은 과연 어떠한 주상이란 말인가?

저 흉악한 무리들이 비록 질병을 감추려는 마음이 절박하였다고 하더라
도 성궁을 예측할 수 없는 지경에 빠뜨릴 수 있다는 점을 깨닫지 못하였으
니, 진실로 한탄스럽다. 만약 주상의 건강이 실로 강제하기 어렵지 않았다
면 주상의 큰 효로써 어찌 섭행하는 일이 있었겠는가?

주상이 지극히 부지런한데도 또한 혹 폐강(廢講)할 이치가 있었겠는가?
그것은 실제로 병환이 있었기 때문에 억지로 하기 어려웠던 것이다.
아! 흉악한 무리들이 모의한 계략이 이미 바깥에서 이루어졌고, 간사한
외적의 화응이 이미 안에서 이루어지자 이에 육적(六賊)의 상소가 나온
것이었다.

이에 한밤중에 환국이 일어나자 세상 사람들이 모두 의심하여 말하기를,
"주상이 왕위에 오른 이후로 침묵하는 태도를 견지하여 정령을 시행할
때 애초부터 딱 잘라서 결정하는 일이 없었다. 또한 어지럽고 혼미한
증세가 근래 더욱 심해져서 하찮은 상소는 물론이고 긴급한 상소도
즉시 비답하지 않다가, 혹 몇 달 뒤, 혹 한 달 뒤 비로소 내렸고, 그
가운데 빠르게 내린 것도 20여 일, 10여 일, 6, 7일 뒤였다.

그런데 갑자기 한밤중에 노여움이 지나쳐 누차 엄한 교지를 내려
육경과 삼사의 신하들을 한꺼번에 모두 축출하고, 선조(先朝) 때 뜻을
잃었던 무리들을 한꺼번에 등용하였는데, 그 조처함이 천둥치고 폭풍이
몰아치는 것과 같았다.[44] 오래된 고질병과 어지러운 증세가 혹여 하룻밤

---

42) 삭망전(朔望奠) : 상중에 있는 집에서 매달 초하룻날과 보름날에 지내는 제사이다.

43) 사향(四享) : 1년에 계절마다 4차례 종묘에서 올리는 대제이다. 사철의 첫 달인
1·4·7·10월 상순(上旬)에 지냈다.

44) 천둥치고 …… 같았다 : 원문은 "雷厲風飛"이다. 명령을 엄중히 시행하는 일을 말한
다. 전하여 어떤 일을 매우 용맹스럽게 시행하는 것을 뜻한다.

사이에 흔쾌히 회복되어 그러했단 말인가? 만약 이와 같다면 국가의 큰 복이고 신민의 큰 경사가 될 것이지만 반드시 이런 이치는 없다. ……”

하였다. 주상의 환후가 만약 조금이라도 회복되는 경사가 있었다면 육적의 상소가 어찌 감히 나왔겠는가? 비록 혹 나왔다 하더라도 어찌 이와 같이 이전에는 없던 지나친 일이 있었겠는가?

장세상이 매번 주상이 혹 잘못한 일이 있으면 곧 간쟁하였고, 또한 환관의 무리들에 대해서도 혹 협잡하는 일의 기미가 있으면 반드시 금지시켰다. 그런데 이날 밤의 일에 이르러서는 비록 그 기미를 알고 있었지만 주상에게서 시작된 일이 아니었으므로 간할 수 없었고, 환관과 관계가 없었으므로 금지할 수 없어서 마침내 몹시 분노하였던 것이다.

그 이튿날 국구를 보자 짐짓 말하기를,

“지난밤 주상의 건강이 나빠져서 정신이 더욱 혼미하였으므로 대궐 안에서 큰일의 기미가 있었지만 전혀 알지 못하였습니다.”

하였다. 또 고봉헌(高鳳獻)·송상욱(宋相郁)도 하나 같이 장세상이 말한 것과 같이 말하자, 국구가 얼굴색을 붉히며 대답하지 않았는데 5, 6일 뒤 세 환관을 멀리 유배 보내라는 비망기가 있었으니, 임금의 질병을 감춘 효과가 여기에서 비로소 나왔던 것이다.

아! 사대신은 바로 선조와 금상이 의지하던 신하였고, 또 동궁을 보좌하는 신하들이었는데 모두 제거하였으며, 그 나머지 동궁 편 가운데 직책이 있는 자들은 모두 먼 곳으로 귀양 보냈다.

이것은 권력을 빼앗으려는 의도에서 나왔을 뿐만 아니라 실제로 동궁을 제거하려고 모의한 계략이었다. 이에 역적 비첩과 역적 환관이 실행에 옮겼으니, 이것이 어찌 환관과 비첩이 독자적으로 처리할 수 있는 일이란 말인가?

황천(皇天)이 돌보고 조종(祖宗)이 보살펴주어[45] 흉악한 음모가 이루어졌지만 갑자기 실패하여 간사한 무리들의 음모가 더욱 교묘해졌다. 김일경이 고변서를 거짓으로 꾸며내어 목호룡으로 하여금 올리게 하니 마침내 억울한 옥사가 이루어졌다.

아! 파가저택(破家瀦宅)[46]을 당한 충성스럽고 의로운 혼백은 해 저문 길가에서 시름하고, 섬으로 귀양 가서 울타리에 갇힌 현인 군자들은 산과 바다로 길이 막힌 것을 한탄하였다. 아! 조정에서는 흉악한 무리들이 나라의 권력을 멋대로 휘둘러서 태아(太阿)의 자루가 거꾸로 되었고,[47] 조정 바깥에서는 인심이 술렁이고 놀라서 시끄러운 말이 낭자하였다.

우러러 천체의 모습을 보면 반역의 기운이 위를 범하여 하늘의 변고가 층층이 생기고, 굽혀서 인사(人事)를 살펴보니, 흉년이 겹쳐 이르러 굶주려 죽은 시체가 도로에 가득 찼다. 저 무리들이 질병을 숨긴 효과가 이에 이르러 크게 드러났던 것이다.

주상의 건강은 무엇보다도 중요한데, 이로 말미암아 의약에 의한 치료를 완전히 폐지하였으니, 어떻게 점점 위중해지는 증세를 면할 수 있었겠는가? 갑진년(1724, 경종4) 8월 8일에 이르러, 주상의 건강이 더욱 나빠져서 환취정으로 이어(移御)하고, 이광좌가 비로소 의관을 거느리고 직숙(直宿)하였다.

아! 애초 질병을 숨기는 일 없이 동궁으로 하여금 항상 가까이서 모시게 했다면 동궁이 마땅히 주상의 건강을 자세히 살펴서 정성을 다해 조호(調護)[48]하여 의약 치료를 놓치지 않았을 것이니, 주상의 환후가 어찌 이

---

45) 보살펴주어 : 원문은 "음즐(陰騭)"이다. 하늘이 말없이 보살펴주는 복을 말한다. 《서경》〈홍범(洪範)〉에서, "하늘은 암암리에 백성의 운명을 정해 놓고 그들의 삶을 돕고 화합하게 한다.[惟天陰騭下民, 相協厥居.]" 하였다.

46) 파가저택(破家瀦宅) : 강상죄나 역모죄를 저지른 자의 집을 헐어 버리고 웅덩이를 파 물이 고이게 하는 것을 말한다.

47) 태아의 …… 되었고 : 태아는 중국의 보검이다. 보검을 거꾸로 쥐어서 그 자루를 남에게 주면 결국 자기에게 불리하고 남을 이롭게 하는 것이다. 권력이 국왕에게 있어야 하는데, 신하들에게 넘어간 상황을 비유한 말이다.

지경에 이르렀겠는가?

환국이 일어난 뒤로부터는 동궁으로 하여금 한 차례도 가까이 모시지 못하게 하였고, 심지어 문안드리러 가는 길을 막기까지 하였으며, 도리어 동궁을 의심하여 정침에 한 발자국도 접근하지 못하게 하였다. 매번 아침에 문안드리러 갈 때마다 중전이 곧 모시고 앉아 있으니, 동궁이 혐의스러워 감히 들어가지 못하고, 단지 정전 바깥에서 문후(問候)만 드리고 물러났다. 일체 질병을 감추다가 증세가 점점 악화되기에 이르렀으니, 아! 저 질병을 감춘 무리들은 임금을 시해하고 자리를 빼앗은 역적보다 심하였다.

8월 24일 밤 주상이 또 누런 물을 토하였다. 이보다 앞서 경자년(1720, 즉위년) 12월 14일에 주상이 누런 물을 토하였는데, 그 뒤 임인년(1722) 옥사가 일어나자 김성절의 초사라고 칭하면서 조태구 이하로부터 모두 말하기를, "독약을 써서 누런 물을 토하였다." 하면서 매번 김상궁을 내어달라고 아뢰었다. 지금 24일 밤에 누런 물을 토한 것도 또한 장차 말하기를, "독약을 썼기 때문이다." 할 수 있겠는가? 이처럼 당일 옥사는 애매하지 않은 것이 없었다.

25일 축시(丑時, 오전 2시 전후한 시점) 주상이 환취정에서 승하(昇遐)하였다.

한 편의 무리들이 오로지 조정의 권력을 멋대로 휘두를 계략을 내어 동궁을 제거하고자 했지만 끝내 이루지 못하자, "양왕의 옥사에서 양왕에게 죄를 묻지 않았습니다.", "접혈금정(蹀血禁庭)",49) "정책국로(定策國老)50)"

<hr>

48) 조호(調護) : 환자에게 섭생을 잘 지키도록 하는 것이다. 또는 몸을 잘 보호하도록 하는 것을 말한다.
49) 접혈금정(蹀血禁庭) : 당나라 태종이 왕위찬탈 과정에서 형 이건성(李建成)을 죽이면서 벌어진 대궐 안 유혈사태를 표현한 말이었다. 즉 대궐 뜰에 유혈이 낭자하여 밟고 건널 정도였다는 뜻이다.(《資治通鑑 唐紀7 高祖 武德9年》 참조) 그런데 이

등의 말을 앞뒤로 서로 이어서 제기하여 동궁에게 억지로 악명을 더하였다.

또한 주상의 건강에 대한 언급을 꺼리고 감추어 의약 치료를 완전히 폐지하였다가 주상의 건강이 점점 나빠져서 끝내 감출 수 없는 지경에 이르자, 게장[蟹醬]에 독을 섞었다는 말을 내어 억지로 자궁의 덕을 더럽혔다.

이른바 "게장"이란, 자궁이 말하기를, "가을철의 새로운 별미여서 대전에 보낸 일이 과연 있었다." 하였는데, 이것은 환후가 위독해지기 이전의 일이었다. 주상의 건강은 이달 19일에 이르러 더욱 위독해졌고, 25일에 이르러 승하하였으니, 이것이 과연 게장에 독을 섞어 넣었기 때문인가?

하물며 게장은 수라간[御廚]에서 바친 것이지 동조(東朝)[51]에서 직접 바친 것이 아니었다! 저들 무리는 종사와 삼전(三殿)의 흉악한 역적일 뿐만 아니라 천고의 흉악한 역적이었다.

이달 30일 왕세제가 즉위하였다.

표현이 경종(景宗)이 반포한 교서(敎書)에 인용되었다. 1722년(경종2) 9월 21일에 경종이 전국에 반포한 교서 가운데 '抑何免禁庭之蹀血'이라고 한 구절이 그것이다. 이 교서는 임인옥사를 마무리하면서 내린 토역반교문(討逆頒敎文)으로, 당시 홍문관 제학이었던 김일경이 지어 올린 것이다. 즉 연잉군이 경종을 죽이고 임금이 되려고 하면 그에 반대하는 많은 신하들을 죽이게 될 것이라는 뜻이 들어 있다.

50) 정책국로(定策國老) : 당나라 말기에 환관(宦官)들이 권한을 멋대로 휘둘러 천자를 마음대로 폐립(廢立) 하면서 스스로 '정책국로'라고 했다. 또한 천자를 마치 시관(試官)이 문생(門生) 보듯이 했다고 해서 '문생 천자(門生天子)'라고도 했다.

51) 동조(東朝) : 태후가 거하는 궁전을 말한다. 여기서는 왕후를 가리킨다. 한나라 때 태후가 거처하던 장락궁(長樂宮)이 황제 거처 미앙궁(未央宮)의 동쪽에 있었던 데에서 유래하였다.

노수 이공 유고초
農叟李公遺稿鈔

공의 이름은 문정(聞政), 자(字)는 군필(君弼)이고, 전주(全州) 사람이며, 석문(石門) 효민공(孝敏公) 이경직(李景稷)[1]의 증손이다. 초명(初名)은 진정(眞政)이었다.

신축년(1721, 경종1) 재종제(再從弟) 이진유가 역적 김일경과 함께 흉악한 상소를 올리자 공이 장문의 편지를 써서 관계를 끊고, 즉시 여덟 자식을 거느리고 충주로 가서 거처하면서 문을 걸어 잠그고 세상과의 인연을 끊어버렸으며, "문(聞)"자로 배항(排行)[2]을 고쳤다. 호는 농수이고, 또 다른 호는 "일삼당(一三堂)"인데, 몽와(夢窩, 김창집 호) 김충헌(金忠獻)공이 지어준 것이었다. 관직은 동중추(同中樞)를 지냈고, 이조판서를 추증받았다.

그의 유고 가운데 《곡충헌(哭忠獻)》, 한 편에 있는 수수께끼 같은 소리는 운치는 없지만 속되지 않아서, 굴원(屈原)[3]과 송옥(宋玉)[4]에게 구애받지 않고, 자운(子雲)[5]에게 알아주기를 구하지 않았다. 몽와 혼령과만 정을 나누며 한 말이었고, 단암(丹巖, 민진원 호)이 묻는 것에 대해서는 답하려 하지 않아서 읽어봐도 무슨 말인지 알 수 없었다.

---

1) 이경직(李景稷) : 1577~1640. 본관은 전주, 자 상고(尙古), 호 석문(石門), 시호 효민(孝敏)이다. 이항복(李恒福)과 김장생의 문하에서 수학하였다. 선조대 병조정랑 등을 역임하였으며, 계축옥사(1613, 광해5)로 파직되기도 했다. 1618년 폐모론에 반대해 사직하고, 고향에 내려갔다. 인조반정(1623) 이후 경기도 관찰사·도승지 등을 역임하였다.

2) 배항(排行) : 형제 두 사람이 이름 자에 한 글자를 함께 쓰는 것을 가리킨다.

3) 굴원(屈原) : 전국시대 초(楚)나라의 충신이며 비극적인 시인이다. 학식이 뛰어나 초나라 회왕(懷王) 때 좌도(左徒, 좌상(左相))의 중책을 맡아, 내정·외교에서 활약하기도 했다. 작품은 한부(漢賦)에 영향을 주었고, 문학사에서뿐만 아니라 오늘날에도 높이 평가된다. 주요 작품에는 《어부사(漁父辭)》 등이 있다.

4) 송옥(宋玉) : 전국시대 초나라 사람으로, 자는 자연(子淵)이고, 굴원의 제자라고도 한다. 부(賦)로 명성을 얻었으며, 문체가 화려한 것으로 유명하다.

5) 자운(子雲) : 한나라 유학자 양웅(楊雄, B.C.53~18)의 자이다. 왕망(王莽)의 신(新)나라에서 대부(大夫)가 되었기 때문에 후세에 지조가 없는 사람이라고 비난을 들었다. 사부(詞賦)를 잘하고 사마상여(司馬相如)를 많이 닮았다. 만년에는 부(賦)는 짓지 않았고 경학(經學)에 뜻을 두었다.

하지만 비장(悲壯)하고 강개(慷慨)하면서도 위엄 있고 당당하게 일어나 흡사 눈으로 보고 귀로 들은 듯 손뼉을 치며 박자를 맞추는 것이 또렷또렷하고 당당하여 농옹(農翁)이 지금까지 죽지 않고, 몽야(夢爺)는 천고에 살아 있는 듯하였으니, 진실로 천하의 기이한 문장이고 기이한 일이었다.

《수문록》 3권에 기록된 신축·임인년 화(禍)의 시말은 기괄(機括)을 꾸며내는 과정에 대하여 모두 들은 것으로서 모두 세상에서 잘 알지 못하는 일이었다. 여기서 논한 의리의 구분과 충역의 판별은 당시 상황에서 웅어(熊魚)⁶⁾를 구별한 것과 같이 만세에 해와 별처럼 밝아서, 충헌이 지어준 "일삼(一三)"의 의리에 부끄러움이 없었고, 한 가닥 실로 솥을 붙든 엄능(嚴陵)⁷⁾과 같아서 더욱 제목을 돋보이게 한다.

그의 친구 무민재(無憫齋) 이공(李公)의 이름은 징만(徵萬)이고, 자는 치장(致章)이며, 전의(全義) 사람이었다. 아버지 이유원(李有源)은 예조낭관이었고, 할아버지 이경림(李慶林)은 혼조(昏朝, 광해군) 때 태학생으로서 폐모(廢母)⁸⁾에 항의하는 상소를 올렸다.

---

6) 웅어(熊魚) : 곰 발바닥과 물고기를 가리킨다. 취하고 버릴 바에 대해 판단할 줄 안다는 의미로, 주로 의리를 택하는 것을 가리킨다. 《맹자》〈고자 상(告子上)〉에, "생선도 내가 먹고 싶어 하는 바이며, 곰 발바닥도 내가 먹고 싶어 하는 것이지만 이 두 가지를 겸하여 얻을 수 없다면 곰 발바닥을 취하겠다. 삶도 내가 원하는 바이며 의리도 내가 원하는 것이지만, 이 두 가지를 겸하여 얻을 수 없다면 삶을 버리고 의리를 취하겠다." 하였다.

7) 한 가닥 …… 엄능 : 엄능은 후한(後漢)의 고사(高士) 엄광(嚴光, B.C. 39-A.D. 41)이다. 자가 자릉(子陵)이고, 본래 성은 장(莊)이다. 엄능이 젊어서 광무제(光武帝)와 같이 공부하였는데, 광무제가 황제가 된 뒤 세 번이나 부른 뒤에야 출사하였다. 광무제와 엄광이 함께 잠을 자던 중에 엄광이 광무제의 배에 다리를 올려놓았다. 다음날 태사(太史)가 아뢰기를 "객성이 어좌(御座)를 범하였습니다." 하니, 광무제가 웃으면서 "짐이 옛 친구인 엄광과 함께 잤을 뿐이다." 하였다.(《後漢書·逸民列傳 嚴光》 참조) 본문에서는 두 사람의 친밀한 관계에 주목하여 엄광을 한 가닥 실로 솥이 엎어지지 않게 부지할 정도로 막중한 천하의 정치를 담당하였다고 본 듯하다.

8) 폐모(廢母) : 1617년(광해군9) 대북(大北)계 이이첨(李爾瞻) 등이 영창대군(永昌大君)과 인목대비(仁穆大妃)의 아버지 김제남(金悌男)을 죽이고 대비를 서인(庶人)으로 폐하고 서궁(西宮)에 유폐한 사태를 가리킨다.

고조와 증조, 두 세대는 모두 음직(蔭職)으로 출사하였고, 5세 조 이구령(李龜齡)[9]은 예조판서를, 6세 조 이덕숭(李德崇)[10]은 감사를 지냈으며, 연신군대 대간으로서 화를 입었다. 7세 조 이신효(李愼孝)는 이조참판을 지냈으며, 청백리가 되었다. 삼대에 걸쳐 연이어 충청 감사를 지냈으며, 이상의 내용으로 보아 모두 혁혁(奕奕)했던 문벌이었다.

공은 행동이 독실(篤實)하고 우아한 지조(志操)가 있었으며, 식견은 탁월하고 절개가 높았다. 초명은 만징(萬徵)이었다. 조태구·유봉휘·김일경·최석항 등과 교유하였는데, 이들이 건저(建儲) 보기를 원수처럼 여겨서 비밀리에 재앙의 기미를 선동하는 것을 보고 탄식하여 말하기를, "저 무군(無君)의 역적들과 함께 어찌 교유하겠는가?" 하였다.

저 정책(定策)한 사대신은 그 공으로써 말하자면 위기일발의 위험한 고비에서 저사(儲嗣)를 정하였고, 그 충성으로써 말하자면 만 번 죽임을 당하는 와중에 신명(身命)을 바쳤으니, 비록 오랑캐일지라도 오히려 감동할 만한데, 하물며 우리 예의의 나라 사람들은 어떠하겠는가?

임금과 신하가 있고 난 이후 편당이 생겼으니, 4명의 신하들은 곧 노론이고, 나는 소론이지만 저 4명의 신하들은 군신의 의리를 다 한 자들인데, 내가 어찌 감탄하며 우러러보지 않겠는가? 그리하여 네 역적[四賊]과는 관계를 끊고 왕래하지 않았다.

그런데 계묘년(1723, 경종3) 유봉휘가 전장(銓長, 이조판서)이 되자 공을 후릉 참봉에 첫째로 의망(擬望)하여 낙점(落點)을 받았지만 나아가지 않고, 자제들이 과거에 응시하는 것을 금지하였다.

---

9) 이구령(李龜齡) : 1482~1542. 본관은 전의(全義), 자 미지(眉之)이다. 할아버지는 이신효(李愼孝)이고, 아버지는 관찰사 이덕숭(李德崇)이다. 1514년 과거 급제하여 예조좌랑으로 재직한 이래 1538년 공조판서를 거쳐 예조판서가 되었다.

10) 이덕숭(李德崇) : ?~?. 본관은 전의, 이작(李作)의 증손으로, 할아버지는 이의흡(李義洽)이다. 아버지는 청백리 이신효(李愼孝)이다. 문정왕후의 외조부이다. 1462년(세조8) 과거 급제하여 호조좌랑 등을 지냈으며, 성종대 대사간 등을 역임하였다.

　그는 당시의 이른바 "토역과"를 두고 말하기를, "이것은 충신을 토벌한 것이다." 하고서, 이에 자손에게 명하여 대과(大科)에 응시하지 못하게 하고, 장단(長湍)에 은둔하여 이름을 "징만"으로 고쳤다.

　오로지 농옹과 더불어 칠실(漆室)11)에서 그러했듯이 종사와 나라를 근심하면서 부귀를 뜬구름처럼 여겼으니, "살아서는 뜻을 함께하고 죽어서는 열전에 함께 오를 것"12)이라고 말할 수 있다.

　애석하도다! 두 집안의 자손들이 모두 능히 두 조상의 위대한 공적을 널리 밝히지 못하여 지금에 이르러 사라져 버려서 있는 듯 없는 듯하구나. 아! 이것이 어찌 유독 자손의 잘못이겠는가?

---

11)　칠실(漆室) : 춘추시대 노나라의 칠실이란 고장의 노처녀가 자신이 시집가지 못하는 것은 걱정하지 않고 임금은 늙고 태자가 어린 것을 걱정하여 울자, 이웃집 부인이 비웃으며, "이는 노나라 대부가 할 근심이니 그대가 무슨 상관인가?" 하였다.(《列女傳·漆室女》참조) 이는 분수에 지나친 근심을 뜻하는 말인데, 일반적으로 국사를 걱정하는 마음을 나타내는 겸사로 쓰인다.

12)　살아서 …… 것이다 : 사마광(司馬光)이 범진(范鎭)과 의기투합하여, "나와 너는 살아서는 뜻을 같이하고 죽어서는 같이 열전에 오를 것이다.[吾與子, 生同志, 死當同傳.]" 하였다.(《宋名臣言行錄》참조)

정유일기(丁酉日記) 한 조항

기해(己亥) 한 조항

또 흰 조힝

경자(庚子) 조항 －빗물에 젖어 썩고 상하여 초출(鈔出)하지 못하였으니 대략 신축·임인·계묘년 원록(原錄) 중에서 볼 수 있다. －

신축(辛丑) 한 조항

반곡(盤谷) 체좌(棣座)에게 올리는 긴 편지[呈盤谷棣座長書]

같은 해 한 조항

김 영부사를 전별하는 한 조항[餞別金領府一條]

몽와(夢窩) 제문

여덟 아들을 경계하며 보낸 편지[戒八子書]

부록 송헌(松軒)의 기록 두 조항

무민재(無憫齋) 이공(李公) 유고(遺稿) 초(鈔)

목호룡 무고(誣告) 한 조항

윤회(尹會)가 몽와에 대해 후회하며 논한 한 조항 －손자 이수겸(李受謙)이 추가로 기록한 한 조항을 부록하다. －

나머지 '유봉휘 문답[鳳輝問答]', '농수 문답(農叟問答)', '친구들과의 문답[友人問答]' 등은 비록 소략함과 상세함이 같지 않았지만, 농수와 더불어 토론한 내용이었으므로 모두 《수문록》에 넣었고, 때문에 다 기록하지 않았다.

정유일기 한 조항〔丁酉日記一條〕

　정의문(鄭義聞)은 석문(石門, 이경직의 호)공이 통신사였을 때[13] 배종(陪從)했던 청지기였다. 그 아들 정예하(鄭禮夏)도 이어서 서곡(西谷)[14]의 청지기가 되었는데, 가계(家計)가 매우 가난하였다. 서곡을 모시고 기영(箕營, 평안 감영)에 가서 1년 동안 머물렀다가 빈손으로 돌아왔다. 돌아가신 할아버지[15]가 상주(尙州) 목사에 제배되었을때, 4백 냥을 주어서 생계를 유지하도록 하였다.

　그 손자 정영대(鄭榮大)가 또 중약(仲約, 이진검의 자)의 청지기가 되었는데, 그 사람됨이 총명하고 민첩하며 문필을 겸비하였으므로 중약의 여러 형제들이 대소(大小) 과장(科場)에서 도움을 받자 문중(門中)의 장로(長老) 및 친구·지식인들이 마음속으로 적이 비루하게 여겼다.

　이른바 "중약"이라고 하는 자는 겉으로는 너그럽고 후한 척하였지만 안으로는 실로 각박하고 속이 좁았고, 이른바 "사진(士珍)[16]"이라고 하는

---

13) 석문공이 통신사였을 때 : 1617년(광해군9)이다. 당시 이경직은 회답 겸 쇄환사(回答兼刷還使) 오윤겸(吳允謙)을 따라 종사관(從事官)으로 일본에 다녀왔다. 1617년 7월 7일 부산을 출발하여 10월 18일 귀국하였고, 이때 포로로 잡혀간 조선인 321명을 쇄환하였다.

14) 서곡(西谷) : 이정영(李正英, 1616~1686)의 호이다. 본관은 전주, 자 자수(子修)이다. 효민공(孝敏公) 이경직의 아들이다. 이조·형조판서를 역임하였다.

15) 돌아가신 할아버지 : 이정영의 형 이장영(李長英, 1610~1677)을 가리킨다. 자는 자화(子華)이다. 음사로 선공감 감역이 되었으며, 평산 부사·상주 목사 등을 역임하였다. 이문정은 이장영의 후손이고, 이진유·진검은 이정영의 후손이다.

16) 사진(士珍) : 이진유(李眞儒, 1669~1730)의 자이다. 본관은 전주, 호 북곡(北谷)이다. 할아버지는 이정영, 아버지는 참판 이대성, 이진검의 형이다. 경종 때에 이조참의·부제학·좌부빈객·대사성 등을 역임하였다. 1724년 경종이 죽자 이조참판이 되어 고부 겸 주청사(告訃兼奏請使)의 부사로 청나라에 다녀왔다. 이듬해에 노론이 등용되자 아주 먼 외딴 지역에 안치되었다가 중앙에 압송되어 문초를 받던 중 옥사하였다.

자는 엄하고 혹독한 데다가 교만하여, 사람들이 서로 만나서 대면하는 것을 싫어하였다.

정영대가 비록 그의 청지기가 되었지만 마음속으로 그 형제들에게 복종하지 않았으며, 돌아가신 할아버지가 그 조상을 살려준 은혜에 깊이 감동하여 매일 새벽이면 반드시 와서 나를 만나보고 들을 만한 얘깃거리가 있으면 바로 알려주었으므로, 새벽과 밤 사이에 푸른 노새를 탄 귀한 손님이 사진 형제의 집에 왕래한 일을 익숙하게 들었다.

내가 마음속으로 항상 괴이하게 여겨서 말하기를,

"사진 형제가 평소 명망을 조성하며 스스로 청류(淸流)로 자처하였는데, 갑자기 귀척(貴戚)과 몰래 결탁한 것은 무슨 의도인지 알지 못하겠습니다."

하니, 치장(致章, 이징만의 자)이 곁에 있다가 말하기를,

"저 무리들이 부지런하게 힘써서 골몰하고 있는 일은 바로 환국에 반론[17]하려는 계략입니다."

하였다. 내가 말하기를,

"크게 간악한 자들이 충성을 가장하는 것은 예로부터 그러한데, 오로지 인군이 사람을 알아보고 등용하고 물러나게 하는 것에 달려 있으니, 나라는 그에 따라서 흥하고 망합니다. 바야흐로 지금 대조(大朝)는 정사에 싫증이 났지만 세자는 어질고 착합니다.

유봉휘와 최석항은 대대로 혁혁한 집안 출신이고 문장과 재능을 겸하였으며, 조태구와 조태억은 능력 있고 교활한 형과 똑똑하면서도 독살스러운 동생이 겹쳐 있습니다. 이진유와 이광좌는 재기가 보통사람보다 뛰어나며 세상에 보기 드물게 준수한 부류입니다.

이진검의 경우, 겉으로는 한결같이 너그럽고 후한 사람이지만 마음속은 아주 간악하고 음험합니다. 일을 꾸밀 때 지모(智謀)가 치밀하기 때문에

---

17) 반론 : 여기서 반론은 노론 사대신 주도로 추진된 세제 대리청정을 뒤집는 논리를 말한다.

같은 패거리의 사람들이 모주(謀主)로 추대하였습니다. 사람을 만났을 때 하는 말이 다정하였기 때문에 친하든 친하지 않든 너그럽고 후하다고 평가합니다.

이 7명이 나라를 위하는 마음을 가졌다면 진실로 나라의 복이었겠지만 지금 듣고 본 것을 가지고 말한다면 몰래 척리와 결탁하여 나라의 권력을 멋대로 휘두를 계략을 내었으니, 널리 사사로운 당을 심는 것은 반드시 명성과 위세를 확장하려는 의도입니다.

또한 역적 윤휴(尹鑴)[18]가 사약을 받고 죽은 것을 매번 원통한 사건이라고 칭하면서 이현일의 문도들을 갑자기 사목(仕目)에 의망하였는데, 이들은 모두 협잡을 일삼는 올바르지 못한 부류이므로 반드시 가문과 국가에 화란을 초래하는 근본이 될 것이니, 이것은 국가를 위해 근심이 됩니다.

저와 지극히 가까운 사이에 있는 준수한 인재들이 아침저녁으로 이진유·이진검과 종유하면서 그 교만과 사치를 답습하고 그 패륜을 숭상하여, 눈앞에 나타난 효상(爻象)에 온 가문이 망할 기미가 없지 않으니, 이것은 사사롭게 근심이 됩니다.”

하였다. 치장이 말하기를,

“대신이 독대한 일 때문에 한쪽 편의 의논이 분분하여, 어떤 자는 ‘세자 대리청정의 일’이라 말하고, 어떤 자는 ‘세자를 바꾸어 세우는 일’이라고 말합니다. 전하의 말이 한결같지 않은데, 만약 대기괄(大機括)이 있다면 혹 그 자세한 사정을 들을 수 있겠습니까?”

하니, 내가 말하기를,

---

18) 윤휴(尹鑴) : 1617~1680. 본관은 남원(南原), 자 희중(希仲), 호 백호(白湖)이다. 현종·숙종 연간에 북인계(北人系) 남인으로 활동하면서 현종대 예송(禮訟) 이래 주요 현안을 둘러싸고 서인과 대립·갈등하였다. 학문적으로 주자의 경전 해석을 비판하고 《논어》·《맹자》·《중용》·《대학》·《효경》 등에 대해 독자적인 해석을 내놓아 주자의 장구(章句)와 주(註)를 수정하였다. 이는 당시 송시열을 중심으로 주자학을 절대적으로 맹신하던 주류 학계에 큰 파문을 일으켜 송시열에 의해 사문난적(斯文亂賊)으로 몰렸고, 결국 1680년(숙종6) 경신환국으로 사사되었다.

"이미 독대라고 하였으니, 임금 앞에서 조용히 문답한 것인데, 바깥사람들이 어떻게 들을 수 있겠습니까? 또한 그대와 나 같은 포의(布衣)의 무리가 그것을 들었다고 해서 무슨 보탬이 있겠습니까? 하물며 시휘(時諱, 당시에 숨기는 일)를 어떻게 사제(私第)에서 번거롭게 말하겠습니까? 다시는 말하지 마십시오."

하였다.

어느 날 새벽에 정영대가 와서 다음과 같이 고하였다.

"지난밤 두 조대감이 나리 댁에 왔는데, 얼마 뒤 푸른 노새를 탄 손님이 또 도착하였습니다. 영감(令監, 이진유)이 말하기를,

'흉악한 역적이 멋대로 독대한 것은 반드시 시휘의 일일 것인데, 그 기밀을 통하는 것을 어찌 지체할 수 있겠습니까?'

하니, 푸른 노새를 타고 온 손님이 말하기를,

'김경도가-환관- 일간 맡은 임무가 매우 번거로워서 지금 새벽에야 잠시 나왔으므로 비로소 그 자세한 내용을 들을 수 있었습니다.'

하자, 작은 영감[小令監, 이진검]이 묻기를,

'과연 어떠하였습니까? 나 또한 들은 것이 있으니 차례로 말해서 더불어 비교해 봅시다.'

하였습니다. 푸른 노새를 타고 온 손님이 막 발언하려고 할 때 작은 영감이 말하기를,

'잠깐 말하지 마십시오.'

하고, 소인을 불러서 본댁으로 돌아가라고 명하였으므로 소인이 즉시 대문으로 나갔다가 다시 내중문(內中門)으로 들어와서는 협방으로 들어가 몸을 숨기고 몰래 들었는데, 푸른 노새를 타고 온 손님이 말하였습니다.

'대조가 낮은 소리로 우의정에게 하교하기를,

「오늘 독대하는 의도를 경은 아는가?」

하니, 대답하여 아뢰기를,

「신이 매우 우둔하여 천의(天意)의 소재를 능히 우러러 헤아리지 못하겠습니다.」

하자 하교하기를,

「내가 종사에 대해 깊은 근심이 있는데, 나이는 이미 늙었고, 병은 더욱 깊어져서 밤낮으로 이것을 생각하느라 잠을 제대로 이룰 수 없다.」

하였습니다. 이에 대답하여 아뢰기를,

「신은 재능이 없고 무능한데, 쓸데없이 대료(大僚)19) 자리에 메어 있으면서, 위로는 성궁을 보좌한 것도 없고, 아래로는 백성을 구제하지도 못하여 성상께서 밤낮으로 근심하게 만들었으니, 모두 신의 죄입니다.」

하였습니다. 하교하기를,

「경은 어찌하여 동문서답하는가? 바야흐로 지금 세자가 본래 자질이 유약하였는데, 희빈의 변고 뒤에는 종종 정신이 흐리멍텅해져서 살피지 못할 때가 있다. 또한 희빈이 함부로 저지른 나쁜 짓으로 말미암아 이내 기이한 질병이 되었으니, 후사를 이을 희망이 없을 것 같다. 내가 우려하는 바를 경이 어찌 알지 못하는가?」

하였습니다. 우의정이 대답하지 못하자, 다시 하교하기를,

「내가 나이를 먹어 쇠약해지고 병이 심하여 실로 수응하기 어려우니, 바야흐로 세자에게 대리청정하게 하려 한다.」

하자, 우의정이 대답하여 아뢰기를,

「세자가 대리청정하는 것은 국가의 큰일인데, 이같은 성교(聖敎)를 어찌 신 혼자서 받들 수 있는 일이겠습니까? 마땅히 중외에 전지를 내리십시오.」

하였습니다. 대신이 물러나기를 청하자 다시 하교하기를,

「내가 당 태종의 고사를 거행하고자 하는데, 경의 뜻은 어떠한가?」

---

19) 대료(大僚) : 보국(輔國) 이하의 관료가 의정(議政)에 대하여 부르는 칭호이다.

하니, 대신이 몹시 두려워 얼굴색이 변해서 말하기를,

「전하께서 어찌 이런 하교를 내리십니까?」

하고는 대답할 바를 알지 못하고 이에 벌떡 일어나 물러났습니다.
……'

작은 영감이 다음과 같이 말하였습니다.

'일전에 신용희(辛用禧)가 전한 내용이 이것이었습니다. 세자를 폐위하는 것이 이이명 무리의 본뜻이었는데, 대조가 일찍이 이미 몰래 엿보아 알았기 때문에 특별히 이이명에게 명하여 독대를 하였던 것입니다. 신용희가 그날 또한 사알(司謁)에게 명하여 몰래 듣게 하였습니다. 대조가 당 태종의 고사를 거행하려고 한다고 하교하자 저 역적들이 대답하여 아뢰기를,

「전하의 처분에 달려 있습니다.」

하였습니다. 이때 세자가 바야흐로 전약(煎藥)[20]을 살피며 어병(御屛) 뒤에 있었는데, 어병 위에서 내려다보니, 이이명이 우러러 보고서 몹시 두려워 얼굴색이 변하며 홀연히 말을 바꾸어 아뢰기를,

「전하께서 어찌 이런 하교를 내리십니까?」

하고는 곧 급히 물러났습니다. 「전하의 처분에 달려 있습니다.」[是在殿下 處分] 여섯 글자는 김경도가 감추고 말하지 않았는데, 두 조대감이 말하기를,

「이 말은 확실합니다. 주상이 끝에 가서 하교한 것이 저들의 계략에 적중하였는데, 애초 어찌 몹시 두려워 얼굴색이 변할 이치가 있겠습니까? 또『어찌 이런 하교를 내리십니까?』대답하겠습니까? 내려다보는 세자를 우러러보고, 이내 몹시 두려운 마음이 들어서 억지로『어찌 이런 하교를

---

20) 전약(煎藥): 동짓날에 먹는 음식의 하나로 쇠가죽을 진하게 고아서 꿀과 관계(官桂)·건강(乾薑)·정향(丁香)·후추 따위의 가루와, 대추를 쪄서 체에 거른 고(膏)를 섞어 푹 끓인 뒤에 사기그릇에 담아 굳힌 음식이다.

내리십니까?』 대답한 것이었습니다.」

하였습니다.'

하자, 나리께서 팔뚝을 걷어붙이며 말하기를,

'이러한 역적은 급히 토벌하지 않을 수 없습니다.'

하니, 작은 영감이 말하기를,

'이는 실로 큰일인데 어찌 경솔하게 거행할 수 있겠습니까? 세자를 폐위한 죄를 성토하고 싶지만 아직 형적이 없는데, 내시를 통해서 몰래 알았다는 말을 상소에 발설할 수는 없습니다.

그가 독대한 일을 논하고 싶지만 먼저 세자에게 대리청정하라는 하교가 있고, 만약 이 하교로써 발명하면 실로 다시 배척할 만한 단서는 없을 것입니다. 우선 그 진짜 자취가 드러나기를 기다리는 것만 같지 못합니다. ……'

하였습니다. 푸른 노새를 타고 온 손님이 다시 말하려고 할 즈음에 작은 영감이 노비에게 분부하여 소인을 불러오게 하였기 때문에 급히 물러 나왔으므로, 그 뒤에 나온 말은 다시 듣지 못하였습니다."

내가 이 말을 듣고서 마음속으로 근심하며 한탄하여 말하였다.

"명색이 인신(人臣)으로서 밖으로는 귀척과 결탁하여 계략을 협잡 하느냐. 깊은 밤 몰래 통하였으며, 안으로는 환관을 통해서 깊고 엄한 일을 사제에서 몰래 논의하였으니, 망하지 않고 어찌겠는가?

두 조대감은 타인이니, 비록 망해도 관계가 없지만 두 이대감은 지친이어서 그 화가 온 가문에 미칠 테니, 이 때문에 고향으로 내려갈 뜻이 생긴 것이다."

내가 이에 생각해보니 대신이 몹시 두려워한 것이 세자가 병풍 뒤에서 내려다보는 것을 우러러보았기 때문이라는 말은 전혀 이치에 맞지 않는다.

인신이 입시하면 반드시 어상(御牀) 앞에 고개를 숙이고 엎드려서 감히 머리를 들 수 없으므로 어좌(御座)도 오히려 볼 수 없는데, 하물며 어좌보다 몇 장(丈)이나 높은 병풍 위를 볼 수 있겠는가?

이것은 뒷날 사화를 빚어내려는 말이 아닐 수 없었다. 대신이 몹시 두려워한 것은 정녕 끝에 나온 성교 때문이었다.

내가 또한 생각하기를, 여러 과격한 무리들이 모두 중약을 우두머리로 삼는 것을 항상 괴이하게 여겼다. 지금 들은 정영대가 전한 중약의 말 가운데 "이것은 실로 큰일이다."로부터 "우선 진짜 자취를 기다린다."는 말까지를 보면, 비밀리에 앞날을 헤아려 깊이 생각하여 모의한 일은 과연 그날 밤 모인 손님들이 도와서 나온 것이었다.

그 뒤 먼저 경자년 은화에 대한 상소로써 신축·임인년 화(禍)의 계기를 빚어냈고, 그 형의 신축년 상소를 대신 작성하여 정책에 참여한 여러 신하들을 일망타진하였으니 어찌 마음에 비통하지 않겠는가?

소자 광유(匡維)21)가 기록하여 뒷날의 증거가 되게 하려 한다.

---

21) 광유(匡維) : 이문정의 여섯째 아들 이광유이다. 여덟 아들을 두었는데, 이광국(李匡國)·이광세(李匡世)·이광적(李匡績)·이광악(李匡岳)·이광직(李匡直)·이광유·이광업(李匡業)·이광종(李匡宗)이었다.

기해년(1719, 숙종45) 한 조항〔己亥 一條〕

석문(石門, 이경직의 호)의 후예로서 청음(淸陰)[22] 자손과 정의(情誼)가 한 가문과 같아서 함께 지낸 지 3세대가 되었다. 문곡(文谷)[23]이 참소를 받자 가친(家親)과 종숙부가 매일 가서 위로하고, 그를 위해 걱정하기를 지친처럼 하였다.

문곡이 화를 만나서는 가친과 종숙부가 가서 초종장사(初終葬事)[24]를 점검하였다. 정의가 이와 같았던 것은 청음이 석문 할아버지를 구원한 은혜를 잊지 않았기 때문이다.[25] 똑같은 석문 할아버지의 후손이면서 서곡파(西谷派)는 가친과 종숙부를 멀리하였을 뿐만 아니라 왕왕 비웃었으니, 이것은 평소에 선조를 잊고 의리를 배반하는 마음을 갖고 있었다는 증거이다.

내가 몽와와 더불어 교분이 매우 두터웠던 것은 대대로 사귀어 온

22) 청음(淸陰) : 김상헌(金尙憲, 1570~1652)의 호이다. 본관은 안동, 자 숙도(叔度), 호 석실산인(石室山人)이다. 예조판서·좌의정 등을 역임하였다. 이정귀·김유·신익성·이경여·이경석·김집 등과 교유하였다. 청서파(淸西派)의 영수로 활동하면서 병자호란 때 척화론(斥和論)을 주장하였다.

23) 문곡(文谷) : 김수항(金壽恒, 1629~1689)의 호이다. 본관은 안동, 자 구지(久之)이다. 김상헌의 후손이다. 경신환국(1680, 숙종6)이 일어나 남인들이 실각하자 영의정이 되어 남인의 죄를 다스리는 한편, 송시열·박세채 등을 불러들였다. 기사환국(1689) 이 일어나 남인이 재집권하자 사사(賜死)되었다.

24) 초종장사(初終葬事) : 초상 난 뒤부터 졸곡(卒哭)까지 치르는 온갖 일이나 예식을 가리킨다. 졸곡제는 장사를 마치고 삼우제(三虞祭)를 지내고 나서 석 달이 지난 뒤 갑(甲)·병(丙)·무(戊)·경(庚)·임(壬)의 강일(剛日)을 택하여 거행한다.

25) 청음이 …… 때문이다 : 이것은 1629년(인조7) 김류(金瑬)가 김세렴·남이공 등과 함께 이경직을 등용하려 한 일로 이귀(李貴) 계열과 갈등한 일이 있었다. 이때 김상헌은 그 형 김상용(金尙容)과 함께 김류와 같은 입장을 취하였다. 그렇지만 김상헌이 이경직을 분명하게 구원한 기록은 보이지 않는다. 따라서 이같은 후손들의 관계 인식을 사실로 확정하기 위해서는 보다 다양한 문헌 검토가 필요하다고 본다.

정의 뿐만이 아니라 지기(志氣)가 서로 합치하였기 때문이었다. 젊어서부터 늙을 때까지 서로 정을 맺은 것이 더욱 돈독해져서 몽와는 포의인 내가 천하다는 사실을 잊었고, 나 또한 몽와가 존귀한 재상임을 잊었다. 나는 몽와를 방문하여 온종일 담화를 나누다가 저녁 무렵에서야 돌아왔고, 몽와가 나를 방문해서도 또한 이와 같았다.

기해년 12월 2일에 둘째 아들26)이 승륙(陞六)27)하여 지평에 제배되고, 같은 달 23일 내가 당상(堂上)의 교지(敎旨)를 받들었으므로, 영광스럽고 행복한 마음을 감축한 것이 어찌 끝이 있겠는가? 몽와가 축하하기 위해 와서 함께 온종일 말하였는데, 조정에서 벌어지는 시끄러운 기미에 대해서는 서로 한 마디도 말하지 않았다.

경자년(1720, 숙종46) 1월 3일 내가 사례(謝禮)하고, 세배를 겸하기 위해 몽와를 가서 보고, 저녁 무렵이 되어서 돌아왔다. 그날 밤 사진 형제가 와서 보고는 묻기를,

"김아무개를 가서 보고 무슨 이야기를 하셨는지요? 판중추부사 윤지완이 연이어 상소한 것28)에 대해서는 그가 어떻게 말하였습니까?"

하기에 내가 대답하기를,

"지난 겨울 김정승이 축하하기 위해서 방문하였는데, 내가 사례를 하지 못해서 지금 새해를 맞이하여 사례하고 세배를 겸하기 위해서 갔습니다. 비록 하루 종일 말을 나누었지만 모두 그렇고 그런 이야기였습

---

26) 둘째 아들 : 이광세(李匡世, 1679~1756)이다. 자는 제이(濟而)·제경(濟卿)이며, 1719년 급제하여, 영조대 승지·대사간·호조참판 등을 역임하였다.

27) 승륙(陞六) : 7품 이하의 벼슬아치가 6품에 오르다.

28) 윤판부 …… 것 : 이이명이 숙종과 독대한 일을 판중추부사 윤지완이 비판한 상소를 가리킨다. 이것은 1717년(숙종43)의 일로서, 실록에는 당시 윤지완이 영중추부사로 나온다. 윤지완은 1718년에 죽었으므로, 이 기사를 통해서 그의 상소문이 사후에도 논란이 되었음을 알 수 있다.

니다. 내가 포의로서 어찌 상신이 독대한 일을 재상에게 물을 수 있겠습니까? 어찌 기꺼이 윤지완의 상소에 대한 가부를 포의에게 말해주겠습니까?"

하였다. 중약이 말하기를,

"형님은 일개 포의의 선비로서, 권력을 가진 재상의 문에 출입하였으니, 동생인 저의 생각으로는 결국 흠이 되는 일이라고 생각합니다."

하니, 내가 대답하기를,

"우리 이씨와 청음의 후손은 대대로 우의(友誼)가 범상치 않습니다. 그대와 나 사이의 정의(情誼), 나와 김정승 사이의 정의가 저절로 구별되는 점은 김정승이 재상이 된 뒤에 있었던 것이 아니라 김정승이 벼슬²⁹⁾하기 전부터 있었던 것이므로, 내가 전처럼 그 집에 왕래한 일이 어찌 높은 안목에 흠이 될 수 있겠습니까?

또한 내가 젊어서부터 과거를 통해 벼슬에 나아갈 마음을 끊고 한갓 친구들과 교유하는 것을 일삼았는데, 김정승은 곧 내 친구입니다. 내가 권세를 가진 재상으로 보지 않고, 친구로서 보았으며, 김정승 역시 귀하고 소중한 사람으로 자처하지 않고, 친구로서 자처하였습니다.

경사로운 맑은 날에 뜻한 바 있어 서로 방문하여 담담하게 서로 상대하며 하루 종일 이야기를 나누었는데, 많을 때는 수천만 마디의 말을 하였지만 곁에 있는 사람들이 듣고도 괴이하게 여기지 않았습니다. 내가 어찌 지금 정국을 주도하는 사람들처럼 어두운 밤에 권귀(權貴)와 몰래 교제하고, 은밀히 협잡하는 계략을 모의하다가 혹여 다른 사람들의 귀를 번거롭게 할 것을 두려워하겠습니까?"

하였다. 사진이 말하기를,

---

29) 벼슬 : 원문은 "釋褐"이다. 천복(賤服)인 갈(褐)을 벗는다는 뜻으로, 과거 급제자가 평민의 옷을 벗고 새로이 관복을 입는다는 것이다. 곧 문과에 급제하여 처음으로 벼슬길에 나아감을 의미한다.

　"형님은 재주와 덕망이 일문에서 가장 높고, 또한 윤질(胤姪, 재종형의 아들) 8명이 모두 공보(公輔, 재상)가 될 수 있는 그릇입니다. 그런데 지금 국본에게는 위태로운 기미가 있고, 세도가 몰락힐 근심이 있는데, 이러한 때 어찌하여 동생들과 좋아하는 취향을 같이 하지 않으십니까?"

　하기에, 내가 대답하기를,

　"국본을 도와서 유지하고, 세도를 주장하는 것은 그대와 같은 존귀한 진신(搢紳)들의 책무이지, 나 같은 포의의 책무가 아니니 이런 말은 절대로 다시 듣고 싶지 않습니다. 나와 그대는 촌수가 가까운 지친이고 세상은 돈후한 풍습을 숭상하여, 서로 좋아하는 감정이 예전부터 부족하지 않았는데, 다시 별도로 무슨 좋아하는 취향이 있겠습니까?

　그대는 그대의 처지가 있고, 나는 나의 처지가 있어서 각각 정해진 처지가 있는데, 하물며 태평한 세상을 만나 다시 무슨 특별히 함께 돌아갈 곳이 있겠습니까? 몸가짐을 조심하여 집안의 명성에 욕됨이 없게 하며, 여러 자식들이 배움이 없고 패악한 부류가 되지 않도록 금지하여 경계하는 것이 내가 생각하는 것일 뿐입니다."

　하였다. 중약이 말하기를,

　"형님이 가르치신 뜻에 의심스러운 곳이 많을 뿐입니다."

　하였다. 사진이 다시 말하려고 했을 때 내가 술에 취해 잠드는 모습을 보고는 곧 하직하고 돌아갔다.

또 한 조항〔又一條〕

내가 8월 보름 뒤부터 갑작스럽게 설사병을 얻어서 몇 달이 지나도 낫지 않고 장차 위태로운 지경에까지 이르렀다. 몽와가 이 소식을 듣고서 의원을 보내 병을 돌보고 약을 보내 치료해주어서 큰 효험을 보았다. 10월 그믐에 이르러 비로소 살아나서 겨우 집 안의 뜰을 거닐 수 있었다.

어느 날 몽와가 친히 문병을 왔기에 내가 사례하여 말하기를,

"저 같은 천한 사람에게, 대감은 어찌 그 죽음을 애석하게 여기고 의관과 약을 보내 구원하여 치료해주시고, 또 이번에는 친히 왕림하여 이처럼 마음을 써서 돌보아 주십니까?"

하니, 몽와가 농담으로 말하기를,

"염라대왕(閻羅大王)이 비록 사부(死符)를 주관하지만 어찌 능히 내 친구를 빼앗을 수 있겠습니까? 지금 다시 친구의 눈썹과 이마에 있는 청수(淸秀)한 기운이 오랜 병환에도 손상되지 않은 것을 보니, 이제부터는 살아날 것을 걱정하지 않아도 되겠습니다."

하였다. 내가 말하기를,

"저처럼 쓸모없는 물건을 무슨 이유로 이처럼 아끼고 보호하십니까?"

하니, 몽와가 말하기를,

"그대 같은 사람은 예로부터 지금까지 드물게 보는 고결한 선비인데, 내가 친구로 삼을 수 있게 되었으니, 어찌 애지중지하지 않겠습니까? 내가 그대를 위한 당호(堂號) 하나를 생각하였는데, 바로 '일삼당(一三堂)'입니다. 삼가 받들어 증정합니다."

하였다. 내가 감히 묻기를,

"'일삼(一三)'의 의미를 어디에서 얻었습니까?"

하였더니 대답하기를,

"존주(尊周)의 고풍(高風)은 노연(魯連)[30]이 다시 태어난 것 같고, 세상 밖에서 초연한 것은 엄능이 다시 태어난 것 같으며, 가법(家法)이 근엄(謹嚴)한 것은 석분(石奮)[31]이 다시 태어난 것과 같습니다. 내 친구 한 사람이 이 세 사람을 겸비하였기 때문에 '일삼당'이라고 한 것입니다."

하였다. 내가 말하기를,

"내려주신 호는 비록 '훌륭하다.' 하겠으나 감당할 수 없고, 감당할 수 없습니다. 그런데 대감도 또한 아첨을 용납하는 기풍이 있습니까? 이처럼 궁벽한 거리에 사는 노물에게 아첨하는 것이 대감에게 무슨 도움이 되겠습니까?"

하며, 서로 웃으며 헤어졌다.

---

30) 노연(魯連) : 전국시대 제(齊)나라 고사(高士)인 노중련(魯仲連)이다. 뜻이 크고 기개가 있어 남의 환난을 도와주기를 좋아하였다. 그는 "진나라가 만약 방자하게 제(帝)를 칭한다면 동해에 빠져 죽겠다." 하였다.(《史記·魯仲連列傳》 참조)

31) 석분(石奮) : ?~B.C. 124. 한나라 경제(景帝) 때 구경(九卿)이 되었으며, 그의 아들 네 형제가 모두 효성과 근실함으로 2천 석 벼슬에 올랐다. 경제가 석분을 만석군(萬石君)이라고 불렀다.(《漢書》 참조)

경자(庚子) 조항

─ 빗물에 젖어 썩고 상하여 초출(鈔出)하지 못하였으니 대략 신축·임인·계묘년 원록(原錄) 중에서 볼 수 있다. ─

신축년(1721, 경종1) 한 조항[辛丑 一條]

12월 3일 둘째 아이[仲兒]가 묻기를,

"각리(角里, 이진검의 호) 숙부가 의논할 일이 있다고 하면서 편지로 소자를 불렀는데 어찌해야 합니까?"

하니, 내가 대답하기를,

"숙부가 조카를 불렀는데 어찌 감히 가지 않겠는가?"

했더니, 즉시 가서 보았다. 둘째 아이가 한참 만에 돌아와서 고하기를,

"소자에게 연명 상소에 참여하라고 권하였습니다."

하자, 내가 묻기를,

"무슨 상소인가?"

하니, 둘째 아이가

"사대신을 토역(討逆)하는 상소입니다."

하였다. 내가 다시 묻기를,

"너는 그 상소를 보았느냐?"

하니, 둘째가 말하기를,

"보았습니다."

하였다. 내가 묻기를,

"너는 어떻게 대답하였느냐?"

하니, 다음과 같이 대답하였다.

"가친(家親)께서 여러 자식들이 대과에 응시하는 것을 절대 금지하여 허락하지 않으셨는데, 소자가 감히 가친의 가르침을 어기고 몰래 정시(庭試)를 보았다가 불행히 발탁되어 합격하자 가친이 밥상을 앞에 놓고 드시지 않아서 여러 형제들과 자질들이 이틀에 걸쳐 대죄한 뒤에야 겨우 용서해 주셨습니다.

자질이 과거에 급제하면 다른 집안의 부형은 경사스럽게 여기는데, 가친은 도리어 죄로 여기는 것을 숙부님도 직접 보셨을 것입니다. 비록 별 내용이 없는 상소일지라도 반드시 참여하는 것을 허락하지 않으실 텐데 하물며 이 같은 상소이겠습니까?

또한 사대신이 정책한 공로가 있다고들 말하는데, 지금 어찌 역적이라고 합니까? 하물며 사대신 가운데 김정승 공은 청음의 후손으로서 가친과 절친한 친구입니다. 소자가 이 상소에 참여한다면 어찌 조상을 잊고 의리를 배반한 것이 아니겠습니까?' 하고는 곧 황급히 일어나서 돌아왔습니다."

내가 질책하여 말하기를,

"옛사람이 말하기를, '눈으로는 나쁜 것을 보지 않는다.'[32] 하였는데, 너는 어찌 그 상소를 보았느냐? 어찌 '비록 사직 상소도 가친이 좋아하지 않는데, 어찌 다른 사람의 상소에 참여하라고 하십니까?' 하지 않았는가? 저 사람이 그 상소를 꺼내 보여주었더라도 너는 어찌 '상소의 말이 이와 같고 저와 같은지를 물론하고 이미 참여할 수 없는데 어찌 그 초고를 볼 수 있겠습니까?' 말하지 않았는가?

저 무리들은 사대신이 정책한 일을 원수처럼 여기는 자들로, 근년 이래 머리를 모아서 서로 모의한 것이 사대신을 제거하는 계략이었고, 사람들은 모두 그 기미를 알고 있었으니 너 또한 알고 있었을 것이다.

그것이 '연명 상소'라고 하였으니, 반드시 사대신을 성토하는 내용임을 너는 보지 않고도 알 수 있었을 터인데, 어찌하여 그 상소를 얻어서 보았단 말이냐? 너 또한 반드시 화를 취할 사람이다. 오늘 안으로 충주로 출발하여 옛집을 수리하도록 하라. 나도 추후 가솔(家率)을 이끌고 내려갈

---

32) 옛사람이 …… 않았다 : 《맹자》〈만장 하(萬章下)〉에 따르면, "백이는 눈으로는 나쁜 것을 보지 않았으며 귀로는 나쁜 소리를 듣지 않았다.[伯夷, 目不視惡色, 耳不聽惡聲.]" 하였다.

것이다."

하니, 둘째 아이가 그날로 출발하였다. 치장이 말하기를,

"지평이 이미 연명 상소의 내용을 보았으니, 마땅히 김정승에게 통보해야 할 것입니다."

하니, 내가 말하기를,

"김정승이 어찌 이 일의 기미를 알지 못하겠습니까? 이미 그것을 먼저 알고 있을 것입니다. 설령 알지 못한다고 하더라도 몰래 알려주는 일은 화를 피하려는 것인데, 사대신이 정책한 것은 실로 국가의 큰 의리가 되는 일이니, 김정승이 어찌 기꺼이 화를 피하려 하겠습니까? 의리가 관련되어 있는데 내가 어찌 사사로움을 끼고서 미리 알려 줄 수 있겠습니까?

저 무리들이 둘째 아이의 언론이 부족하다고 생각하여 본관록(本館錄, 홍문록)에서 뽑아 버리겠다고 하고는 연이어서 의망을 멈추고 있는데, 이는 연명 상소에 참여하지 않았기 때문이니, 진실로 가소로운 일입니다."

하였다. 오래지 않아 흉악한 상소가 나와서 내가 긴 편지를 써서 질책하였다.

반곡(盤谷)³³) 체좌(棣座)³⁴)에게 드린다〔呈盤谷棣座下〕

일찍이 "효를 옮겨 충성한다."³⁵) 들었는데, 이 말을 믿는다면 군주에게 충성하는 도리는 어버이에게 효도하는 것으로부터 시작됩니다. 무릇 효란 모든 행실[百行]의 근원이니, 능히 효도하면서 화락하지 않은 자는 없으며, 능히 효도하면서 우애하지 못하는 자는 없고, 능히 효도하면서 화목하지 못하는 자는 없으며, 능히 효도하면서 공경하지 못하는 자는 없습니다. 효의 도가 이루어지면 모든 행실이 구비되기를 기대하지 않아도 저절로 구비되니, 그래서 이른바 효는 모든 행실의 근원이라고 한 것입니다.

모든 행실이 모두 갖추어지면 이는 대성인(大聖人)이니, 평범한 사람에게 이것을 질책할 수는 없습니다. 그래서 사군자(士君子)는 스스로의 마음을 다짐하여 효도할 것을 생각하고, 화락할 것을 생각하며 우애할 것을 생각하고, 화목할 것을 생각하며, 공경할 것을 생각하였습니다.

항상 이것에 유념하여 삼가고 몸가짐을 바르게 하면 비록 일마다 모두 선(善)하지 않더라도 효도하지 않고 화락하지 않으며, 우애하지 않고 화목하지 않으며, 공경하지 않는 마음이 감히 조금이라도 방촌(方寸)

---

33) 반곡(盤谷) : 이진유를 가리킨다. 국립중앙도서관본 소장《隨聞錄·幷農叟遺稿》(古 2516-42)에는 "盤谷" 뒤에 "眞儒"가 더 있다. 그의 호는 북곡(北谷)인데, 여기서 반곡이라고 한 이유는 미상이다. 본래 반곡은 중국 태항산 남쪽에 있는 땅 이름으로 산세가 험하여 은자가 살기 적당한 곳이다. 한유(韓愈)가〈송이원귀반곡서(送李愿歸盤谷序)〉에서 세상 사람들이 모두 벼슬길에 혈안이 되어 있는데, 모든 것을 버리고 반곡으로 떠나는 이원을 전송하며 칭송한 내용이 보인다.(《昌黎集·送李愿歸盤谷序》참조)

34) 체좌(棣座) : 형제의 항렬에 해당하는 상대를 지칭하는 용어이다.

35) 효를 옮겨 충성한다 :《효경(孝經)》〈광양명(廣揚名)〉에서, "군자는 어버이에 대해 효성을 다 바치기 때문에, 나라에 대해서도 그처럼 충성을 다 바칠 수 있는 것이다.[君子之事親孝, 故忠可移於君.]" 하였다.

의 안에 생겨나지 않을 것이므로, 어그러진 사람이 되는 일은 거의 면할
수 있을 것입니다. 화락하지 않고 우애하지 않으며, 화목하지 않고 공경하
지 않는, 이 네 가지 중에 한 가지라도 있으면 이를 일러 이그러진 사람이라
고 합니다.

그런데 효도하면서 화락하지 않은 자를 내가 보지 못하였고, 효도하면
서 우애하지 않는 자를 내가 보지 못하였으며, 효도하면서 화목하지
않는 자를 내가 보지 못하였고, 효도하면서 공경하지 않는 자를 내가
보지 못하였습니다. 우애하지 않고 화락하지 않으며, 화목하지 않고
공경하지 않는 마음은 모두 효도하지 않은 결과 나온 것입니다. 따라서
이미 능히 효도하지 못한다면 또한 어찌 능히 충성할 수 있겠습니까?

그대가 일전에 올린 상소를 보니 어찌 나라에 충성을 도모하려는
정성이 이 지경에까지 이를 수 있습니까? 오늘날 그대가 나라에 충성하는
정성을 평소에 그대가 행했던 일의 자취와 비교해 보면 "선비는 사흘만
헤어져 있어도 눈을 비비고 보게 되는 법이다."[36] 말할 수 있습니다.

숙부님[37]이 일찍이 그대를 불편하게 여겨서 왕왕 문을 닫고 쫓아내서
받아들이지 않은 적이 있었는데, 그 일은 이제 과거[先日]의 일이 되기는
하였지만, 대개 미진한 점이 있습니다.

그대는 사민(士敏)[38] 씨에 대해서 족형(族兄)이 되는데, 항상 예를 갖추지

---

36) 선비는 …… 법이다 : 삼국시대 손권(孫權)이 여몽(呂蒙)에게 공부할 것을 권하자,
   열심히 공부하여 뛰어난 식견을 보였다. 이에 노숙(魯肅)이 여몽에게, "과거에
   보던 오하의 아몽이 아니다.[非復吳下阿蒙]" 칭찬하니, 여몽이 한 대답이었다.(《三國
   志·呂蒙傳注》 참조)

37) 숙부님 : 이정영의 첫째 아들 이만성(李晩成, 1636~1708)을 가리킨다. 본관은 전주,
   자 기숙(器叔)이다. 1666년(현종7) 진사시에 합격하고 문음으로 입사(入仕)하여,
   1708년 호군을 거쳐 돈녕부 도정(敦寧府都正)에 이르렀다. 이문정의 부친은 이장영의
   아들인 이구성이므로 이만성은 재종 숙부가 된다. 이만성은 후사가 없어서 이대성
   의 아들인 이진유가 양자로 들어갔다.

38) 사민(士敏) : 서덕수(徐德修, 1694~1722)의 자이다. 본관은 대구이다. 달성 부원군(達
   城府院君) 서종제(徐宗悌)의 손자, 영조의 비 정성왕후(貞聖王后)의 조카이다. 1722년

않고 모욕하는 일이 많아서 문중의 어르신들이 그 잘못을 질책해 마지않
았으니, 이것은 화락한 측면에서 부족한 점이 있는 듯합니다.

이진휴(李震休)와 이진급(李震伋), 두 아우에 대해서 평화롭고 화락하게
즐기는 정은 적고, 뜻밖에 질책하는 일이 많아서 혹 왕래를 하지 않는
데까지 이르렀으니, 이는 우애의 측면에서 부족한 점이 있는 듯합니다.
이런 일들은 모두 종유하면서 직접 본 것이므로 지난날 좋게 지내던
시절에 힘써 경계하지 않음이 없었습니다.

지난번 둘째 아이가 곧 아비의 명으로 연명 상소의 논의에 참여하지
않았고, 이에 대해 노여운 마음을 품고서 아무개에게 권하여 의망을
정지하라고 하였다는데, 전해 들은 말이라서 비록 믿을 수 없지만, 과연
치장(致章, 이징만의 자)이 전한 것과 같다면 또한 어찌 친족과 화목한
풍모가 있다고 하겠습니까?

근래의 분위기가 장차 좋지 못하게 될 것 같아서 내가 삼가서 피하는
것이 나을 듯하여, 내 가족을 거느리고 조각배를 강물에 띄워 그날로
고향에 내려가 문을 닫아걸고, 과거로 벼슬하는 것을 금지하였습니다.
그러므로 이른바 광세(匡世, 둘째 아들)는 그 벼슬에 대해서 굳이 의망을
정지시키지 않아도 스스로 그만두어서 그대로 하여금 조대감 형제처럼
골육 간에 서로 해쳤다는 비난은 면할 수 있게 하였습니다.

군자가 다른 사람과 절교할 때는 그 말이 착한 법이고, 새가 장차
죽으려 할 때는 그 울음소리가 슬프다고 하였습니다. 그대의 위엄이
두려워서 내가 떠나게 된 것은 군자가 다른 사람과 절교한 것이고, 가문이
멸망할 재앙이 아침저녁으로 닥치는 것은 새가 장차 죽으려는 것과
같은데, 어찌 착한 말이나 슬픈 울음이 없을 수 있겠습니까?

(경종2)에 임인옥사 당시 서덕수가 독약을 사용하여 경종을 시해하려는 역모에
참여하였다고 진술이 나왔다. 이 일로 국청에 잡혀가 심문당한 뒤 사형 되었다.
1738년(영조14)에 신원이 회복되고, 이후 집의에 추증되었으며, 이조참판에 가증(加
贈)되었다.

청컨대 공사(公私)의 대두뇌(大頭腦)를 들어서 대략 말해보겠습니다. 그대의 상소문이 옥석을 구분하지 않고 조정 대신을 일망타진하려 하였으니 이는 무슨 까닭입니까? 무슨 죄에 언루되었다는 섯입니까?

한 대신이 독대한 일은 체통과 관례를 어긴 것이어서 윤정승-윤지완(尹趾完)[39]-이 상소하여 배척한 일이 두세 번에 이르렀는데, 선대왕의 비지(批旨)를 살펴보면-"이제 나의 안질(眼疾)이 이미 십분 위태로운 지경에 이르러서 조금도 수응(酬應)할 수 있는 가망이 없으니, 세자에게 노고를 대신시키는 것은 한시각이 시급한 일인데도, 경은 우선 천천히 하자고 말을 하니, 그 또한 이해할 수 없다. ……"- 그 독대의 일은 바로 세자 대리청정의 일이니, 실로 오늘날 죄를 꾸며 얽어 넣어서는 안 될 것입니다.

대전의 춘추가 지금 34세인데 아직도 후사를 이을 희망이 없으니 위태롭고 급박한 때이므로, 사대신이 세제를 정책한 것은 설혹 한두 가지 사사로운 의도가 그사이에 섞여 들어갔다 하더라도 실로 종사의 큰 계책에서 나온 것입니다.

인신(人臣)의 분수와 의리에 따르면 이것은 올바른 일 같은데, 차마 말할 수 없고 차마 들을 수 없는 말로써 조금도 저의를 숨기지 않고 사대신을 공격하여 배척한 것이 여지가 없었으니, 한마디로 말해서 "세제를 세우지 않는다면 장차 누구를 세우려는 것입니까?" 하는 것입니다.

이는 나와 같은 포의가 감히 함께 논할 수 없습니다만, 석문 공이 처음에 반정에 참여하지 않아서 배척받았고, 재차 이이첨(李爾瞻)[40]의 당여라고 배척받았지만, 모두 청음 공이 힘껏 말해주는데 힘입어서 마침

---

39) 윤지완(尹趾完) : 1635~1718. 본관은 파평, 자 숙린(叔麟), 호 동산(東山)이다. 좌의정 윤지선(尹趾善)의 아우이다. 갑술환국(1694)으로 인현왕후 복위를 지지한 소론이 등용되자 좌참찬·우의정 등을 지냈다. 1717년 숙종이 좌의정 이이명과 독대한 후 세자[景宗]에게 청정(聽政)을 명하자 이에 반대하고 이이명을 논척하였다.

40) 이이첨(李爾瞻) : 1560~1623. 본관은 광주(廣州), 자 득여(得輿), 호 관송(觀松)·쌍리(雙里)이다. 대북(大北)의 영수로서 정인홍 등과 광해군대 정국을 주도하면서 영창대군의 죽음과 폐모 논의 등에 깊숙이 간여하였다. 인조반정 당시 사로잡혀 주살되었다.

내 억울함을 분변할 수 있었으니,[41] 그 은혜와 정의(情誼)가 어떠합니까?

그런데 지금 석문 할아버지의 자손으로서 청음의 후손을 모해하려고 하니 비록 대의에 관계되었다 하더라도 이것을 차마 할 수 있겠습니까? 하물며 권력에 대한 득실을 근심하는 계략에서 나와서, 위로는 국가 대계(大計)를 꺾어버리고, 아래로는 대대로 사귀어온 정의를 없애겠다는 것입니까? 지난번 이른바 "좋아하는 취향을 같이 하자."는 것이 바로 이것을 두고 한 말입니까? 나는 망할 것을 두려워하여 가족을 데리고 짐을 싸서 멀리 피하였지만, 거친 말을 꾸며 보내 뒷날 비춰보는 증거로 삼고자 합니다.

이진유가 답장하기를, "육촌의 친척은 연좌하는 법이 없으니 안심하십시오." 하였다.

---

41) 석문 …… 있었으니 : 석문 이경직은 인조반정에 직접 참여하지 않아서 반정을 주도한 서인들로부터 대북을 대표하는 이이첨과 친교가 있다는 오해를 받았다. 그리하여 김세렴·남이공 등과 함께 청현직에 의망된 것을 비판하는 논계가 나오자 김상헌이 이것을 반론한 일이 있었다. 그렇지만 이경직을 따로 거명하면서 변론한 기록은 보이지 않는다.

같은 해 한 조항〔同年 一條〕

이광보(李匡輔)[42]가 내가 고향으로 내려간다는 계획을 듣고서 만류하여 저지할 뜻을 갖고서 말하기를,

"선조의 분묘가 모두 과천(果川)에 있고, 숙부님은 지금 늙으셨는데, 갑작스럽게 멀리 떠나시는 것은 정리(情理) 상 어렵지 않겠습니까?"

하였다. 내가 말하기를,

"훌륭하도다! 너의 말이여! 자손이 본래 멀리 떨어진 바깥에 거주한다면 그만이지만, 이미 선산과 아주 가까운 곳에 거주하다가 지금 버리고 멀리 떠나려고 하니, 감당하기 어려운 마음을 어떻게 다 말할 수 있겠는가?

그렇지만 차마 감당하기 어려운 이 마음으로 마침내 고향으로 내려갈 계획을 결단하였으니 내가 어쩔 수 없어서 한 뜻을 네가 어찌 헤아려서 알지 못하는가?"

하니, 이광보가 말하기를,

"대대로 서울에 거주하면서 누대로 가난하게 살아왔으므로, 선조이래로 애초 먹고 살려고 고향으로 내려간 적은 없었으니, 숙부님도 반드시 먹고 살려고 고향으로 내려가는 뜻은 아닐 것입니다.

지난번 보내온 긴 편지에 담긴 뜻을 보면 사진(士珍) 씨가 효도하지 않고 화목하지 않았다고 지목하고, 조정승이 골육 간에 서로 해쳤다고 지목하였는데, 이는 이미 지나치게 질책하신 것입니다.

저 사대신은 독대했을 때부터 화심(禍心)을 품고 있었으므로 나라의 역적임을 면키 어려웠습니다. 따라서 반곡 숙부가 성토하여 배척한 것은

---

42) 이광보(李匡輔) : 1687~?. 본관은 전주, 자 좌백(左伯)이다. 증조부는 이장영(李長英), 조부는 이관성(李觀成), 부친은 이진우(李眞遇)이다. 이문정의 재종 조카이다. 승지·대사간 등을 역임하였다.

체통을 얻었다고 말할 수 있는데, 숙부님은 저 무리들을 도리어 정류(正類)라고 하고, 반곡을 도리어 협잡하였다고 하셨으니, 조카인 저는 그것이 옳은지 모르겠습니다. 그리고 이 일로 인해 급히 고향으로 내려가시는 것은 또한 무슨 이유 때문입니까?"

하였다. 내가 이 말을 듣고 나도 모르게 길게 탄식하고는 질책하여 말하였다.

"소인의 당에 들어가면 소인의 소인됨을 알지 못한다. 나라를 위태롭게 하려고 모의하고, 충성스럽고 선량한 사람을 살해하였으니, 이것을 일러 '소인'이라고 한 것이다. 소인이 한 짓을 보고 소인의 잘못을 알면 어찌 그 당에 들어가겠는가?

너는 사진의 먼 친족인데도 사진을 부형처럼 받들었으니, 어떻게 그의 불효한 행실을 알겠는가? 또한 조태구의 처조카로서[43] 조태구를 마치 신명(神明)처럼 생각하였으니 어떻게 그의 마음에 불충한 뜻이 있는 것을 엿볼 수 있겠는가?

너는 이미 네가 좋아하는 데에 빠져있으니, 내가 비록 말하더라도 반드시 그것이 무익하다는 사실을 알지만 다만 한번 말해 보겠다. 도정(都正) 숙부님[44]은 사진이 제대로 봉양하지 못한다고 말하였고, 아울러 그 처를 친정으로 쫓아낸 것이 몇 번인지 알 수 없을 정도였으므로, 너도 또한 눈으로 보았을 것이다. 이것이 불효가 아니고 무엇인가?

이진휴와 이진급, 두 동생이 자신과 뜻이 합치되지 않는다고 하면서 서로 왕래하지 않아서 길가는 사람과 다름이 없었으니 '이런 형이 있어서 이런 동생이 있다.' 할 만하였다. 이것이 화목하지 않은 경우가 아니라면

---

43) 조태구의 처조카로서 : 조태구의 둘째 부인이 이관성(李觀成)의 딸이므로, 이광보는 조태구의 처조카가 된다.
44) 도정(都正) 숙부님 : 이정영의 첫째 아들 이만성이다. 이문정의 부친은 이장영의 아들인 이구성이므로 이만성은 재종 숙부가 된다. 이만성은 후사가 없어서 이대성의 아들인 이진유가 양자로 들어갔다.

무엇인가?

이른바 조대감은 몰래 다른 사람을 권하여 그 백형(伯兄)의 관작을 깎아버리고 쫓아냈으며, 사진이 멋대로 같은 할아버지의 손자를 성토하도록 방임하였으니, 이것이 골육을 서로 해친 경우가 아니겠는가?

세제로 정책한 것은 곧 사대신이 종사를 위해 취한 정론이었는데, 조태구가 중약(仲約, 이진검의 자)의 모의를 한결같이 따라서 온갖 방법으로 방해하였으며, 심지어 세제의 대리청정이 결정된 뒤에 몰래 북문으로 들어가 성명(成命)을 거두어 달라고 청하여, 세제로 하여금 아침저녁으로 위험에 처하게 하였다. 대조가 후사를 이을 희망이 있었다면 사대신이 정책한 일은 협잡이라고 해도 좋고, 국가의 역적으로서 성토해도 좋을 것이다.

그런데 대조의 나이가 지금 이미 36세인데, 아직도 후사를 생산할 기약이 없어서 세제를 급하게 정책하는 일은 단연코 그만둘 수 없었다. 정책을 방해하고 대리청정을 거둘 것을 청하였으니, 이는 불충이 아니겠는가?

삼종 혈맥은 오직 세제뿐인데 세제를 세우지 않고 장차 누구를 세울 계획을 꾸몄단 말인가? 나는 젊었을 때부터 과거를 통해 관직에 나아갈 뜻이 없었는데 지금은 후회가 된다. 지금 내가 만약 언론을 담당하는 관직에 있었다면, 반드시 조태구의 불충을 성토하다가 도끼를 맞고 죽어서 국사(國史)를 빛냈을 것이다.

너는 어찌하여 사대신을 국가의 역적이라고 하는가? 대신 한 명이 독대한 일에 대해서는 이렇다 저렇다 논할 것도 없이 체통과 관례를 손상시켰으니, 혹 그렇게 말할 만한 단서가 있다. 그래서 죽은 윤정승이 재차 상소하여 배척하였지만, 세 대신의 경우는 모두 독대한 일이 없었고, 마침내 정책의 공이 있으니, 세제를 정책한 자가 국가의 역적이겠는가? 정책을 방해한 자가 국가의 역적이겠는가? 너는 그 가운데 하나를 골라서

고(告)하거라.

옛사람이 말하기를, '위태로운 나라에는 들어가지 않는다.'[45] 하였으므로, 위태로운 나라에는 오히려 들어가지 말아야 하는데, 나의 지친이 장차 도륙의 화를 면치 못할 터인데, 어떻게 차마 앉아서 바라만 보겠는가? 또한 우물 속 물고기의 재난[46]이 없겠는가?

이것은 오히려 앞으로 다가올 일이지만, 일전의 효상(爻象)은 매우 위험하고 두려워 백번 생각해봐도 고향으로 내려가 문을 닫고 지내면서 성명(性命)을 보전함만 같지 못할 것 같았다. 내 뜻이 이미 결정되었으니 다시는 말하지 말라.

너는 중약이 시켜서 온 것인가? 아니면 조태구가 시켜서 온 것인가? 너는 내가 한 말을 지시받은 곳에 돌아가 말해주거라. 나와 너는 당내(堂內)[47]의 친척 관계이니 어찌 한마디 말이나마 권면하지 않겠는가? 가법을 엄히 지켜서 사악한 당을 배우지 말고, 마음속에 단지 '충효' 두 글자를 새겨두거라."

---

45) 위태로운 …… 않는다 : 《논어》〈태백(泰伯)〉편에서 공자(孔子)가 이르기를, "위태로운 나라에는 들어가지 않고, 어지러운 나라에는 살지 않는 것이다. 천하에 도가 있으면 세상에 나가고, 도가 없으면 숨는 것이다.[危邦不入, 亂邦不居. 天下有道則見, 無道則隱.]" 하였다.

46) 우물 속 물고기의 재난 : 《태평광기(太平廣記)》에서 "성에 불이 나면 재앙이 못 속 고기에 미친다.[城門失火, 殃及池魚.]" 하였다. 곧 불을 끄느라 못물이 고갈되어 물고기가 말라 죽는다는 뜻이다. 무고한 사람이 연루의 재앙을 받는 것을 이른다.

47) 당내(堂內) : 동성 8촌 이내의 유복친(有服親)을 이른다. 유복친은 복제에 따라 상복을 입을 수 있는 가까운 친척을 가리킨다.

김영부사를 전별하는 한 조항〔餞別金領府一條〕

김영부사가 이미 남문 바깥으로 나아가 죄를 기다린다는 말을 듣고 인정(人定)[48] 때 가서 절하니, 손을 잡고 말하기를,

"군필(君弼, 이문정의 자)이 이런 곳까지 와서 만나게 되니, 더욱 신기합니다."

하니, 대답하기를,

"무슨 말씀인지 감히 여쭙니다."

하였다. 말하기를,

"형이 마음속으로 생각해 보시면 내가 신기하다고 한 것을 스스로 깨달을 수 있을 것입니다."

하였다. 이날 밤에 흥미진진하게 대화하였는데 말이나 표정에서 조금도 근심하거나 두려워하는 뜻이 없었다. 그리고 고금(古今)의 사적(事蹟)에 대해서 상세히 토론하였지만 시사(時事)에 대해서는 문답하는 사이에 한 번도 제기하지 않았다. 날이 밝자 이별을 고하고 돌아왔다.

주인은 바로 몽와이고, 겸인은 최승우(崔承祐)였으며, 벽에는 "야경재(夜警齋)"라고 씌어 있었다.

---

48) 인정(人定) : 매일 밤 10시경에 28번의 종을 쳐서 야간통행을 금지한 제도이다.

몽와 제문(祭夢窩文)

　몽와 김정승 공이 임인년(1722, 경종2) 4월 27일 성주 지역에서 명을
받고 죽었다. 반친(返櫬, 널을 고향으로 모시고 돌아가는 것)하여 달천점(達
川店)⁴⁹⁾에 도착하였는데, 포의 친구 완산 이문정이 술과 과실을 갖추어
영혼에 제사를 지내고 애사(哀辭)를 지어서 시사(時事)를 고한다. 그 애사에
서 다음과 같이 말하였다.
　"흰 송아지[白犢]가 영구(靈柩)를 들이받고, 검은 이리가 뛰어서 다섯
마리 뱀⁵⁰⁾을 무니 태백(太伯)과 우중(虞仲)⁵¹⁾ 같은 사람이 없구나. 위호(衛
護)를 가장하여 요서(妖書)를 내리니, 야경재(夜警齋)에서 헤어졌네. 복사(鵩
舍, 유배지)⁵²⁾에서 범려(范蠡)의 배⁵³⁾가 길을 달리한 것을 한스러워하다가,
뜻하지 않게 탄금대[琴臺, 충북 충주시 소재]에서 서로 만났네.

---

49) 달천점(達川店) : 달천은 덕천(德川) 혹은 달천(獺川)이라고도 한다. 충주 서쪽 8리에
　　위치하였다. 보은현(報恩縣) 속리산(俗離山) 꼭대기에서 흘러내린 물이 세 갈래로
　　나뉘는데, 그 하나가 서쪽으로 흘러들어 달천이 되었다.
50) 다섯 마리 뱀 : 원문은 "五蛇"이다 : 춘추시대 진(晉)나라 문공(文公)을 따라 천하를
　　주유(周遊)하며 보위했던 호언(狐偃)·조최(趙衰)·위무자(魏武子)·사공계자(司空季
　　子)·개지추(介之推) 이 다섯 사람을 이른다. 문공을 용에, 이들을 다섯 뱀에 비유하였
　　다.
51) 태백(太伯)과 우중(虞仲) : 주나라 태왕(太王)의 첫째 아들과 둘째 아들이다. 후에
　　문왕(文王)이 된 창(昌)은 태왕의 셋째 아들인 계력(季歷)의 아들인데, 태왕의 뜻이
　　계력에게 전위하여 문왕에게 미치도록 하는 데에 있었다. 이를 알아차린 태백과
　　우중이 피하여 형만(荊蠻)으로 달아나 문신단발(文身斷髮)하고 살았다.(《史記·周本
　　紀》 참조)
52) 복사(鵩舍) : 유배지를 가리킨다. 한나라 문제(文帝) 때 태중대부(太中大夫) 가의(賈
　　誼)가 참소를 당해 장사왕 태부(長沙王太傅)로 쫓겨났다. 그곳에서 복조(鵩鳥)가
　　날아 들어오자, 이를 상서롭지 못하게 여겨 〈복조부(鵩鳥賦)〉를 지어 스스로 위로했
　　던 데서 온 말이다.(《漢書·賈誼傳》 참조)
53) 범려(范蠡)의 배 : 원문은 "여주(蠡舟)"이다. 범려는 춘추시대 초나라 사람인데, 일찍
　　이 월왕(越王) 구천(句踐)을 도와서 오나라를 멸망시키고, 그 후에는 벼슬을 그만두
　　고서 오호(五湖)에서 배를 타고 월나라를 멀리 떠나 버렸다.

그대가 간직한 난초가 우거져 무성한 것을 부러워하며 정성을 다하여 지극한 기둥을 떠받들었네. 남쪽 변방에서 올바른 길을 걸었으나 흘러가는 물길을 바꿀 수는 없구나. 남몰래 나는 진택(震澤)54)을 안정시키기로 하고 본분대로 행하며55) 편안해하지만, 소쩍새[鵙鳺]56)가 한 번 우는 것을 어찌하겠는가.

뭇 꽃들이 시들어가는 것을 슬퍼하며, 월역(月驛)57)에서 울면서 맞이하였네. 충혼은 늠름하여 마치 보이는 듯 뚜렷하고, 원규(元規)의 먼지58)를 휘둘러 정결하게 하는구나. 몸을 굽혀서 맛 좋은 술 올리고 흐느껴 우는데, 공훈은 아득하지만 은혜가 새롭구나. 원한을 품고서 형벌을 벌려놓으니 포서(蒲胥, 초나라의 시장)에서는 칼에 눈이 없단 말인가.

아들과 손자도 주애(朱崖)59)로 보냈으니, 주상이 조섭을 잘하는지 부지런히 문안할 수 있겠는가. 머리가 허연 정승은 어디에 두고 상여[靈輀]를 어루만지며 슬퍼하는가. 옛 친구인 포의(布衣) 농수 공이 근엄한 모습으로 눈물 흘리네. 별과 달은 밝고, 소나무와 잣나무는 차기만 한데 시사(時事)를

---

54) 진택(震澤) : 태호(太湖)를 말한다.《서경》〈우공(禹貢)〉에 "세 강줄기가 바다로 들어가니, 진택이 안정되었다.[三江旣入, 震澤底定.]" 하였다. 진(震)은 호수의 물이 안정되지 못하고 뒤집히는 것을 말한다.

55) 본분대로 행하며 : 원문은 "素履"이다.《주역》〈이괘(履卦) 초구(初九)〉에 "본분대로 행하면 허물이 없다.[素履往, 無咎.]" 하였다.

56) 소쩍새[鵙鳺] : 올빼밋과의 여름새이다. 이 새가 춘분에 앞서 미리 울면 초목이 시든다는 속설이 있다. 때문에 충직한 인사를 모함하는 보통 참인(讒人)의 대명사로 쓴다.

57) 월역(月驛) : 충북 충주시에 위치한 단월역(丹月驛)을 가리킨다. 고려시대 전국 525개 역을 22개 역도(驛道)로 편성하는 과정에서 광주도(廣州道)에 소속되었다. 이후 조선시대에는 충청도 지역의 역도인 연원도(連原道)의 속역으로 편제되었다.

58) 원규(元規)의 먼지 : 원규는 유량(庾亮)의 자(字)이다. 진(晉)나라 정서장군(征西將軍) 유량이 막강한 권세를 휘둘렀는데, 언젠가 서풍(西風)이 세게 불어 먼지를 일으키자, 유량을 혐오하던 왕도(王導)가 부채로 얼굴을 가리면서 "원규의 먼지가 사람을 더럽힌다.[元規塵汚人]" 했던 고사가 있다.(《世說新語·輕詆》 참조)

59) 주애(朱崖) : 중국 남방에 있는 지명이다. 가장 험준하고 멀리 떨어져 있기 때문에 대신이 죄를 지으면 이곳으로 귀양 보냈다.

보고서 마음속으로 말을 하니 영령(英靈)이 내려와서 번쩍번쩍 빛나네.

일찍이 형의 관작을 깎아버리려 모의하였고, 갑자기 몰래 공문(公門)으로 들어갔지만 한밤중에 자성(慈聖)이 합문(閤門)을 밀치고 들어갔다네. 세제[睿邸]가 대조에게 문안드리러 가는 길을 막으니, 감옥[福堂][60]에 유혈이 낭자하여 거세게 흘렀구나. 호랑이를 부려 몰게 하고 고래로 하여금 물게 하며 기러기를 작살로 잡고 봉황을 구워 먹었네.

독약을 마시고 죽는 고통에 대해 지난번 내가 말해주었으나 공은 믿지 않았네. 모의를 주도하기로 약속하고 해를 넘기며 주관한 것이 이정승의 처신이로다. 다른 사람들에게 흠 잡히기 쉬웠지만 그 공적(公蹟)은 밝게 빛나네. 귀신에게 질정해도 부끄러움이 없으니 초상(楚相)[61]도 할 수 없는 일을 다 하였구나. 여러 소인들에게 원망이 쌓인 것은 오직 내 성품이 지나치게 소탈하기 때문이지.

득실(得失)이 어떤 물건인지 알지 못한 채 마을의 탁주를 빌어서 취하도록 마셨다네. 촌에 사는 노인을 불러다가 교제하니, 갈매기가 벗이 되고, 백로는 목욕하는데, 물여우는 독을 불어 쏘아대는구나. 어찌 능히 한 시대를 끊고 은둔할 수 있겠는가. 여덟 아들을 불러 문을 걸어 잠그고 지난번에 은근히 권면하였으니, 곡하며 고하려 하지만 할 수 있겠는가.

산봉우리 구름 짙게 깔렸으니, 순결하고 충성스럽도다. 위에서 구부려서 상여를 어루만지니 슬프고 간절하구나. 부러진 들보를 한탄하며 거문

---

60) 감옥[福堂] : 명나라 호시(胡侍)의 《진주선(眞珠船)》에서, "내가 전에 감옥에 갇혔을 때 벽에 쓰여 있는 '복당(福堂)'이란 글자가 매우 위대해 보였는데, 최근에 《오월춘추(吳越春秋)》를 보다가 대부(大夫) 문종(文種)의 축사(祝詞)에 '화(禍)는 덕(德)의 근간이 되고, 걱정은 복당이 된다.'라는 글을 보고 그 말의 출처를 알았다." 하였다.

61) 초상(楚相) : 후한(後漢) 명제(明帝) 때 원안(袁安)이다. 영평(永平) 14년(71)에 원안이 초군 태수(楚郡太守)로 부임하여 초왕(楚王) 유영(劉英)의 역모안(逆謀案)을 처리하였다. 이 사건에 연루되어 구속된 자들이 천여 인에 달하였고, 이때 심한 가뭄이 들었다. 원안이 즉시 합리적으로 처리해서 원한을 풀어주니 단비가 흠뻑 내려서 그해에 크게 풍년이 들었다고 한다.(《後漢書·袁安列傳》 참조)

고 줄을 끊고 눈물을 흘리네. 지난날 금헌(琴軒)⁶²⁾에서 술 마시며 즐거웠던 것을 생각하니 진실로 이번 생은 끝났도다. 지난날 높은 절벽을 타고 오르는 귀한 이를 생각하니, 진실로 이번 생은 끝났도다. 끝났구나, 끝났구나. 한갓 살아남은 자의 슬픔일 뿐이네. 고인이여! 여기 술이 있으니, 공의 신령은 흠향하소서."

○ 이날 저녁에 상식(上食)⁶³⁾하고, 이튿날 아침이 되자 또 상식하였다. 집에서 행장을 갖추어서 본가에 와서 위아래 여섯 사람의 아침저녁 식사를 점(店)에서 대접해 주었다.

이날 밤 장례 행렬을 수행하고 있는 사내종 복동(福童)이 고하는 것을 들었는데, 그가 말하기를,

"성주(星州, 경상북도 소재)의 인심이 매우 흉해서 대감의 상여가 나아가는 날 양반 강가(姜哥)가 우두머리가 되어 여러 양반들을 남문루(南門樓)에 모아 놓고, 대감의 상여가 나아가는 것을 '큰 경사'라고 말하면서 크게 음악을 연주하였습니다. 이에 본관(本官)이 금지하니, 그 무리들이 크게 소리쳐 꾸짖어 말하기를,

'국가의 대역 죄인이 지금 이미 죄를 받아 죽었으니 신민의 큰 경사인데 무슨 이유로 이 잔치를 금지하는가? 크게 이상한 일이다.'

하여, 본관 또한 감히 금지하지 못하였습니다. 소인의 마음이 매우 아프고 아팠습니다."

하였다. 또 다음과 같이 말하였다.

"은혜를 베푼 사람들이 있어서 대감의 상여가 나간 뒤 각처에서 약간의

---

62) 금헌(琴軒) : 지방 장관의 정사당(政事堂)을 말한다. 공자의 제자 복자천(宓子賤)이 선보(單父)의 수령으로 있으면서 단지 비파(琴)를 타고 노래만 부를 뿐 공당(公堂)에 내려간 적이 없는데도 고을이 잘 다스려졌다는 고사에서 유래한 것이다.(《呂氏春秋·察賢》 참조)

63) 상식(上食) : 상가에서 아침저녁으로 궤연(几筵) 앞에 음식을 올리는 제사 절차이다.

부물(賻物)[64]을 보냈는데, 2백 냥이 채 되지 않아서 겨우 초종(初終)[65]을 지내고, 단지 50여 냥만 남았을 뿐입니다. 그래서 운구(運柩)[66]하는 한 절차는 실로 대책이 없었는데, 양반 이씨가 자기집 사내종을 보내고, 그것도 부족하자, 또 어느 한 집에서 노비를 빌려서 합쳐서 일곱 명을 보충하여 주었습니다.

이에 의지하여 관을 받들어 조령(鳥嶺)을 넘었는데, 고개를 넘은 뒤 양반 이씨의 노비는 모두 돌아갔습니다. 그래서 품삯을 주고 사람을 빌려서 여기에 도착하였지만 노자(路資) 또한 남은 것이 없어서 돈을 주고 담군(擔軍)을 빌려 오려 했으나 또한 어찌할 방법이 없으니 매우 답답하고 또 답답합니다."

이 말을 들은 사람들은 눈물을 흘리지 않을 수 없었는데, 이에 생각해 보니 이 지역은 또한 남인과 소론이 지배하는 고을이어서, 모두 성주의 강가(姜哥)와 같이 경사스럽다고 축하하는 자들이었고, 능히 의기(義氣)의 마음을 낸 성주 양반 이씨 같은 사람은 다시 없었다.

여기서부터 운구하는 일은 지금 나의 책임이었지만, 의논할 만한 사람은 단지 장암(丈巖, 정호의 호) 공이 있을 뿐이었는데, 또한 유배지에 있어서, 갑작스러운 사이에 변통할 방법이 없었고, 집안에는 단지 사내종 한 명과 두 비녀(婢女)만 있을 뿐이었다. 곧바로 그 지역에서 담군을 도와 달라고 부르니, 정척(鄭戚)이 이 말을 듣고 사내종 한 명을 보내주어 본가의 하인과 합쳐서 아홉 명이 되었지만 담군은 부족하고, 반전(盤纏, 길 떠날 때 드는 비용) 또한 부족하여 겨우 18냥을 얻었다.

오후에 출발하였는데, 사내종 충남(忠男)이 다른 사람에 비해 빼어난

---

64) 부물(賻物) : 상장(喪葬)에 부의(賻儀)로 주는 물건이다.
65) 초종(初終) : 상례의 시작과 장례 준비 과정을 이르는 말로써 흔히 초상(初喪)을 의미한다.
66) 운구(運柩) : 발인(發靷)한 뒤 시신을 넣은 관을 장지(葬地)로 운반하는 일이다.

힘을 보유하였으므로 앞장서서 혼자 관을 매었다. 고향의 본가에 도착하자 충성스러운 노비는 더위를 먹고 구토와 설사를 하였는데 병을 무릅쓰고 다시 출발하여 백암(白巖)에 도착하여 죽었다. 애석하도다, 그 충성스러운 마음이여!

여덟 아들을 경계하며 보낸 편지〔戒八子書〕

이리 오너라, 너희 여덟 아들아! 들어보거라, 너희 여덟 아들아! 우(虞)나라에 팔원(八元)[67]이 있었고, 한나라에 팔순(八荀)[68]이 있었다. 지금 너희들이 팔원·팔순의 팔만 채우고서, 팔원·팔순의 행실을 닦지 않는다면 천 마리 양(羊) 가죽[69]과 무엇이 다르겠는가? 공경히 들을지어다!

아! 너희 여덟 아들들아! 네 아비는 타고난 운명이 기박(奇薄)하여 겨우 약관(弱冠, 20세)이 지나 부모[怙恃]를 모두 잃었다. 아! 사람들은 맛난 음식으로 부모를 공양할 것을 근심하지 않음이 없으나 나만 홀로 없으니, 네 아비는 타고난 자질이 용렬하고 습성이 소탈하여 한갓 일민(逸民)[70]이 되고 말았다.

아! 사람들은 군부를 섬기는 것을 근심하지 않음이 없으나 나만 홀로 없으니, 네 아비는 자기 자신을 도모하는 솜씨가 없어서 있으면 있는 대로 없으면 없는 대로 단지 하늘이 맺어준 인연을 믿을 뿐이었다. 아!

---

67) 팔원(八元) : 중국 고대 전설에 나오는 고신씨(高辛氏)의 여덟 아들로 백분(伯奮)·중감(仲堪)·숙헌(叔獻)·계중(季仲)·백호(伯虎)·중웅(仲熊)·숙표(叔豹)·계리(季貍)이다. 8명의 선량한 사람을 일컫는 말로, 원(元)은 선(善)의 뜻이다.(《春秋左氏傳·文公11年》참조)

68) 팔순(八荀) : 후한(後漢)대 학자 순숙(荀淑, 83~149)의 여덟 아들을 가리킨다. 순숙은 안제(安帝)때 낭중(郞中)과 당도장(當塗長)을 지냈는데, 당대의 명현 이고(李固)와 이응(李膺) 등이 모두 사사했다. 아들 여덟 모두 재명(才名)이 있어 세상에서 '순씨 팔룡(荀氏八龍)'이라 불렸다. 여덟 아들은 검(儉)·곤(鯤)·정(靖)·도(燾)·왕(汪)·상(爽)·숙(肅)·전(專)이다.

69) 천 마리 양(羊) 가죽 : 아첨하는 범상한 신하를 가리킨다.《사기》〈상군열전(商君列傳)〉에 "양 천 마리의 가죽보다는 여우 한 마리의 겨드랑이 털이 훨씬 낫고, 천 명의 신하가 아첨을 떠는 것보다는 한 사람의 선비가 올곧은 소리를 들려 주는 것이 낫다.[千羊之皮, 不如一狐之腋, 千人之諾諾, 不如一士之諤諤.]" 하였다. 아첨하는 범상한 신하들이 대우를 받는 불합리한 시대를 한탄하는 말이다.

70) 일민(逸民) : 학문과 덕행이 있으면서도 향리에 파묻혀 지내는 사람이다.

사람들은 생업을 돌보는 것을 근심하지 않음이 없으나 나만 홀로 없으니, 그래서 천하에 근심이 없는 자가 바로 네 아비가 아니겠느냐?

하물며 내 나이가 육순에 가까운데, 형제가 모두 살아 있고 부부가 함께 늙어가니, 형제간에는 훈지(塤箎)71)처럼 화목하고, 부부간에는 금슬(琴瑟)처럼 즐겁단다. 또한 너희 8명은 모두 이미 혼인을 해서, 성인이 된 손자와 어린 손자들이 눈앞에 늘어서 있으니, 이 아비의 마음이 위안이 되고 기쁘면서도 은연중에 근심이 되어 일찍이 밤낮으로 긴장을 풀지 못하는 것을 이루다 셀 수 없다.

옛사람이 말하기를, "글자를 아는 것이 오히려 근심이 된다." 하였는데, 너희들이 경학의 근본을 배우지 않고 한갓 문사(文詞)의 말단만을 숭상하여, 순수한 바탕에는 뜻을 두지 않고 겉만 화려하게 하려는 습속이 있으니 내가 이것 때문에 너희들 8명이 모두 걱정이 된다.

너희들은 어버이를 섬기는 도리를 이루지 못하였는데, 갑자기 임금을 섬기는 마음을 내어서 본분을 지키려 하지 않고 영광스러운 길을 좇으려 드니, 내가 이것 때문에 너희들 8명이 모두 걱정이 된다.

이 밖에 또 크게 우려되는 것은 너희들이 번갈아 가며 중약(仲約)의 집에 가서 그 교만하고 오만한 습속에 오염되고 편당(偏黨)의 논의를 듣고서, 혹은 교만하고 오만스러운 태도를 감히 그 몸으로 실천하고, 혹은 편당의 말을 감히 그 입 밖으로 드러낸다는 것이다.

교만하고 오만하여 망하지 않는 자는 있어 본 적이 없으며, 붕당을 일삼다가 망하지 않는 자도 있어 본 적이 없다. 너희들이 장차 중약 형제를 배우려고 한다면 함께 망하는 길로 빠져들게 될 것이니, 어찌 마음에 비통하지 않겠느냐?

---

71) 훈지(塤箎) : 형제 혹은 친구 사이가 화목하고 조화로운 모습이다. 《시경(詩經)》 〈소아(小雅)〉 하인사(何人斯)에서 "맏형은 훈을 불고 둘째형은 지를 분다.[伯氏吹塤, 仲氏吹箎.]" 하였다.

　아! 우리 고조 우곡공(愚谷公)72)은 일개 포의로서 인조 대왕에게 만석군
이라고 칭찬받았으며, 가풍은 그 효제를 실천한 것으로 세상에 이름을
떨쳤다. 우리 석문공이 젊었을 때 여러 사람들과 함께 있으니 늙은 재상
청음(淸陰, 김상헌의 호)이 읍하고 물어 말하기를,

　"그대는 이 아무개 선생이 아니십니까?"

　하였으니, 그 공손하고 삼가는 모습이 다른 사람과 달랐기 때문이었다.
우리는 이 두 분 조상이 효제를 실천한 음덕으로 자손들이 번창하고
과거에 합격하여 벼슬한 자가 면면히 이어졌으므로, 효제의 도는 전구(氈
裘)73)처럼 우리 집안을 지켜주는 가업(家業)이 아니겠느냐?

　또한 석문이 남긴 가르침에 이르기를, "우리 자손된 자는 붕당에 참여하
지 말라." 하였는데, 그 자손된 자로서 조상이 실천한 효제를 마치 변모(弁
髦)74)처럼 보고, 조상이 절실히 금지한 편당을 신명(神明)으로 삼아서
인륜을 해치는 무리들과 머리를 모아 몰래 모의하면 반드시 스스로
망할 것인데, 어찌 기꺼이 "이 조상의 자손이다." 말할 수 있겠는가?
너희들은 불초한 무리들이 하는 일에 오염되지 말아야 할 것이다!

　아! 인조반정(仁祖反正)75)은 천고에 물어보아도 조금도 참덕(慚德)76)이

─────────

72) 우곡공(愚谷公) : 이유간(李惟侃, 1550~1634)이다. 본관은 전주, 자 강중(剛仲)이다.
　　1591년(선조24) 사마시에 합격하여 생원이 되고, 1593년 이항복의 추천으로 벼슬길
　　에 나아가서 사산 현감(四山縣監)이 되고, 돈녕부 도정 등을 역임하였으며, 1634년
　　동지중추부사로 치사(致仕)하였다. 이경직과 이경석은 모두 그의 아들들이다.

73) 전구(氈裘) : 털로 만든 갖옷으로 오랑캐들의 의복을 뜻한다. 여기서는 화려한
　　의복을 가리킨다.

74) 변모(弁髦) : 변은 치포관(緇布冠)으로 관례(冠禮)를 행하기 전에 잠시 쓰던 갓이다.
　　모는 총각의 더벅머리이다. 관례가 끝나면 모두 소용없게 되므로 전하여 쓸데없는
　　물건이라는 뜻의 비유로 쓰인다.

75) 인조반정(仁祖反正) : 1623년 이서(李曙)·이귀(李貴)·김유(金瑬) 등 서인(西人) 세력
　　이 정변을 일으켜 광해군을 왕위에서 몰아내고 능양군(綾陽君) 이종(李倧)을 왕으로
　　옹립한 사건이다. 당대 서인은 명분의리를 기치로 폐모살제(廢母殺弟) 혐의를 받고
　　있던 광해군과 북인(北人)을 몰아냄으로써 명실상부 정국을 주도하는 정파로 자리
　　잡을 수 있었다.

없었고, 경(經)과 권(權)으로써 헤아려 봐도 실로 흠이 없었지만 석문과 백헌(白軒)77), 두 할아버지는 유독 참여하지 않았는데, 청음 선생이 경연 중에 칭찬하여 말하기를, "이 사람은 인신(人臣)으로서 바른 길을 걸었습니다."

하면서 특별히 크게 등용할 것을 청하여 가선대부(嘉善大夫)에 승자(陞資)되었다.

인조반정은 실로 종사의 큰 계책에서 나온 것이지만 오히려 또한 참여하지 않았는데, 이른바 편당이라는 것이 과연 국가를 위한 계책이란 말인가? 잡류가 국가 권력을 훔치려는 계책에 불과한데, 너희들은 석문 할아버지의 자손이자 이 아비의 아들로서 어찌 감히 잡류의 못된 버릇에 마음을 쓰려 하는가?

아! 심의겸(沈義謙)78)과 김효원(金孝元)79) 때문에 당이 나뉘어서 동인과

---

76) 참덕(慙德) : 부끄러운 덕이다. 탕(湯)임금이 하(夏)나라를 정벌하고 걸왕(桀王)을 추방하고 난 뒤에 후세에 정벌하는 자들이 자신을 구실로 삼을까 두려워하여 말한 것이다.(《書經‧仲虺之誥》 참조)

77) 백헌(白軒) : 이경석(李景奭, 1595~1671)의 호이다. 본관은 전주, 자 상보(尙輔), 시호 문충(文忠)이다. 어려서부터 형 이경직에 학문을 익혔고 김장생 문하에서 학문을 배웠다. 광해군대 인목대비 폐비론에 반대하다 취소되었다. 인조반정(1623) 뒤 급제하여 영의정까지 현달하였다.

78) 심의겸(沈義謙) : 1535~1587. 본관은 청송, 자 방숙(方叔), 호 손암(巽菴)‧간암(艮菴)‧황재(黃齋)이다. 명종의 비인 인순왕후(仁順王后)의 동생이고, 이황의 문인이다. 1555년(명종10) 진사시에 합격하고, 1562년 별시 문과에 을과로 급제하여 청요직에 임명되었다. 1572년 이조참의 등을 지내는 동안 척신 출신이지만 사림들 간에 명망이 높아 선배 사류들에게 촉망을 받았다. 이때 김종직(金宗直) 계통의 신진세력인 김효원(金孝元)이 이조정랑으로 천거되었는데, 김효원이 일찍이 명종 때 권신이던 윤원형의 집에 기거한 사실을 들어 권신에게 아부했다는 이유로 이를 반대하였다. 1574년 결국 김효원은 이조정랑에 발탁되었는데, 이번에는 1575년 그의 아우 심충겸(沈忠謙)이 이조정랑에 추천되자, 김효원이 전랑(銓郎)의 직분이 척신의 사유물이 될 수 없다고 반대하여 두 사람은 대립하기 시작하였다. 이에 구세력은 그를 중심으로 서인(西人), 신진세력은 김효원을 중심으로 동인(東人)이라 하여 사림이 분당하는 사태가 발생하였다. 1584년 이이가 죽자 이발(李潑)‧백유양(白惟讓) 등이 일을 꾸며 동인과 합세하여 공박함으로써 파직 당하였다. 그러나 벼슬이

서인의 논의가 생겼지만 《춘추》의 대의리(大義理)는 하늘이 다하더라도
바꿀 수 없는 것이다. 서인이 이러한 논의를 주도하였으므로 우리 집안은
서인을 따랐으니, 이는 편당을 한 것이 아니고 당시의 정론(正論)을 따른
것이다.

회덕(懷德)과 이성(尼城)으로 문호가 나뉘어 노론과 소론이라는 명목이
생겼는데, 나는 어떤 의리가 노론이 되고 어떤 의리가 소론이 되는지
알지 못한다. 그렇지만 득실을 걱정하는 마음에서 나와서 간궤한 무리들
을 모아서 결탁하고 힘써 도당(徒黨)을 심어서 국가를 갈아먹고, 충량을
해치려고 모의하는 것은 내가 절치부심(切齒腐心)하며 근심하는 일이다.

너희들이 혹시라도 감히 어찌 이런 무리들과 상종할 수 있겠는가?
이 애비는 오로지 《춘추》의 대의리를 따르고 있는데, 너희들이 애비의
마음을 자신의 마음으로 삼지 않을 수 있겠느냐?

아! 서인이 나뉘어져 노론과 소론으로 된 것은 하늘이 《춘추》의 의리를
어두워지게 만들려고 한 결과이다. 《춘추》의 의리가 어두워졌으니, 난신
적자(亂臣賊子)가 무엇을 두려워해서 일어나지 않겠는가? 여기에 이어서
이륜(彝倫)이 장차 어그러져서 무너졌으니, 이에 칠흑같이 어두운 밤에
나도 모르게 탄식하였다.

아! 선정신(先正臣) 우옹(尤翁, 송시열)은 바로 우계(牛溪)와 율곡(栗谷)의

대사헌에 이르렀고, 청양군(靑陽君)에 봉해졌다.
79) 김효원(金孝元) : 1542~1590. 본관은 선산(善山), 자 인백(仁伯), 호 성암(省菴)이다.
조식·이황의 문인이다. 1564년(명종19) 진사가 되고, 1565년 알성문과에 장원으로
급제해 병조좌랑·정언·지평 등을 역임했다. 명종 말 문정왕후가 죽은 뒤 척신계(戚
臣系)의 몰락과 더불어 새로이 등용되기 시작한 사림파의 대표적인 인물로, 1572년
이조전랑(吏曹銓郎)에 천거되었으나, 척신 윤원형의 문객이었다는 이유로 이조참의
심의겸이 반대하는 바람에 거부당했다. 그러나 1574년 조정기(趙廷機)의 추천으로
결국 이조전랑이 되었다. 1575년 심의겸의 동생 충겸이 이조전랑으로 추천되자,
전랑의 관직은 척신의 사유물이 될 수 없다는 이유로 이를 반대하고 이발을 추천했
다. 이러한 일을 계기로 심의겸과의 반목이 심해지면서, 사림은 동인과 서인으로
나눠지게 되었다.

적전(嫡傳)인데 혹은 시기하면서 의심하기도 하고 혹은 헐뜯으며 배척하기도 하면서 옳다 그르다 말하니, 나는 감히 논하지 못한다. 그렇지만 화양동 안의 띠집에서 소왕(昭王)을 제사한 것[80]에 이르러서는 충성심은 해와 달과 같고, 의리는 《춘추》에 있다는 사실을 밝혔다.

병자년 이후 큰덕이 있는 군자를 이루다 셀 수 없지만 그 누가 우옹과 같은 사업을 이룬 사람이 있는가? 실로 백세를 뛰어넘은 대현(大賢)이었으므로 내가 이에 크게 우러러보는 마음을 이길 수 없었다. 너희들이 어찌 네 아비가 우러러보는 것을 보지 않을 수 있겠는가?

아! 너희 여덟 아들아! 우리 집안이 정이 두텁고 화목하다고 칭찬받은 것은 나로부터 5대에 이른다. 세상의 풍속이 타락하여 같은 집 안에서 문호를 나누고 각각 두 마음을 품어서, 전해 내려온 가법을 한 번에 뒤집고 갑자기 망국의 사론(邪論)을 배웠다.

군자의 은택은 5세대가 지나면 끊어져서 그런 것인가! 이것은 단지 한 집안만을 가지고 말할 일이 아니지만, 너희 여덟 아들을 놓고 볼 때 우리 집안이 어찌 오래가지 못하겠는가?

장남 이광국(李匡國)은 경술(經術)에 깊고 밝지만 경술로 자처하지 않았고, 필법이 기이하면서도 반듯하였으나 필법으로써 자랑하지 않았으며, 있어도 없는 듯, 꽉 찼어도 빈 듯 순수하여 장남의 기상이 있었다. 밤이면 나를 모시고 잠을 잤고, 낮에도 나를 모시고 앉아서 주변을 주선하며 잠시도 떨어지지 않았다. 관직에 나아가는 것을 염두에 두지 않았고, 편향된 주장은 입 밖으로 내지 않았으며, 부지런히 몸가짐을 바르게

---

80) 띠집에서 …… 것 : 당나라 때 초(楚)나라 소왕(昭王)의 사당에 유민(遺民)들이 사사로이 제사를 올렸다. 이에 한퇴지(韓退之)의 시 〈제초소왕묘(題楚昭王廟)〉에 "아직도 국민들이 옛 덕을 그리워해서, 한 칸 핏집에서 소왕을 제사하네.[猶有國人懷舊德, 一間茅屋祭昭王.]" 하였다. 이것은 송시열이 화양동에서 명나라 신종황제를 제사한 것을 비유한 것으로서, 이미 멸망한 명나라에 대한 의리를 지키는 것이 바로 춘추의리의 핵심임을 천명하는 말이다.

하여 어리석은 것 같지만 그렇지 않으니, 이에 가문을 이어도 괜찮을 듯하다.

여섯째 이광유(李匡維)는 한 번 움직이고 한 번 고요한 것이 한결같이 형을 따랐고, 한마디의 말과 반구의 구절도 제 아비를 어기지 않았으니, 난형난제(難兄難弟)라고 할 만하다. 그렇지만 타고난 천성이 너무 준엄하여 다른 사람의 잘못을 용납하지 않으니, 이것이 단점이고, 기운이 호방(豪放)하고 시와 술을 치우치게 좋아하는 것도 또한 단점이 된다. 그러나 효제가 아니면 행하지 않고, 효제가 아니면 말하지 않아서 여러 형제들이 모두 공경하고 삼가는 점이 많은 것은 형보다 나은 처지에 있으니, 이 형제는 내가 걱정하지 않는다.

그 나머지 여섯 아들은 혹 빨리 과거에 합격하여 벼슬에 나아가려는 마음을 가진 아들도 있고, 혹 당론에 참여하려는 마음을 가진 아들도 있으며, 혹 가난을 편안하게 여기는 마음이 없는 아들도 있고, 혹은 사당(邪黨)과 왕래하는 아들도 있다. 이와 같은 비열하고 거친 마음이 점점 자라서 절제하지 못하면 말류의 폐단이 장차 어떤 지경에 이를지 알지 못하니 걱정하지 않을 수 있겠는가? 두려워하지 않을 수 있겠는가?

여섯 아들 가운데 과거에 합격하여 벼슬에 나아가려 하고 붕당에 참여하려는 자는 감히 내 살아생전에 있을 수 없고, 감히 우리 사당(祠堂) 안에 들어올 수 없다. 조상으로부터 전래 된 가법은 단지 장남과 여섯째 아들에게만 인정하였으니, 나머지 여섯 아들들은 유독 그 마음에 부끄러움이 없는 것인가? 힘쓰고 힘쓸지어다.

송헌이 기록한 두 조항〔松軒所記 二條〕

○[81] 각리(角里) 숙부 이진검은 앞서 경자년(1720) 은화 관련 상소로써 신축·임인년의 화가 생길 계기를 빚어냈고, 그 형의 신축년 상소를 대신 작성하여 조정의 정류(正類)를 한꺼번에 쓸어냈는데, 다행히 먼저 죽어서 그 맏형이 형장을 맞다가 죽은 것과 두 손자가 복주(伏誅)된 것을 보지 못하였다. 그리고 여러 아우들과 조카들 가운데 유배당하는 화를 입지 않은 사람이 없었지만 또한 형률이 추가되는 것을 면하였으니 운이 좋은 사람이라고 할 만 하다.

선고(先考)가 일찍이 여러 자손을 경계하여 다음과 같이 말하였다.

"너희들에게 과거에 응시하여 관직에 나아가지 말라고 금지한 것이 어찌 한갓 영만(盈滿)[82]만을 경계한 것이겠는가? 너희는 조대감 형제의 일을 보지 못하였는가? 같은 조부의 손자를 죽이고, 맏형의 관작을 깎아버렸다. 너희들이 만약 바른 것을 지키면서도 출세하려고 한다면 크게는 주륙을 면키 어렵고 작게는 삭출을 면키 어려울 것이니, 이것이 어찌 사군자(士君子)가 벼슬할 때이겠는가?

사진(士珍) - 이진유의 자 - 형제에게 붙으면 높고 현달한 관작을 순월(旬月)[83] 안에 얻을 수 있겠지만 끝내 엎어져 망하는 화를 면치 못할 것이다. 비록 엎어져 망하는 화를 입을지언정 끝내 군자의 당으로 돌아갔다면 오히려 괜찮지만, 만약 소인의 당으로 돌아갔다면 비록 아침에 공경(公卿)이 되고 저녁에 정승이 되더라도 무슨 귀함이 있겠는가?

---

81) ○ : 底本에는 없다. 내용 구분을 위해 보충하였다.
82) 영만(盈滿) : 극도의 부귀를 누리는 것을 말한다. 《후한서(後漢書)》〈절상(折像)〉에 "우리 가문의 재산이 번식한 지가 오래되었는데, 영만(盈滿)의 허물은 도가에서 꺼리는 바이다.[吾門戶殖財日久, 盈滿之咎, 道家所忌.]" 하였다.
83) 순월(旬月) : 열흘이나 한 달이 조금 넘는 기간을 가리킨다.

나라를 위하는 당이 군자의 당이고, 위태롭게 하는 당이 소인의 당이다. 사대신이 세제를 정책한 일은 나라를 위한 것이 아니냐? 저 무리들이 사대신을 도륙한 것은 나라를 위태롭게 만든 짓이 아니냐? 너희들은 마땅히 이것을 보고 취하고 버릴 상대를 선택해야 할 것이다.

삶을 버리고 의를 취하는 것이 성인의 가르침이다. 내가 너희들로 하여금 과거에 합격하여 벼슬에 나가지 말라고 한 충고는 실로 의를 취한 것이고 또한 삶을 취한 것이다."

소자가 이 가르침을 받든 지 불과 30년 사이에 국론이 올바른 데로 돌아가서 사당(邪黨)은 복주되었다. 한 집안으로써 말하자면 관직에 있는 자는 폐출되었고, 과거 급제한 자는 삭직되었으며, 나머지 유배된 자는 그 숫자를 헤아릴 수 없었다.

한 가문이 당한 재앙과 환란이 이와 같이 참혹하였는데, 오직 우리 여러 형제와 자질들은 편안히 안도하였으며, 몇 년 되지 않아서 의망(擬望) 이 정지되었던 중형(仲兄)이 특별히 소통의 은혜를 입어서 큰 고을에 제배되었다가 부임한 지 석달 만에 주상이 친히 명을 내려 체직(遞職)되고 나서 주상께서 "우헌(愚軒)"이라는 호를 내려주었다. 그 지극한 은총이 또한 어떠한가?

여덟 형제가 모두 살아남아서 날마다 즐거워하고, 여러 자질들이 서로 모여서 본받고 서로 좋아하니 아, 아름답도다, 선고(先考)의 덕이여!

소자 이광유(李匡維)가 이어서 기록하였다.

○ 단암(丹巖, 민진원의 호)이 유배에서 풀려나 돌아오는 길에 공의 집에 들려 긴 편지와 제문을 보기를 청하였다. 공이 대답하기를,

"대감이 이미 사대신과 함께 자취를 같이하였으니, 의리와 관련된 문자는 진실로 상전벽해(桑田碧海)의 겁(劫)[84]이 지난 뒤라도 보고 싶은

---

84) 상전벽해(桑田碧海)의 겁(劫) : 상전벽해는 뽕나무밭이 푸른 바다로 변한다는 뜻으

것이 마땅합니다."

하였다. 이에 상자를 열어서 내주니, 단암이 긴 편지를 두세 차례나 본 뒤에 일어나 읍(揖)을 하고 말하였다.

"사대신이 세제를 정책한 것은 설혹 한두 가지 사사로운 의도가 그사이에 섞여 들어갔다 하더라도 실로 종사의 큰 계책에서 나온 것입니다. 남의 인신(人臣)의 분수와 의리에 따르면 이것은 올바른 일 같은데, 차마 말할 수 없고 차마 들을 수 없는 말로써 조금도 저의를 숨기지 않고, 사대신을 공격하여 배척한 것이 여지가 없었으니, 한마디로 말해서

「세제를 세우지 않으면 장차 누구를 세울 것입니까?」'

하는 이 한 구절 안에는 공론이 해와 별처럼 바르고, 의리가 서리와 눈처럼 엄격합니다. 신축·임인년의 사적(事蹟)은 여기에 이르러 밝아져서 후세 동국의 정사(正史)가 될 것입니다."

또한 제문을 보고서, "무백중(無伯仲)"의 뜻을 가르쳐 달라고 청하였다. 공이 정색하며 말하기를,

"대감이 이미 세제를 정책한 일을 당연한 것으로 간주하는 선왕의 의도를 도와 받들었는데, '무백중' 세 글자의 뜻을 어찌 알지 못할 리가 있겠습니까?"

하니, 단암이 한동안 침묵하고 있다가 말하기를,

"타고난 천성이 영민하지 못하여 끝내 그 뜻이 무엇인지 알지 못하겠습니다."

하였다. 공이 말하기를,

"일찍이 몽와에게게서 가르침을 받은 적이 없다면 이해하지 못하는 것이 마땅합니다. 그렇지만 어찌 옛날의 태백(太伯)과 우중(虞仲)85) 같은 사람이

로, 세상이 몰라볼 정도로 변함을 비유한, 오랜 세월의 변천을 의미한다. 겁(劫)은 불교 용어로, 인간 세상의 연월일로는 헤아릴 수 없는 아득한 시간으로, 전하여 아주 오랜 세월을 뜻한다.

85) 태백(太伯)과 우중(虞仲) : 주나라 태왕(太王)의 첫째 아들과 둘째 아들이다. 태왕의

없다는 것을 깨닫는 일이 어렵겠습니까?"

하였다. 단암이 다시 묻기를,

"거짓으로 위호(衛護)한다.'는 말은 무엇을 가리키는 것입니까? '요서(妖書)'는 무엇을 가리키는 것입니까?"

하니, 공이 웃으며 말하기를,

"거짓으로 위호한다.'는 말은 어찌 한(漢)나라 시대에 거짓으로 위호한 것이 아니겠습니까? '요서'는 어찌 지난날 요서가 아니겠습니까?"

하였다. 단암이 벌떡 일어나 두 번 절하고 사례하여 말하기를,

"의리의 진정한 골자를 이곳에서 얻어 보았습니다."

하였다. 다시 묻기를,

"혜신(惠新)'과 '회극(懷隙)'의 뜻도 역시 이해하지 못하였으니 다시 가르쳐주시기를 청합니다."

하니, 공이 말하기를,

"이 한 구절은 몽와가 아니면 능히 깨달아서 알지 못합니다. 또한 몽와가 아니면 감히 설명할 수 없으니, 청컨대 다시는 묻지 마십시오."

하였다.

　뜻이 계력(季歷)의 아들 문왕에게 있는 것을 알아차리고 형만(荊蠻)으로 달아나 몸에 먹물을 들이고 머리를 잘라 묶지 않고 살았다.(《史記·周本紀》 참조)

무민재 이공 유고 초

無憫齋李公遺稿鈔

목호룡 무고 한 조항〔睦虎龍誣告一條〕

의금부 나장(羅將) 양천석(梁千石)은 어려서부터 나에게서 글을 배웠다. 그 사람됨이 남보다 뛰어나게 영리하고 자못 의리를 알고 있었기 때문에 내가 항상 보살피고 사랑하였다. 또한 아주 가까운 곳에 살고 있어서 자주 와서 보았다.

목호룡이 일으킨 역적의 옥사가 바야흐로 확대되어 내병조(內兵曹)[1]로부터 본 부로 옮겨서 추국한 뒤로부터는 옥사가 더욱 비밀스러워져서 그 내용을 아는 사람이 없었다. 내가 농수에게 가서 묻기를,

"목호룡의 고변서가 얼마나 놀라운 일이기에 일전에 의금부 당상과 국청에서 옥사를 주관하던 여러 대신들이 모두 물러나서 차례로 왕명을 기다렸다고 하는데, 일이 매우 의심스럽지만 그 단서를 알 수 없습니다. 그대와 나는 모두 포의라서 관계된 것이 없으므로 진위를 자세히 들을 수 없어서 몹시 답답하다."

하였다. 내가 이날 저녁에 양천석을 오라고 부르니, 그는 과연 집에 있었다. 내가 곡절을 묻자 그 또한 내가 이 일과 관계가 없는 사람임을 알고 있었기 때문에 조금도 감추지 않고 처음부터 끝까지 구구절절 모두 고하여서 내가 상세히 들을 수 있었다.

목호룡과 백망은 모두 도장(導掌)[2]을 업으로 삼는 사람들이어서 서로 정의(情誼)가 맞았으므로 죽고 살기를 같이 하기로 맹세하고, 뒷날 완급을 서로 돕기로 약속하였다. 그 뒤 목호룡이 김일경의 사주를 받아 이미 흉당에 들어가서 장차 고변서를 올릴 즈음에 목호룡이 말하기를,

---

1) 내병조(內兵曹) : 궁궐에 있는 병조의 분관(分館)으로, 궁중에서 시위(侍衛)·의장(儀仗)에 관한 일을 관장하였다.
2) 도장(導掌) : 관둔전(官屯田)과 궁둔전(宮屯田)을 관리하며 매년 일정한 도조(賭租)를 관아나 궁궐에 바치는 일을 맡았던 이속이다.

"내 친구 백망과 함께 논의하면 일을 이룰 수 있다."

하였다. 김일경이 크게 기뻐하며 말하기를,

"진실로 이 사람을 얻을 수 있다면 매우 좋은 일이다."

하고는 즉시 목호룡으로 하여금 밤을 틈타 백망을 꼬드겨서 불러놓고 속마음을 다 말하게 하고 이로운 말로 속였는데, 백망이 거짓으로 따를 것처럼 하고는 물러나 목호룡과 함께 문을 나섰다.

그런데 중간에 배반하고 달려가 곧 김용택의 집으로 들어갔으므로, 목호룡이 그를 뒤따라 쫓아가서 비로소 백망이 두 마음을 먹은 것을 알고서는 곧장 김일경 집으로 가서 급히 귀에 대고 말하기를,

"이와 같은 비밀스러운 일이 이미 백망이라는 놈에게 누설되었으니, 이것을 장차 어찌해야 합니까?"

하였다. 이것이 김일경이 크게 두려워하여 즉시 고변서를 날조해서 동이 트기를 기다렸다가 올린 이유였다. 양천석의 말 가운데 다음의 내용이 있었다.

"소인은 당초 일의 기미가 어떠한지 알지 못하였는데, 의금부 당상 김일경이 목호룡의 고변서를 가지고 차례로 문목을 만들어서 추문(推問) 하였지만, 백망이 조금도 두려워하거나 겁을 먹지 않고, 눈을 크게 뜨고 꾸짖어 말하였습니다.

'네가 지난밤 목호룡으로 하여금 나를 꼬드기게 하여 비밀리에 동궁을 폐위시키고 이상대를 세우려고 모의했던 김일경인가? 너희 무리들이 이러한 간특한 음모를 꾸미고 있다는 것을 이미 익숙히 알고 있었으므로 내가 목호룡·이천기·김용택 등 여러 사람들과 손가락을 깨물어 서로 맹세하기를,

「저 무리들의 흉악한 음모가 만약 혹시라도 성공한다면 우리나라의 삼종 혈맥은 영원히 끊어지게 될 것이니 일제히 있는 힘껏 이상대를 죽이고, 다시 동궁을 세울 것을 도모하자.」

하였다. 이는 당시 당당한 대의였다.

또한 은화를 갖고 결탁한 일이란 이러하다. 너희들의 흉악한 음모는 늘 환관과 결탁하여 일을 처리하였으므로 불가불 흉악한 음모를 탐지해서 완급을 주선한 뒤에야 일을 이룰 수 있었기 때문에 지상궁과 결탁한 것이므로, 사기를 치려는 것이 아니라 충성하기 위한 일이었다. 손바닥에 쓴 「양(養)」자는 양성당에게 충성을 다한다는 「양」자이고 이것은 모두 목호룡과 함께 맹세한 일이었다.

그런데 역적 목호룡이 도리어 너희 당에 투신하여 들어가 너에게 속아서 나를 꼬드겨서 갔는데, 어제 너의 음모를 들으니 과연 이전에 들은 내용과 같이 국가의 대역이었으므로, 도중에 배반하고 달아난 것은 진실로 이 때문이었다. 너는 지난밤 나를 사주한 김일경인데 감히 뻔뻔스러운 얼굴을 들고 당(堂)에 앉아서 문목을 가지고 추문할 수 있는가? 어찌 빨리 당에서 내려와 함께 국청의 뜰에 앉아서 충역을 가리지 않는가?

의금부 당상 김일경이 발명(發明)하지 못하고 얼굴이 흙빛이 되어 즉시 물러났습니다. 그런데 최석항과 조태구, 두 대신이 또 문목대로 추문하니 백망이 또 질책하여 말하기를,

'너희는 조금 전에 김일경을 질책하는 말을 듣지 못하였는가? 김일경이 감히 주둥이를 놀리지 못하고 겁을 먹고 황급히 물러난 것을 너희들이 목격하고도 다시 무슨 면목으로 또 들을 만한 일이 있겠는가? 너희들 또한 김일경의 무리와 함께 모의한 대역이다.'

하였습니다. 또 심단을 질책하여 말하기를,

'너는 선조(先朝) 때 버려진 물건인데, 다행히 오늘날 발탁되었으니 성은이 망극한데 보답할 생각은 않고, 머리가 허연 늙은 놈이 도리어 김일경과 함께 반역을 모의한단 말인가?'

하였습니다. 이에 두 대신과 여러 당상들이 물러나와 왕명을 기다리고 있어서 국청이 텅 비었습니다. 그래서 국청에 있던 승지 조경명이 들어가

서 아뢰기까지 하였는데, 주상이 답하기를,

'국청에서 나온 흉언에 스스로 지나치게 인혐(引嫌)할 필요가 없다. 안심하고 추국하라. ……'

하였습니다."

내가 이 말을 듣고 단지 스스로 격분하여 나도 모르게 벌떡 일어났다.

윤회가 몽와에 대해 후회하며 논한 한 조항〔尹會悔論夢窩 一條〕

정언 윤회(尹會)³)가 당시 대간으로서 김창집을 논핵한 일이 있었다. 어느 날 윤회가 보러 왔기에 내가 묻기를,

"그대가 김창집이 뇌물 받은 일로 상소하여 탄핵하였는데, 이것이 곧 대신(臺臣)의 바른 말입니까?"

하니, 윤회가 묻기를,

"무슨 말입니까?"

하였다. 내가 다음과 같이 말하였다.

"대신이 다른 사람을 탄핵하는 것은 일의 단서를 자세하게 모두 알고 난 뒤에야 다른 사람의 옳고 그름을 논할 수 있는 법입니다. 내가 듣기로는, 김창집이 뇌물을 받았다고 하는 것은 판재(板材) 하나의 값에 불과합니다.

외읍(外邑) 수령 가운데 친절한 사람이 판재 값을 김정승에게 보냈고, 김정승이 나이 먹은 대신으로서 친절한 사람에게서 이 돈을 받았으니 이는 이상한 일이 아닙니다. 지금 삼급수에게 보태 주었다는 말로 함정을 얽어 만들어서 상소하여 배척한 것이 끝이 없으니 '대신의 바른말'이라고 할 수 있겠습니까?

지난 신축년에 정승 이이명이 왕세제를 책봉한 일로 연경에 갔을 때 은화 6만 냥을 가지고 갔다가 그가 돌아오는 날에 이르러 호조에 그대로 반납해서 빠진 것이 하나도 없었다는 사실은 온 세상 사람들이 모두 아는 일이었는데, 이때 대신(臺臣)이 도리어 삼급수에게 보태 주었다는 말을 얽어서 탄핵하는 데에 여지가 없었습니다.

근래 언관이 다른 사람의 옳고 그름을 논척하는 것이 매번 이와 같더니,

---

3) 윤회(尹會) : 1657~1733. 본관은 파평, 자 성제(聖際)이다. 신임옥사 당시 노론 일파를 논죄하고 숙청하는 데 앞장섰다. 1724년 영조가 즉위하자 유배되었다.

지금 그대의 배척하는 상소 또한 오히려 이와 같습니다. 지금은 피차에 대해서 애석해할 것이 없지만 천하의 이목을 어찌 가릴 수 있겠습니까?

그대는 근래 뇌물 받은 일에 대한 말을 들어 보시겠습니까? 지난 겨울 이사진(李士珍)이 정승 조태억에게 묻기를,

'대감께서 올해 받은 세찬(歲饌)[4]이 얼마나 됩니까?'

하니 조태억이 말하기를,

'생치(生雉)[5]와 곶감[乾枾]으로 반 칸 정도 되는 누대가 가득 찼습니다.'

하니, 사진이 말하기를,

'대감은 청백리라고 할 수 있습니다. 소인이 받은 세찬은 잡종은 물론이고 곶감과 생치가 거의 창고의 세 칸을 가득 채우고도 오히려 남아서 쌓아 둔 것이 있습니다.'

하였습니다. 뇌물이 성행한 것이 이 지경에 이르렀는데, 늙은 정승이 친절한 수령에게서 판재 한 개 값을 받은 것이 무슨 큰일이라고 억지로 거짓을 얽어서 사람을 망측한 지경에 빠트렸으니, 남몰래 그대를 위해서 탄식하였습니다."

윤회가 허탈해하며 말하기를,

"지금 들은 그대 말은 내가 들은 것과 크게 차이가 납니다."

하였다. 며칠 뒤 윤회가 같은 당(黨)의 사람들과 앉아 있었는데, 여러 사람들에게서 말이 나오자 이르기를,

"상소하여 김창집을 배척한 일은 실로 없는 사실이었는데, 나를 사주하여 논핵하게 하였으니, 후회막급입니다."

하자, 당시 정국을 주도하던 여러 사람들은 도리어 윤회가 우활한

---

4) 세찬(歲饌) : 설날에 차례상과 세배 손님 대접을 위해 준비하는 여러 가지 음식이다. 연말이면 대신이나 종척(宗戚)·각신(閣臣)에게 쌀·고기·생선·소금 등을 하사하였고, 사대부나 종가에서는 어려운 일가에게 쌀·고기·어물 등을 보내어 설음식을 장만하게 하였다.

5) 생치(生雉) : 익히거나 말리지 않은 꿩고기이다.

논의에 빠진 것으로 간주하고, 대간에서 파직한 일까지 있었다.

윤회는 다른 사람의 사주를 받은 자에 불과하여 오히려 깊게 질책하기에 부족하지만, 이른바 여러 당국자들의 언론에서 옳고 그름을 논한 것이 대개 이와 같은 것이 많았으니, 도리어 웃음을 참을 수 없다.

○ 생각컨대, 우리 돌아가신 할아버지 무민재(無悶齋) 공은 젊어서부터 뜻과 기개가 고명(高明)하고 지조를 지키는 것이 견고하고 정결하였으며, 속유(俗儒)처럼 장구(章句)나 꾸미는 문장을 일삼지 않고 성현의 의리에 관한 학문을 돈독히 숭상하여, 과거를 통해서 벼슬에 나아가는 것을 하찮게 여기고 더욱 마음을 두지 않았다.

때마침 신축·임인년의 화를 만나서 뭇 소인들이 권력을 부려 여러 현인들을 살육하자, 이에 공이 개탄하며 색사(色斯)⁶⁾의 뜻을 품었다. 드디어 장단(長湍)에 있는 선영(先塋) 아래로 물러나 거주하며, 늘 시골 노인이나 동네 친구들과 함께 산수(山水) 사이에서 방랑하고, 음풍농월(吟風弄月)⁷⁾의 장에서 자유롭게 이리저리 노닐며 한가롭게 스스로 즐기면서도 당시 조정 득실에 대해서는 마치 벙어리와 같았다. 이것은 공이 만난 시대가 불행하여 취한 명철보신(明哲保身)⁸⁾하는 계책이었다.

아! 공은 평소 정국을 주도하고 있던 소론과 더불어 친하게 지내며 긴밀히 교분을 맺은 사람이 많았다. 그런데 신축년 여러 흉악한 무리가 사납게 날뛰며 세제를 위태롭게 만들려고 모의하여 선류(善類)를 일망타진하자 공의 뜻이 스스로 분격하여 마음으로 여러 사람들을 끊어버렸는

---

6) 색사(色斯) : 색사거의(色斯擧矣)의 준말이다. 사람이 어떤 기미를 보고서 신속하게 행동을 취해 자신의 안전을 도모하는 것을 말한다.
7) 음풍농월(吟風弄月) : 맑은 바람과 밝은 달 속에서 시를 지으며 즐기다. 세속적인 명예나 출세를 추구하기 보다는 자연과 더불어 소박하게 살아가는 삶을 뜻한다.
8) 명철보신(明哲保身) : 명철한 지혜로 일을 잘 처리하여 위험으로부터 자기 몸을 보존한다는 뜻이다.

데, 유독 농수 이문정과는 속내를 터놓고 심정을 펴서 시사를 따라 기록하여, 월단평(月旦評)⁹⁾이 약간 남아 있다.

계묘년 이래로 벼슬에 나아가지 않은 뒤부터는 저 무리들이 간사한 음모와 비밀스러운 간계가 누설된 것이 공 때문이라고 지목하여 이를 갈며 독기를 멋대로 부려서 멸절시키려는 화가 아침저녁으로 임박하였다. 이에 공은 하루가 다하기를 기다리지 않고 고향으로 내려갈 것을 결단하고, 빛을 감추고 자취를 숨기어 종신토록 평탄치 못한 삶을 살았으니, 이것이 어찌 천명이 아니었겠는가?

내가 그때 상투 틀 나이여서 비록 경계하는 말씀을 받들었지만 일의 기미를 상세하게 파악하지 못하였다. 불행히 아버지가 일찍이 세상을 저버리고, 할아버지가 이어서 돌아가시니, 그것은 외롭게 남은 인생이 파악할 수 있는 일이 아니었다. 다행히 우리 할머니가 팔순의 나이에도 오히려 지금도 몸에 탈이 없어서 항상 화를 피해서 고향으로 내려간 일의 본말을 말씀해주셨기 때문에 간략하게나마 들어서 알게 되었다.

아! 공의 저술이 제법 많아서 유고(遺稿) 십여 권이 있었으나 불행히 화재를 당해서 마침내 입증할 만한 흔적이 사라지고 말았다. 잔편(殘編)을 모아보니, 남아 있는 것은 단지 스스로를 경계하는 말이나 훈계하는 편지였고, 천인설(天人說)과 원이기설(原理氣說) 등이 있었다.

무민재께서 기록하신 《신임일기(辛壬日記)》 등 약간의 초본(抄本)이 있지만, 착간(錯簡)되고 소루(疏漏)하다는 탄식을 면치 못하고 겨우 한 권을 이루어서, 후대에 살펴볼 거리로 삼는다.

경오년(1750, 영조26) 봄 3월 병신일 불초 손자 이수겸(李受謙)¹⁰⁾이

피눈물을 흘리며 삼가 기록한다.

---

10) 이수겸(李受謙) : 1739~?. 본관은 전주, 자 익지(益之)이다. 1759년 생원시에 합격하였
다.

《隨聞錄》校勘·標點

卷之二

壬寅年

一月

壬寅正月初十日, 備局堂上引見時, <u>金一鏡</u>曰∶“殿下於領相<u>趙泰耉</u>箚批, 有‘追念往事, 不覺悲痛’爲敎, 爲今日殿下臣子者, 孰不感傷? 殿下旣在千乘之位, 則私親生育之恩, 固有追報之道. 下詢大臣處之何如?” 右相<u>崔錫恒</u>曰∶“在殿下情理, 誕育聖躬之恩, 不可無追報之道. 臣意則別立祠宇, 祭享之需, 令該曹封進, 別立稱號, 以重事體, 恐合情理矣.”

領相<u>趙泰耉</u>病不入參, <u>一鏡</u>曰∶“玆事體重, 令禮官問議于未入侍大臣及在外之大臣後, 大臣二品以上, 會議于朝堂, 講定節目, 似爲合當矣.” 工判<u>韓配夏</u>曰∶“殿下嗣位之後, 尙未報誕育之恩, 實爲未安. 朝議皆以爲宜有追報之道, 今若立祠建號, 講定節目, 則公議·私情, 兩得其宜矣.” 戶判<u>金演</u>·右副承旨[1]<u>金始慶</u>·司諫<u>李眞儒</u>·持平<u>朴弼夢</u>等[2]所奏大同, 而皆曰∶“<u>一鏡</u>所達, 允合於天理人情矣.” 上曰∶“依爲之.”

十五日, 司果<u>鄭亨益</u>疏曰[3]∶“伏惟殿下於所生之親, 念其[4]鞠育之恩, 思

---

1) 承旨∶底本에는 없다. 國立中央圖書館 鉛活字本(한고朝56-나108)[이하 연활자본]에 근거하여 보충하였다.

2) 等∶底本에는 뒤에 “則”이 더 있다. 연활자본에 근거하여 삭제하였다.

3) 曰∶底本에는 “云云”으로 되어 있다. 연활자본에 근거하여 수정하였다.

4) 其∶底本에는 없다. 《稗林》(제9집, 探求堂, 1970)[이하 《稗林》]과 연활자본에 근거하여

其報答之義, 此固人情也. 而先大王當日處分, 極其嚴正, 故義之所在, 情有所掩, 雖有5)殿下欲報之誠, 事係先朝, 不欲追提者, 槪可見聖意之所在也. 顧今在廷之臣, 莫非先朝之臣子, 而6)其分義·道理, 何敢肆然煩請於今日殿下之前乎7)? 今若自內間, 就其舊建之祠, 豊其供享之節, 則可以得伸乎私情, 無悖乎8)先志. 而今乃立祠建號, 自公朝而倡之, 祭享凡需, 命有司而供之, 但曰'情理之不可已', 而罔念大義之有所傷, 竊恐終有所歉9)於遵先繼述之道也. 噫噫痛哉! 仙寢未撤, 玉音如聞, 而入對諸臣徒欲阿諛於殿下, 不知嚴憚於先王, 恣意合辭, 略不顧藉. 彼一鏡以下, 固不足道, 而受先朝厚恩爲今日大臣者, 又從以和附, 無一言半辭於以先朝大處分, 到今不可撓改之意, 及於奏達之際, 他日地下, 將以何辭對先王乎10)?" 禮官以一鏡所奏, 問議于領相趙泰耈, 則曰: "聖上嗣服之後, 追報私親之擧, 卽是天理人情之所不容已者, 此固筵臣之所以陳請也. 必也酌禮參情, 折衷得宜, 以叶一時之物情, 絶後世之訾言. 云云."

○11)領府事12)金宇杭曰13): "聖上至仁盛14)德, 動法先朝. 昨年鄕儒之陳疏也, 特降備忘, 辭嚴義正, 抑情制私之盛意, 孰不欽仰? 爲今日臣子者, 固宜仰體聖意, 將順之不暇, 而不意反經之論, 忽發於筵中, 至請會議朝

<hr/>

보충하였다.
5) 有 : 底本에는 "以"로 되어 있다. 연활자본에 근거하여 수정하였다.
6) 而 : 底本에는 없다. 연활자본에 근거하여 보충하였다.
7) 乎 : 底本에는 "云云"으로 되어 있다. 연활자본에 근거하여 수정하였다.
8) 乎 : 底本에는 "於"로 되어 있다. 연활자본에 근거하여 수정하였다.
9) 歉 : 底本에는 "嫌"으로 되어 있다. 실록에 근거하여 수정하였다.
10) 乎 : 底本에는 "云云"으로 되어 있다. 연활자본에 근거하여 수정하였다.
11) ○ : 底本에는 없다. 《稗林》에 근거하여 보충하였다. 이하 '○'은 모두 이에 근거하여 보충하였으므로, 별도의 校勘記를 달지 않는다.
12) 領府事 : 底本에는 "領相"으로 되어 있다. 《稗林》과 연활자본에 근거하여 수정하였다.
13) 曰 : 底本에는 "則云云"으로 되어 있다. 연활자본에 근거하여 수정하였다.
14) 盛 : 底本에는 "聖"으로 되어 있다. 연활자본에 근거하여 수정하였다.

堂, 噫! 是何擧也[15]? 臣則謂仍其舊祠, 豊其祭需, 備盡享祀之節, 以寓追報之誠, 則其在繼先志伸私情之道, 庶可兩全而不悖. 至於立祠建號之議, 非臣淺慮之所及, 惟聖明深惟義理, 終始勿撓, 俾無後世譏議." 左相崔奎瑞則以爲 : "負罪先朝, 以終身自廢爲處義[16]之地. 向陳一疏, 方俟嚴命, 其何敢以相職自處而猥有獻議哉? 云云."

○[17) 一自兇徒猖狂之後, 義理也·名分也·紀綱也, 雖極乖亂, 自非一鏡·錫恒之徒, 豈敢以立祠建號之說, 獻議於今日也哉? 況如崔奎瑞之名相乎? 然只以待罪自處, 初無可否間獻議, 地則似然, 而殆涉於爲己也. 欲可則莫逃名義之罪人也, 欲否則難免凶徒之毒鋒也歟. 若論其截直之風, 尙不如金領府之據義防塞也.

○ 生員李箕重等百餘人陳疏請寢立廟建號之命, 仍正一鏡輩忘先王負殿下之罪事入啓. 再議, 左相崔奎瑞則又不獻議.

○ 領相趙泰耉·右相崔錫恒·戶判金演, 諸臣以追報獻議事, 被斥於鄭亨[18)益·金宇杭. 於是群徒迭起, 以傾陷朝臣, 脅制君父, 毒擊鄭亨益·金宇杭. 說書宋寅明疏奏曰 : "鄭亨益一疏, 盛論近日收議事, 遣辭過峻, 立[19)意近險, 然其所主義理, 儘合商確, 臣請略言之. 夫以子爵母, 《禮經》大防, 則稱號不當追加也, 仲子之宮, 《春秋》所譏, 則廟宇不當別立也.

---

15) 也 : 底本에는 뒤에 "云云"이 더 있다. 연활자본에 근거하여 삭제하였다.

16) 義 : 底本에는 "議"로 되어 있다. 《稗林》과 연활자본에 근거하여 수정하였다.

17) ○ : 이 문단은 편찬자인 이문정의 사론(私論)으로서, 연활자본에 의하면 한 칸 들여서 편집되어 있으므로 이를 따른다. 이하 동일사례에 대해서는 별도의 校勘記를 달지 않는다.

18) 亨 : 底本에는 "享"으로 되어 있다. 《稗林》과 연활자본에 근거하여 수정하였다. 이하 동일사례에 대해서는 별도의 校勘記를 달지 않는다.

19) 立 : 底本에는 "之"로 되어 있다. 《稗林》과 연활자본에 근거하여 수정하였다.

我朝禮法之嚴, 一洗百王之陋. <u>宣廟</u>之於<u>昌嬪</u>, <u>仁廟</u>之於<u>仁嬪</u>, 恩義之重,
何間所生, 而亦皆因其舊爵, 未有追加, 祭於私祠, 亦無別建, 聖祖[20]徽規,
豈非今日所當仰法者? 而況此事關先朝, 尤有別焉, 名賢之議, 亦有可監.
在公, 雖無崇奉, 而在私, 未必無享祠之所在, 昔因其舊號, 在今不必有追
加之號. 夫以殿下之盛德至孝, 抑情制私, 未有處分, 不欲煩諸外廷, 務盡
情禮於自內報祀之典者, 庶幾先儒所謂'盡於情, 至[21]於義也'. 豈不有光
於遵先之孝, 不匱之思乎? 人見不同, 義理無窮, 乃以追報私親爲合於天
理人情, 未及思觀行觀志之訓也. 伏願殿下深究義理, 勉抑私情, 雖斥<u>亨</u>
<u>盆</u>而無棄<u>亨盆</u>之議. 云云."

○ <u>宋寅明</u>, 豈不危哉, 豈[22]不[23]危哉[24]? 試看今日朝廷, 何等時也? 奸凶
秉國, 權傾人主, 一有非己之言者, 則謂之"傾陷朝廷", 一有斥己之議者,
則謂之"脅制君父", 小則流竄, 大則設鞫, 在其掌握. <u>宋寅明</u>以少邊中新進
人也. <u>亨盆</u>, 彼徒之所欲殺者, 而<u>寅明</u>能申救之. 追報, 彼徒之所奇貨者,
而<u>寅明</u>[25]能防塞之, 危哉危哉, <u>宋寅明</u>也! 聖訓曰"朝聞道, 夕死可矣", 彼
<u>寅明</u>卽朝聞道之人乎! 此眞義氣男兒, 正直君子也.
惟我主上統承先王, 嗣登大位, 則先后<u>閔中殿</u>卽主上之慈母也. 至於<u>禧嬪</u>,
只是所生之親, 而蓋其罪惡非尋常罪惡也. 初由其讒間而聖母黜于己巳,
再由其咀呪而聖母薨于辛巳. <u>禧嬪</u>若是, 他人則當爲主上之血怨骨讐, 而
以其爲所生之親也, 故"怨讐"二字, 莫可擧論. 一遵先王處分之外, 無他道
理, 至於一國臣人, 豈無食肉寢皮之心乎? 無此心則非臣子. 然亦以主上

---

20) 祖 : 底本에는 "朝"로 되어 있다.《稗林》과 연활자본에 근거하여 수정하였다.
21) 至 : 底本에는 "盡"으로 되어 있다.《稗林》과 연활자본에 근거하여 수정하였다.
22) 豈 : 底本에는 없다. 연활자본에 근거하여 보충하였다.
23) 不 : 底本에는 없다. 연활자본에 근거하여 보충하였다.
24) 哉 : 底本에는 뒤에 "乎"가 더 있다. 연활자본에 근거하여 삭제하였다.
25) 寅明 : 底本에는 없다. 연활자본에 근거하여 보충하였다.

所生之親, 故莫敢斥言, 若有斥言之者, 是不忠於主上矣. 且或有扶護於今日者, 非徒得罪先王也, 納主上於不義之地, 而頓忘國母之讐也. 爲臣子而忍忘國母之讐, 則是得罪於名義也.

彼一鏡以立祠建號, 崇奉禧嬪之說, 奏於筵對, 而自大臣崔錫恒, 至卿宰三司諸臣, 同然一辭. 至於在外之領相趙泰耉, 亦以天理人情之固然獻議, 此非但忘先王與聖母也, 反恩於國母之讐人, 一言而蔽之曰"名義之罪人"也. 彼皆士子而徒出於容悅上意, 反爲常賤之所不爲. 聖訓所云"犬[26]豕而衣錦繡"者, 正謂此也, 陋矣哉! 彼其之徒也. 此一章姑爲廢閣, 不欲復污舌也.

○ 司諫李眞儒每奏曰 : "向來群凶滿朝, 聖上不肯與凶臣相面, 久未臨講, 固其宜也. 今則朝著淸肅, 講筵頻開. 云云." 然而尙未有一接經筵之擧, 此則不肯與群忠相對而然乎? 假令上意眞出於厭對凶臣, 久廢講筵, 而自上無此等下教, 則人臣雖於私處, 不敢臆料聖意而爲說也, 眞儒乃敢以臆聖意之說, 肆然爲奏, 放恣之心, 愚弄之意, 則此極矣.

○ 主上當其更化之時, 半夜之間, 掃除諸臣, 政令之間, 殆若雷震而風掣, 酬應如流, 亦若鍾鳴而響應. 一自兩宦出付有司之日, 章牘山積, 或一旬後下批, 或二十日下批, 或三十日下批, 政務積滯, 百度解弛, 一如前日. 蓋趙聖復代理之請, 罪則罪也, 而究其本心, 非逆也. 悶於國事之漸到於無可奈何, 不覺事體, 激於愚忠, 乃進其疏, 細究本意, 寔出於爲國之心也. 且念國勢極其岌業, 當此之時, 世弟之代理, 豈不時急者乎? 四大臣累次伏閤, 三日庭請, 終不還收, 每教牢定, 則箚請丁酉節目擧行. 蓋其意實出於爲宗祉也. 且非傳禪也, 乃是代理也, 則在人臣體面, 固可以依例請反汗, 而有何準請後已之端乎?

---

26) 犬 : 底本에는 "伏"으로 되어 있다. 일반적인 용례에 근거하여 수정하였다.

迂路作行, 北門潛入, 見阻於喉院, 則通路於宦寺. 及其入對, 似忠之情態,
固其本有, 而故揮之涕淚, 何處豫備, 爲此奸態? 牽動上意, 必收代理而後
已, 其心所在, 未可測也. 若論趙聖復之罪, 只是無知妄作之致也, 不過定
配而足也, 而至於遠竄, 極其過矣. 彼輩乃生必死之心, 爭請設鞫, 旣至設
鞫, 則何不撲殺, 而乃反還配, 何也? 原無可殺之罪, 則雖欲殺而不可得也.
且彼輩將有大計也, 故姑欲避無罪殺人之名也.

○ 一自改紀之後, 善類盡逐, 凶醜猖狂, 拿囚之人, 積滯於王府, 竄謫之客,
絡續於沿路, 天地足以減和, 日月爲之愁慘. 又以追報之事. 老邊人若干
餘存者, 尙有忠奮之心, 陳其匡求之章, 則凶鋒毒射, 群起迭出, 爭投[27]
悖[28]章. 其他伐異之疏, 逐日沓至, 堆積公車, 顧瞻[29]朝廷之上, 六國之戰
場耶? 三國之時節耶? 天變之告警, 莫近若也, 而慢不知懼, 生民之塗炭,
莫此爲急, 而全莫知憂. 凶徒之密密謀計者, 老邊人何以則盡爲誅滅也,
世弟何以則畢竟除去也. 國言喧籍, 人心憂懼, 誠天下之亂世也.

三月

三月二十七[30]日, 睦虎龍上變書. 諸承旨金致龍·趙景命·黃爾章·李宜晚
入侍時, 並命大臣牌招事下敎, 睦虎龍出付該府.

○ 禁府睦虎龍拿囚, 領相趙泰耉·右相崔錫恒來詣賓廳啓曰 : "今聞上變

人睦虎龍有出付該府之命, 旣是上變, 則當設鞫嚴問, 金吾堂上及兩司·左右捕將, 並牌招擧行, 何如?” 傳曰：“允.”

禁府上使李健命[31]興陽 蛇島圍籬安置. 同禁柳重茂將以配單子入, 判禁沈[32]檀曰：“旣有加律圍置之命, 則今何必復啓乎?” 重茂曰：“奉使之人, 出送都事, 自其路拿配, 卽昏朝事也.” 檀不聽, 仍定以興陽, 則檀又爭以濟州. 重茂直斥以昏朝之事, 若非同謀中人, 則豈不取禍之端乎? 可見其心腸則直矣.

○ 先時有陸玄爲名人, 乃術數之客而誕妄妖言者也. 因[33]金濟謙門下人玄德明, 時時往來於金濟謙門下矣. 一日則陸玄來言於金濟謙曰：“孝寧殿練祭時, 小人以雜色軍名色入於闕內. 罷祭後, 大駕還宮, 得瞻龍顔, 則乃睡虎之相也. 若妄蹈其尾, 則傷人必多, 然而不過二年之間, 臣民皆衣縞素矣. 且近觀大監令監之相, 則眉宇之間, 忽浮刑火之氣, 大涉不吉. 若從小人之言, 可以免禍. 云云.” 金濟謙責以妄言, 卽令逐送. 又通於捕將李弘述以妖言於不敢言之罪, 卽爲撲殺也. 其後四大臣圍置島中之後, 李眞儒討逆疏中, 陸玄則謂之“密客”, 以妖言逐送之事謂之[34]“孽生叛去”, 以妄言打殺之事謂之“恐其密謀之綻露, 滅其口也”. 金昌集有何陰密之謀而恐人之露出耶? 觀其平生行事, 則光明正大, 初無隱密之事. 若論一心經紀, 則苦心血誠, 只是定策之事也. 而至以陸玄妖言之罪, 令捕將杖殺者, 謂之“恐露詭秘而打殺塞口”, 莫非後日構禍之端也.

至是自禁府拿致玄德明, 究問李弘述撲殺陸玄之事. 玄德明枚擧本事以[35]告之, 則曰[36]“此是欺罔也”. 以昌集陰密之謀爲以直告, 刑推二次, 玄德

---

31) 健命：底本에는 빈칸으로 되어 있다. 연활자본에 근거하여 보충하였다. 이하 동일사례에 대해서는 별도의 校勘記를 달지 않는다.

32) 沈：底本에는 없다. 《稗林》과 연활자본에 근거하여 보충하였다.

33) 因：底本에는 “綠臂”으로 되어 있다. 연활자본에 근거하여 수정하였다.

34) 之：底本에는 없다. 《稗林》에 근거하여 보충하였다.

明無復可告之事, 而不勝忿怨, 遂自刃而死. 及夫睦虎龍上變書, 以陸玄事爲首, 則其次皆此等指鹿爲馬, 鑿空餙實之辭也. 所謂變書上之者, 雖是睦虎龍, 而做出變書者, 其果睦虎龍乎? 所謂原情白之者, 雖曰"睦虎龍", 而餙出原情者, 亦果虎龍乎?

領相趙泰耉 · 右相崔錫恒 · 戶判金演 · 禮判李台佐 · 吏判李光佐請對之時, 虎龍原情中凡係世弟事, 則奏37)以38)勿施之意, 及一鏡出於罪人白望之招, 以39)勿待命之事陳白. 凶徒之一片精神, 都在於謀害東宮也, 至於誅戮四大臣, 惟影子耳, 然若四大臣在世, 則豈敢施其謀計也? 故內以密行膚受之譖, 外以顯陳構虛之章, 旣逐四相, 則遂使近密闊竪之徒, 交構兩宮. 世弟之危迫在呼吸, 幸賴慈宮排閤門於半夜, 以悟主上之心, 下嚴敎於累度, 以戡大臣之意, 凶徒之計, 莫以售矣. 於是餙出睦虎龍之變書與原情, 則一篇主意專在40)於謀陷東宮, 而趙泰耉等以凡係世弟之事, 勿施爲奏者, 可謂自唱而自和也.

蓋其意有二焉, 一則以世弟之事, 猶恐不影, 欲其提醒於上意也; 二則以陽示救護, 欲其有辭於後時也. 設令世弟眞有所干之事, 而彼輩眞有扶護之心, 則獄事之重輕增刪在於彼輩之手段, 何不自下潛爲扶去, 若丙吉之決41)誣42)獄43)也? 必然表著奏達者, 欲以其無所干而陰彰其有所干也. 因睦虎龍原情, 白望等拏囚.

---

35) 以：底本에는 없다. 연활자본에 근거하여 보충하였다.
36) 曰：底本에는 없다. 연활자본에 근거하여 보충하였다.
37) 奏：底本에는 없다. 연활자본에 근거하여 보충하였다.
38) 以：底本에는 없다. 연활자본에 근거하여 보충하였다.
39) 以：底本에는 없다. 연활자본에 근거하여 보충하였다.
40) 在：底本에는 "主"로 되어 있다. 연활자본에 근거하여 수정하였다.
41) 決：底本에는 "臣"으로 되어 있다. 연활자본에 근거하여 수정하였다.
42) 誣：底本에는 "獄"으로 되어 있다. 연활자본에 근거하여 수정하였다.
43) 獄：底本에는 "若"으로 되어 있다. 연활자본에 근거하여 수정하였다.

○ 睦虎龍·白望者, 俱以堪輿之術, 多占內窆·宮人家⁴⁴⁾山地, 故宮屬亦
多相親. 且於世弟私親葬禮時, 亦效相地之勞, 故世弟亦親信之矣. 兩人
皆不學無識, 而虎龍爲人善爲辯說, 多有巧詐, 人稱鄙陋之人. 白望爲人
多有膂力, 行事磊落, 人稱義氣之人也.

辛丑⁴⁵⁾冬⁴⁶⁾, 李喜之·金龍澤·李天紀·沈尙吉·李器之·洪義人等, 覘得凶
徒謀害世弟之計漸成, 會於一處相議曰: "彼計漸成, 而吾勢漸傾, 則不
可保護東宮, 若之何哉?" 天紀曰: "世弟見廢而尙大若立, 則到此地頭, 吾
等豈可束手而視之乎? 除去尙大, 易如反掌, 更立世弟, 亦何難乎? 此時不
可不締結宮屬, 而吾之所親虎龍·白望豪傑之人也, 宮中紅袖宮女有權
者, 無不親密, 此兩人與之相謀, 則必有可圖之計也."

於是邀來二人而與議之, 二人曰: "池尙宮最有闕內之權, 略給銀貨, 然
後方得池尙宮之心也." 諸人曰: "諾." 於是以效忠義於⁴⁷⁾養性堂, 各書掌
中以盟之, 次議聚銀貨之事, 以待有變. 及⁴⁸⁾四大臣竟遭圍置之命, 李喜
之·李器之皆竄配, 然其餘存⁴⁹⁾之人則尙講此議, 潛待動變之機矣.

方是時也, 一鏡之徒, 旣餙告變之事, 而求得空閑之人, 然後可使之上變
也. 一鏡晝宵深思, 終無可人矣, 忽思之, 睦虎龍雖非宮屬而內外動靜, 無
不洞知. 且親信於東宮, 若得此人上變, 則事皆可⁵⁰⁾諧矣. 於是邀來虎龍,
而虎龍至則欣然接待曰: "吾與君相親, 凡幾年也, 而近間則何不一來見
也? 今日則吾有爲國家大事而與之相議者, 默數此世, 惟君一人, 故所以
邀君耳." 虎龍請聞⁵¹⁾之, 一鏡曰: "如此大事, 何可倉卒間以議乎?" 夜深

44) 家: 底本에는 "等"으로 되어 있다. 연활자본에 근거하여 수정하였다.
45) 辛丑: 底本에는 없다. 연활자본에 근거하여 보충하였다.
46) 冬: 底本에는 없다. 연활자본에 근거하여 보충하였다.
47) 於: 底本에는 지워져 있다. 《稗林》과 연활자본에 근거하여 보충하였다.
48) 及: 底本에는 없다. 연활자본에 근거하여 보충하였다.
49) 存: 底本에는 없다. 《稗林》과 연활자본에 근거하여 보충하였다.
50) 可: 底本에는 없다. 《稗林》과 연활자본에 근거하여 보충하였다.
51) 聞: 底本에는 "間"으로 되어 있다. 《稗林》과 연활자본에 근거하여 수정하였다.

後携入挾室, 語其如此之事, 而成事之後, 當封以第一勳矣. 虎龍得聞此言, 默料時勢, 則四大臣非久誅戮矣, 世弟危在朝夕, 而主上之注意方隆於一鏡之徒矣, 一鏡之徒則自領相以下至于三司, 而權勢隆赫, 不如付之此邊. 逐快快諾之, 而指告李天紀等如此如此密議排布之事.

一鏡大喜曰: "彼輩眞贓, 於是快得." 虎龍曰: "此則不然. 彼輩計謀, 卽是爲東宮事也, 則何可爲贓得於52)此事耶?" 一鏡曰: "君旣親與於彼謀, 而少爲變幻上變, 則按獄大臣·金吾堂上, 不外於吾輩中人, 豈容彼輩若干反駁53)之說乎?" 虎龍曰: "白望卽吾親切之人, 而宮屬無不相親, 劃54)出彼謀, 而且豪傑人也. 與之同議55), 則尤有益於吾事矣." 一鏡曰: "旣得龍, 又得虎, 則何幸何幸!"

罷漏後虎龍逐與白望同來, 一鏡迎待極厚, 與虎龍說到其計, 而請聯名於上變. 白望曰: "不然. 先使虎龍上變, 則必拿囚原情矣. 初出吾名於招辭, 則吾亦一依虎龍之招而原情矣, 此所謂內外和應之道也." 一鏡曰: "君言至可至可." 虎龍·白望同去. 至中路, 白望謂: "有所觀事." 忽從他路而去, 氣色懸殊. 虎龍頗疑之, 暗躡其蹤, 則直往金龍澤家矣. 虎龍汲汲還往一鏡家, 告之曰: "白望如此如此, 必有異意也. 莫如卽今先入上變." 一鏡方以虎龍之彼謀所告者56)變幻之際, 得聞此言, 汲汲變改後, 逐使虎龍上變.

其變改之句語, 觀於鞫招則可驗. 而大槪天紀等設計, 在於今上辛丑冬間, 而改之以先王末年. 天紀等所議, 則若至廢黜世弟而策封尙大, 則卽除尙大爲謀, 而改之以謀害主上. 天紀等所盟, 則效忠義於養性堂, 而以"養"字

---

52) 於:底本에는 없다.《稗林》과 연활자본에 근거하여 보충하였다.
53) 駁:底本에는 "駮"으로 되어 있다.《稗林》과 연활자본에 근거하여 수정하였다.
54) 劃:底本에는 "畫"로 되어 있다. 연활자본에 근거하여 수정하였다. 이하 동일사례에 대해서는 별도의 校勘記를 달지 않는다.
55) 議:底本에는 "焉"으로 되어 있다.《稗林》과 연활자본에 근거하여 수정하였다.
56) 者:底本에는 없다.《稗林》과 연활자본에 근거하여 보충하였다.

改之, 而"養叔"之"養"字矣. 養性堂卽東宮堂號也, 養叔卽李頣[57]命字也.
所謂"尙大"卽[58]凶徒之擇嗣宗室云云者, 密豊之子也. 以推戴延礽上變,
而御覽之後, 改之以推戴養叔.

二十八日夜, 東宮下令[59]曰:"宮官及入直玉堂幷引見." 下令曰:"大朝
以睦虎龍變書下示, 末端兩件事, 爲余累名, 將欲辭位." 出疏草以示之,
宮官不爲展看, 反覆陳達, 殆屢千言, 終不允從. 李明誼曰:"明日請更與
師傅賓客[60]及在外宮僚入對矣. 其間上疏姑爲停止." 令曰:"知道." 睦虎
龍變書爲東宮累名者, 雖曰"二處", 而全篇旨意, 皆侵逼東宮也.

四月

四月初一日, 鞫廳承旨趙景命啓曰:"罪人白望問目之外, 以凶悖不忍聞
之說. 初招時, 旣逐同禁一鏡, 又逐判禁檀. 及今更推, 又逐兩大臣泰耆·
錫恒, 諸堂皆空, 鞫事中撤. 臣則旣奉密匣, 所取文書, 未及修正, 不得不還
詣闕中, 而按獄大臣, 幷爲脅命. 此實古今實未有之變怪, 亟賜處分, 以爲
速完鞫事之意, 敢啓." 答曰:"所遭凶言, 不必過自引嫌. 安心參鞫." 兩大
臣·金吾堂上, 若干引嫌後, 如故按鞫.

有形, 然後影必從焉, 炊爨, 然後烟必生焉. 世安有無形之影·不炊之烟
乎? 一鏡與虎龍·白望, 規規密謀者, 在於數昨之夜矣. 白望中路背走, 則

---

57) 頣 : 底本에는 "頤"으로 되어 있다. 연활자본에 근거하여 수정하였다. 이하 동일사례
에 대해서는 별도의 校勘記를 달지 않는다.
58) 卽 : 底本에는 없다. 《稗林》과 연활자본에 근거하여 보충하였다.
59) 令 : 底本에는 "命"으로 되어 있다. 《稗林》과 연활자본에 근거하여 수정하였다.
60) 客 : 底本에는 없다. 《稗林》과 연활자본에 근거하여 보충하였다.

虎龍已告其叛意⁶¹⁾, 當其設鞫之時, 何不卽爲打殺以滅其口而問目何也? 旣其問目則白望之口, 其間不爲啞也, 而中路之背走出於己意不合之故也, 豈以鑿空之問目而自服乎? 以一鏡所議之說, 對面吐出, 如水注管者, 固其勢也. 一鏡以何面目晏然⁶²⁾坐於鞫廳乎? 退出之外, 無復奈何. 白望旣知兩大臣與他堂上同一謀議, 則亦以責一鏡之辭責之者, 在所當然, 兩大臣·諸堂上, 亦敢晏然乎? 所以一幷肯命也. 大抵白望, 豪傑之人也, 義氣之男也.

初四日, 崔錫恒請對入侍時, 罪人白望勿爲更推事, 及罪人問目外亂招, 勿書推案事, 及鞫廳未畢之前, 局外人輕論獄事之疏, 一切勿爲⁶³⁾捧入事, 榻前定奪. 自內兵曹移鞫本府, 自是之後, 一切以酷刑爲主, 而鱗次辭連拿來囚, 自現囚者, 充滿王獄. 日前參鞫諸臣引嫌之疏曰: "虎龍則引白望, 白望則引虎龍, 兩相作隻, 隱有和應之態云." 然則其在鞫⁶⁴⁾體, 兩人同爲刑訊, 斷不可已也. 而虎龍則不下一杖於其身, 何獨於白望, 連加⁶⁵⁾酷刑也? 非承服之言, 則以朱杖撟其口而拉⁶⁶⁾其齒, 使不得發言. 而若加一杖於虎龍之身, 則虎龍當於卽地暴出違約之事, 故不敢下一杖者, 由此之故也. 今日之鞫體誠陋矣.

司直申銋疏略曰: "金吾之官, 出於罪囚之口, 進出待命, 而鞫廳不爲請拿, 移鞫本府事, 異常規矣. 鞫事嚴秘, 未知其曲折之何如, 而雖以承宣啓辭中, 不忍聞之說觀⁶⁷⁾之, 緊出於罪人之招, 槪可知矣. 一番辨正虛實在

---

61) 叛意 : 底本에는 "反"으로 되어 있다. 연활자본에 근거하여 수정하였다.
62) 然 : 底本에는 없다. 연활자본에 근거하여 보충하였다.
63) 爲 : 底本에는 없다. 연활자본에 근거하여 보충하였다.
64) 鞫 : 底本에는 "國"으로 되어 있다. 연활자본에 근거하여 수정하였다.
65) 連加 : 底本에는 "加連"으로 되어 있다. 《稗林》과 연활자본에 근거하여 수정하였다.
66) 拉 : 底本에는 "摺"으로 되어 있다. 《稗林》과 연활자본에 근거하여 수정하였다.
67) 觀 : 底本에는 "言"으로 되어 있다. 실록에 근거하여 수정하였다.

所不已, 而喉司·臺閣, 紛然爭執, 不有鞫體之嚴重. 只請其敦勉完獄, 將使罪人一斃之後, 則援引諸臣, 雖欲辨白, 更無其路. 今日三司, 無一言爭執, 惟聖明嚴加譴斥, 以勵君臣之義. 云云.” 臺諫<u>李師尙</u>·<u>李濟</u>·<u>尹會</u>·<u>愼惟益</u>等, 啓請<u>申鉽</u>竄配[68], 卽[69]命[70]<u>大靜縣</u>圍籬安置.

謬妄哉, <u>申鉽</u>也! 此世何世哉! 指鹿爲馬, <u>趙高</u>之世, 誰敢言其鹿也? 陳此無益之疏, 自速圍置之律, 何不量於苟全之計也? 然苟有一分人臣之分義, 則此疏不可無也, 而<u>申鉽</u>獨能爲之, 此眞捨[71]生而取義者也. 彼臺臣<u>李師尙</u>·<u>李濟</u>·<u>尹會</u>·<u>愼惟益</u>等請對入侍之時, 以<u>申鉽</u>圍置爲請者, 卽街童之所以[72]揶揄唾罵也.

○ <u>朝前拿囚者</u>·<u>夕間拿囚者</u>, 次第與<u>虎龍</u>面質, 而<u>虎龍</u>之變書, 旣是無中生有·以白變黑者, 則豈與罪人符合哉? 罪人面質之語, 南北相左, 則金吾堂上“何不直招?”云, 而枚枚考[73]察, 加以限死毒杖, 又以朱杖無數擣脅, 初次氣窒者, 不可勝數. <u>虎龍</u>則不下一杖, 更推而已, 則彼<u>虎龍</u>者, 有何忌憚而惜其空地之吹噓乎?
世人謂之曰:“如此獄事, 古未聞而今始見也.”<u>白望刑</u>[74]八次不服而[75]物故. 其他諸罪人, 連被毒杖, 精神若存, 若無頭容, 不能正直, 或有前傾而[76]後欹者, 則曰“承服”. 促其遲晚, 則或有自嚙其舌[77]者, 或有張目叱之

---

(68) 臺 …… 配:底本에는 없다. 연활자본에 근거하여 보충하였다.
(69) 卽:底本에는 뒤에 “其地”가 더 있다. 연활자본에 근거하여 삭제하였다.
(70) 命:底本에는 없다. 연활자본에 근거하여 보충하였다.
(71) 捨:底本에는 “舍”로 되어 있다. 《稗林》과 연활자본에 근거하여 수정하였다.
(72) 所以:底本에는 없다. 연활자본에 근거하여 보충하였다.
(73) 考:底本에는 “告”로 되어 있다. 연활자본에 근거하여 수정하였다.
(74) 刑:底本에는 없다. 연활자본에 근거하여 보충하였다.
(75) 而:底本에는 없다. 연활자본에 근거하여 보충하였다.
(76) 而:底本에는 없다. 연활자본에 근거하여 보충하였다.

者, 無一遲晚之人矣. 諸囚罪人連被毒杖, 及訊刑精神全然消[78]滅[79], 僅有一縷之氣息而方今垂死者, 則自堂上預作罪人招辭, 藏之袖中乃出之, 使郎廳誦其罪人之耳邊, 乃曰"取招結案." 如沈尙吉·鄭麟重等是也. 曳出鞫庭及到刑所, 已冷之屍矣. 所謂"招辭", 旣非罪人之招辭, 則構捏虛無, 何患無辭也? 餘皆倣此.

○ 所謂觀相者陸玄, 亦是一鏡之親信者也. 一日則一鏡邀致陸玄, 辟左右而從容語曰: "密豊之長子, 年甫十餘歲, 而有貴相云, 汝暫往見之也." 陸玄如其言往見之, 則其相格不過十六七, 乃是凶終之相也. 佯言於一鏡曰: "果至貴之相[80]也." 一鏡殷勤有喜色矣. 陸玄以如此如此之事說道於金龍澤·李天紀等. 於是諸人覸知其計, 相議曰: "若有立尙大之擧, 吾等當以死力除去之." 虎龍·白望曰: "用銀貨, 締結池尙宮, 然後方可圖之." 約束之言, 果有此矣. 若其廢尙大而立世弟[81], 則諸人之議, 有誰曰"不可"乎? 一鏡之徒, 方其裝出變書也, 以李頤命[82]奉使時, 持去銀貨者, 行賂北使, 圖得請見王諸弟姪之說. 曾以此言囑于[83]宦寺, 已有進讒於主上, 欲以此爲李頤命之首罪案. 而銀貨旣其還完, 則恐不無人言.
方且趦趄之際, 因虎龍得聞諸人所議之事, 把作奇貨, 以辛丑冬間所議事, 變之以先王患候之時, 以除去尙大之計, 推之以謀害世子之議, 終以李頤命推戴造出四大臣之罪案. 果如變書之辭, 而李天紀等所議在於先王患

<hr>

77) 舌 : 底本에는 "手"로 되어 있다. 연활자본에 근거하여 수정하였다.

78) 消 : 底本에는 "稍"로 되어 있다. 《稗林》과 연활자본에 근거하여 수정하였다.

79) 滅 : 底本에는 "減"으로 되어 있다. 《稗林》과 연활자본에 근거하여 수정하였다.

80) 相 : 底本에는 "格"으로 되어 있다. 연활자본에 근거하여 수정하였다.

81) 廢 …… 弟 : 底本에는 "廢世弟而立尙大"로 되어 있다. 연활자본에 근거하여 수정하였다.

82) 命 : 底本에는 "○"으로 되어 있다. 연활자본에 근거하여 보충하였다. 이하 동일사례에 대해서는 별도의 校勘記를 달지 않는다.

83) 于 : 底本에는 없다. 연활자본에 근거하여 보충하였다.

候之時, 則先王昇遐之後, 金[84]領相總執權綱, 三相皆處三事之列, 四相邊人皆據緊要, 而尚宮應已締結矣, 三手亦當夙備矣, 有何忌憚而主上嗣服之初, 不施其計也?

李頤命自其少也, 忠君之誠, 先王之所明燭者, 故乃以宗社大計屬托之, 以先王之明鑑, 乃有此重托, 則世豈有叛臣之李頤命乎? 位登三事, 年滿[85]八耋, 以此死喪無幾人矣, 反有此叛逆之心乎? 假使李頤命有推戴之計, 當軸大臣卽金昌集, 而國家百事, 無不總領, 則安有金相不知之推戴乎[86]?

金昌集自清陰以後世篤忠貞之家, 而至於金相, 位在首揆, 佩國安危, 一段忠心在於保護宗社, 此則行路之所共知也. 而李師尚·尹會·李景說·朴弼夢等請誅四相也, 凡他架鑿之說姑舍, 謂"金昌集指導姻黨及子支, 同謀推戴". 夫以金昌集終始爲國之至誠, 反欲北面於李頤命而同爲謀逆乎? 謂"金昌集謀逆"者, 殆有甚於謂"曾子殺人"之讒也.

李健命賦性剛直. 曾赴會圍之時, 有殊常之人來觀書頭, 直入臺上, 覘知考官之所使, 卽折試券, 稱病出來[87]. 居家常守儉約, 事君務從正直, 不遺錙銖, 不露喜怒. 見人不法之事, 少不容貸, 以是之故, 人多憚憎之心. 世人云"三軍之元帥, 可奪, 而李健命之剛直, 不可奪云矣". 歷事三朝, 位登鼎席, 雖毫分無可吹覓. 世稱"清白宰相", 以若秉執, 皓首殘年, 豈或有背國家而參謀逆乎?

凶徒之[88]請斬四相, 謂"健命則三手之謀, 亦出於子姪, 掌上之字, 不越乎

---

84) 金: 底本에는 없다. 연활자본에 근거하여 보충하였다.
85) 滿: 底本에는 "備"로 되어 있다. 《稗林》과 연활자본에 근거하여 수정하였다.
86) 乎: 底本에는 없다. 《稗林》과 연활자본에 근거하여 보충하였다.
87) 來: 底本에는 "圍"로 되어 있다. 연활자본에 근거하여 수정하였다.
88) 之: 底本에는 없다. 연활자본에 근거하여 보충하였다.

同黨云”, 所謂“子姪”·“三手之謀”·“同黨”·“掌上之字”, 乃是做出虛無之事也. 以此做出虛無之事, 又欲延及於李健命, 照臨之蒼天, 豈不怒乎? 傍觀之神人, 豈不憤乎? 是以日月之變, 星辰之妖, 逐日告警, 以至于海州石佛, 三日流汗.

趙泰采性素醇謹廉雅, 居家殆若無能爲焉, 而事君則忠直正大. 陋其從兄泰耉·從弟泰億之所爲, 遂與三相追隨. 至於三相定策之議, 初不得與焉者, 與趙泰耉爲從兄弟故也. 及聞定策日諸臣會議賓廳之命, 自江郊炭炭馳入, 直入賓廳, 不顧死生, 同參於定策之議, 以若危忠·大節, 豈有逆謀之理哉?

凶徒之請誅四相也, 謂趙泰采則曰“遂與三凶打成一片, 綢繆投合.”. 其於定策世弟之議, 趙泰采果與三相打成一片, 綢繆投合. 而至於李頤命推戴之謀, 乃是凶徒餙出之狀, 而其實則本無, 便是“皮不存也, 毛安傅[89]乎?”. 在凶徒苟論四大臣可誅之罪案, 寧可曰“無”乎? 定策世弟, 此一款爲大罪案於凶徒, 其他在先王也·在主上也·在宗社也, 至於千百世後, 而[90]四臣則[91]無可罪之事矣.

○ 白望·李天紀·金龍澤等日受毒杖, 結舌不服而斃, 至於磔尸之典, 則遲晚招辭必無也明矣. 然而謂以罪人某之遲晚招辭, 啓聞曰 : “天紀則遲晚招辭如許如許, 白望則遲晚招辭如此如此, 龍澤則遲晚招辭如彼如彼.” 云. 諸人皆以遲晚不服, 竟作杖頭之魂, 則死後之毅魄, 豈有遲晚之理乎? 日加毒杖與訊刑, 罪人一縷之命, 至於若存若無之境, 則代作招辭, 勒捧遲晚. 如鄭麟重·沈尙吉, 容或無怪, 而以不服杖斃之人, 謂有遲晚招辭,

---

肆然啓聞, 書出朝紙. 主上雖在於靜攝, 昏眩之中, 欺弄君父, 敢忍若是哉? 十目所覩, 十手所指也. 以其[92]不服遲晚也, 故至於杖斃, 則復豈有遲晚招辭於旣斃之後乎? 以若昭昭難誣之事, 誣之如彼, 獄事之全然無據, 於此一款, 可知也. 何必多辯[93]也哉? 觀其所謂"遲晚招辭", 許多不道之罪目, 初無半辭之出自罪人口也.

至於[94]諺文歌詞百餘句, 尤有所絶倒者. 一鏡草出於燭下, 使童僮明孫正書. 明孫頗聰慧, 是夜一書之後, 能誦之, 若其退處渠家之時則歌誦之. 蓋其歌詞雖誣毀聖躬, 乃絶唱也, 次次傳誦. 有人問於明孫曰: "此歌詞從何出也?" 答曰: "吾令監所作也." 一鏡所親之人得聞之, 問於一鏡曰: "某歌詞, 令監作之云, 其果然否?" 一鏡赧然作色曰: "從何得聞耶?" 客曰: "此明孫云然." 一鏡曰: "吾與金春澤所親信人[95]矣, 其人來示此歌詞, 而春澤所作云, 吾一見之而已矣." 客默然[96]思之"金春澤之在謫未還, 已多年所, 奚暇作此歌也? 雖作之, 豈於門客遙使見之也?", 心知一鏡之所作, 遂絶之. 一鏡乃[97]於其夕飯, 和鴆於明孫所食之羹而[98]殺之, 以[99]滅其口.

蓋一鏡之作此歌詞, 本是嫁禍之計也. 爲明孫播傳, 無人不聞, 而今乃以有靦面目謂"以金春[100]澤令李喜之傳[101]"之, 使自望流入大內"云, 而膽諸所謂"遲晚招辭"者也. 凶徒所云"鑿鑿有據"者, 其眞鑿鑿無據也. 諸罪人生

---

92) 其 : 底本에는 없다. 《稗林》과 연활자본에 근거하여 보충하였다.
93) 辯 : 底本에는 "辨"으로 되어 있다. 연활자본에 근거하여 수정하였다.
94) 於 : 底本에는 없다. 《稗林》과 연활자본에 근거하여 보충하였다.
95) 人 : 底本에는 뒤에 "亦親信"이 더 있다. 《稗林》에 근거하여 삭제하였다.
96) 然 : 底本에는 없다. 연활자본에 근거하여 보충하였다.
97) 乃 : 底本에는 없다. 연활자본에 근거하여 보충하였다.
98) 而 : 底本에는 "以"로 되어 있다. 연활자본에 근거하여 수정하였다.
99) 以 : 底本에는 없다. 연활자본에 근거하여 보충하였다.
100) 春 : 底本에는 "普"로 되어 있다. 연활자본에 근거하여 수정하였다.
101) 傳 : 底本에는 "作"으로 되어 있다. 연활자본에 근거하여 수정하였다.

前彼徒問目之辭, 皆是白地做出, 則況其杖斃後飾出僞招, 何患無辭? 不
啻如見其肺肝也.

○ 參鞫兩大臣·金吾諸堂上, 推鞫後, 請對入侍之時, 每奏曰"梁獄勿問".
梁王眞有可殺之罪, 故田叔歸奏曰"勿問", 於其"勿問"二字, 梁王之罪勿問
而可知故也. 今我世弟, 亦有梁王之所犯, 而泰耇輩亦奏之曰"勿問"耶? 列
聖朝以介弟陞儲, 往往有之, 亦或有辭於後世. 而至於我東宮, 以先王之
介子·主上之寵弟, 當主上嗣續之斷望, 先王有屬托之命. 當建儲時急之
際, 因臺臣之所請建儲, 大臣·重臣·二品以上, 獻議之命, 而皆奏曰"可",
則主上稟于慈宮, 許之. 主上親書爵號以下之, 遂定儲嗣, 以介弟陞儲位,
古往今來, 未有如我東宮之極爲光明正大也. 及處春宮, 問寢視膳之際,
克盡孝敬之道, 退歸私次, 日接師傅宮僚之屬, 克懋講學之道. 朝廷之政
令, 一不參知, 甲乙之是非, 一不與聞.
其未陞儲也, 趙泰耇空[102]然以"冒嫌"二字侵逼之, 及其陞儲之後, 柳鳳輝
以"猝[103]遽忙迫[104]"·"人心疑惑"等說詆毀之, 使東宮不安於儲位. 自其後
恦間之說, 日入於大殿, 而"指揮趙聖復者四臣, 指揮四臣者, 自有其人",
此則趙泰億半夜請對, 還收聽政[105]備忘之餘, 從容進讒者也. 自是之後,
聖眷頓減於春宮, 凶徒稔知其幾, 遂囑兩宦官·兩宮人, 防塞兩宮問寢之
路, 而乃欲除去世弟. 若非慈宮力扶之恩, 何由脫夫子於劍鋩[106]乎? 積費
凶計, 謀害東宮, 一朝誤了[107], 則裝出睦虎龍變書, 而變書之一片精神在

---

102) 空 : 底本에는 "公"으로 되어 있다. 《稗林》과 연활자본에 근거하여 수정하였다.
103) 猝 : 底本에는 "卒"로 되어 있다. 《稗林》과 연활자본에 근거하여 수정하였다. 이하
　　　 동일사례에 대해서는 별도의 校勘記를 달지 않는다.
104) 迫 : 底本에는 "急"으로 되어 있다. 연활자본에 근거하여 수정하였다. 이하 동일사례
　　　 에 대해서는 별도의 校勘記를 달지 않는다.
105) 聽政 : 底本에는 없다. 《稗林》과 연활자본에 근거하여 보충하였다.
106) 劍鋩 : 底本에는 "釖"로 되어 있다. 연활자본에 근거하여 수정하였다.
107) 了 : 底本에는 "可"로 되어 있다. 《稗林》과 연활자본에 근거하여 수정하였다.

於構陷東宮, 故餙出東宮兩段干犯之事, 條列於變書中. 至有主上不示東宮之舉, 苟有人臣一分爲宗社之心, 構誣東宮, 何忍若是耶? 使主上篤友之心[108], 遂有此疑惑之端, 又何忍若是哉?

此而不足, 設鞫之第二日, 趙泰耈·崔錫恒等奏曰"凡干世弟之事, 勿書於[109]鞫案"云, 此非扶護世弟之語也, 乃是露出世弟眞有干犯者然也. 此又不足以"梁獄勿問"爲奏, 此則以梁王可殺之罪, 直加於東宮, 而[110]陰欲使主上酌處也. 彼凶之徒, 謀害東宮, 何其一至於此哉? 設令世弟欲有干犯之計, 而以外朝言之, 則自大臣以下, 至于三司之臣, 而皆凶徒之邊也, 以大內言之, 則宦官·宮妾, 皆凶徒之親也, 有何容手之道乎? 此則渠輩之自知也. 但東宮孤立無倚, 如坐鍼氈, 小心翼翼, 益懋孝敬之道而已矣. 不啻若白玉無瑕, 而勒加以梁王罔赦之罪, 逆乎忠乎? 忠乎逆乎, 問諸三尺童子也? 凶徒之謀害東宮, 一何至此哉[111]? 雖莽·操·冀·顯, 無以加此也.

十七日, 大司諫李師尙·獻納尹會·掌令李景說·持平朴弼夢入對, 請四大臣亟正邦刑, 金昌集·李頤命則依啓, 李健命[112]·趙泰采則不允. 凶徒之必欲殺四大臣者, 亦出於田叔除去梁王隨從之意乎? 世弟元無梁王之所犯, 四臣亦何與同於梁王之隨從乎?

○ 鞫廳罪人李喜之, 刑八次, 不服而斃.

十九日, 金龍澤之子大材, 自現, 絞殺之.

---

108) 篤友之心 : 底本에는 없다. 《稗林》과 연활자본에 근거하여 보충하였다.
109) 於 : 底本에는 없다. 《稗林》과 연활자본에 근거하여 보충하였다.
110) 而 : 底本에는 없다. 《稗林》과 연활자본에 근거하여 보충하였다.
111) 凶 …… 哉 : 底本에는 없다. 연활자본에 근거하여 보충하였다.
112) 李健命 : 底本에는 빈칸으로 되어 있다. 《稗林》과 연활자본에 근거하여 보충하였다.

○ 五更, 傳曰: "<u>李頤命</u>發軍拿來."

○ 鞫廳罪人<u>張世相</u>刑八次, 不服而斃, 磔屍.

○ 鞫廳罪人<u>洪義人</u>刑九次, 不服而斃.

二十八日, <u>鄭麟重</u>之子珀絞殺之.

○ 領右相請對之時, 以先朝舊臣, 不待究覈, 徑施刑戮, 此是三百年所無, 姑待拿問得情而處之爲奏, 則上許之矣. 又因<u>一鏡</u>之疏以亟正邦刑, 更爲處分矣.

領右相更奏曰: "日昨登對時, <u>頤命</u>·<u>昌集</u>拿鞫後正刑事, 陳達蒙允矣. 更思之二人罪狀昭著, 旣無可生之道, 曾經三事之人, 施以拷掠之刑, 有所不忍. 曾前後命多及於中路, 朝臣諸議, 蓋多如此, 遵聖朝已行之例, 取'盤水加劍[113]'之義, 參酌處分." 上曰: "勿施拷掠之刑儘好. 云云." 政院啓曰: "領右相箚中, 旣有'盤水加劍'等語, 而勿施拷掠之刑爲敎矣, 當以何律擧行乎?" 傳曰: "加劍."

領右相旣以拿鞫得情爲奏而蒙允, 今又以"盤水加劍"改奏而蒙允, 前何心, 後何心也? 王命之屈伸俯仰, 在其掌握也, 四臣之無罪, 路人之所知也. 雖於領右相之心, 直施正刑, 尙有嫌愧之心, 故所以請拿鞫也. 其請拿鞫者, 豈其眞情乎? 旣其蒙允, 則當拿鞫兩大臣矣, 將亦以<u>虎龍</u>之變書而問目乎? 兩大臣初不入於變書之中, 則亦不可以此問目, 無他可問之目, 而實有難處之端. 故旋奏以拷掠之刑, 有所不忍, 請施以"盤水加劍", 其果出於不忍拷掠之心? 而然則可謂仁人君子矣. 詐爲奸巧之情態, 莫掩於昨今

---

113) 劍: 底本에는 "釖"으로 되어 있다. 《碑林》과 실록에 근거하여 수정하였다. 이하 동일사례에 대해서는 별도의 校勘記를 달지 않는다.

之[114]間也.

二十五日, 宗廟展謁之時, 上方乘玉轎, 下備忘記曰：“先朝舊臣, 一時賜死, 有所不忍. 傳旨還收, 減死圍籬安置." 三司諸臣以還寢減死之命, 七次力爭於玉轎前而並不允. 此時則主上痰火稍降, 精神乍迴之際也. 還宮後, 判禁沈檀·同禁金一鏡·柳重茂, 以兩大臣減死之命還收, 亟正邦刑事, 聯名陳疏, 而還出給.

二十六日, 疏決. 大臣·三司入侍時, 兩大臣減死備忘還收事下敎, 有中間斡旋之致也.

壬寅, 四月二十九日[115], 金昌集 星州賜死, 臨命之時, 有詩曰：“燈火靑熒問幾更, 自然臨命意難平. 隣鷄喔喔夜何短, 城角鳴鳴天已明. 吉語乍傳那復喜, 凶音繼至不須驚. 泉臺此去逢奉季, 全勝人間獨苟生." 又曰：“愛君如愛父, 天日照丹衷. 先賢此句語, 悲切古今同."

四月三十日, 禁府都事鄭錫範, 李頤命賜死後入來.

○ 鞫廳罪人李弘述·柳厚章刑各九次, 不服而斃.

○ 鞫廳罪人趙松刑九次, 不服而斃.

五月

五月初五日[116], 鞫廳罪人<u>李器之</u>刑十八次, 不服而斃.

○ 二十一日[117], 鞫廳罪人<u>李宇恒</u>·<u>自烈伊</u>刑十一次, 不服而斃.

○ 二十四日[118], 鞫廳罪人<u>李尙馥</u>刑九次, 不服而斃.

○ <u>玄德明</u>刑二次, 自殺.

○ 先是<u>睦虎龍</u>高聲咆喝於鞫廳罷[119]後[120]曰 : "吾不違於諸大監所令, 而尙今不解枷, 何故也?" 兩大臣以下皆目之. 翌日, 啓聞鮮枷, 至是<u>虎龍</u>褒賞放送.

○ 鞫廳大臣以下請對入侍時奏曰 : "賴<u>睦虎龍</u>上變, 諸賊輩情節畢露, 承款伏法者甚多, 宗社賴安, 其功大矣. 不可無褒賞之典, 令該曹考例擧行." 上曰 : "唯."

歷覽禁府所啓, 諸罪人一一不服而斃, 其所數三承服[121]云者, 連被毒杖, 頃刻將斃之人, 有何承服之精神乎? 皆是自堂上代作之招辭, 而曰"遲晩招辭". 苟有其絲毫所犯, 許多罪人, 身被累次毒杖, 一同[122]不服而杖斃

---

116) 五月初五日 : 底本에는 없다. 연활자본에 근거하여 보충하였다.
117) 二十一日 : 底本에는 없다. 연활자본에 근거하여 보충하였다.
118) 二十四日 : 底本에는 없다. 연활자본에 근거하여 보충하였다.
119) 罷 : 底本에는 없다. 《稗林》과 연활자본에 근거하여 보충하였다.
120) 後 : 底本에는 없다. 《稗林》과 연활자본에 근거하여 보충하였다.
121) 服 : 底本에는 "伏"으로 되어 있다. 《稗林》과 연활자본에 근거하여 수정하였다.

乎? 無一承款之人, 而以承款伏法者甚多爲奏, 非徒欺罔君上, 欲欺誣一世之耳目. 其如世人之有耳有目何哉? 如彼淺淺露肝肚之類, 橫行於三事·卿宰之列, 時事可知也.

睦虎龍變書, 三手中丸藥一款, 罪人招辭云者曰："丁酉年, 錦平尉使行時, 付¹²³⁾銀五百兩於譯官張判事買來於中原."云. 按獄大臣趙泰耈分付譯院, 使之搜出, 則"十年前張姓譯官¹²⁴⁾入去中原, 今年張姓又入去"云¹²⁵⁾, 而其間初無張姓入去之事¹²⁶⁾. 趙泰耈憮然顧左右, 而太多悶然之色, 良久曰"只以置之"爲答. 虎龍變書中¹²⁷⁾條列者, 皆如¹²⁸⁾是張姓譯官之虛無孟浪也.

○ 兩大臣賜死後¹²⁹⁾, 金始煥·金致龍·南就明·趙景命·黃爾章·朴熙晉·李師尙·李濟·尹會·徐命¹³⁰⁾遇·愼惟益·李景說·李眞淳·鄭壽期·朴弼夢·趙遠命·金弘錫聯啓請拏籍¹³¹⁾.

五月二十六日, 大殿·王世弟迎勅後, 還宮.

---

122) 同：底本에는 "向"으로 되어 있다. 《稗林》과 연활자본에 근거하여 수정하였다.
123) 付：底本에는 없다. 《稗林》과 연활자본에 근거하여 보충하였다.
124) 官：底本에는 없다. 연활자본에 근거하여 보충하였다.
125) 云：底本에는 없다. 연활자본에 근거하여 보충하였다.
126) 事：底本에는 뒤에 "云"이 더 있다. 연활자본에 근거하여 삭제하였다.
127) 中：底本에는 없다. 연활자본에 근거하여 보충하였다.
128) 如：底本에는 없다. 연활자본에 근거하여 보충하였다.
129) 後：底本에는 뒤에 "拏籍啓"가 더 있다. 연활자본에 근거하여 삭제하였다.
130) 命：底本에는 "明"으로 되어 있다. 《稗林》과 연활자본에 근거하여 수정하였다
131) 聯 …… 籍：底本에는 없다. 연활자본에 근거하여 보충하였다.

六月

六月初六日, 備忘[132]記: "陳奏兼奏請使李健命鞍具馬一匹, 奴婢四口, 田十五結賜給." 金始煥·南就明·金致龍·趙景命·朴熙晉等疏略曰: "伏見備忘記, 則正使李健命[133]一體論賞. 而第念健命罪名至重, 方在荐棘[134]中, 臺諫合啓, 聲罪以極律, 固不可以功掩罪. 況且彼中呈文, 酬酢之語, 有非人臣所可發口者, 其罔上不道罪, 所當請誅之不暇, 尙何可混淪賞功之典, 以駭四方之瞻聆? 云云."

所謂"呈文酬酢之語", 卽彼中有所問而隨答之事也. 閣老以皇旨而有何年紀爲問, 則固可以某年紀爲答也. 彼以係何病證而病勢若何爲問, 則亦宜以因奏文辭意, 國王自少多病, 氣甚瘇弱, 積年醫治爲答也. 彼以嗣續之路, 何至絶望, 從前不曾生育[135], 或生而不育爲問, 則亦宜以因奏文辭意, 廣試求嗣之藥, 而終無效驗. 前後兩妃·左右媵妾, 一未有貽育, 此可見嗣續斷望之實狀.

此[136]皆以奏文所載而答之也, 初無一言半辭增餙者也. 而彼其之徒, 以媵妾之說, 作爲"誣上不道"之大罪案. 主上以千乘之君, 其有媵妾, 卽是當然之事也. 雖禹·湯·文·武, 亦無所愧, 則健命以主上之有媵妾[137]言于彼中者, 有何貽羞於聖德而驅之以不道之罪逆耶? 此所謂"欲加之罪, 何患

---

132) 忘: 底本에는 "望"으로 되어 있다. 연활자본에 근거하여 수정하였다. 이하 동일사례에 대해서는 별도의 校勘記를 달지 않는다.

133) 健命: 底本에는 "○○"으로 되어 있다. 《稗林》과 연활자본에 근거하여 보충하였다. 이하 동일사례에 대해서는 별도의 校勘記를 달지 않는다.

134) 棘: 底本에는 "蕀"으로 되어 있다. 《稗林》과 연활자본에 근거하여 수정하였다. 이하 동일사례에 대해서는 별도의 校勘記를 달지 않는다.

135) 育: 底本에는 "過"로 되어 있다. 실록에 근거하여 수정하였다.

136) 此: 底本에는 없다. 《稗林》과 연활자본에 근거하여 보충하였다.

137) 媵妾: 底本에는 "妾媵"으로 되어 있다. 《稗林》과 연활자본에 근거하여 수정하였다.

無辭?"也. 以此爲<u>李健命</u>之大罪案, 則<u>李健命</u>之無他[138]罪案於此, 可知
也.

○ <u>李健命</u>使還到<u>鴨江</u>, 有詩曰 : "萬里縶還到<u>鴨</u>頭, 本[139]朝消息魂難收.
老臣剗鑕何須念, 姑保東宮少解憂."

○ 拿囚罪人<u>鄭宇寬</u>在獄中, 以<u>沈檀</u>·<u>金一鏡</u>·<u>元徽</u>·<u>尹就商</u>不道事上變.
<u>沈檀</u>·<u>金一鏡</u>·<u>尹就商</u>胥命闕外矣. 領相<u>趙泰耉</u>·右相<u>崔錫恒</u>盤覈後請對
入侍所啓曰"<u>宇寬</u>與諸人不識面, 則世間豈有不識面之同黨乎? 此是<u>白望</u>
死中求生之餘謀"爲奏矣. 以<u>虎龍</u>上變之孟浪而言之, 則<u>宇寬</u>亦或孟浪, 然
中間所爲, 亦涉於其然未然, 而今以<u>宇寬</u>擬之於<u>白望</u>, 何其謬哉? <u>宇寬</u>則
曾無與<u>一鏡</u>半夜謀議之事, 歸之而不識面, 猶可也. 而<u>白望</u>則<u>一鏡</u>邀致,
與<u>虎龍</u>爛熳同議於半夜, 而<u>白望</u>中道背走. 當其鞫問之時, <u>白望</u>之初招,
直出前夜<u>一鏡</u>謀意之言, 則<u>白望</u>亦不識<u>一鏡</u>之面乎? 謂<u>宇寬</u>不識<u>一鏡</u>之
面, 尙或無怪, 而<u>一鏡</u>與<u>白望</u>前夜相對爛熳謀凶者也, 今以<u>白望</u>奄然[140]
同歸于<u>宇寬</u>, 其言亦甚孟浪也.

○ 自內兵曹移鞫本府之後, 鞫事[141]一倍陰秘, <u>白望</u>之逐出<u>一鏡</u>·<u>沈檀</u>·<u>崔</u>
<u>錫恒</u>·<u>趙泰耉</u>之招辭, <u>白望</u>旣背<u>一鏡</u>之前夜相議, 則雖有假量, 終未詳聞.
禁府羅將<u>梁千石</u>爲名者, 乃義氣人也. 若當鞫廳之時, 渠之所見應罪者,
則堂[142]上雖欲歇杖, 而必重杖之, 渠之所見寃[143]罪者, 則堂上雖欲重杖,

---

138) 他 : 底本에는 "大"로 되어 있다. 《稗林》과 연활자본에 근거하여 수정하였다.
139) 本 : 底本에는 "平"으로 되어 있다. 《稗林》과 연활자본에 근거하여 수정하였다.
140) 奄然 : 底本에는 없다. 《稗林》과 연활자본에 근거하여 보충하였다.
141) 事 : 底本에는 "辭"로 되어 있다. 《稗林》과 연활자본에 근거하여 수정하였다.
142) 堂 : 底本에는 "當"으로 되어 있다. 《稗林》과 연활자본에 근거하여 수정하였다.
143) 寃 : 底本에는 "免"으로 되어 있다. 《稗林》에 근거하여 수정하였다.

而必歇杖之, 蓋以善杖名焉. 當其白望輩之鞫問, 千石以執杖入參. 蓋其杖法, 渠欲歇之, 則一杖雖至流血, 而其後則雖至百杖, 不傷其肉. 故自白望以至諸罪人而連被九次·十次·十一次, 能保命也. 一日稱病出來, 謀避不更入.

千石曾學書於李徵萬, 故有師弟之厚誼矣. 李徵萬聞千石之出來, 乘夜招致, 從容問鞫事之始終, 則徵萬[144]乃彼此不關之人, 故千石亦稔知之, 乃不諱而言曰: "金一鏡初以虎龍變書, 次次問目, 白望聞之, 旣乃暴曰: '汝非日昨之夜, 使虎龍招我, 密議廢東宮立尚大之金一鏡耶? 汝輩曾有如此之議[145], 故我與虎龍·李天紀·金龍澤諸人等相議曰: 「若至汝輩之計成, 則吾輩出死力謀殺尚大復立東宮.」而以銀貨締結池尚宮, 然後可以周旋此事, 故先以聚銀貨豫備爲議. 而乃以效忠義於養性堂, 各書掌中爲盟, 彼虎龍首參而發此論者也. 今忽反去, 入於汝輩之凶計, 而爲汝所誘, 邀我而去. 我聞汝謀, 則果如前聞符合, 而大是逆謀, 故吾中路背馳矣. 吾輩之所議, 汝等之所謀, 與之相較, 孰忠孰逆? 汝當卽速下堂, 與我同此鞫場, 辨其忠逆可也, 而何敢生心, 晏然坐鞫廳, 以汝終夜餂出虎龍之變書問目於我耶?'

一鏡無一言, 卽速退出, 兩大臣又以虎龍之變書問目, 白望張目叱之曰: '汝輩不聞俄者我之向一鏡言乎? 一鏡無所可答惶怯退出, 汝輩所卽見也. 而又以一鏡餂出虎龍之變書問目於如我忠赤之人乎? 汝輩亦是一鏡之同類大逆也.' 又叱沈檀曰: '汝以先朝失志之人, 到今聖恩罔極, 超擢吏判, 於汝過望矣, 不思報效之誠, 白首老漢乃反與一鏡謀逆乎?' 於是兩大臣·金吾諸堂上, 皆退出胥命. 而虎龍則垂頭喪氣, 莫敢開喙, 因幷下獄. 自其後移鞫本府, 而如前以變書問目, 虎龍與罪人面質, 則只以變書所言强言之, 罪人若出如前之言, 則以朱杖撞其口, 使不得言. 堂上但以直告

144) 徵萬: 底本에는 "此班"으로 되어 있다. 《稗林》과 연활자본에 근거하여 수정하였다.
145) 議: 底本에는 뒤에 "云"이 더 있다. 연활자본에 근거하여 삭제하였다.

號令嚴飭, 羅[146]將枚枚毒杖, 罪人因結舌不言, 箇箇不服而杖斃. 其中或有不勝毒杖搖其頭項者, 乃曰'承服', 而其遲晚招辭則出自堂上. 獄事自初至今而如此而已, 言之陋矣.

其中金省行最難者也, 聞其問目, 無一言所答. 郎廳促其供招, 乃曰 : '吾欲言之, 則汝輩以朱杖掠其口, 何可發言乎? 只可杖殺吾也. 吾不復言矣. 罪人少歆[147]頭項者, 則汝輩謂之承服, 我君子也, 自當頭容直矣.' 自一次之刑, 至十一次而精神不失, 頭髮不搖, 許多罪人中獨金省行如此云矣."

○ 六月初八日, 先大王大祥親行後, 大駕·王世弟還宮.

○ 虎龍之變書已是無中生有虛無孟浪之事, 而至於權益寬之疏, 尤甚於虎龍之變書也. 其疏略曰 : "大朝大臣·世家舊族締結宦妾, 圖爲不軌. 云云." 此諺所謂"我歌査唱"者也. 北門潛入之大臣, 無喉院之啓聞, 而曲逕入侍, 此非宦妾之締結者乎? 囑兩宦·二婢, 防塞世弟之觀路, 欲除東宮, 此非締結宦妾[148]圖爲不軌者乎? 此皆形跡之綻露莫掩也. 四大臣則何嘗有如此形跡之綻露乎?

且曰 : "兩賊之父若兄, 俱[149]不良死, 陰畜懟上之心, 幽而爲三手, 顯而爲四箚, 至於宮城陳兵之計."云. 所謂貿藥來者張姓, 本無則其他何可復論乎? 至於四臣之聯箚. 若念國事, 則世弟代理, 實爲宗社永固之道. 而況且主上初備忘還收之後, 斷自宸衷, 復降代理之命, 連日伏閤, 三日庭請. 連以"牢定"爲敎, 則四臣乃以丁酉節目擧行爲箚者, 卽是爲國之計, 安有不軌之心? 餙出變書, 白地構陷, 此而不足, 以至於權益寬以擧兵犯闕誣陷

---

146) 羅 : 底本에는 없다. 《稗林》과 연활자본에 근거하여 보충하였다.
147) 歆 : 底本에는 "歌"로 되어 있다. 《稗林》과 연활자본에 근거하여 수정하였다.
148) 宦妾 : 底本에는 없다. 《稗林》과 연활자본에 근거하여 보충하였다.
149) 俱 : 底本에는 "久"로 되어 있다. 《稗林》과 연활자본에 근거하여 수정하였다.

四臣, 殆有甚於變書之專無憑據也.

又曰 : "奏文旣是健[150]賊之所構而襲桓溫誣廢之語, 及至燕京, 誣上添誣."云. 奏文中"痿弱"之一"痿"字, 何嘗一毫近似於桓溫誣廢之語乎? 媵妾之說, 何足爲主上之累德, 而健命之誣聖乎? 又曰 : "泰采情犯, 殊無異同."云. 泰采則莫如加宮城陳兵之說, 而且無聖上媵妾之說, 無辭可捉之隙. 只曰"情犯殊無異同", 胡爲乎? 到此語窮也, 言之無實, 若水之無源, 旋以涸也.

○ 李顯章之疏, 亦甚於權益寬, 而有曰[151] : "四臣[152]日夜經營, 必欲顚覆我宗社而後已."云. 四臣豈有覆宗社之理乎? 自主上[153]嗣服以後, 凶徒之晝宵經營在於謀除東宮也, 排布設施, 極備於二[154]宦·二婢, 而爲神人之所猜, 祖宗之所怒. 誤了[155]其計, 又裝出虎龍之變書, 必欲構陷東宮而後已, 此非覆宗社之凶計乎? 謂"四臣覆宗社"云者, 乃其不知不覺中自謂之說也. 繼以有李明誼·柳弼垣[156]·權益淳·金始煥[157]等聯名討四臣, 而其中一句語, 尤有絶倒者. 擧兵犯闕之謀, 載於李弘述之直招云. 李弘述不服杖斃者, 則於其生前無此直招也明矣. 於其死後, 或借明誼·弼垣等之口, 有是直招也歟! 忠魂義魄, 必無此理也.

○ 一邊之徒, 群起迭興, 以金昌集·李頤命孥籍事及李健命·趙泰采正刑

---

150) 健 : 底本에는 "建"으로 되어 있다. 《稗林》과 연활자본에 근거하여 수정하였다.

151) 有曰 : 底本에는 없다. 연활자본에 근거하여 보충하였다.

152) 四臣 : 底本에는 없다. 연활자본에 근거하여 보충하였다.

153) 上 : 底本에는 뒤에 "曰"이 더 있다. 《稗林》과 연활자본에 근거하여 삭제하였다.

154) 二 : 底本에는 "一"로 되어 있다. 《稗林》과 연활자본에 근거하여 수정하였다.

155) 了 : 底本에는 "可"로 되어 있다. 《稗林》과 연활자본에 근거하여 수정하였다.

156) 垣 : 底本에는 "恒"으로 되어 있다. 연활자본에 근거하여 수정하였다. 이하 동일사례에 대해서는 별도의 校勘記를 달지 않는다.

157) 煥 : 底本에는 "㷡"으로 되어 있다. 연활자본에 근거하여 수정하였다.

事, 極盡惡啄之言, 爭投挑憤之章, 而每以不允答之. 且上有時顧問於近
侍曰"世弟可乎? 左右可乎?"爲敎, 彼其之徒, 每於不允之答, 顯有不滿之
心, 而及聞此敎, 聚口而言曰 : "其於判付[158]之非, 何哉?" 有耳者皆聞之
曰 : "凶逆者, 彼徒也."

○ 三司校理李明誼·呂善長·副校理柳弼垣·修撰李顯章·權益淳·執義
李濟·掌令李景說·持平李巨源·司諫鄭楷·獻納李眞淳·正言李匡輔·
具[159]命奎, 請對入侍時合啓金昌集·李頤命[160]孥籍事, 李健命·趙泰采
正刑事, 上不允.

三十日, 右相崔錫恒請對入侍時, 今番錄勳, 依中宗朝盧永孫[161]例, 只以
虎龍封君事爲奏. 夫虎龍不過受人指揮者也, 然不可拔之於封勳之典. 發
縱指示之元勳, 不可勝籌. 錫恒之獨舉虎龍者, 亦何意也? 人莫不怪之矣.

七月

七月初五日, 司直申慶濟之疏, 亦甚悖矣. 所謂慶濟八十老者, 有何所求,
而爲人指使, 肆其惡啄, 構毀四臣, 有甚於權益寬. 歷舉被戮之諸人, 而至
以宋尤菴追奪[162]事, 闖發於疏中, 何意也? 宋尤菴道學文章, 生·栗後,
大賢人也. 際偏黨方張之時, 爲人齮[163]齕, 雖有訾毀之言, 而至於華陽洞

---

158) 付 : 底本에는 "座"로 되어 있다. 연활자본에 근거하여 수정하였다.
159) 具 : 底本에는 "吳"로 되어 있다. 《稗林》과 연활자본에 근거하여 수정하였다.
160) 命 : 底本에는 빈칸으로 되어 있다. 《稗林》과 연활자본에 근거하여 보충하였다.
     이하 동일사례에 대해서는 별도의 校勘記를 달지 않는다.
161) 孫 : 底本에는 "俊"으로 되어 있다. 실록에 근거하여 수정하였다.
162) 奪 : 底本에는 "律"로 되어 있다. 《稗林》과 연활자본에 근거하여 수정하였다.

裏, 茅屋祭昭, 尊周大義, 煥如日星, 在後人皆可歎仰, 而無可非間. 彼慶濟者, 何許人也而敢如是耶?

蓋其疏初頭非斥趙泰耈治獄緩歇, 而至謂曰:"以巨魁大憝爲同堂弟, 尙何足道哉? 愛欲其生, 固其分也, 托疾不參[164], 亦其宜也."云. 所謂"巨魁大憝", 卽指趙泰采, 而與泰耈爲從兄弟之謂也, 泰耈其果愛泰采欲其生乎? 亦果爲泰采而不參鞫乎? 然則當四臣勘律之時, 朴弼夢以爲"趙泰采則不無差別", 欲爲減等, 趙泰億使人暗囑, 一體圍置, 此果愛欲其生者乎? 虎龍之變書, 專爲驅殺四臣之計, 而趙泰采卽其一也. 趙泰耈自初參鞫, 烏在其爲泰采不參鞫之意乎? 忽於中途托疾而不參鞫, 乃於是日嗾慶濟而陳此疏, 欲示人外禦之意也, 然人孰信之乎? 其兄趙泰萬賦性木强, 議論岐貳, 嘗責其兩弟曰"勿爲亡國亡家之事", 兩弟恨之, 暗囑人剕黜, 其兄職[165]敎官. 以若秉心之不良, 豈有絲毫爲泰采之心乎哉? 其設心則必幷殺泰采而後已也, 苟有欲生之心, 在其掌中矣.

七月二十三日, 訓局中軍柳就章處斬. 趙泰億之傔人孫大喆, 卽柳就章之乳母女婿, 故就章有所相親矣. 王世弟冊封後, 柳鳳輝以悖疏之罪, 有鞫問之命. 是日之夜, 就章以內禁將巡監宮闈[166]到耆陽門, 則着軍服一人急避而入. 行跡殊常, 躡其蹤, 則直入于宦官入番處所. 待其出捉之, 乃孫大喆也. 責問曰:"汝以私家傔人變服而入闕內, 是何故也? 爲誰使之也?" 大喆曰:"有可入之事[167], 故入之, 而誰某之使, 非令監之所可知也."

柳就章憤之, 卽結縛, 方欲待明草記矣. 宦官金景禧卽知之來言曰:"此

---

163) 齮:底本에는 "㘋"로 되어 있다. 연활자본에 근거하여 수정하였다.
164) 不參:底本에는 없다. 《稗林》과 연활자본에 근거하여 보충하였다.
165) 職:底本에는 "爵"으로 되어 있다. 연활자본에 근거하여 수정하였다.
166) 宮闈:底本에는 "官行"으로 되어 있다. 연활자본에 근거하여 수정하였다.
167) 事:底本에는 "道"로 되어 있다. 연활자본에 근거하여 수정하였다.

人卽[168]吾之妻四寸也. 渠有緊急之事而難待吾之出直, 故變服入來. 若有私故急通之事, 則使私人變服入送, 此是吾輩之例事也. 令監勿怪, 卽爲放送."云. 就章見欺而遂解送矣. 追後知之, 則乃是趙泰億之所使, 而圖其柳鳳輝鞫命還收事也. 柳就章之積忤趙泰億, 不見可圖也. 至是初無問目, 直以撲殺爲主, 一次之刑, 脛骨盡碎, 二次三次, 有何生氣乎? 所謂"招辭"云者, 非自於就章口中出也, 乃自於鞫堂袖中出也, 則何患無辭也? 是故觀其諸罪人"招辭"云者, 則如出一人之口吻也. 柳就章之巡宮禁雜, 卽其職分也. 殊常之[169]人[170], 乘夜入闕, 實是疑端也, 躡其蹤而捉其人, 則乃趙泰億之傔人, 尤爲疑訝之事也. 責問其故, 所答不順, 則雖曰"卿相家寵傔", 結縛之而欲其草記, 亦其職責之當然, 以是而嫌焉, 構虛而殺之, 甚矣哉!

二十六日, 柳就章之子選基行刑. 同日, 沈檝刑十次, 尙有一縷之息, 謂"捧承服招辭"而處斬.

二十八日, 王世弟永昭殿進寶冊, 改題主. 擧動後還宮.

二十九日[171], 傳曰: "閔鎭遠負犯雖重, 禮待之道, 不宜一向廢棄, 特爲放送."[172]

---

168) 卽 : 底本에는 "此"로 되어 있다. 《稗林》과 연활자본에 근거하여 수정하였다.
169) 之 : 底本에는 "人"으로 되어 있다. 연활자본에 근거하여 수정하였다.
170) 人 : 底本에는 "之"로 되어 있다. 연활자본에 근거하여 수정하였다.
171) 二十九日 : 底本에는 없다. 실록과 연활자본에 근거하여 보충하였다.
172) 傳 …… 送 : 底本에는 8월 1일 기사에 실려 있다. 실록과 연활자본에 근거하여 수정하였다.

八月

八月初一日, 孝寧殿朔祭, 王世弟攝行.

初五日, 孝寧殿禫173)祭罷後, 王世弟還宮.

初九日, 三司權益淳·呂善長·李明誼·鄭楷·尹大英·金重熙·李匡輔·李眞淳·李明彦·梁廷虎·李普昱·具命奎174), 伏閤請李頤命·金昌集拏籍, 李健命·趙泰采正刑, 上不允. 至三伏閤, 並不允.

初十日, 肅宗大王·仁敬王后·仁顯王后, 祔太廟, 親祭後, 大殿·王世弟還宮. 三司連爲伏閤, 一倂不允.

○ 上因崔錫恒·李光佐·金一鏡·金始煥·柳重茂·趙泰億·李台佐·李肇·韓配夏·尹就商·李師尙·金重器·李森·朴弼夢·權益淳·李顯章·呂善長·趙翼命·李明誼·鄭楷·金重熙·尹大英·李匡輔·李普昱·李明彦·梁廷虎·李眞淳·具命奎等, 一日三次陳白, 李健命正刑事及金昌集·李頤命175)拏籍事, 並依啓. 趙泰采正刑事, 不允.

泰億以泰采之從弟, 恬然參176)啓, 人皆揶揄而言曰 : "如彼無人理之人, 鳴軺嗔街, 楊楊自得, 獨不愧於心也, 亦不畏於天乎? 彼死之後, 以何面目拜其祖於地下? 云云."

---

173) 禫 : 底本에는 "禪"으로 되어 있다. 연활자본에 근거하여 수정하였다.
174) 奎 : 底本에는 "圭"로 되어 있다.《稗林》과 연활자본에 근거하여 수정하였다. 이하 동일사례에 대해서는 별도의 校勘記를 달지 않는다.
175) 李頤命 : 底本에는 없다.《稗林》과 연활자본에 근거하여 보충하였다.
176) 參 : 底本에는 "恭"으로 되어 있다.《稗林》과 연활자본에 근거하여 수정하였다.

○ 當日諸臣之啓, 甚於昨冬六賊之疏矣. 其曰"潛上節目之箚, 欲售迫脅之計"云. 帝王萬機之治, 專係於[177]聰聽明達. 而主上以堯·舜之姿, 忽遭奇疾於早歲, 常有昏眩之症, 至無嗣續之望, 先王之所以深慮也. 及遭凉闇[178]之痛, 極盡哀毀之節, 玉候倍前添加, 聖聰尤多減損. 百度不期弛而自弛, 庶務不欲惰而自惰, 民憂國計, 莫可振刷.

當此之時, 世弟代理, 實關爲國家長遠慮之道也. 然此在主上默運量斷之間, 有非臣子所敢陳達之事, 而趙聖復肆然疏請. 蓋其愚忠之心, 雖出於爲國遠圖, 而若論人臣之道理, 豈敢逃"吾君不能"之心乎? 此所以主上激怒, 而聽政備忘[179]猝下於半夜之間. 使朝臣之心, 有所懲懾, 而因宰臣之諫, 還收備忘. 備忘之所以下·所以收, 皆合於聖主嚴寬得中之道也. 惜乎! 吾王其有疾病, 淸明之時常少, 而昏憒之時常多也!

至於再下之備忘, 旣其斷自宸衷, 而於諸臣之累日庭請, 每以"牢定"爲敎. 主上自潛邸之時, 至嗣服之日, 而一言一令之間, 初無虛僞之敎矣. 庭請批旨之中, "疾患難强"之敎及"國勢孤危"之敎, 非虛僞也, 乃眞情也. 且代理與聽政有異, 而依丁酉年擧行爲敎, 諸臣之累日庭籲, 一不允從, 則其在人臣之道, 以君上累累丁寧之敎, 豈敢歸之於虛僞也哉? 四大臣不得已遂陳丁酉節目擧行之箚, 一依君上之敎而請行君上之敎, 何謂曰"潛上"也, 何謂曰"迫脅"也[180]? 其曰"簒弑廢黜之謀, 無所不至"云, 此眞彼徒自謂之言也.

延礽君旣陞儲位, 則君臣之分, 固已定矣, 而彼其之徒, 尚懷二心, 潛結貴戚, 密密謀議者, 乃立尙大之計. 此則出於白望之初招, 而金一鏡·沈檀之見逐者也. 禁府羅將梁千錫之目見昭然而口傳分明矣. 立尙大之謀, 若非

---

177) 於 : 底本에는 없다. 《稗林》과 연활자본에 근거하여 보충하였다.
178) 闇 : 底本에는 "陰"으로 되어 있다. 《稗林》과 연활자본에 근거하여 수정하였다.
179) 忘 : 底本에는 뒤에 "而"가 더 있다. 《稗林》과 연활자본에 근거하여 수정하였다.
180) 何 …… 也 : 底本에는 없다. 《稗林》과 연활자본에 근거하여 보충하였다.

彼徒之眞贓, 則何爲見逐於白望之招乎? 彼計若成, 則東宮難免於彼徒所云"四字之禍"矣. 又兩宦·二婢防塞覘路, 除去東宮之計者, 亦誰之使之爲也? 若非彼徒之使之爲焉, 則當其發覺之日, 不欲鞫問根因, 直以正刑爲奏, 何也? 汲汲滅口之計, 已其昭著矣. 及夫物議誼騰, 諸疏紛起, 則不得已設鞫, 而任他二婢之自斃. 只以兩宦施爲刑訊, 拔其誰某指使之招, 但以朝政干預之招, 作爲推案, 草草勘獄. 凶謀秘計, 雖欲掩諱, 而綻露無餘矣.

彼其之徒, 安敢以宦妾之變, "非我所爲也"云乎? 若非慈宮之力扶, 則東宮亦難免彼徒所云四字之禍矣. 四字凶謀, 又此誤了, 則金一鏡餙出虎龍之變書, 誣東宮, 一其不足, 至於再矣. 主上遂下示東宮, 則東宮之悚凜不安, 當如何也? 又按獄大臣趙泰耉·崔錫恒·判禁沈檀, 初以鞫招之凡係東宮者, 勿書推案爲奏, 此豈爲東宮之意哉? 其實則故明東宮爛出於鞫招也. 每於鞫廳罷後, 請對入侍之時, 則以"梁獄勿問"爲奏, 此則以梁王之罪犯, 勒加於東宮, 而欲使主上酌處也. 彼徒之簒弒之謀無所不至云者, 豈非自謂者乎?

虎龍變書, 卽金一鏡之做出也. 所謂鞫招, 卽按獄諸臣代其不服杖斃之人及累刑未冷之屍而供招者也, 其僞昭然矣. 以若變書之做出, 鞫招之僞餙, 必欲簒弒東宮·廢黜東宮, 而終未得逞奸於聖上, 則反以四大臣陷之於簒弒廢黜之謀. 小人輩之禍人家國, 若是其慘矣. 其曰"四凶之聯[181]箚, 卽其平地手"云. 向者做出柳就章之僞招, 以金昌集陷之於宮城陳兵, 而謂之曰"三手中平地手也". 向所云陳兵之平地手, 今忽變聯箚之平地手, 何也? 其不以陳兵構譖, 終有慊於不近理之誣說故歟! 以四大臣之聯箚謂之曰"平地手", 則猶或爲吹覓之端, 而以金昌集謂之曰"謀兵", 則不啻若曾子[182]殺人之說也.

---

181) 聯 : 底本에는 없다. 《稗林》과 연활자본에 근거하여 보충하였다.
182) 子 : 底本에는 "某"로 되어 있다. 연활자본에 근거하여 수정하였다.

四大臣之聯箚, 實出於爲國愛君忠直之心也. 何者? 以言乎國事, 則世弟代理, 然後轉孤危之機, 而措妥安之勢矣. 以言乎上候, 則世弟代理, 然後無酬應之勞, 而致調攝之便矣. 況且累度批旨, 哀矜惻怛, 暴露眞情, 連以 "牢定", "丁寧"爲敎, 則在人臣分義, 豈敢以丁寧之爲敎, 歸之於¹⁸³⁾虛僞, 而一直不遵也哉? 若其歸之虛僞而一直不遵, 則是待其君虛僞, 而烏得免慢君之心乎? 所以有聯箚而實爲忠直之道也. 再下代理之備忘, 斷然是主上之眞情, 而若非奸徒織貝之讒¹⁸⁴⁾, 豈有半夜更化之擧乎? 主上眞情之所以然及奸徒甚間之所以逞, 有班班明驗之端. 諸臣之累日庭籲, 終不允從, 則此豈非聖意之牢有定乎? 泰耉一言之暫奏, 特寢成命, 則此豈非膚諎之售已深乎?

昨冬, 六人疏中有一可笑之言. 以當時諸臣之三日庭請, 與己巳凶徒之半日庭請, 無異五十步百步之間云. 而遂以庭籲之只止於三日爲四臣之罪案, 然則趙泰耉有其許多日庭籲之不已, 而得回聖聰耶? 果如是也, 則以庭請之止三日責人之不誠, 可也, 而不過片刻半辭間, 猝反主上牢定之事, 則昭然是諎間之所逞. 頓無慊愧之心¹⁸⁵⁾, 而¹⁸⁶⁾反以諎間之所逞, 自以爲忠赤, 視他累日之誠籲而作爲構罪之端, 小人情態, 有不忍正視也.

○ 十四日, 墨世刑十四次, 不服而斃.

○ 八月十五日, 李晚成卒于獄中.

○ 十六日, 李瀗刑九次, 卽是未冷之屍, 而"結案取招"云, 行刑.

---

183) 於: 底本에는 없다.《稗林》과 연활자본에 근거하여 보충하였다.
184) 讒: 底本에는 "讚"으로 되어 있다. 연활자본에 근거하여 수정하였다.
185) 頓 …… 心: 底本에는 없다.《稗林》과 연활자본에 근거하여 보충하였다.
186) 而: 底本에는 없다.《稗林》과 연활자본에 근거하여 보충하였다.

○ 十七日, <u>梁益標</u>直以樸殺爲主, 四次之刑, 脛骨盡碎, 十二度之杖, 兩脇
幷折, 亦是未冷之屍, 而"結案取招"云, 行刑.

○ <u>李明佐</u>亦是未冷之屍, 而"結案取招"云, 同日行刑. 街路觀者, 皆曰 :
"今番鞫獄[187], 何多斬屍之逆也?"

○ 二十八日, <u>金盛節</u>行刑.

○ 自有鞫獄[188]以來, 或有誣獄·誣招, 而未嘗有僞招矣. 今番鞫獄[189],
則前後諸罪人之招, 莫非僞招, 何以知其僞也? 推案旣書之曰"不服杖斃",
而繼書之曰[190]"承服招辭", 不服杖斃者, 安有承服招辭乎? 其所謂"承服
招辭"者, 的然是僞也. <u>崔錫恒</u>從容言<u>沈檀</u>·<u>金一鏡</u>曰 : "以不服杖斃之人,
謂有承服招辭者, 終不近理. 自今以後, 不服杖斃者, 勿書承服之招. 覷其
物故之前, 垂死之際, 以承服招辭, 書出推案, 仍卽行刑, 則事面無碍[191],
獄體妥當."云. <u>沈檀</u>[192]·<u>金一鏡</u>然其言, 乃以未冷之屍, 云有承服之招, 而
書出於鞫案, 其爲僞招則一也. 雖以僞招而言之, 跡安可掩乎?
所謂<u>李潚</u>之招云者曰 : "矣身丁酉爲<u>豐德</u>府使時, 聞<u>張世相</u>之言, 則曰 :
'將有獨對之事.' 故先通於<u>頤命</u>, 則<u>頤命</u>不信矣. 不久果有獨對之擧, <u>頤命</u>
始信<u>世相</u>. 而聚銀入送, 使<u>世相</u>圖于<u>池尙宮</u>[193]."云. <u>李潚</u>不過一疎逖武弁
也, <u>世相</u>雖知有獨對之擧, 通于<u>頤命</u>, 有其銀貨隱微之事, 而豈有與<u>李潚</u>

---

187) 獄 : 底本에는 "刑"으로 되어 있다. 《稗林》과 연활자본에 근거하여 수정하였다.
188) 鞫獄 : 底本에는 "國家"로 되어 있다. 《稗林》과 연활자본에 근거하여 수정하였다.
189) 獄 : 底本에는 "招"로 되어 있다. 《稗林》과 연활자본에 근거하여 수정하였다.
190) 曰 : 底本에는 없다. 《稗林》과 연활자본에 근거하여 보충하였다.
191) 碍 : 底本에는 없다. 《稗林》과 연활자본에 근거하여 보충하였다.
192) 沈檀 : 底本에는 없다. 《稗林》과 연활자본에 근거하여 보충하였다.
193) 宮 : 底本에는 없다. 《稗林》과 연활자본에 근거하여 보충하였다.

說道之理也? 世相一微賤宦者也, 先王雖有使頤命獨對之意, 而此是淵衷間默運之事, 則豈有使世相預知之理乎? 以萬萬不近理之說, 作爲李濡之招辭, 非但爲明頤命獨對之罪也, 欲彰先王當日之過敎也.

又招曰: "丁酉年以後, 李頤命與金昌集, 因世相及池尙宮, 每圖廢東宮之事, 而先大王豈因宦妾之言爲此擧乎? 是以事終不成."云. 先王以世子有難治之疾, 而且無嗣續之望, 深有宗社之慮, 因於獨對之時, 遂有過失之敎. 頤命若有廢東宮之心, 不暇承順之對, 而乃驚懼失色而奏曰: "殿下何出此言也?" 怫怫欲退, 先王知其莫可以動, 更敎曰: "令世子代理." 頤命乃奏曰: "此則乃議于諸臣之事也." 遂降世子代理之命, 若使頤命有一言將順之奏, 則當日之事, 有未可知也. 其果有廢東宮之心, 何必牢塞先王之發端, 而乃與宦妾苟且謀議耶? 自世子潛邸之時, 至嗣位之後, 而金昌集連在藥院, 或丸藥·或湯藥, 無常封進. 金相如有謀凶之心, 和進鴆毒, 在其手中, 而不此之爲, 何必與宦妾之輩交通密謀耶?

"先大王豈因宦妾之言爲此擧?"云云之說, 詳究其語, 則宦妾以李頤命·金昌集廢東宮之意, 勸於先王, 而[194]先王[195]有所不聽者然, 尤不近理矣. 先王雖有一時過失之敎, 而頤命·昌集安敢以廢東宮之議[196], 使宦妾而奏之也? 宦妾雖捧百萬之銀貨, 而安敢以二相之議, 潛勸於先王乎? 若使有是奏於先王, 則以先王聖叡之明·止慈之心, 豈徒不聽而止乎? 宦妾與二相, 難免頃刻之誅戮矣. 其若先王徒止於不聽而不以爲罪, 則是先王徒惜宦妾與二相, 而不慈世子也. 以先王止慈之德, 豈有此理也哉?

今以"先大王豈因宦妾之言爲此擧?"一句, 無端闖入於罪人之招辭, 以不慈之科, 陰加於先王何哉? 李濡有何嫌怨於先王, 而當其臨刑之時, 乃以不慈之科, 欲加於先王也哉? 斷斷是先朝失志之徒, 久懷次骨之怨, 當今

---

194) 而: 底本에는 없다. 《稗林》과 연활자본에 근거하여 보충하였다.

195) 先王: 底本에는 없다. 《稗林》과 연활자본에 근거하여 보충하였다.

196) 議: 底本에는 "意"로 되어 있다. 《稗林》과 연활자본에 근거하여 수정하였다.

得意之時, 憑藉罪人之招, 而潛售報毒之計也, 此果李瀗之眞¹⁹⁷⁾招乎?

○ 梁益標之招辭云者曰"宮城扈衛"一款, "昌集·健命相與謀議, 庭請罷後, 卽欲擧行. 云云." 其前柳就章之招辭云者曰: "先大王國恤後, 卽欲陳兵, 而拘於訓局中軍李森之勇, 不卽行焉."云矣. 今則所忌之李森爲忠兵, 以所信之柳就章爲中軍, 而庭¹⁹⁸⁾請旣罷, 排布且成, 則有誰¹⁹⁹⁾顧忌而不行宮城扈衛之計耶? 因無宮城扈衛之事, 則其所虛誣一般, 是以李弘述不服杖斃之人云, 有"習陣罷後回兵"之招也, 李弘述習陣之後, 安有回兵之事耶?

○ 李明佐招辭云者曰: "一日, 金時泰來言矣身曰: '明有好機會. 今夕, 君家大監有承牌之擧, 而勿爲搖動, 內着戎服, 由小路詣闕爲²⁰⁰⁾宜²⁰¹⁾.' 云." 此則當句內不成說之僞招也. 金昌集旣是大臣, 則安有大臣牌招之例也? 雖有牌招之擧, 有何搖動之事乎? 且其日之夕, 初無牌招之事矣, 着戎服之說, 亦何也? 前後諸罪人招辭云者曰"聚銀貨入送宦妾之輩, 潛圖行藥之計"云, 所謂今夕果其行藥之時, 而使金相着戎服詣闕耶? 行藥之事, 不在於金昌集之戎服詣闕, 而只在於廚房婢之和進於御饍, 則何用金昌集之戎服耶? 戎服之具, 必用於陳兵之時也, 而今夕初無宮城扈衛之事, 則金昌集單獨一身着戎服詣闕, 將何用哉?
指其無源之水曰"派流旁達", 謂無根之木曰"枝葉暢茂", 人孰信之? 不徒不信, 必以其人歸之虛妄, 其所以不信, 而終歸之虛妄者, 以其必無其理也. 今夕, 承牌之說及着戎服之說, 卽是萬萬無理之虛說也. 金時泰以不

197) 眞 : 底本에는 없다. 《稗林》과 연활자본에 근거하여 보충하였다.
198) 庭 : 底本에는 "廷"으로 되어 있다. 《稗林》과 연활자본에 근거하여 수정하였다.
199) 誰 : 底本에는 "雖"로 되어 있다. 《稗林》과 연활자본에 근거하여 수정하였다.
200) 爲 : 底本에는 없다. 실록과 연활자본에 근거하여 보충하였다.
201) 宜 : 底本에는 없다. 실록과 연활자본에 근거하여 보충하였다.

近理之虛說言于<u>李明佐</u>者, 萬無其理也, <u>李明佐</u>以無所聞之說發於招辭, 而亦萬無其理也.

夫<u>金昌集</u>乃彼徒之最所切齒者也. 其所切齒者, 主張世弟策封之事故矣. 必欲陷之於極逆之科, 而乃僞餙諸罪人之招, 架虛鑿空之說, 無所不至. 而至於<u>李明佐</u>招, 無復可說之端, 則以着戎服詣闕之新[202]說添入之, 欲使<u>金相</u>難逃謀兵之逆, 然自不覺其僞招之益露莫掩矣.

○ <u>金盛節</u>之招辭云者曰: "丸藥, 丁酉年, <u>錦平尉</u>使行時, <u>器</u>之父子以銀五百兩, 付譯官<u>張判事</u>買來."云, 其前<u>李漊</u>之招辭[203]云者曰: "<u>李頤命</u>自<u>北京</u>買得毒藥持來, 兩歧分給, 一派則<u>徐德修</u>也, 一派則<u>器</u>之·<u>天紀</u>."云. 其藥之立軟[204]卽斃者, 乃罪人之招也. 而<u>盛節</u>之招曰: "厥藥使<u>鄭宇寬</u>入送于<u>張世相</u>, 則<u>世相與</u>[205]水剌間次知<u>金尙宮</u>同謀, 一次試藥於上躬, 則旋卽吐出. <u>器</u>之輩以爲'藥不猛毒', 更爲取銀, 買得他藥而來."云. 立軟卽斃之藥, 固如是乎? <u>李漊</u>之招辭云者曰: "厥藥試之<u>李昭訓</u>, 則<u>昭訓</u>卽斃."云.

藥則一也, 而毒則何其前後異也? 試於上躬之說及試於<u>昭訓</u>之說, 皆是虛誣也. 主上曾有黃水之吐出矣, 遂以此將欲明試藥之眞贓. 故乃以與<u>金尙宮</u>同謀, 一次試用於上躬, 旋則吐出之說, 闖[206]入於<u>盛節</u>之招. 然其果有試藥之事, 則雖無猛毒之患, 而胸膈煩悶, 腸胃潰亂, 玉體之不安在所難免. 豈徒吐黃水而止哉? 適以<u>李昭訓</u>急疾死於闕內, 則奸徒從某聞知, 把[207]作奇貨, 而欲爲試藥之明證, 乃曰"試藥而斃". 蓋其謀雖甚奇[208]巧,

---

202) 新:底本에는 없다.《稗林》과 연활자본에 근거하여 보충하였다.
203) 招辭:底本에는 없다.《稗林》과 연활자본에 근거하여 보충하였다.
204) 軟:底本에는 "揷"으로 되어 있다. 연활자본에 근거하여 수정하였다. 이하 동일사례에 대해서는 별도의 校勘記를 달지 않는다.
205) 則世相與:底本에는 없다. 연활자본에 근거하여 보충하였다.
206) 闖:底本에는 "聞"으로 되어 있다.《稗林》과 연활자본에 근거하여 수정하였다.

然其於毒藥²⁰⁹⁾之前後有異何哉? 丸藥一款, 旣出於虎龍之變書, 而欲明
其丸藥之實迹, 借李灠招謂之曰"張判事買來於中原之行", 借盛節招謂之
曰"李頤命買來於使行之時". 鴆藥亦多於本國矣, 若費一兩錢, 則藥不可
勝用矣, 何必多費銀貨遠求於中原之藥乎? 旣其虛說也. 旣云"買來中原"
而無所一試, 則恐歸於虛說, 欲²¹⁰⁾明其試藥之實跡, 而借李灠之招謂之
曰"試之於昭訓", 借盛節之招謂之曰"試之於上躬", 厥藥之毒前後有異, 則
亦並虛說也.

至於試上躬, 不可無丁寧之證人, 故做出金尙宮, 則鞫獄大臣及金吾諸堂
疏請覈出金尙宮, 金姓²¹¹⁾尙宮亦多於闕內矣. 主上於衆金之中誰人爲行
藥之金尙宮而摘發之耶? 金姓宮人眞出於盛節之招, 則諸臣按鞫之時, 何
不問名某·家何? 而²¹²⁾乃於盛節行刑之後, 以不知名·不知家之金姓宮
人, 請主上覈出, 是欲其入而閉其門也. 金姓宮人亦虛影也已²¹³⁾. 鞫廳大
臣趙泰耇·崔錫恒·判禁李光佐等, 以金尙宮出付事爲請, 批曰:"憑藉黃
水, 欲打老論, 尤極無據, 此等文字, 更勿擧論." 所謂金尙宮卽弼貞也, 今
已死矣, 何處做得耶²¹⁴⁾?

一番之徒, 構虛捏無, 網打老論之計, 主上已有所稔知也. 向時黃水之吐,
非由於行藥者, 主上亦有所自知也. 而今乃曰"由於行藥, 吐出黃水", 欲以
此而加之於諸老論之²¹⁵⁾罪, 尤是千萬曖昧之說. 其曰"使金尙宮和藥於御

---

207) 把:底本에는 "托"으로 되어 있다.《稗林》과 연활자본에 근거하여 수정하였다.
208) 奇:底本에는 "機"로 되어 있다.《稗林》과 연활자본에 근거하여 수정하였다.
209) 毒藥:底本에는 "藥毒"으로 되어 있다.《稗林》에 근거하여 수정하였다. 이하 동일사
     례에 대해서는 별도의 校勘記를 달지 않는다.
210) 欲:底本에는 없다.《稗林》과 연활자본에 근거하여 보충하였다.
211) 姓:底本에는 없다.《稗林》과 연활자본에 근거하여 보충하였다.
212) 而:底本에는 "以"로 되어 있다.《稗林》과 연활자본에 근거하여 수정하였다.
213) 已:底本에는 없다.《稗林》과 연활자본에 근거하여 보충하였다.
214) 耶:底本에는 "爲敎"로 되어 있다. 연활자본에 근거하여 수정하였다.

膳以進"云, 則亦必並御膳而吐出矣. 豈獨吐毒藥之黃水耶? 蓋主上黃水
之吐, 當玉候不平之時, 適有吞酸之氣所由致也. 引此一時偶然之症[216],
欲作老論謀弒[217]之證, 主上雖於玉候昏眩之中, 而翻悟打老論無據之計,
乃降此批, 明其奸計. 當日承此批之諸臣, 豈不悚然且靦然乎? 以此日批
旨觀之, 則更化以[218]後處分, 似非盡出於主上也. 許多誅戮者, 皆老論也,
無數竄逐者, 皆老論也.

顧今日朝廷更無可打之老論, 而主上以"欲打老論"爲敎[219]者, 殆若以黃
水一款爲打老論之始初者然. 打老論已[220]盡無餘者, 主上全然未知故
也. 然則改紀後, 無前處分, 非自主上出也. 此則有一大明證. <u>趙泰耉</u>·<u>崔
錫恒</u>·<u>沈檀</u>之鞫問<u>文有道</u>·<u>朴尙儉</u>之時, 誰某誰[221]使之招, 則盡爲掩諱之,
只以語侵主上之招, 書[222]出推案[223]. 而其招曰:"昨夜東宮問候於大殿,
因建白曰:'宦侍之輩, 干預朝政, 近來處分, 多出於其手, 請覈出嚴治.'
上曰:'此豈吾之所爲?'云." <u>尙儉</u>之所招旣如是, 主上之所答又如是, 則宦
侍輩之圖出主上處分, 若是其明矣. 嗾囑宦寺, 圖出處分, 誰使之然也?
自初不滿世第之徒, 當世弟策封之後, 層生凶計, 潛結宦寺, 矯制上命之
跡, 綻露於<u>尙儉</u>之招, 而<u>尙儉</u>雖誅, 豈無他<u>尙儉</u>乎? 自換局以來[224], 凡係
過中之備忘·意外之允從者, 皆是凶徒之指使宦寺, 圖出於玉候昏眩之
時, 而主上則全然未知也. 自非然也, 則老論爲名者, 誅戮之, 竄配之, 打盡

---

215) 之:底本에는 없다. 《稗林》과 연활자본에 근거하여 보충하였다.
216) 症:底本에는 "證"으로 되어 있다. 《稗林》과 연활자본에 근거하여 수정하였다.
217) 弒:底本에는 "誡"로 되어 있다. 연활자본에 근거하여 수정하였다.
218) 以:底本에는 뒤에 "爲"가 더 있다. 《稗林》과 연활자본에 근거하여 삭제하였다.
219) 敎:底本에는 "顧"로 되어 있다. 《稗林》과 연활자본에 근거하여 수정하였다.
220) 已:底本에는 뒤에 "而"가 더 있다. 《稗林》과 연활자본에 근거하여 삭제하였다.
221) 誰:底本에는 "之案"으로 되어 있다. 연활자본에 근거하여 수정하였다.
222) 書:底本에는 "盡"으로 되어 있다. 《稗林》과 연활자본에 근거하여 수정하였다.
223) 案:底本에는 "按"으로 되어 있다. 《稗林》과 연활자본에 근거하여 수정하였다. 이하
　　동일사례에 대해서는 별도의 校勘記를 달지 않는다
224) 來:底本에는 "始"로 되어 있다. 연활자본에 근거하여 수정하였다.

無餘乎? 觀於"欲打老論, 尤極無據"之批, 昭然知打老論之如是孔酷者, 決非主上之處分也.

二十四日, 明陵擧動後, 大殿·王世弟還宮. 上將下玉轎, 顧謂侍臣曰: "皓首大臣常愛我, 凡於闕內動作, 不離左右而看檢矣, 今番予作陵行, 而未見此大臣之扈從. 今者老病不能起動之致耶? 予心不能不悵然矣." 侍臣面面相顧, 莫知對奏矣. 一鏡進奏他事, 上不復問焉.
皓首大臣卽金昌集也. 金昌集賜死之命, 若果主上處分, 則豈有如是之問乎? 且金昌集孥籍之啓, 日復方張, 而主上若親見, 則又豈有如是之問乎? 從中矯制之跡, 自然發露, 圖其矯制之徒, 豈能晏然於心乎? 一鏡所以忙急前進, 而故奏他事也歟!

○ 今月²²⁵⁾十九日, 李健命以斧斫斬於興陽謫所. 慘哉慘哉! 沈檀·金一鏡輩尙疑其斬與不斬, 發送禁府書吏·羅將於²²⁶⁾返柩所到處, 開棺檢屍, 甚矣甚矣!

○ 二十四日, 金昌集之子濟謙, 富寧謫所處絞.

○ 二十八日, 李健命孥籍事依啓.

○ 二十九日, 李健命之子勉²²⁷⁾之處絞.

---

225) 月: 底本에는 없다. 《稗林》과 연활자본에 근거하여 보충하였다.
226) 於: 底本에는 없다. 《稗林》과 연활자본에 근거하여 보충하였다.
227) 勉: 底本에는 "○"으로 되어 있다. 《稗林》과 연활자본에 근거하여 보충하였다.

九月

九月十二日, 白時耆不服而杖斃.

十七日228), 吳瑞鍾229)刑十六次, 不服而杖斃.230)

○ 二十日, 金時泰不服而杖斃. 諸罪人若有謀逆之罪, 豈能一一不服而斃哉? 其冤殺可知也.【以下缺】

○ 三十日, 金一鏡又以追報私親事陳達.

十月

十月初二日, 兩司合啓金昌集·李頤命斬屍事, 上不允. 春間, 趙泰耆·崔錫恒·金一鏡輩以追報私親事獻議, 容悅上意, 而竟殺三大臣. 至是崔錫恒又奏曰："本祠則仍舊址而改建, 稱號則依舊例, 定'某府大嬪', 四節時祭及忌祭之需, 依愼嬪·仁嬪例封進, 分付該司." 上曰："依爲之."

又有此奏者, 復出於容悅上意之計也, 欲殺一趙泰采耶! 趙泰采今雖生存, 便是已殺之人也. 何必負先王之大義, 忘國母之血讐而復爲此耶? 負先王之大義, 乃是逆臣也, 忘國母之血讐, 罪關名義也.

---

228) 十七日：底本에는 앞에 "七月"이 더 있다. 연활자본에 근거하여 삭제하였다.
229) 鍾：底本에는 "宗"으로 되어 있다. 실록과 연활자본에 근거하여 수정하였다.
230) 十七 …… 杖斃：底本에는 이 기사가 8월 29일 이면지 교수형 아래에 "7월 17일"자로 나와 있다. 《경종실록》 2년 9월 17일에 오서종이 죽은 기록이 보인다. 연활자본에 근거하여 일차를 수정하였다.

○ 趙泰采之被殺爲後於李健命者. 趙泰耉送言于坐魁曰：“吾兄弟方今布列於卿相, 豈忍見血於同祖之孫乎? 此則與三凶罪輕, 不可並論以正刑.”云, 所以坐魁有肯從之意, 故尙今遲滯也. 其弟泰億知之, 卽往坐魁家, 不可以獨拔之事爲言, 則使一鏡筵奏, 乃於十月二十七日, 遂下按律處斷之命, 而禁府依賜死例擧行.

○ 四大臣今已盡殺矣. 可殺之罪有無, 自著於事跡之莫掩, 則何必架疊發明? 而餙出虎龍之變書, 惟以爲[231]不足, 又僞造不服杖斃者及累刑未冷屍之招辭, 終陷金昌集·李頤命於擧兵犯闕之逆. 而至有斬屍之請, 然亦其僞造招辭之中僞造之眞跡, 綻露無餘矣, 何者? 李弘述之習陣已行於十一月初九日, 李弘述之門黜, 昭在於十二月初七日換局之夜. 而所謂金一寬招辭云者則曰：“李弘述十一月初九日習陣後, 回兵向闕定計矣, 換局只隔三日而事終不成.”云. 果是金一寬之眞招, 則以十二月之換局謂之十一月之換局, 何哉?

換局在於習陣之前, 則李弘述旣其門黜矣, 雖有回兵向闕之計, 固不可得. 而換局在於十二月初七日, 習陣在於十一月初九日, 李弘述以[232]中權之任自在矣, 果有回兵之計, 則何拘於[233]換局之在後而不成哉? 且習陣後過一朔而換局, 則謂之“隔一朔”而可也, 謂之“隔三日”, 何哉? 且夫換局之事, 卽人君倉卒間處分者也, 朝廷之臣, 莫能預知矣, 李弘述安能預知三十日後換局之事, 而不行其回兵之計也? 眞有回兵之計而預知換局之事, 則何不速行其計於換局之前乎? 且何拘於三日以後之換局, 而不成當日之回兵耶? 鞫招何等詳嚴, 而如是違錯, 其判然僞造之迹, 何可掩乎? 鞫招之全然僞造, 有明白打破之處. 趙泰采賜死處分之日, 右相崔錫恒簡

---

231) 爲：底本에는 없다.《稗林》과 연활자본에 근거하여 보충하였다.

232) 以：底本에는 없다. 연활자본에 근거하여 보충하였다.

233) 於：底本에는 없다.《稗林》과 연활자본에 근거하여 보충하였다.

奏曰：“前冬備望還收之後，頤·集兩凶大生恐怵，十二月初三日，會于健命之家，聚首謀議，器之從傍告曰：‘此事不可如此而止[234]，得旗手三四百名，直守闕門，且邀趙判府議處之.’ 健命顰蹙曰：‘初不與知之人，何可又參聞耶?’ 賊招若是丁寧，凶謀綻露無餘.”云.

身爲大臣，箚奏文字，豈敢虛妄哉? 然十二月初三日，卽李健命[235]奉使在燕京之時也. 古有“百東坡”之說，今則有二健命. 一則在於燕京，一則在於本第，有聚議之事·顰蹙之說耶? 彼錫恒精神渾奪於構虛陷人，不覺李健命之是時在燕，以若純然虛訑之說，肆然箚奏. 主上亦在患候昏眩之中，豈能覺悟乎? 按獄卽崔錫恒也，而奏御文字，尙如此虛妄，則況其所謂“承款招辭”，皆[236]是此類[237]，復何可言? 殺一不辜，亦足爲人主之累德，而餙出此等虛訑之說，先朝之所禮[238]遇，國家之所倚杖之四大臣，一倂誅戮. 而三大臣則施孥戮之典，許多朝臣，無罪撲殺，惡名則[239]貽之於主上，權柄則移之於渠輩，秦之斯·高，漢之冀·顯，何以加此哉? 四大臣於一番之徒，有可死之罪二焉. 遵先王之大義，念國母之深讐，背馳彼徒報禧嬪之陋議，其罪一也; 慮宗社之將亡，定儲位之大本，遏絶彼徒立尙大之凶謀，其罪二也. 至於國家有柱石之功，無絲毫之罪，而逢[240]彼陳兵之讒，終受伏斧之患. 以絛侯之功，而未免下獄而死，以岳穆之忠，而返受肆市之禍. 忠臣遭讒遇害，古今豈有異乎?

時人爲之有詩曰：“我生初也禀天仁，自謂‘平生性坦[241]眞’. 底事時時淸

234) 止：底本에는 “只”로 되어 있다. 《稗林》과 연활자본에 근거하여 수정하였다.
235) 李健命：底本에는 없다. 연활자본에 근거하여 보충하였다.
236) 皆：底本에는 “曾”으로 되어 있다. 《稗林》과 연활자본에 근거하여 수정하였다.
237) 類：底本에는 “論”으로 되어 있다. 《稗林》과 연활자본에 근거하여 수정하였다.
238) 禮：底本에는 “體”로 되어 있다. 《稗林》과 연활자본에 근거하여 수정하였다.
239) 則：底本에는 없다. 《稗林》과 연활자본에 근거하여 보충하였다.
240) 逢：底本에는 “受”로 되어 있다. 《稗林》과 연활자본에 근거하여 수정하였다.
241) 坦：底本에는 “恒”으로 되어 있다. 연활자본에 근거하여 수정하였다.

白眼, 有[242]心看過世間人." 又: "殺身扶社竟成仁, 四相貞忠到此眞. 蕙
惜芝焚知莫救, 仰天空歎爾何人." 又: "四相忠臣聖上仁, 鋸刀烈禍敢云
眞. 讒伺玉候衍和際, 矯報朝廷善類人." 又: "凶醜猖狂世不仁, 四臣忠蹟
孰傳眞. 隨聞隨錄斯而已, 儂是元來局外人."

十月二十九日, 冬至使兼討逆奏聞三使臣[243]入侍時, 副使李萬選亦陳兩
相斬屍啓曰: "往[244]義州, 雖留滯數朔, 斬屍之事, 蒙允後入往."云. 無乃
强迫人君乎? 又何其已甚哉? 所謂"奏聞", 不甚其彬彬也. 孝宗朝每有北
伐之議矣, 我國冬至使自燕還發之日, 閣老來見以唐板冊一匣堅封者遺
之曰: "還到貴國後披覽." 及還披閱, 則乃我國朝[245]報刊印者也. 閣老之
以此贈遺者, 其意蓋曰"中國雖遠, 汝國之朝報, 尚如此入來也", 北伐之計,
亦已探知之謂也.

朝報之入於中國者, 必是譯官輩受賂之所爲, 而我朝之政令得失, 上國無
不詳知也. 肅宗己巳之變, 實爲我國所未有之事也, 彼國必無不知之理也,
然當時之人見者見, 知者知而已矣. 而至於奏聞之擧, 未知中國之史法,
亦載外國之事蹟, 而若其載之, 則以我閔中殿, 姙·姒之聖德爲來善·黮輩
之構誣, 至於中國之史而載之, 而千古難洗之累名. 豈非我國君臣百世之
甚恥者哉?

嗟乎! 我國以禮義之邦, 爲勢所迫臣事則臣事之. 而以無禮義極羞恥之事,
遽爾奏聞, 仰虜廷如父母之國, 自非來善·黮, 千古小人之輩, 則孰創此千
古鄙陋之事乎? 惟此辛壬之禍, 殆甚於[246]己巳[247]之[248]變也. 奸凶之徒,

---

242) 有 : 底本에는 "者"로 되어 있다. 《稗林》과 연활자본에 근거하여 수정하였다.

243) 奏聞三使臣 : 底本에는 없다. 《稗林》과 연활자본에 근거하여 보충하였다.

244) 往 : 底本에는 "住"로 되어 있다. 《稗林》과 연활자본에 근거하여 수정하였다.

245) 朝 : 底本에는 없다. 《稗林》과 연활자본에 근거하여 보충하였다.

246) 於 : 底本에는 없다. 《稗林》과 연활자본에 근거하여 보충하였다.

247) 巳 : 底本에는 "矣"로 되어 있다. 《稗林》과 연활자본에 근거하여 수정하였다.

襲得來善·黷之餘套[249], 乃以渠輩所餚[250]出睦虎龍之變書, 欺蔽聖聰.
又此奏聞, 亦一來善·黷之小人也. 觀夫所謂柳鳳輝所製討逆奏文[251], 則
歷舉諸罪人之[252]供招, 雖甚詳明, 然諸罪箇箇是不服而杖斃者也. 不服
而杖斃者, 安有供招之理乎?

辛丑十二月初三日, 卽健命奉使滯燕之時也. 而壬寅十月二十八日, 右相
崔錫恒箚奏曰: "臣於此事, 旣有親聞之語, 玆敢冒昧言之. 李健命昨年
十二月初三日, 與李頤命·金昌集聚會謀議."云. 辛丑十二月初三日, 則李
健命之在燕, 非但本朝人之所共知也, 亦中國人之所共知也. 身滯萬里之
外, 何能在家而聚會謀凶耶[253]? 所謂"諸罪人之供招"云者, 莫非崔錫恒之
誣箚也. 中國之人, 莫知如此之奸僞, 而取信奏聞, 則本朝許多正類, 至外
國而誣被惡名, 亦非東國士大夫百代之恥乎?

十一月

十一月初一日, 工判韓配夏請對入侍時, 大提學趙泰億牌招撰進勳號事
下敎. 以錄勳事, 韓配夏則以甲乙丙三等定勳爲奏, 崔錫恒則旣無可錄之
人, 以單勳勘定爲奏. 諸議紛紜, 金一鏡奏之以魚有龜爲元勳, 上依敎. 魚
有龜上疏曰: "臣於萬萬意外忽被金一鏡脅勒污辱, 不勝驚怖駭懍, 未敢
一刻自安. 敢此納符, 进出都門, 仍尋鄉路. 云云."

---

248) 之 : 底本에는 없다. 《稗林》과 연활자본에 근거하여 보충하였다.
249) 套 : 底本에는 "陰"으로 되어 있다. 《稗林》과 연활자본에 근거하여 수정하였다.
250) 餚 : 底本에는 뒤에 "也"가 더 있다. 《稗林》과 연활자본에 근거하여 삭제하였다.
251) 文 : 底本에는 "聞"으로 되어 있다. 《稗林》과 연활자본에 근거하여 수정하였다.
252) 之 : 底本에는 없다. 《稗林》과 연활자본에 근거하여 보충하였다.
253) 耶 : 底本에는 "邪"로 되어 있다. 《稗林》과 연활자본에 근거하여 수정하였다. 이하
동일사례에 대해서는 별도의 校勘記를 달지 않는다.

蓋今日勳臣, 若論其多, 猶多於創漢業之功臣也. 若論其次第, 魚有龜則
幕中之蕭何也, 一鏡之奏以爲元勳, 實出公正之心, 而魚有龜謂之脅勒汚
辱, 何哉? 若非國舅魚有龜者, 其誰能周旋中外, 創出此光明之勳業乎?
金一鏡卽戰[254]必勝攻[255]必取之韓信也. 若非金一鏡則豈誰能討出四大
臣也? 且誰能粧出睦虎龍如韓信之還用李左車耶? 宜爲魚有龜之次勳,
而只薦魚有龜爲首勳, 自處若無功者然, 無乃得聞大樹將軍之風者乎? 其
他鞫廳大臣趙泰耉·崔錫恒·判禁沈檀若居二等, 則宜其稱寃矣. 其餘金
吾諸堂上·參鞫諸承旨, 當以分等錄勳矣. 又疏下六[256]人公論所在, 亦不
可拔錄矣. 曾聞漢朝之功臣, 猶爭其封爵之高下, 而我朝今日之勳臣, 厭
避之若浼己, 羞愧之若撻市, 此何故也? 虎龍不過酈生之掉寸舌而已, 錄
之以單勳. 今日之勳臣, 如彼其多, 而都不擧論, 只以一虎龍錄勳, 不可使
聞於隣國也, 烏在夫"功懋懋賞"之道哉?

嗟呼! 謂之曰"勳者若其光明", 則豈[257]如此乎? 天地不敢誣之也, 亦不敢
辱之也, 而方將祭天而告地, 天地神祇, 其將潔其祭而享其祀乎? 誣天地,
辱天地, 亦莫大矣. 何以鎭一世之憤鬱, 何以免百代之譏刺乎? 天地祭告,
牲血會盟, 則所成之勳, 必其大矣. 太祖之舊疆, 或有侵掠, 而只有能拓攘
者乎? 初無是事矣. 壬辰之島夷敢覬覦, 而或有能討平者乎? 亦無是事矣.
李适之逆臣, 更有稱兵, 而或有能勦滅者乎? 又無是事矣. 然則祭天告廟,
赦罪餙慶之勳, 何樣名色也?

盡其機巧[258], 圖半夜之換局, 粧出妖書, 掃一世之正類, 小人大勳業, 豈復
加於此者乎? 其所成勳, 若是其大, 而錄勳則皆厭避, 獨以虎龍勘勳, 惟彼
小人之輩, 自知其所爲之可怪也歟! 以錄勳勘定事, 韓配夏·崔錫恒·金一

---

254) 戰 : 底本에는 "攻"으로 되어 있다. 《稗林》에 근거하여 수정하였다.
255) 功 : 底本에는 "戰"으로 되어 있다. 《稗林》에 근거하여 수정하였다.
256) 六 : 底本에는 "五"로 되어 있다. 연활자본에 근거하여 수정하였다.
257) 豈 : 底本에는 "其"로 되어 있다. 《稗林》과 연활자본에 근거하여 수정하였다.
258) 機巧 : 底本에는 "奇功"으로 되어 있다. 《稗林》과 연활자본에 근거하여 수정하였다.

鏡輩, 一場紛聒於上前, 遂以<u>魚有龜</u>爲元勳, 則納符而逃. 又其後<u>趙泰耈</u>·<u>沈檀</u>·<u>趙泰億</u>紛爭於上前, 以<u>李森</u>爲元勳, 則亦上疏苦辭. 市巷之人相戲而言曰 : "朝廷無錄勳之人, 汝其爲之." 答曰 : "寧爲屠狗之賤丈夫, 不爲今日之錄勳臣也." 自古封勳之典, 何等榮貴, 而今之封勳, 何如是賤也? 以<u>李森</u>謂有搜得寶釰·銀貨之功定爲一等, 大臣勘勳之典, 何其不公也? 獨不念鞫獄諸大臣之大功勳乎? 竭一心之精力, 費平生之智巧, 使杖頭不服之魂納死後承款之招者有之, 恐主上忌却之患[259], 陳<u>梁</u>獄勿問之箚者有之, 以奉使滯<u>燕</u>之人, 作在家謀兵之逆者有之, 按獄諸臣之功, 若是其大矣. 且非無中生有, 弄假成眞以成獄案, 則<u>李森</u>何以知銀貨之所在而搜得之乎? 其功不過狗也, 胡爲捨發縱指示之按獄[260]諸臣, 而以<u>李森</u>爲元勳也? 抑其大臣過於辭勳而然耶? 辭讓之心, 禮之端也, 其或知禮之大臣乎?

---

259) 患 : 底本에는 뒤에 "也"가 더 있다. 《稗林》과 연활자본에 근거하여 삭제하였다.
260) 獄 : 底本에는 "鞫"으로 되어 있다. 《稗林》과 연활자본에 근거하여 수정하였다.

癸卯年

二月

癸卯二月十九日, 領相趙泰耉奏以單勳勘定, 上以依啓以睦虎龍爲東城君.

三月

三月初三日[1], 謝恩東城君 睦虎龍.

○ 初四日, 領府事金宇杭卒.

○ 十二日, 大殿·王世弟親行會盟祭. 玉趾親臨, 帶礪將盟, 而至令功臣後裔一齊來[2]參.
凡我太祖創業之後, 功臣後裔不可勝計矣, 其在同休戚, 觀盛擧之地, 宜無一人不來, 而當日進參者, 只是申聖夏[3]·朴泰錫二人而已. 諸臣所謂

---

1) 日 : 底本에는 없다. 연활자본에 근거하여 보충하였다.
2) 來 : 底本에는 "末"로 되어 있다. 《稗林》과 연활자본에 근거하여 수정하였다.
3) 申聖夏 : 底本에는 "金聖廈"로 되어 있다. 실록과 연활자본에 근거하여 수정하였다.

“極光明之盟勳”, 何如是無色也? 臺臣陳疏請令勳府摘發不參之人勘罪, 可謂“威服人心”者也. 方設錄勳都監, 而以尹明齋之子忠敎爲監造官, 忠敎貽書秉軸之人曰“餓死事小, 失節事大”, 遂不仕. 稱以少⁴⁾論, 待明齋之子, 何若是賤也? 靜言思之, 竊有所慨惜痛歎之事. 當其勘勳之時, 人人若浼己而苦避之, 當其盟祭之日, 功臣後裔者, 不知幾人, 而一不進參. 其勳之僞, 行路之所知也, 睦虎龍不知, 何許? 來一常賤之人, 而特地策勳, 分外封君, 在渠則極其榮幸, 而獨使至尊屈千乘之貴, 同壇而對盟, 古今天下, 豈復有如此羞恥之事乎? 今日諸臣貽辱君父, 賤待君父, 何忍至斯也? 此固忠臣·義士心欲碎而膽⁵⁾欲裂, 睨白眼而撫靑蒲也.

○ 蓋此鞫獄, 專出於謀除東宮之計, 而粧出虎龍三急手之變書, 乃以金昌集陷之於指揮子姪⁶⁾與姻黨及門客, 謀害主上, 推戴李頤命, 然皆是無形迹鑿空之事也. 其曰“丸藥搜出某人囊中, 寶釖⁷⁾搜出於某人房中”云者, 雖欲作爲眞贓, 而亦不得掩其詐僞矣. 若其丸藥摘發於和進之時, 則實爲眞贓, 而“搜出於某人囊中”云者, 卽是詐僞也. 丸藥旣自中原用銀求來, 則何不卽時和進而過數年置諸囊中耶? 且其寶釖摘發於塗厠之時, 則實爲眞贓, 而“搜出於某人房中”云, 則亦是詐僞也. 寶釖已自龍澤傳給白望, 則何不卽時塗厠, 而過數年掛諸房中耶? 且曰“指揮李弘述, 使之習陣罷後回兵”云⁸⁾者⁹⁾, 旣是無形跡之說也. 弘述旣已習陣, 則何不於其日回兵也? 所謂“三手¹⁰⁾”, 皆無實事, 則豈非凶徒之餙僞者乎?

---

4) 少 : 底本에는 “小”로 되어 있다. 연활자본에 근거하여 수정하였다.
5) 膽 : 底本에는 없다. 《稗林》과 연활자본에 근거하여 보충하였다.
6) 姪 : 底本에는 “侄”로 되어 있다. 일반적인 용례에 따라 수정하였다. 이하 동일사례에 대해서는 별도의 校勘記를 달지 않는다.
7) 釖 : 底本에는 “釼”로 되어 있다. 《稗林》과 연활자본에 근거하여 수정하였다. 이하 동일한 사례에 대해서는 별도의 校勘記를 달지 않는다.
8) 云 : 底本에는 없다. 《稗林》과 연활자본에 근거하여 보충하였다.
9) 者 : 底本에는 없다. 《稗林》과 연활자본에 근거하여 보충하였다.

惟彼凶徒除去東宮之計, 鑿鑿綻露矣. 嗾囑宦妾, 除去東宮, 非凶徒之眞
跡而何也? 虎龍變書中重言"東宮曖昧"之說, 而惟恐主上靜攝中忘却, 泰
耈·錫恒輩自鞫廳入對之時, 每以"梁獄勿問"爲奏, 以我無所犯之東宮, 歸
之於有所犯之梁王, 欲使主上酌處之. 彼徒謀害東宮之眞跡於是焉, 豈不
鑿鑿綻露乎? 宦妾之輩除去東宮之事, 昭載於《侍講院日記》, 泰耈輩"梁
獄勿問"之奏, 昭載於承政院記注, 此實千秋之眞跡也. 豈若鞫招之全無可
據者乎? 百句諺文歌詞[11], 雖曰"諸罪人招辭內, '金普澤作流入大內'云",
而此則金一鏡嫁禍之計也. 一鏡之燭下製出者, 其童僕明孫之目見, 而又
使明孫正書之, 流入大內之前, 爛誦播傳于都下, 有人而問其誰人之作,
則明孫曰"吾令監所作"云者, 旣甚的實矣.

○ 睦虎龍本是東宮私親葬禮時, 相地者也, 而與李天紀·金龍澤等, 切親
者也. 天紀等聞凶徒廢世弟·立尙大之計, 相與謀曰："若至此境, 則吾輩
當出死力, 而除去尙大·復立世弟矣." 虎龍·白望卽以取銀貨, 締結池尙
宮, 然後可除尙大爲議者也. 而虎龍爲一鏡之誘去, 甘聽封勳之說, 以天
紀等所議, 細告于一鏡. 而虎龍又誘去白望, 則一鏡大喜之, 遂與白望·虎
龍議其凶謀, 白望佯應曰"諾", 而遂於中途背走. 當其鞫問之時, 白望遂以
前夜之所議凶謀, 一一直招, 而叱責一鏡, 則一鏡無辭可辨, 遂見逐. 判禁
沈檀·大臣趙泰耈·崔錫恒, 亦並見逐. 凶徒之廢爲世弟·立尙大之謀盡露
於[12]白望之初招, 此則禁府羅將梁千錫目見而口傳者也.

○ 丸藥一款, 諸人招辭內"以五百兩銀, 付之張姓譯官, 買來於中原"云,
而趙泰耈分付捕廳及司譯院, 使之搜問, 則十年之間, 初無張姓譯官之入

<hr />

10) 手 : 底本에는 "事"로 되어 있다. 《稗林》과 연활자본에 근거하여 수정하였다.

11) 詞 : 底本에는 뒤에 "曰"이 더 있다. 문맥을 살펴 삭제하였다.

12) 於 : 底本에는 없다. 《稗林》에 근거하여 보충하였다.

去中原者. 然則中原丸藥買來之說, 若是其無根, 舉一而可知三也.

○ 崔錫恒箚奏曰: "前冬備忘還收之後, 頤·集兩凶, 大生恐懼, 十二月初三日, 會于健命家, 聚首謀議, 器之從傍告曰: '此事不可如是而止, 必得旗手三四百名, 直守闕門, 卽邀趙判府議處之.' 健命顰蹙曰: '初不與知人, 今何又參聞耶?'云. 參鞫諸臣, 上自堂上下至郎僚, 而並皆聞之, 非可誣也. 云云."

崔錫恒身爲大臣, 豈敢以絲毫虛說之言箚奏也哉? 然李健命以冬至使兼王世弟策封奏請使十月發行, 而十二月初三日則在燕京時也, 何以在家而有聚會之事, 顰蹙之言耶? 皮之不存, 毛將安附? 雖曰"參鞫諸臣, 並皆聞之", 而乃是崔錫恒精神渾奪於構三相陳兵之罪, 而不覺李健命之奉使在燕. 錫恒此奏之實其虛浪, 則三相陳兵之累談, 自然脫空於錫恒之箚也. 錫恒之此箚又曰"泰采初不與於三凶陰秘之謀"云. 而以錫恒尙言如此, 則泰采之無絲毫罪案[13], 自此可知也.

兇徒之讒東宮而危東宮者, 凡幾也. 潛囑宦寺, 無常進讒, 秘矣勿論, 以其顯著者言之, 趙泰億半夜請對, 初備忘還收之餘, 繼奏曰"指揮聖復者, 四凶也, 指揮四凶者[14], 自有其人"云, 其人卽指東宮也. 此卽宦者金景禧之播傳, 旣甚丁寧矣. 兩宦·二婢防塞朝覲之路, 謀除東宮, 而東宮之危, 迫在朝夕矣. 幸賴玆聖之力救而扶護東宮, 此是宦妾獨辦之事乎? 虎龍變書以不敢道之說, 再加於東宮, 則主上以此變書下示於東宮. 虎龍之變書, 乃一鏡之做出也, 而此豈獨一鏡之所爲者乎?

初鞫時大臣趙泰耉·崔錫恒·金吾堂上沈檀·金一鏡見逐於自望之後, 移鞫本府, 更招罷後, 兩大臣·諸堂上請對奏曰"鞫招之凡係東宮者, 勿書推案"云. 以白玉無瑕之東宮, 使出於鞫招者, 其誰之所爲也? 以勿書推案爲

---

13) 案 : 底本에는 "按"으로 되어 있다. 일반적인 용례에 근거하여 수정하였다.

14) 者 : 底本에는 없다. 연활자본에 근거하여 보충하였다.

奏者, 其果爲東宮之心乎? 若有一分爲東宮之心, 則鞫事卽泰耆輩之主張
者也, 如有干係東宮之事, 不如丙吉之凡係於太子獄案[15]者, 自下盡燒而
終身不言者乎? 泰耆輩之凡係東宮鞫招勿書推案爲奏者, 實是告東宮之
有如此所犯也.

且每於鞫廳罷後, 則泰耆·錫恒輩請對奏曰"梁獄勿問". 惟我東宮以介弟
而陞儲嗣之位, 其所光明正大前古列聖朝之所罕有也. 及夫誕承儲位, 雖
當頃刻之危, 而初無絲毫之過, 兩宮之間, 盡其孝敬之道而已. 至以"梁獄
勿問"顯奏之, 東宮有何梁王之所犯? 而乃敢勒加以梁王之罪, 欲使主上
酌處之. 然其於無梁王之所犯, 何哉? 且於有神明之默佑, 何哉? 東宮自承
儲以後, 危急之禍, 在於電閃之間, 難安之心, 坐於針氈之中. 一則以凶徒
也, 二則以凶徒也. 苟念東宮艱險之所遭, 孤危之所極, 爲人臣者[16], 不覺
淚下處也. 孰不有爲東宮一死之心乎哉?

○ 凶徒每以四臣之聯箚爲大罪案, 而苟有今日爲國事之心, 則世弟代理
之外, 無他道也. 趙聖復代理之請, 其實則爲國之心也, 斷無他意也. 聽政
備忘還收之後, 特下代理備忘, 而連以牢定爲敎, 則以聖復也, 以國勢也.
而四臣之以丁酉節目擧行之事聯箚, 實是事勢之當然, 而何足爲不軌之
罪案乎?

○ 四大臣旣盡誅戮之, 其外正類亦盡撲殺之, 或有餘存者皆竄逐. 鞫獄庶
其了畢, 而四臣邊姻婭之族, 且其前日有親分者, 窮搜覓得, 輒以鞫問王
府, 則雖經年閱歲無畢獄之日. 朝廷則又以懷·尼之戰, 朝臣·儒生之疏,
堆積公車. 國事只此而無一可觀矣.

---

15) 案 : 底本에는 "按"으로 되어 있다. 일반적인 용례에 근거하여 수정하였다.
16) 者 : 底本에는 없다. 《稗林》과 연활자본에 근거하여 보충하였다.

四月

四月十八日, 洪錫輔 巨濟安置.

二十八日, 趙聖復杖斃.
蓋趙聖復代理之疏, 在人臣分義, 極其悖矣. 然其在當時諸臣, 討其事可
也, 而其在今日必杖殺之, 不知其可也.

六月

六月初一日, 判禁沈檀奏曰: "任敞別無更問之端, 直爲正刑. 上依啓, 當
日正刑. 自設鞫以後, 崔錫恒·沈檀最爲酷烈, 四臣絶島之圍置, 與許多諸
人之冤殺, 由檀賊之手矣.

初五日, 兩司合啓請槐山縣監李溪·聞慶縣監黃泰河削去仕板事, 答曰
"勿煩".
此二人有何罪戾而削去仕板發啓也? 金相受後[17]命於星州, 及其返柩之
時, 擔軍莫可變通, 土班李生員者, 出於義氣, 以其自家奴丁及所[18]借連
姻家奴丁. 返柩至聞慶, 本倅欲助擔軍而前期發令者, 校長南熙重聚會多
士於校中, 打其領軍·色吏, 而毆逐擔軍, 中路停柩. 以略干賻錢之所餘,
貰得擔軍, 僅僅踰嶺, 而踰嶺之後, 所恃者惟槐山官軍矣. 忠兵閔濟章聞
本倅發軍之報, 行關忠州鎭將, 使之嚴禁. 槐山[19]倅領軍, 至延豊界, 則忠

---

17) 後 : 底本에는 없다. 연활자본에 근거하여 보충하였다.
18) 所 : 底本에는 "又"로 되어 있다. 연활자본에 근거하여 보충하였다.
19) 山 : 底本에는 없다. 연활자본에 근거하여 보충하였다.

鎭將校·羅卒謂有兵營·鎭營之令, 毆逐官軍及官卒, 本倅不得已空還矣.
本事只如[20]此也. 而聞慶倅黃泰河則謂之"以擔軍之事, 不善整待, 至有
色吏治罪之擧"云, 槐山倅[21]李㴇則謂之"以親率擔軍七十名, 往待嶺底"
云, 而發啓請罪. 前後三司所啓, 某人則有如此之罪, 某人則有如彼之罪
云者, 皆是如此虛誣也.

初七日, 領相趙泰耆病死.

十四日, 宋相琦卒于謫所. [22]

十五日, 正言趙趾[23]彬·持平沈埈疏請尹會罷職. 夫尹會者卽彼徒之爪牙
也, 何[24]故[25]請罷也? 李慶祉在西邑時, 以若干銀貨兩及綿紬疋送于金
相, 以助板材之價. 一番之人, 得聞此報, 嗾囑尹會謂之爲資於三手之用,
使之發啓, 而臺臣遂請拿李慶祉矣. 尹會之所親者, 李徵萬以公心責尹會
曰: "以板材價之所助, 歸之於三手之資, 而直陷人於惡逆之科, 此豈人
可爲之事也?" 尹會大悔之, 咎責於一番人稠坐之中. 於是沈埈[26]·趙趾彬
等, 反歸尹會於論人不審之失, 疏請罷職. 蓋當軸卿相之家, 列邑之封物,
不可勝數, 若以此盡驅於三手之資, 則受其封物之卿相, 皆是謀三手之逆
乎? 諸罪人承款招辭[27]云者曰[28] : "某也則送銀幾千兩, 某也則送銀幾百

---

20) 如 : 底本에는 "以"로 되어 있다. 《稗林》과 연활자본에 근거하여 수정하였다.
21) 倅 : 底本에는 빠져 있다. 연활자본에 근거하여 보충하였다.
22) 初 …… 所 : 底本에는 15일 기사 뒤에 있다. 연활자본에 근거하여 수정하였다.
23) 趾 : 底本에는 "祉"로 되어 있다. 《稗林》과 연활자본에 근거하여 수정하였다. 이하 동일사례에 대해서는 별도의 校勘記를 달지 않는다.
24) 何 : 底本에는 "故"로 되어 있다. 《稗林》과 연활자본에 근거하여 수정하였다.
25) 故 : 底本에는 "何"로 되어 있다. 《稗林》과 연활자본에 근거하여 수정하였다.
26) 埈 : 底本에는 "琰"으로 되어 있다. 《稗林》과 연활자본에 근거하여 수정하였다.
27) 辭 : 底本에는 없다. 《稗林》과 연활자본에 근거하여 보충하였다.

兩, 而統計則殆過萬餘兩矣." 皆歸於三手之資, 然資於三手之銀, 何故若是多也? <u>崔錫恒</u>·<u>沈檀</u>等箚請以此搜出之銀, 賑恤畿內飢民, 而及考其銀貨之爲幾兩, 則不滿百兩. 萬餘兩銀, 胡爲若是些少也? 莫非以<u>李慶祉</u>之板價所助, 陷之於三手之用也.【以下缺.】

大臣諸臣入侍之時, 問曰:"皓鬚大臣, 尙今無恙, 安在耶? 久不見, 予用甚悵然." 上復有此問, 則昨年賜死之命, 其果自主上出乎? 當日入侍諸臣之承此敎者, 於其心能恬然乎否? <u>一鏡</u>又何不以他辭進對彌縫之耶?【以下缺.】而<u>金相公</u> <u>昌集</u>返柩之路, 謂以<u>鄭尙書</u> <u>澔</u>迎哭, 諸臣請罪, 又自讁所移竄島中.

昔<u>子路</u>死於亂, 而<u>子夏</u>奔哭之, 此則悲賢人之冤死也. <u>岳穆</u>肆諸市, 而<u>杜英</u>往哭之, 此則弔忠臣之枉死[29]也. <u>鄭尙書</u>之哭<u>金相公</u>, 卽<u>子夏</u>之哭<u>子路</u>也, 亦<u>杜英</u>之弔<u>岳穆</u>也. 古人云"大義滅親", 凡於大義之所關, 至親之誼, 尙可滅也, 況朋僚之間乎? <u>金相公</u>若謀逆之人, 則<u>鄭尙書</u>雖有知舊之親, 必無操文迎哭之理, 以<u>鄭尙書</u>而操文迎哭, 則<u>金相公</u>之忠正, 可知也. 然<u>鄭尙書</u>疏斥禧[30]嬪追報之議·逆臣直刑之論·四臣竄逐之事, 而遠竄<u>楚山</u>. 壬寅四月十七日, 禁都[31]<u>柳尙徽</u>押去, 而<u>金相</u>之授後命, 則在於是月二十九日. <u>鄭尙書</u>方在千里外讁所, 雖欲往哭於<u>金相</u>, 何可得乎? 亦是孟浪之說也. 蓋<u>鄭尙書</u>在讁所, 聞<u>金公</u>受後命之報, 作祭文送付其子, 使之代往弔焉, 故誣以操文迎弔也.

<hr>

28) 曰 : 底本에는 없다. 연활자본에 근거하여 보충하였다.

29) 死 : 底本에는 "殺"로 되어 있다. 《稗林》과 연활자본에 근거하여 수정하였다.

30) 禧 : 底本에는 "嬉"로 되어 있다. 《稗林》과 연활자본에 근거하여 수정하였다.

31) 都 : 底本에는 "部"로 되어 있다. 《稗林》과 연활자본에 근거하여 수정하였다.

獨疏秩[32]

朴弼恒·柳重茂·宋成明·李眞儉·金始煥.

---

32) 獨疏秩：底本에는 "獨疏秩"과 "聯疏秩"이 혼효되어 있다.《稗林》에는 "독소질"·"연소질"·"聯啓秩"로 구분되었지만 명단은 혼효되어 있어 구분할 수 없다. 연활자본에는 각각의 명단이 구분되어 제시되어 있다. 이에 연활자본을 따른다.

聯疏秩

金一鏡·鄭楷·李眞儒·徐宗廈·尹聖時·朴弼夢·李明誼.【以上六賊疏.】33)

---

33) 以上六賊疏 : 底本에는 "朴弼夢" 다음에 이 구절이 있다. 연활자본에 근거하여 수정하
    였다.

聯啓秩[34)]

呂善長·朴[35)]弼恒·李顯章·沈檀·權益淳·李濟·尹會·李景說·李巨源·
李萬選·李眞淳·鄭錫五·鄭錫夏·李匡輔·具命奎·李眞望·金始慶·權益
寬·韓配夏·梁廷虎·金演·李森·趙泰億·崔錫恒·李光佐·李眞洙·申慶
濟·李台佐·尹就商·李師尙·金重器·李肇·趙翼命·趙景命·李明彦·金
重熙·尹大英·尹游·尹淳·權重經·李普昱·黃爾章·柳儼·李世德.

竄配, 百餘人.
蔭宦不仕, 七十餘人.
少論蔭宦不仕, 二人.
　尹忠敎錄勳監造官不仕. 明齋之子.
　李徵萬 厚陵參奉不仕. 故吏參淸白吏愼孝之後.

癸[36)]卯四月, 吏判柳鳳輝以李徵萬除厚陵參奉, 徵萬稱病不仕. 夫李徵萬
者飭躬操行高尙其志之士也. 與崔錫恒·趙泰億·柳鳳輝等, 自少交遊, 而
諸人莫不敬待之. 及王世弟定策之後, 鳳輝投呈悖疏, 徵萬往問曰: "王
世弟策封, 雖在於倉卒之間, 而兩殿之成命特下, 君臣之分義已定矣. 令
公之疏, 顯有不悅之心, 豈非取禍之端耶?" 鳳輝曰: "彼凶之徒, 欲立先人
之功, 敢以國家至大之事, 初不相確於同朝之臣, 以若干自中之人, 獨辦
於半夜猝乍之間. 吾黨之人, 莫不憤惋, 使我陳疏, 不得已爲之. 然今聞子
之言, 心甚瞿然." 徵萬故詰之曰: "聞魚有龜卽吾邊同志之人也, 而以中

---

34) 聯啓秩:底本에는 없다. 연활자본에 근거하여 보충하였다.
35) 朴:底本에는 "柳"로 되어 있다. 실록과 연활자본에 근거하여 수정하였다.
36) 癸:底本에는 없다. 《稗林》에 근거하여 보충하였다.

殿欲聞呼母之聲, 王弟一啓可除之等說, 言及於其妹夫金純行. 純行往告于金昌集, 昌集曰：'事在急矣. 若自大殿書下以某定儲之傳旨, 則莫可及矣.' 遂會李頤命·李健命·趙泰采于賓廳, 汲汲奏議, 以延礽定策, 然則不可以急據忙迫[37]歸責於彼也."

鳳輝曰："國舅輕淺之人也, 以其妹夫謂可信之人, 話及此等大事, 豎子不可與謀." 徵萬曰："然則吾黨之議, 以誰某定儲耶?" 鳳輝曰："中殿呼母之人爲定, 於理可也, 而自有其人." 徵萬復詰問曰："今以延礽既定儲嗣, 而四大臣爲羽翼, 其外諸老論之布列權要之位者, 皆爲延礽. 且延礽之陞儲, 名正言順, 數日之間, 人心莫不欣悅, 其勢難動. 令公之疏纔發, 鞫問之啓爭奏, 而主上有允從之批, 吾竊爲之甚危也." 鳳輝冷笑之曰："致章迂儒也, 何以知這間機括也? 中殿之欲聞呼母, 天理人情之常, 而大殿之心, 亦中殿之心也. 此則國舅朝夕承候之時, 種種微稟, 早已完定. 所以吾黨諸類, 使吾先試日前之疏. 彼徒雖有設鞫之請, 豈無救之者乎? 吾無患矣. 延礽雖曰'陞儲', 何難除去也[38]? 四凶雖曰'强盛', 何難逐出也?" 徵萬及聞如此說話, 心膽不勝戰慄, 强氣而改其言端曰："今日甚寒, 忽生寒栗之氣, 未暇更聞[39]新奇之論."

因辭歸, 中路聞之, 則右相趙泰耉自果川, 汲汲呈救鳳輝之箚, 果寢鞫問之敎. 徵萬直往于知己人之家, 說道如此如此之事曰："丈氏既與金相自少親切, 無言不道, 以若事機, 宜可通之." 其人笑曰："致章眞井底蛙也. 彼徒之凶計, 今始聞之耶? 如我布衣者, 聞之久, 知之稔, 則何況當局之金相乎?" 金相纔聞魚有龜云云之語於金純行, 急會兩李相, 以死相盟, 使李廷熽陳定策之疏, 而束冠帶, 以待下批之如何矣. 有諸大臣獻議之批, 則三相又相盟曰："定儲之事, 如不成焉, 則吾三人碎首龍砌而[40]死[41], 不

37) 迫：底本에는 "略"으로 되어 있다. 연활자본에 근거하여 수정하였다.

38) 也：底本에는 없다. 《稗林》과 연활자본에 근거하여 보충하였다.

39) 聞：底本에는 "問"으로 되어 있다. 연활자본에 근거하여 수정하였다.

復生出闕門." 遂同詣賓廳.

是時也, 趙判府適在江郊, 得聞此機, 疾馳直詣于賓廳, 則三大臣及諸臣已會矣. 趙判府曰:"諸大監爲此宗社大事, 而何不與小生同之也? 願共死焉." 奇絶哉! 趙判府之忠心也! 四大臣達夜力請, 幸以延礽君定策. 夫四大臣自定策之日已決死志者也. 到今彼凶之徒, 終有不逞之心, 締結貴戚, 謀除東宮者, 四大臣亦所稔知者也, 又何可相通乎? 且國舅藉重中殿之意向, 則莫之奈何, 而彼徒之凶計, 萬一成焉, 則四大臣盡其職, 而不得則有死而已, 更無他策矣. 致章曰:"少論, 世謂之淸流, 而彼輩如彼凶獰, 前日交遊, 到今追悔. 而與彼無君之賊, 幷稱少論, 極爲羞恥之事." 杜門不出, 敎其子姪, 敦尙學業, 世人稱之曰"學者李某矣!".

至是柳鳳輝爲吏判, 除徵萬 厚陵參奉, 徵萬稱病呈遞. 其友人問曰:"古人有爲貧而仕者, 以子之淸貧, 雖斗祿之官, 在所難辭, 今何無故而棄之也?" 徵萬曰:"子是我知心之友也, 以我棄官, 胡謂曰'無故也'?" 友人曰:"聖訓云'學而優則仕', 又云'四十而强仕', 今子之學已優於可仕, 且其年紀已過於可仕. 而雖以托病呈遞, 實無病矣, 有何棄官之故也?" 徵萬曰:"若其可仕之時, 則學雖未優, 年且未及, 其將樂赴, 而旣是薦非其人. 而且今時何如時也? 朝廷之正類, 靡有孑遺, 宗社危矣, 國母之讐人, 今反追報, 倫綱頹矣, 此豈士君子可仕之時乎?" 友人曰:"致章今日之言, 不無訝惑之端矣. 子之自少追隨[42]者, 卽鳳輝之徒也, 常謂之曰'一代名流', 而今反曰'薦非其人', 子之所斥者, 卽是四臣也, 至謂之'貪權樂勢', 而今稱曰'朝廷正類', 何其前後異也?" 致章曰:"聖人云'好而知其惡, 惡而知其善'. 鳳輝之徒, 旣吾同黨之人, 而又是竹馬之交也, 則豈無前日之好乎? 及見向時凶悖之疏, 且聞當日凶逆之計, 決非可親之人也, 所以深惡彼徒, 而絶跡

---

40) 而:底本에는 없다. 《稗林》과 연활자본에 근거하여 보충하였다.

41) 死:底本에는 없다. 《稗林》과 연활자본에 근거하여 보충하였다.

42) 隨:底本에는 "逐"으로 되어 있다. 《稗林》과 연활자본에 근거하여 수정하였다.

已三年矣. 今於鳳輝之政除我斗祿之官, 豈非薦非其人乎? 至於四相, 素
是他邊之人, 而尤僻於偏黨, 則那無前日之所惡乎? 及夫忘生忘死, 同心
幷力, 定策王弟, 竟扶國脈, 其忠赤之誠, 令人感服. 此非朝廷之正類乎?"
友人曰: "果如吾友言, 則四大臣有何罪戾, 而主上盡爲誅殺也?" 致章
曰: "子則知四相之被殺出於主上之處分耶?" 友人驚問曰: "非主上處
分, 何耶?"

致章曰: "子已熟[43]知, 而故試問我耶? 然我當略言之. 辛丑二月, 趙泰采
因問安入侍之時, 偶然從傍覘之, 一宦官抽出御床之筆, 汲汲書'傳曰「除
刑議處」'六字, 心竊怪之. 其翌日, 幼學李夢寅·沈得佑·趙瀅等, 以尹志述
·金昌集請斬事陳疏, 而喉院退却, 則三人持斫刀入禁門, 喉院啓聞囚之
刑曹. 刑判李弘述以刑推得情啓聞, 則傳曰'除刑議處', 與昨日宦官所書
無一字加減. 趙判府始知宦官之用事, 而指揮宦官者, 卽趙泰耇輩也,
知[44]其[45]必亡, 附合於金昌集. 且逆宦官朴尙儉招辭曰'近日批旨, 皆是[46]
宦寺輩中間僞造'云, 主上教曰'此果予之所爲乎?' 然則大小批旨, 皆是宦
官之矯制. 辛丑, 半夜之換局, 許多之備忘, 無不皆然, 則誅戮四臣, 豈是主
上之處分? 四臣若有可殺之罪, 則吾輩何惜其見殺? 而以其功而言之,
則定儲嗣於一髮之危, 以其忠而言之, 則輸身命於萬戮之中, 雖夷狄之人,
尙可以欽歎, 況我禮義邦之人乎? 有君臣, 然後有偏黨. 四臣卽老論也,
我則少論也, 而彼四臣者, 得盡君臣之義, 我何不歎仰也哉? 睦虎龍之變
書, 一鏡欲除東宮做出虛無者則陋矣, 無足掛齒而論也. 王世弟白玉無瑕,
而泰耇以'梁獄勿問'爲奏, 勒加以梁王之罪. 李健命奉使赴燕, 而崔錫恒
箚奏曰'辛丑十二月初三日, 聚會金昌集·李頤命, 共議陳兵'. 在燕之健命,

---

43) 熟: 底本에는 "孰"으로 되어 있다. 《稗林》과 연활자본에 근거하여 수정하였다.
44) 知: 底本에는 "其"로 되어 있다. 《稗林》과 연활자본에 근거하여 수정하였다.
45) 其: 底本에는 "知"로 되어 있다. 《稗林》과 연활자본에 근거하여 수정하였다.
46) 是: 底本에는 빠져 있다. 연활자본에 근거하여 보충하였다.

何能在家而謀兵乎? 錫恒之疏, 自歸於誣矣. 來善·玄逸誣辱國母之賊, 而
沈檀肆然請伸寃. 檀之罪非徒止此. 虎龍變書之外, 又出別問目, 撲殺無
罪之人, 僞造死人之招辭, 延及曖昧之人, 而三年寃獄, 尙未了畢. 至於趙
泰采, 初無可加之罪, 則乃以投合三凶, 構成罪案, 竟至賜死. 三相之定策
世弟, 寔爲宗杜之大計, 則趙判府之忘死投合, 極爲忠赤, 而反以投合構
陷, 死罪如此, 危險之世, 豈可居於都城之下乎?"

遂決意下鄕.

癸[47]卯六月十一日, 兩司啓曰 : "前正郎李重煥曾爲金泉郵官時, 因事上
京, 本驛之馬, 借人見失矣. 其冬也, 還推於[48]李天紀之家, 當初之許借,
晚後之還推, 俱涉可疑, 決不可寘而不問, 請李重煥拿問窮覈. 云云." 驛馬
借人, 雖是禁法, 旣已還推, 則此是郵官之所幸也, 雖未還推, 其當代立,
此是郵官之不幸也. 此等細微之事, 臺官自何聞知也? 雖或聞知, 何必啓
聞[49]而上煩乎? 似亦有機關者矣.

金一鏡之子允興, 卽李徵萬之切親者, 而無言不到之間也. 允興以其父之
參涉世道, 常以爲悶, 每諫不聽. 有時來徵萬家, 略言其悶切之懷矣. 徵萬
雖與一鏡所親[50], 而[51]見[52]漸有凶悖之事, 心自疎絶, 而至於允興, 能知
其父之非, 則謂以可敎, 情誼如故.

一日, 允興聞徵萬棄官, 下鄕之報, 爲其作別而來言曰 : "執事棄官之意,
自可覰知, 而至於下鄕, 則心甚悵然. 且聞近日臺啓, 則摘發不仕之人勘
罪云, 竊爲執事危懼也." 徵萬曰 : "吾亦聞之, 而聖訓曰'朝聞道, 夕死可

---

47) 癸 : 底本에는 없다. 실록에 근거하여 보충하였다.
48) 於 : 底本에는 없다. 연활자본에 근거하여 보충하였다.
49) 啓聞 : 底本에는 "聞啓"으로 되어 있다. 《稗林》과 연활자본에 근거하여 수정하였다.
50) 雖 …… 親 : 底本에는 없다. 《稗林》과 연활자본에 근거하여 보충하였다.
51) 而 : 底本에는 없다. 《稗林》과 연활자본에 근거하여 보충하였다.
52) 見 : 底本에는 뒤에 "一鏡"이 더 있다. 연활자본에 근거하여 삭제하였다.

矣’, 吾之棄官, 卽出於聞道之心也. 由此而雖被竄配之典, 便是橫逆之來也, 何可以苟免也?” 允興曰:“知吾心者, 卽執事也, 豈有一言可諱之事哉? 昨日所見, 尤爲悶切.” 徵萬曰:“何事也?” 允興曰:“昨日, 沈檀·李眞儒·趙泰億·柳鳳輝·朴弼夢[53]等來會, 俄然[54]睦虎龍後到, 攘臂大言曰:‘今日齊會, 復以何樣變書粧出, 何樣他[55]睦虎龍使之又取單勳耶? 吾以心輭耳薄之致, 甘聽諸大監利誘之說, 冒死上變書, 當初之議, 只除老論而止乎? 老論雖已盡除, 第一意中之人尙晏然, 則後日之患, 豈徒吾家獨亡乎? 座上諸公, 亦皆亡矣. 豈徒諸公, 皆亡也? 今日得意少[56]論, 亦皆亡矣. 若如此則以礙逼東宮之說, 何故再入於變書中也? 凡於諸臣誅戮之啓·與竄逐之啓·允可之批, 無不圖出, 而獨於東宮廢黜之批, 莫可圖得, 故羽翼盡除之後, 終無一啓耶?’

眞儒曰:‘看君環玉之照鬢, 極其榮貴矣, 何所不足而有此怨也?’ 虎龍大怒, 脫出網巾, 投之眞儒曰:‘此環玉若其榮貴, 令監着之也. 從中周旋, 皆是咸原君之功也, 以首勳勘定, 則謂之劫辱[57], 出城而避之. 舞弄機巧, 準成鞫逆, 亦是按獄諸大臣·金吾諸堂上之功也, 宜其次第封勳, 而皆厭避之. 獨以此漢錄勳, 人莫不嘲笑, 其勳若其光明, 則豈如此乎? 以當初養性軒之「養」字, 歸之於養叔之「養」字, 頤命之字. 若非養叔, 則抑將歸之何也? 李令公卽在外周旋之元功也, 何不首勳也?’ 泰億忙忙[58]執虎龍之手, 低聲言曰:‘何不見終末之事, 而輕先爲慮耶? 君則以爲只此而止耶? 君所謂「意中之人」, 非朝卽夕也, 吾輩豈不爲吾輩萬全之計乎? 今日之會, 良有以也[59], 幸勿復慮.’ 虎龍曰:‘然則日[60]前單勳之爲人嘲笑, 甚是

---

53) 柳 …… 夢:底本에는 “缺”로 되어 있다. 연활자본에 근거하여 수정하였다.
54) 俄然:底本에는 “而”로 되어 있다. 《稗林》과 연활자본에 근거하여 수정하였다.
55) 他:底本에는 “地”로 되어 있다. 《稗林》과 연활자본에 근거하여 수정하였다.
56) 少:底本에는 “小”로 되어 있다. 《稗林》과 연활자본에 근거하여 수정하였다.
57) 辱:底本에는 “奪”로 되어 있다. 《稗林》과 연활자본에 근거하여 수정하였다.
58) 忙:底本에는 “下”로 되어 있다. 《稗林》과 연활자본에 근거하여 수정하였다.

羞愧. 李重煥卽此世名流也, 而吾之所切親者也, 以此人同爲錄[61]勳, 則
可無恨矣.' 泰億曰 : '啓聞追勳[62], 今無苗脈, 奈何?' 虎龍曰 : '李重煥所
失之馬還推於李天紀家, 曾以此事有吳命新之疏斥. 今以此事發啓重煥,
則吾當上疏發明重煥, 而盛稱其功. 追勳一款在於今會之諸公也.' 皆應曰
'諾'. 虎龍曰 : '吾無識之人, 未能制疏, 諸公同議[63]裁給如何?' 僉曰 : '烏
可辭乎?' 虎龍曰 : '然則明日內爲先發啓重煥而上疏草, 則今夕吾當復來
相議裁出也.' 僉曰'諾'. 虎龍先去, 沈檀曰 : '彼漢殺之滅口, 然後可無後[64]
患.' 泰億曰 : '殺之不難, 而若自吾輩殺之, 則難免世人滅口之目, 其亦難
矣. 都不如虎龍云云「意中之人」謀除也.'"

李徵萬聞來如此說話, 心甚危懼, 靡所底定. 允興曰 : "今聞如此說話, 執
事之意則何如?" 徵萬曰 : "出於子口, 入於吾耳, 聞之則聞之, 而以此隱諱
之言, 說道於我, 何也?" 允興曰 : "執事無間之人, 聞之何嫌耶? 吾所悶迫
之心, 無處向訴, 而惟以執事之故, 欲使執事知之矣." 允興因辭歸矣.

徵萬直往知心人之家, 說道伊日所聞說話曰 : "彼輩行凶之日, 宗社將亡
之期也. 爲人臣而何可坐視其亡乎? 吾以伊日所聞於允興者, 切欲告變爲
宗社之一助. 雖被四臣誅戮之禍, 在所甘心." 其友人曰 : "四大臣雖被誅
戮, 已立定策之功. 而今君告變, 則無異刑房廳呈訴志也. 旣無寸功於國
家, 徒加顯戮於其身, 子何不諒之? 且四大臣受先王之遺托, 而當主上嗣
續之斷望, 定策一款, 一時爲急, 然猶且遲回, 以待其機矣. 及聞金純行所
傳國舅之言, 然後汲汲獻議於半夜之間, 遂立定策之功, 可謂相機如神.
其功若是其大, 而彼其之徒嫌憎之, 構虛捏無, 竟誅四大臣. 夫四大臣被

59) 今日 …… 以也 : 底本에는 없다. 《稗林》과 연활자본에 근거하여 보충하였다.
60) 日 : 底本에는 "目"으로 되어 있다. 연활자본에 근거하여 수정하였다.
61) 錄 : 底本에는 "祿"으로 되어 있다. 《稗林》과 연활자본에 근거하여 수정하였다.
62) 追勳 : 底本에는 없다. 《稗林》과 연활자본에 근거하여 보충하였다.
63) 議 : 底本에는 "爲"로 되어 있다. 연활자본에 근거하여 수정하였다.
64) 後 : 底本에는 "后"로 되어 있다. 《稗林》과 연활자본에 근거하여 수정하였다.

勦一段, 定策於王弟之事而已. 今子之言, 忠則忠矣, 而當彼計未然之時, 輕先告變, 則非徒無益, 先受大殃. 且不無促禍於王弟之慮矣[65], 都不如姑[66]俟[67]彼計之快露."

徵萬曰: "彼凶之徒, 計極隱秘, 而行於一朝一夕之間, 則莫可及矣, 奈何?" 友人曰: "彼計雖曰'潛釀', 及其行也, 則豈其一朝一夕間, 猝辦之事乎? 一鏡輩發啓, 然後可行凶計, 當其發啓之時, 吾兩人碎首闕門而死, 不亦宜乎? 今子與允興如前相從, 密探機關, 不亦妙乎?" 徵萬曰: "丈氏之言, 果是矣. 然吾以下鄕爲定, 賣其家, 移其産, 已發之勢也, 將奈何?" 友人曰: "此則不然. 家率則送之鄕舍, 子則姑留京城, 以觀機括如何?" 徵萬曰"諾". 其後數日果有臺啓李重煥推馬之事, 而繼以睦虎龍之疏救重煥之罪, 而稱重煥之功.

癸卯六月十四日, 禁府睦虎龍·李重煥拿囚啓, 傳曰: "除刑議處." 虎龍供招曰: "矣身與李重煥論李潛事, 語及王室, 重煥慨然流涕而言曰'卽今宗社之危, 正如一髮'云." 虎龍不過以導掌[68]爲業微賤者, 而且無識之人也, 何能知李潛之事而與李重煥論乎? 卽是做出之虛說也. 虎龍雖有此語, 李重煥卽士夫·朝官也, 豈以宗社安危有所講論於微賤無識之虎龍乎? 此則惹出虛說之階梯言也. 又其招曰: "'我必存我宗社', 重煥曰: '汝若有忠義之心, 則必先探得事情, 然後可以沮遏其計也. 彼春澤·喜之輩日[69]夜經營之事, 實爲亡測, 國家存亡, 必在此輩.' 仍謂矣身曰: '今日之急務, 在於保護東宮, 保護之道, 只在探得澤黨之情, 制防不測之變.'云."

肅廟辛巳, 盡逐南人, 任用老論. 自是之後, 老論至今上辛丑換局之前, 而

---

65) 且 …… 矣：底本에는 없다.《稗林》과 연활자본에 근거하여 보충하였다.
66) 姑：底本에는 "潛"으로 되어 있다. 연활자본에 근거하여 수정하였다.
67) 俟：底本에는 "竢"으로 되어 있다. 연활자본에 근거하여 수정하였다.
68) 掌：底本에는 "庄"으로 되어 있다.《稗林》에 근거하여 수정하였다.
69) 日：底本에는 "一"로 되어 있다.《稗林》과 연활자본에 근거하여 수정하였다.

得時其專, 則有何未盡而澤黨乃爲禍國之計乎? 澤黨設有禍國之計, 虎龍
何能探其情而制防之乎? 重煥必不以如此荒雜之說, 勸虎龍也, 此則將發
變書之根委也.

又其招曰: "與重煥作看山之行, 到奉安驛, 逢着喜之, 謂重煥曰: '君言
是矣. 似非偶然, 一制喜之, 則存[70]宗社之事可[71]辦.'"云. 重煥曾以喜之
起兵從某來之言, 言于虎龍, 而虎龍果逢於某處, 故謂之曰"君言是"耶, 喜
之雖有危宗社之心, 虎龍一見而何能制其心乎? 又其招曰: "遂與喜之接
話, 果是奸凶之賊也. 片言脫口, 皆是禍國之心."云. 虎龍初逢喜之於此,
則其前素昧之人也, 以素昧之人, 逢素昧之人於路次, 則有何情契而露出
肝膽耶? 喜之雖有奸凶之心, 必不露於虎龍矣, 虎龍雖有探情之計, 莫可
售於喜之矣. 此則無中生有, 欲實其僞之計也. 然其於初無近理, 全不成
說, 何哉?

又其招曰: "激忠探賊者, 非奇謀乎? '一制喜賊, 則存社之事可辦'云者, 非
秘籌乎? 捨身爲餌制賊, 非人力之所極處乎?"云. 以激忠探賊, 欲作重煥
之功, 而假使重煥雖有"激忠探賊"四字之勸勉於虎龍, 而此一言足[72]可爲
封勳之功耶? 何其勳功之如是易也?

且彼虎龍一愚迷鄙賤無義之漢也, 有何可激之忠也? 有何[73]探賊之[74]智
而[75]重煥以是勸之耶? 制喜之者, 果是何樣妙理之有所施也? 扶宗社者,
亦是何樣實事之有所著也, 而謂之曰"妙籌"乎? 一鏡之徒, 除去東宮之計,
旣誤於兩宦之伏誅. 又生凶計, 旁求上變之人, 而少邊人則難免同黨之嫌,
老邊人則方可謂妙, 乃者一鏡認得虎龍. 本是東宮私親葬禮時相地者, 而

且李天紀·金龍澤之所相親者也, 於是誘去使之上變書. 蓋扶護東宮之人, 皆是一鏡輩所賊也, 參鞠諸臣, 莫非一鏡也. 故爲賊於一鏡徒之諸臣一網打盡, 若於按獄諸人之中一鏡徒所賊之臣一有參座, 則誣獄之眞贓, 卽地綻露, 虎龍之一身爲先薤粉矣. 虎龍所謂"捨身爲餌"之說, 此則近似矣.

又76)其招曰 : "激矣身探賊, 使隄防不測之變, 實重煥也. 庚子, 護聖之功, 孰有大於此哉? 若曰'三手者爲何事, 沮敗者爲何樣計策', 則此皆在於鞠廳文案中."云. 虎龍之上變, 不在於庚子而在於壬寅, 則借謂曰"壬寅護聖", 猶可也, 而謂之曰"庚子護聖", 尤是無據之說也. 凶徒斥四相之疏, 每稱曰"四凶之謀秘計, 非一朝一夕之故, 實自庚子主上嗣服之後." 此實路人所共知白地誣陷之說也, 凶徒終有慊77)然之心矣. 至是憑藉虎龍之招辭, 添入"庚子護聖"之說, 欲實其誣四臣之言也. 雖曰"庚子護聖", 而主上庚子嗣服之後, 雖有素患之欠和, 而八域晏然, 寶座泰安, 虎龍有何可護之事耶? 其曰"護聖"之說, 亦是虛浪之言也, 且"皆在於鞠案"云, 而其於鞠案初無虎龍沮敗計策之所載, 何哉? 做出無形跡之言, 欲作無形跡之功, 其可得乎?

又其招曰 : "當庚子群凶之謀逆, 若非矣身之沮敗凶謀, 則三手之變78), 孰能禁止."云. 群凶之謀逆, 其果在於庚子, 則虎龍之上變, 何不在於庚子耶? 以劍·以藥·以兵曰"三手", 當其行藥之時, 虎龍有禁止之事, 則宜謂之曰"矣身之沮敗也", 而初無行藥之事, 則虎龍之"沮敗"云者, 果何事也? 當塗廁之時, 虎龍有所捍禦之79)事, 則宜謂之曰"身之沮敗也", 而初無塗廁之事, 則虎龍之沮敗云者, 亦何事也? 當其陳兵之時, 虎龍有所沮遏之

---

76) 又 : 底本에는 "爲"로 되어 있다. 《稗林》과 연활자본에 근거하여 수정하였다.
77) 慊 : 底本에는 "欿"으로 되어 있다. 연활자본에 근거하여 수정하였다. 이하 동일사례에 대해서는 별도의 校勘記를 달지 않는다.
78) 變 : 底本에는 없다. 《稗林》과 연활자본에 근거하여 보충하였다.
79) 之 : 底本에는 뒤에 "之"가 더 있다. 《稗林》과 연활자본에 근거하여 삭제하였다.

事, 則亦可曰"矣身之沮敗", 而初無陳兵之事, 則虎龍[80]所謂"沮敗"者, 亦何事也? 以是也, 故所謂"三手", 世人皆謂曰"都是孟浪之事也". 蓋虎龍之變書, 卽一鏡架虛做出之說, 而雖於了獄之後, 尙有慊愧之心, 及聞虎龍之計, 自以爲得, 代作虎龍之供招, 照證重煥, 欲實變書之辭矣.

至於更推重煥, 則重煥一反虎龍之招曰: "欲巧反拙之狀, 誠極可笑. 似此易知難誣之事, 猶且如是傅會, 則他說之一倂孟浪, 從可知矣."云. 且曰: "矣身一如渠言, 果有激勸忠義, 敎以謀劃[81]之事, 則此何等大計策[82]·大擧措, 而其間謀劃, 若是其草草齟齬乎? 大抵渠於獄中淹囚, 屢月揣摩, 及其出時[83], 乃欲藉重李澄, 洗[84]濯一身, 以掩其從前斜逕. 而澄之死已久, 階梯路絶, 則謂'矣身爲澄一家之人', 而且與渠相識, 不過借其疑似之間, 駈作證援, 以實其言, 爲自解之計耳, 亦非以矣身爲有功也. 云云." 虎龍欲借李重煥之名, 以洗單勳之陋, 而倂與前事歸於孟浪之科. 一鏡欲因虎龍之招以實變書之僞, 而倂與其招, 歸於虛誑之目. 聖訓曰"人無實不祥", 一鏡前後所爲, 皆是無實, 則烏得免不祥之患乎? 虎龍變書之虛僞, 盡露於重煥之一招矣.

○ 承旨朴彙登上疏曰: "殿下去冬, 特下傳敎, 展謁新陵, 爲賊臣昌集游辭幻弄, 終至沮遏, 此臣民之至今痛恨者也. 今歲籥已新, 春日載陽, 殿下未寧之候, 亦向康復, 祗謁展哀. 此時正宜與世弟進詣, 以伸哀慕之懷. 云云."

國君三年之喪, 不出城門,《禮經》昭載, 而主上方在諒陰之中, 何可以動駕出城也? 其曰"去冬"云, 爾則寒冬之節, 夫安有舉動郊外法也. 且曰"殿下未寧之候, 亦向康復"云, 則其前上候之未差, 旣甚丁寧, 玉候欠和之中, 何以作陵幸[85]乎? 以禮法也·以冬節也·以玉候也, 而金相之請寢陵幸, 實爲大臣當然底道理也. 雖輿儓之賤, 皆誦其得體, 而以陵幸之中止, 臣民莫不爲幸. 彼彙登則中外臣民至今痛恨云耶! 包藏小人娼嫉之心, 敢斥大臣憂愛之忠, 然則將順陵幸之令, 使主上違了《禮經》, 觸冒冬寒, 而終致上候之添損, 則彼彙登之心, 方以爲快耶? 主上之陵幸, 何害於金相也, 陵幸之中止, 何益於金相也, 而乃謂之曰"游辭幻弄, 終至於沮遏"云耶? 夫金相彼徒之切齒者也, 不顧曲直可否, 只以構誣爲心, 乃有如此之疏者, 欲加金相之罪戾, 而反露金相之忠正也.

○ 宋寅明上疏曰:"鄭亨益之疏, 盛論禧嬪追報事收議, 而遣辭過峻, 立意近險, 然其所主義理, 儘合商確, 臣請略言之. 夫子無爵母,《禮經》大防, 則稱號不當追加也, 仲子之宮,《春秋》所譏, 則廟宇不當別立也. 伏願殿下無棄亨益之議."云.

子無爵母, 果《禮經》之大防, 則爲今日臣子者, 固不敢以別立禧嬪之名號, 勸于主上也, 仲子之宮, 果是《春秋》之所譏, 則爲今日臣子者, 宜不敢以改建禧嬪之祠屋[86], 勸于主上也. 且禧嬪非無名號與祠屋也. 自有先王所立之號·所建之祠, 則在主上仍其舊而已, 固不敢變改矣. 若其別立廟號, 則豈不有子爵母之嫌乎? 新建祠屋, 則烏得免仲子宮之譏乎? 雖自主上有此處分, 在人臣納君無過之道, 當以抑情制[87]私, 遵先思義爲奏. 而

---

85) 幸:底本에는 "行"으로 되어 있다.《稗林》과 연활자본에 근거하여 수정하였다. 이하 동일사례에 대해서는 별도의 校勘記를 달지 않는다.
86) 屋:《稗林》과 연활자본에 근거하여 보충하였다.

追報一款, 主上嗣服以後, 至是初不提起者, 豈或私情之不足而然哉? 以其大義之所在而然矣.

彼金一鏡創出追報之說, 肆然筵奏, 則趙泰耉·崔錫恒·韓配夏·金演·金始慶·朴弼夢·李眞儒等, 奉若神明. 乃以別立稱號·別立祠宇, 同聲陳奏, 欲使主上違先王之處義, 貽後世之譏議. 乃者鄭亨益竊恐貽累於聖德, 陳疏以救之. 其疏曰: "'三年無改於父之道, 可謂孝矣'云. 禧嬪之舊號卽先大王之所賜也, 禧嬪之舊祠, 亦先大王之所建也, 主上何敢別立號·別立祠於三年之內乎?"

其疏又曰"就其舊建之祠, 益其供享之節"云, 此則欲使主上得伸其私情之至也. 且其疏曰: "彼一鏡以下, 何足道, 而爲大臣者, 又從而和附, 他日地下, 將何辭對先王."云. 此則慨諸臣負先王之大義, 而導主上於不義也. 鄭亨益此疏, 上以[88]爲恩義並全之地, 下以[89]爲諸臣知恥之端, 而趙泰耉箚則曰: "亨益之疏出, 而朝象益復泮渙, 茫無津涯."云. 亨益之疏一出, 而晦盲之義理, 庶回光明, 乖亂之朝象, 可期肅淸, 而泰耉反有此非斥之箚耶!

崔錫恒之箚曰: "如亨益之言, 則必使聖上絶生育之恩, 然後方可快於心."云, 亨益之疏, 雖絲毫有何近似於欲絶其生育之恩耶? 其曰"仍其祠而豊其享"云, 則仍舊祠者, 欲其遵先王之志也, 豊其享, 則欲其伸主上之情也, 以若恩義之并全, 錫恒反有此構誣之箚耶! 金一鏡·金演·李眞儒·金始慶·韓配夏之輩, 群起迭出, 脅制君父, 露出無君本色之說, 攻斥亨益, 甚至合啓之擧, 而無一人伸救者. 惟獨宋寅明忘其偏黨之私, 出於公正之心, 抗辭陳章曰: "亨益之所言義理, 儘合商確." 乃以亨益歸之義理之人. 終曰: "無棄亨益之議.[90]" 欲使主上納用亨益之議, 如宋寅明者卽是少

論中正類人也. 而以追報之事慫恿主上之諸臣, 非徒先王之罪人也, 亦是
宋寅明之罪人也哉.

趙泰耇等諸臣以建祠事, 交相陳疏, 答曰 : "追報之節, 今姑寘之." 批下政
院, 則政院封還矣. 蓋禧嬪之事, 前後首末, 主上潛邸之時, 已有所默記於
聖度, 而及夫嗣服之後訖, 無一言半辭之及於追報者, 豈或私情之未至[91]
而然哉? 誠以事係先朝有不可輕議故也. 是故向者趙重遇嘗試之疏出也,
特降備忘而刑配之, 主上之聖意, 有可以仰揣也. 今日諸臣反以"追報"一
款, 把作奇貨, 自下提起, 一鏡首唱. 至有大臣泰耇·錫恒之箚奏, 則主上
其在爲私親之地, 有不忍牢拒, 故姑爲允可. 而其在繼先志之道, 終有所
不可, 故旋敎姑止. 喉院封還此批, 亦出於掩君上之善而護奸徒之計也.
喉院入直之臣, 未知爲誰, 而亦是不忠之人也.

○ 鄭尙書 澔之上疏曰 : "先朝大臣, 盡行斥逐, 言事之臣·太學之士, 非椹
鑕則荐棘." 又曰 : "一二宦妾, 謀除東宮, 豈么麼無識者所獨辦哉? 所當設
鞫嚴覈, 乃反以輕先正刑. 力請慈殿手敎, 領相趙泰耇從中沮格, 汲汲封
還, 是何意思? 云云." 四大臣非徒先朝禮遇之臣也, 卽是今朝社稷之臣也,
一邊之徒, 以王弟定策急遽之事, 甚懷憤恚, 以丁酉節目擧行之箚, 構出
罪案. 然主上前後兩宮, 終無嗣續之望, 則以王弟定策, 實是大經大法. 而
魚有龜以一國之元舅, 忽生二心, 故所以四大臣汲汲奏議而定策也. 上候
長時靡寧, 萬機難以酬應, 則世弟分勞, 時則可也. 而況於代理命下之後,
三日伏閤庭請, 初無反汗之命, 而連以牢定爲敎, 故所以四大臣遂陳節目
之箚也. 四大臣有何罪戾, 而乃有斥逐之擧耶?

禧嬪, 宗社之罪人也, 臣民之讐人也, 一邊之徒, 自初扶護, 而及夫主上嗣
服之初, 趙重遇創陳追報之疏, 而其將[92]接跡而起也. 故乃者尹志述以防

微杜漸之意, 乃⁹³⁾陳斥言之疏. 蓋其疏辭雖⁹⁴⁾極狂妄, 想其志意, 實關義理, 何足刑戮乎? 謀除東宮之宦妾, 明非渠輩之獨辦者也, 必有指嗾者, 而泰耇·錫恒等, 不肯鞫問, 直請正刑. 慈聖之旣下諺敎, 泰耇袖而掩諱, 終不翻宣, 封而還納, 皆是訝怪之事也. 所以宋相琦·鄭亨益·趙尙絅·李喬岳·李箕翊·申思喆·李敏英·李秉常·李聖龍·朴聖輅⁹⁵⁾·李挺⁹⁶⁾周·尹心衡·金取魯·朴師益·李聖肇, 陳疏論斥, 皆出於斷斷忠愼之心也, 有何荐棘之罪乎?

鄭尙書亦出於忠愼之心, 乃陳此疏, 則臺啓峻發, 遠竄于理山矣. 至癸卯謂以鄭尙書往待忠州 月驛, 操文迎哭於金相公之喪行. 自理山又安置薪智島, 鄭尙書之竄理山, 在於壬寅五月望後, 金相公喪行之過於忠州, 在於壬寅五月晦間. 而自理山去忠州 月驛, 殆近千里, 身爲重臣, 方在千里外理山謫所, 何可以操文迎哭於金相公喪行之過於忠州 月驛時乎? 此無異於錫恒之以李相 健命奉使在燕之日, 在家而聚會金相·李相, 謀兵之箚也. 辛·壬·癸三年獄事之千緖萬端, 皆如此虛無孟浪之事也.

○ 金昌集, 字汝成, 號夢窩. 文谷子, 肅宗科領相, 謚忠獻. 受後命於星州, 金吾郞卽靜庵後裔趙文普也. 而臨門督迫, 公曰 : "何不念乃祖耶?" 閔尙書 鎭遠貽書曰 : "死生之際, 無⁹⁷⁾可⁹⁸⁾奉告. 惟以先大爺臨命不亂⁹⁹⁾, 仰勉." 有四言詩 : "死生常理, 惟義之適, 刀鋸袵席, 奚避奚擇. 惟公一生, 只知有國, 歸拜明陵, 庶幾無怍."

---

92) 將 : 底本에는 "時"로 되어 있다. 《稗林》과 연활자본에 근거하여 수정하였다.
93) 乃 : 底本에는 없다. 《稗林》과 연활자본에 근거하여 보충하였다.
94) 雖 : 底本에는 없다. 《稗林》과 연활자본에 근거하여 보충하였다.
95) 輅 : 底本에는 "格"으로 되어 있다. 《稗林》에 근거하여 수정하였다.
96) 挺 : 底本에는 "廷"으로 되어 있다. 실록과 연활자본에 근거하여 수정하였다.
97) 無 : 底本에는 "可"로 되어 있다. 《夢窩集》에 근거하여 수정하였다.
98) 可 : 底本에는 "無"로 되어 있다. 《夢窩集》에 근거하여 수정하였다.
99) 亂 : 底本에는 "難"으로 되어 있다. 《稗林》과 《夢窩集》에 근거하여 수정하였다.

公答書曰：“千里被逮, 僇辱備至, 反不如一死之爲榮. 今到星山, 始聞有後命, 何待台敎而自勉於就死之地乎? 台適來在此地, 可收吾骨, 豈非幸耶? 次四言：‘攀髯莫及, 嗟我奚適. 斷斷危忠[100], 夷險不擇. 報效曾[101]蔑, 一死殉國, 先王鑑臨, 實無愧怍.’” 子濟謙在蔚山, 途聞罔極之報而不能死, 越五日就囚. 且見子省行之杖殺, 慘矣慘矣. 移配富寧, 仍又處絞. 自古忠良之被禍, 雖或有之, 豈有如此家孔酷者乎?

○ 李頤命, 字養叔, 號疎齋·竹西子. 科左相, 諡忠文. 兄師命[102]己巳禍受命.

○ 李健命, 字仲剛, 號寒圃齋·西河子. 科左相, 諡忠愍. 公竄至德山, 臨命有詩：“許國丹心在, 死生任彼蒼. 孤臣今日慟[103], 無愧拜先王.” 朝延命茳斬, 白氣自喉中出, 化虹亘天, 日氣陰曀. 酷殺忠良, 豈無冤氣之貫于上下者乎? 三相之定策王弟, 其果爲誅戮之罪乎?

○ 趙泰采, 字幼亮, 號二憂堂. 師錫姪, 科右相, 諡忠翼. 三大臣謂以公爲泰耉從弟, 初不與同於王弟定策之議. 及定策之日, 公適在江郊外, 子觀彬汲汲往告, 遂馳馬入城, 直詣賓廳, 對三相言曰：“諸大監爲此宗社大事, 而何不欲與我同死也?” 遂幷力獻議. 伊日定策之事, 若未成焉, 則三大臣將被薤粉之禍矣, 公則初未與議, 而猝與[104]三大臣同就死地. 準成扶社之大事, 論其忠精, 不讓於三大臣也. 凶徒謂以“投合三凶矯命”而賜殺, 定策王弟, 其果爲凶乎?

---

100) 忠：底本에는 “衷”으로 되어 있다. 《夢窩集·南遷錄》에 근거하여 수정하였다.
101) 曾：底本에는 “魯”로 되어 있다. 《夢窩集·南遷錄》에 근거하여 수정하였다.
102) 命：底本에는 “○”으로 되어 있다. 《稗林》에 근거하여 보충하였다.
103) 慟：底本에는 “痛”으로 되어 있다. 《寒圃齋集》에 근거하여 수정하였다.
104) 與：底本에는 없다. 《稗林》에 근거하여 보충하였다.

○ 趙聖復素是戇直木强之人也. 平生所言："爲人臣者, 當以大義事君,
不可容一毫私心. 若從私徑, 則雖取卿相, 我心不爲, 若從義理, 則雖加斧
鑕, 我且不避." 凡他言論多有峻截, 其兄聖集常常責之. 辛丑, 代理之疏,
以外面言之, 則難免"吾君不能"之心也, 趙聖復非不知之, 而以裡面言之,
則聖復之心, 以爲"主上患候, 常多昏眩, 難應萬機之煩, 國事將至日非,
若使世弟分勞, 則庶有振刷之道". 且宦寺之輩, 闖機用事, 締結奸邪之徒,
朝令多出於矯制, 若使世弟參聽, 則自無濁亂之弊, 所以趙聖復遂陳代理
之疏. 苟究其心跡, 不過爲國忠悃之所發也, 謂之逆而杖殺之, 世人多有
非之者.

杖斃人承款招辭秩

白望刑八次, 杖十三度, 吳瑞鍾刑十六次, 杖六度, 又杖八度, 又杖十七度.
金龍澤刑七次, 杖九度, 洪哲人刑三次, 杖八度, 李器之刑三次, 杖二十度.
李天紀刑七次, 杖十七度, 李喜之刑八次. 沈尙吉刑五次, 杖八度, 金省行
刑十二次, 杖三度, 趙聖復刑十二次, 自斃. 洪義人刑三次, 杖九度, 張世相
【宦者】刑十二次, 金民澤刑八次. 李弘述刑六次, 白時耆刑三次, 白烈伊【內
人】刑四次, 杖九度, 又杖三度. 墨世刑五次, 杖六度, 又杖九度, 又二度.
李宇恒刑五次, 柳厚章刑五次, 趙松刑八次, 李尙醮刑五次. 玄德明刑三
次, 自斃, 李尙健刑十一次, 金時泰刑九次, 金雲澤刑四次, 洪舜澤刑三次,
洪啓迪刑四次.

此以上杖斃後, 謂"有承款招辭", 而旣其杖斃, 則安有承款之理乎? 其結案
之僞造也, 的然無疑矣.

未冷屍承款招辭秩

李瀗刑九次, 杖六度, 鄭麟重刑三次, 杖十七度, 鄭宇寬刑五次, 杖八度. 金昌道刑三次, 杖十一度, 二英刑五次, 杖二度, 又杖三度. 沈縉刑九次, 金一寬刑四次, 杖七度. 徐德修刑三次, 杖十一度, 李正植刑三次, 杖十三度, 金克復刑四次, 杖八度. 梁益標刑三次, 杖七度, 金盛節刑四次, 杖八度, 崔壽萬刑三次, 杖十度. 李明佐刑四次, 杖四度, 禹弘采刑五次, 杖十四度.

此以上撲殺爲主, 一次之刑, 脛骨盡碎, 一度之杖, 脇骨盡折. 如是刑之杖之, 至於將死之境, 則所謂"承款招辭", 金吾堂上自袖中出之, 令書吏引未冷屍之手, 勒着其名, 作爲結案. 此與杖斃人承款招, 豈有異乎? 金吾堂上中一人從容言曰: "以不服杖斃之人謂有結案招辭者, 終不近理, 以是之故, 外議紛紜."云. 一鏡輩自是之後, 依例問目, 別加刑杖, 幾至死境, 則以承服結案書出, 而遂以未冷屍行刑, 所謂"諸罪人招辭", 一例虛僞也.

或者之言曰"承服招辭之中, 爲其誘而納供者, 或有之"云, 此言不無苗脈矣. 按獄兩大臣及金吾諸堂上, 慇懃相議曰: "自有鞫獄以來, 罪人不忍刑杖[105], 或有誣服之事, 而今此諸罪人箇箇抵賴, 雖斃而不服, 豈不悶然乎?" 沈檀·一鏡曰: "吾兩人有所相確之事, 今日則將試之矣." 遂招書吏李晚俊附耳語如此如此. 李晚俊依其言潛誘二英曰: "汝於今日鞫時, 若以如此如此之言納供, 則可以生出獄門也." 二英冷笑曰: "有生則必有死, 得病而死, 受刑而死, 皆是命也, 而死則一也. 旣有其死, 則何必誣招爲不義鬼乎? 更勿多言." 晚俊又以如此如此之言, 誘鄭宇寬, 宇寬曰: "男兒寧死耳, 何可以誣服乎? 吾於今日受刑而死, 爰得我所."

晚俊以二英·宇寬所言, 告于沈檀·一鏡曰: "初不如不發說也, 只使書吏

---

105) 杖 : 底本에는 뒤에 "之若"이 더 있다. 《稗林》에 근거하여 삭제하였다.

覘知深淺也." 一鏡曰："先出者非大監乎?" 崔·趙兩大臣曰："以此也·以彼也, 非正道則一也, 當初之設此計, 未及深量之致也. 旣過之事, 何必形言誰某之非也?" 一鏡曰："自今以後, 此獄事一依初頭磨勘爲可."云. 蓋誘罪人納供之說則果有之, 而諸罪人中一無爲所誘納招者. 杖斃人招辭之僞造, 不須復論, 行刑人招辭, 都是金吾堂上袖中出者也.

總論辛壬獄事虛僞

無實之謂"虛", 非眞之謂"僞", 而"虛"與"僞", 又有二端之別. 有"純然之虛"·
"純全之僞", 有"假實之虛"·"假眞之僞". 其曰"虛"·其曰"僞", 則似無足行,
似無足信. 然及其後世也, 幻態變形, 怳惚閃爍, 天地之大焉, 而尙可以蔽
之, 日月之[106]明焉, 而且可以掩之. 及其信於人也, 轉黑爲白, 奇巧隱密,
聰明之主焉, 而爲其所欺, 忠良之臣焉, 而爲其所陷, 吁! 亦憯矣. 蓋其虛僞
之事, 則雖極隱秘, 而虛僞之跡, 則自然綻露. 有是乎虛僞之終莫掩也, 盍
看夫辛壬獄事哉? 今此兩年獄事, 雖是一切虛僞, 而其中有"純然之虛"·
"純全之僞", 亦有"假實之虛"·"假眞之僞"焉. 別而爲二端如左.
杖斃者二十七[107]人矣. 連日酷刑, 脛破骨碎, 累度毒杖, 齒拉脅折, 血肉之
身, 實所難堪. 雖一二人尙有誣服之事, 而惟彼二十七人箇箇不服, 箇箇
杖斃, 則其無承服招辭, 不須言也. 然而鞫案書出曰"某人某人, 則有如此
如此之招"云, "某人某人, 有如彼如彼之招"云, 不服而杖斃者, 安有承服招
辭乎? 以杖斃之人云有承服之招者, 一世所共知"純然虛"·"純全僞"也, 則
所謂二十七人各招, 不必逐條而辨其虛僞也. 行刑者十七人矣, 以外面觀
之, 旣有承服之招, 故乃有行刑之擧. 然皆以未冷屍行刑, 則其所謂"承服
之招", 亦可知矣, 而細究各人招辭云者, 則虛僞之跡, 亦其昭然矣.
沈尙吉之招曰: "李天紀云'有緊用處, 請得銀百兩'事書托, 故意謂圖爵,
矣身果爲出給."云. 李天紀卽沈尙吉之切親間也, 求請百兩銀, 此相親間
例事也. 尙吉果有給銀之實, 作爲臟物, 增衍附益, 湊合不近理之說, 謂
之沈尙吉之招辭. 尙吉[108]連被重杖, 精神雖迷亂, 豈以逆謀之事誣服耶?

---

106) 之 : 底本에는 없다. 《稗林》에 근거하여 보충하였다.
107) 七 : 底本에는 "八"로 되어 있다. 연활자본에 근거하여 수정하였다.
108) 吉 : 底本에는 뒤에 "之"가 더 있다. 《稗林》과 연활자본에 근거하여 삭제하였다.

此是中間假實構虛之招也.

二英之招曰：“白望以趙洽銀二千兩·沈尙吉銀百兩·李喜之銀七十兩·洪義人銀五千兩, 給於矣身, 納宮女李氏及白氏, 轉給於池尙宮, 使之圖成行藥.”云. 白望以宮導掌[109], 旣與池尙宮切親, 則所聚銀貨, 何不親給之, 使二英轉給之耶? 池尙宮旣受他人多銀, 而終無行藥之事, 何哉? 使二英轉給銀貨於池尙宮之說, 又是無理虛言也.

又二英之招曰：“白望囊中有丸藥三介, 卽蘇合元也, 有黃色丸, 此則名不知. 而密密糊封, 納于筆匣也, 尙吉出來矣身家, 則白望仍爲給送.”云. 密密糊封, 藏之筆匣之丸藥, 二英何以得見而知其色之黃耶? 蘇合元, 利於鎭酒, 故酒客必貰於囊中. 白望, 酒客也, 飮酒於二英之壚, 出囊中蘇合元啖之, 二英適見之矣. 當其嚴刑鞫問之時, 無他可招, 而以白望蘇合元之說納供, 則假此蘇合元之說, 添出黃色之丸. 何必曰“黃色丸”也? 主上曾有吐出黃水之事焉. 至是謂以行藥之致, 必稱黃色之丸, 然後方可符合於黃水之[110]吐故也, 其計也極其巧矣. 二英連受毒刑, 卽一未冷之屍, 則以何精神巧其說而納其招耶? 蓋主上之吐出黃水, 果是實事也, 此亦是中間之假其實而構其虛也.

李正植招曰：“矣身上年十二月, 與金昌道偕往張世相家, 世相曰：‘李昭訓飮毒, 方絶命.’”云. 上年卽辛丑也, 昭訓於辛丑十月, 以關膈不通, 連服備急丸六七介, 嘔泄二日, 厥冷而死. 而十月已死之人, 何能飮毒於十二月耶? 此有苗脈. 昭訓之母, 七月下去於全州本家, 以痢疾出沒死生, 十二月間, 得差上來. 昭訓之本家, 在典洞路傍, 昭訓之母, 頫在門間, 搥胸而哭曰：“醫客以何仇怨, 用死藥而殺吾女耶?” 一鏡適時退朝, 聞其號泣之言, 心怪之, 使下人問之, 昭訓之母曰：“吾女乃昭訓也, 因醫員之用藥不測, 非命而卽死也.”云.

---

109) 掌：底本에는 “長”으로 되어 있다. 실록에 근거하여 수정하였다.
110) 之：底本에는 없다. 《稗林》과 연활자본에 근거하여 보충하였다.

一鏡以昭訓之死在於當日, 記於心內矣, 乃以兩端添入於虎龍之變書. 一段則曰"徐德修憎昭訓, 使張世相飮毒而殺之"; 一段則"欲知丸藥之毒·不毒, 使張世相先試於昭訓而殺之". 張世相卽宦官也, 闕內之事, 無不知之, 豈不知昭訓之死在於十月, 而以十二月飮毒之說, 言于李正植乎? 張世相萬無爲此言之理矣, 世相旣無此言於正植, 則正植豈以世相所不言之言發爲供招哉? 一鏡不知昭訓之母自鄕新來追哭其女之由, 而徒以昭訓之死在於其母怨[111]醫號哭之時, 假眞於昭訓之死, 欲證其行藥之事, 而其於日月之相左, 何哉?

且正植之招曰: "昭訓喪出後, 世相謂矣身曰'此藥又有用處, 更得銀一千兩, 然後方可用之'云, 所謂'用處'卽指聖躬也." 夫張世相宦官中剛直之人也. 先王若有過中處分, 則種種微諫, 主上若有過失, 則切切力諫, 闕內目之曰"諫宦"矣. 他宦官及內人輩, 或有殊常之事, 則一切禁戢之, 宮中之人多忌之, 以若剛直之人, 爲他指揮, 行此謀凶之事乎? 若使張世相不離於闕內, 則凶徒難行其計, 故必欲除去, 以飮[112]毒昭訓, 鳩集銀貨等說, 閩發於正植之供招. 蓋其[113]計[114]非徒殺正植也, 爲殺世相也[115]. 昭訓之死, 不在於十二月, 乃在於十月, 雖其十月·十二月之不同而死則死矣. 且有其母誤服藥之怨說, 飮藥則的實矣. 此亦是中間之假其死之實事與飮藥之實事, 做出正植之僞招也.

金昌道招曰: "李正植謂徐德修曰'聽政事, 雖不成, 備忘將下, 豈不好哉?'云. 矣身往領相家曰'聞徐德修言「將有如此事」云, 須勿復爲不緊之庭請, 直爲擧行.'"云. '備忘將下'·'直爲擧行'等說, 皆是緊重疑亂之言, 其果自昌道口中出也, 則鞫廳諸臣何不拷問其何樣備忘·何樣擧行也? 有此緊重

---

111) 怨：底本에는 없다. 《稗林》과 연활자본에 근거하여 보충하였다.
112) 飮：底本에는 "陰"으로 되어 있다. 《稗林》과 연활자본에 근거하여 수정하였다.
113) 其：底本에는 "計"로 되어 있다. 연활자본에 근거하여 수정하였다.
114) 計：底本에는 "其"로 되어 있다. 연활자본에 근거하여 수정하였다.
115) 爲殺世相也：底本에는 없다. 《稗林》과 연활자본에 근거하여 보충하였다.

疑亂之招, 而初不拷問, 則昌道之初無此招明矣. "備忘將下"之說[116], 欲實其宦官締結之言也, "直爲擧行"之說, 欲實其宮城陳兵之誣也. 然終無備忘之下, 擧行之事, 其所云云之說, 自歸於虛僞矣. 締結寵臣, 圖出備忘, 卽是彼徒實有之事也. 然終難違拒, 仍罷庭請, 亦是四臣實有之事也. 做出"備忘將下"之說者, 以彼圖出備忘之事, 欲嫁之於他也. 拖起"庭請仍罷"之說者, 以其陳兵謀凶之事, 欲繼之於後也, 奸情巧態, 綻露無餘矣.

且昌道之招曰: "領相謂矣身曰'昨者李器之來言, 汝與李正植·鄭宇寬·趙松等, 有所爲事云, 何事耶?' 矣身曰'與白哥·睦哥有謀議事'云. 矣身往見器之, 器之曰'沈子八言輕, 凡事皆泄於虎龍, 恐有告變之擧'云." 器之輩旣恐虎龍將來告變, 則豈有當初同謀乎? 且"與白望同謀"云, 則獨[117]慮虎龍, 不慮白望, 何也? 此無他, "器之謀議"之說, 則初無可憑, 虎龍告變之事, 則今旣有之, 故遂借虎龍告變之可據, 欲實器之謀議之無憑也. 昌道之招, 亦是中間之人假實而僞餙也.

徐德修招曰: "昭訓有害於矣身家, 故與張世相毒殺之."云. 昭訓之死以病而不以毒, 且其死在於十月而不在於十二月, 則[118]與張世相毒殺之虛言, 已辨於李正植之招矣, 此則不須復論. 而且德修招曰: "備忘若下, 則宮城扈衛, 以距疏章之患."云. 沮搪[119]疏章, 卽喉院之事也, 欲距疏章, 則扈衛喉院可也, 何爲宮城扈衛也? "宮城扈衛以距疏章"之說, 尤不近理, 亦是中間僞餙之胡說也.

李瀗之招曰: "丁酉年間, 張世相以將有獨對之擧, 先通于李頤命矣. 非久果有獨對之擧."云. 世相不過宦寺之鄙賤也. 雖或近侍於御前, 而旣曰"獨對", 則必是君臣間隱密之事也, 先王以此隱密之事, 豈與張世相使之

---

116) 說: 底本에는 없다. 《稗林》과 연활자본에 근거하여 보충하였다.
117) 獨: 底本에는 "同"으로 되어 있다. 《稗林》과 연활자본에 근거하여 수정하였다.
118) 則: 底本에는 "者"로 되어 있다. 《稗林》과 연활자본에 근거하여 수정하였다.
119) 搪: 底本에는 "搐"으로 되어 있다. 《稗林》과 연활자본에 근거하여 수정하였다. 이하 동일사례에 대해서는 별도의 校勘記를 달지 않는다.

先知也? <u>世相</u>旣無先知, 則何可先通於<u>李頤命</u>也? 雖或先知, 有何所益而必先通知耶? 丁酉獨對果是實有之事也, 亦是中間之人假此獨對之事, 欲實<u>李濂</u>出銀同謀之虛僞也.

<u>金盛節</u>之招曰:"丁酉年, <u>錦平尉</u> 燕行時, <u>器</u>之父子使譯官<u>張知事</u>買藥以來."云. 丁酉年, 卽主上在東宮時也, 而買來中原毒藥者, 卽謀害東宮之計也. 旣買毒藥而來, 則自丁酉至辛丑, 五年之間, 何不和進? 旣無和進之事, 則毒藥之說, 自歸於虛說也. 且<u>泰耉</u>使譯院搜出<u>張知事</u>, 則十年之間, 初無<u>張姓</u>人之入燕者, 使<u>張知事</u>買藥之說, 自歸於虛無矣. <u>張知事</u>之說, 旣歸於虛無, 則乃以<u>李頤命</u> 燕行時, 買來毒藥之說, 闖入於<u>李濂</u>之招. <u>李頤命</u> 燕行, 果有之事也, 假其燕行之說, 以餙買藥之僞也.

又<u>盛節</u>之招曰:"厥藥使<u>鄭宇寬</u>送于<u>張世相</u>, 與水剌次知<u>金尙宮</u>同謀, 一次試用, 則旋卽吐出, 以爲'藥不猛', 更聚銀貨得他藥."云. 彼徒所云"立飮卽死之藥", 何其無靈耶? <u>徐德修</u>招云者曰"毒殺<u>昭訓</u>", 藥則一也, 而試於聖躬則不猛, 試於<u>昭訓</u>則卽死. 以此推之, 試於聖躬·毒殺<u>昭訓</u>之說, 莫非虛僞也. 且<u>張世相</u>與<u>金尙宮</u>同謀試用於上躬, <u>盛節</u>之招, 其眞如此, 則鞫問<u>盛節</u>之時, 何不問其名字與居住, 而<u>盛節</u>旣斃之後, 但以無名字·無居住之<u>金姓</u>宮人, 發之臺啓, 致煩瀆於上聽? 而許多<u>金姓</u>宮人之中, 主上何以知行藥之<u>金尙宮</u>出給耶? <u>金尙宮</u>之說, 亦虛詭矣.

又<u>盛節</u>之招曰:"矣身昨年十二月初三日, 往見領相曰:'初六日, 大疏將出, 大監 必先受禍.'"云. 一邊人大疏之將出, <u>盛節</u>何能前期三日而知乎? 此則假其賊疏之實, 有欲餙誣領相之虛說也.

且<u>盛節</u>之招曰:"領相云:'<u>金時泰</u>丁寧言吾行未發之前, 必復得入矣. 今番事, <u>朴尙儉</u>輩從中爲之, 以此上聞, 必更有處分矣.'"云. 彼<u>尙儉</u>之輩卽一邊之人腹心·爪牙也. 一從彼徒之指揮, 緊關傳旨, 無不圖出, 大小事機, 無不潛通, 而方與凶徒謀除東宮矣. <u>尙儉</u>之如此, 領相已所稔[120]知, 則其

---

120) 稔:底本에는 "厭"으로 되어 있다.《稗林》과 연활자본에 근거하여 수정하였다.

曰"今番事, 朴尙儉輩從中爲"之說, 領相必無此言也. 領相旣無此言, 則盛
節豈有此招乎? 此無他. 彼徒締結尙儉輩, 謀除東宮, 而形迹綻露, 尙儉輩
伏誅, 則世人以尙儉輩目之以彼徒之黨. 彼徒尙以此慊愧於心, 至是假盛
節之招, 而闖入尙儉輩之說, 而反以尙儉輩隱然歸[121]之於領相之締結,
吁! 可笑矣.

鄭宇寬之招曰: "矣身自鄕上來, 寄托世相家, 而徐德修·李正植·金昌道
等, 與世相相親往來."云.【以下缺[122].】

金克復之招所云"與李宇恒論天文"之說, 雖是荒雜, 而有何行刑之罪乎?

柳就章之招曰: "上年十月, 領相曰: '軍門將官[123], 當以親信人布置, 令
公未經中軍[124], 令公爲之則好矣.'"云. 訓局中軍亦是緊任也, 以可堪[125]
人擇差, 實是大臣之所當申飭, 而柳就章素稱勤實者也, 可合於此任. 故
領相見就章有"令公爲之則好矣"之說, 不過奬許就章之意也. "當以親信
人布置"之說, 足爲誣領相之階梯之言也, 所以闖入就章之招也.

又就章之招曰: "矣身投刺李弘述, 弘述曰[126]: '庭請罷後, 老論甚危, 一
邊以軍兵守直闕門, 一邊大臣[127]白[128]殺宦寺, 更請傳禪.'"云. 旣無守直
闕門之事, 又無白殺宦寺之事與更請傳禪之事, 云云之說, 皆是虛僞也.
其果柳就章之供招, 則豈如是虛僞乎? 亦是中間之僞招也.

沈尙吉·金一寬·禹弘采·梁益標·李明佐等招辭, 或以銀貨往來之事也,

---

121) 歸 : 底本에는 "諱"로 되어 있다. 《稗林》과 연활자본에 근거하여 수정하였다.

122) 以下缺 : 연활자본에는 여기에 다음과 같은 내용이 있다. "李正植金昌道謂矣身曰,
　　'吾輩今有好機相議之事.' 矣身願爲聞之, 則世相曰, '今日之會好, 有大計策, 惟君幸勿泄於外
　　人也.'"

123) 將官 : 底本에는 없다. 실록에 근거하여 보충하였다.

124) 令公未經中軍 : 底本에는 없다. 실록에 근거하여 보충하였다.

125) 堪 : 底本에는 없다. 연활자본에 근거하여 보충하였다.

126) 曰 : 底本에는 없다. 《稗林》과 연활자본에 근거하여 보충하였다.

127) 大臣 : 底本에는 없다. 실록에 근거하여 보충하였다.

128) 白 : 底本에는 지워져 있다. 연활자본과 실록에 근거하여 보충하였다.

或以締結宦寺之事也, 所謂"鞫廳文案", 無一可信, 言之陋矣. 以若虛僞之文案, 自大臣至三司而必稱曰"三手之凶謀, 盡露於鞫廳文案"云耶? 如欲觀虛僞之府庫, 試看辛壬之鞫案. 先朝來善·黷之徒伏罪, 則一國之人皆曰"快哉快哉!", 今日四臣與諸臣被殺[129], 則一國之人, 皆曰"寃矣寃矣!", 國人之論, 眞公正也.

四大臣之定策王弟, 不過人臣當行底道理, 何足爲別般超異之忠乎? 主上於前後兩宮, 並無震夙之期, 而三宗之血脈, 王弟焉是已, 則爲今日北面之臣, 孰不以王弟定儲爲心哉? 婦人偏性也, 中殿之欲聞呼母之聲, 亦或私情之易然, 而群臣同心, 莫可動撓, 則坤極雖有是心之存乎中, 而豈或是心之形諸外耶? 魚有龜以肺腑之親, 忘大義而循私意, 周旋於內, 則宦妾之輩, 無不影從, 一鏡以陰邪之種, 鑽曲逕而釀凶計, 和應於外, 則奸宄[130]之徒, 無不響應.

蓋其綢繆之謀, 表裏相應, 陰秘之計, 腸肚相連者, 都是除一王弟也. 于斯時也, 以王弟定儲, 便是緣木而求魚, 卜妾而謀妻也. 緣木求魚, 雖不得魚而無後災, 卜妾謀妻, 雖不得妾而無後患. 至於王弟定儲, 非徒不成, 坑塹之陷, 不旋踵而隨焉, 薤粉之禍, 不踰時而至焉. 誰[131]敢發於言而奏其議哉[132]? 然而四大臣視刀鋸如華氈, 蹈湯鑊如樂地, 奮激忠悃, 抛擲身命, 達夜獻議, 遂定儲位. 若非四臣, 誰存宗社? 此四臣所以爲卓越之忠也. 傳曰: "歲寒然後, 知松柏之[133]後[134]凋[135]." 至哉言乎!

---

129) 殺 : 底本에는 "刺"로 되어 있다. 《稗林》과 연활자본에 근거하여 수정하였다.
130) 宄 : 底本에는 "宠"로 되어 있다. 《稗林》과 연활자본에 근거하여 수정하였다.
131) 誰 : 底本에는 "雖"로 되어 있다. 《稗林》과 연화자본에 근거하여 수정하였다.
132) 哉 : 底本에는 없다. 《稗林》과 연활자본에 근거하여 보충하였다.
133) 之 : 底本에는 없다. 연활자본에 근거하여 보충하였다.
134) 後 : 底本에는 없다. 연활자본에 근거하여 보충하였다.
135) 凋 : 底本에는 없다. 연활자본에 근거하여 보충하였다.

總論

嗚呼! 辛壬之家國禍亂, 尚忍言哉! 東宮之被誣與經危難, 雖磬南山之竹, 不可盡記矣, 四臣之污辱與惡名, 雖渴東海之水, 不可盡洗矣. 東宮陞儲 之後, 柳鳳輝一疏之內, 有二次之誣, 一則"猝遽忙迫"之說; 二則"人心疑 惑, 久而靡定"之說. 韓世良一疏之內有四次之誣. 一則"地無二王"之說; 二則"陰移天位"之說; 三則"以代理爲傳禪"之說; 四則"恭靖大王時事"之 說. 趙泰耇有二次之誣, 一則"冒嫌"之說; 二則"梁獄勿問"之說. 趙泰億有 二次之誣, 一則"指揮四臣者, 自有其人"之說; 二則"定策國老·門生天子" 之說. 金一鏡有三次之誣[136).【以下都缺】

---

136) 三次之誣 : 底本에는 없다. 연활자본에 근거하여 보충하였다.

竄配秩

閔鎭遠

趙聖復之發配, 有所資送之物矣. 朴弼夢發啓竄星州, 公聞金相公拿到本州受後命, 躬往殯歛. 且其子婦卽金相公之女也, 不爲離絶. 朴徵賓發啓極邊遠竄.

洪錫輔

趙泰耉潛入宣仁門請對[137], 喉院沮搪曰: "被斥大臣, 不可入對." 忽然司謁促令右相入侍. 諸臣請對罷後, 洪錫輔奏曰: "旣無喉院之啓聞, 而殿下從何聞右相之入來?"云. 尹聖時‧朴弼夢謂以"迫脅君父", 發啓遠竄後, 又以《永[138]貞行[139]》援[140]出事, 徐命遇發啓拿鞫.

徐宗伋

以趙聖復之疏謂之"悖妄", 李明誼‧徐宗廈謂以"遊辭嘗試, 蓋欲右袒爲救解之計", 發啓島配.

黃璿

金一鏡疏批"凶人"二字, 指斥李禎翊, 黃璿微稟改下. 李眞儒發啓遠竄.

李禎翊

頃年一疏以"市恩徼福"之說, 李濟·尹聖時謂之"逼尊", 發啓遠竄.

金鎭商

頃年緬禮欲爲望哭, 鎭商疏中有引伯[141]魚事矣. 尹聖時·李濟謂以"力沮", 發啓遠竄.

朴致遠·魚有龍·李重恊

論趙泰耉斜逕入對矣. 府啓削黜, 命並遠竄.

申鉦

疏論按獄大臣趙泰耉·崔錫恒·禁堂沈檀·金一鏡緊出於自望之口招, 鞠廳不爲請拿云. 李師尙發啓絶島荐棘.

鄭澔

疏論緩治尙儉事·泰耉秘慈旨事矣. 兩司發啓, 壬寅五月十二日, 遠竄理山矣. 癸卯, 李世德謂以"在謫之, 鄭尙書操文迎哭於壬寅五月, 金相返柩過忠州之時", 發啓島配.

宋相琦·鄭亨益

疏論尙儉獄緩治事及泰耉秘慈旨事矣, 兩司發啓遠竄.

李宜顯

李師尙謂以"宜顯之父世白, 當聖上潛邸之日, 陰懷不利之計, 宜顯世濟其惡, 恊同尹志述, 獎詡凶言", 發啓遠竄.

---

141) 伯 : 底本에는 "白"으로 되어 있다. 《稗林》과 연활자본에 근거하여 수정하였다.

黃龜河[142)

李師尚謂以"不學無識[143)，仰人唇舌，猥陳草記，還收成命"，發啓遠竄.

金有慶

金時燁·金一鏡謂以"灣尹時以李正植爲偏裨"，且誣以"假托[144)營關，出給銀貨於禹弘采·金昌道"，發啓遠竄.

任堅

鞫廳謂以"西間[145)銀貨，耆老所關文，卽任堅所署"，啓聞遠竄.

趙尙絅

謂以"頃當白望供招，趙·崔兩相待命之際，勸大臣金宇杭上箚"，又謂以"趙洽被拿時，受置財貨"，金弘錫發啓遠竄.

申思哲·金在魯·張鵬翼·金取魯·金橝·金令行·金希魯·姜頊[146)·具鼎勳

謂以"憑藉北咨之來，煽動中外，以致都下騷屑，皆此輩所爲"，權益寬發啓遠竄.

趙正萬

謂以"隱伏金相之家，綢繆謀議，而獨漏於十六人竄配之帙"，金弘錫發啓遠竄.

---

142) 河 : 底本에는 "夏"로 되어 있다. 《稗林》과 연활자본에 근거하여 수정하였다.
143) 識 : 底本에는 "述"로 되어 있다. 실록에 근거하여 수정하였다.
144) 托 : 底本에는 "施"로 되어 있다. 용례에 따라 수정하였다.
145) 閒 : 底本에는 "㮚"으로 되어 있다. 《稗林》과 실록에 근거하여 수정하였다.
146) 頊 : 底本에는 "瓚"으로 되어 있다. 《稗林》과 연활자본에 근거하여 수정하였다.

兪崇

謂以"辛丑十月, 備忘還收之後, 乃以四大臣聯箚還下之意, 汲汲奏請", 柳綏發啓遠竄.

尹陽來·兪拓基

謂以"使燕之時, 咨文中以'痿弱'二字加之聖躬, 又與彼人問答時, 出'痿疾'之說, 又出'媵妾'之說", 鄭楷發啓, 並遠竄.

李挺周

謂以"灣府料利, 盡歸私橐", 李喆輔發啓遠竄.

洪龍祚

謂以"與知於三急手謀計也, 爲其外影", 李景說發啓遠竄.

李壽民

謂以"李相 頤命荐棘也, 以統使船運陸續, 拳養爲事", 李基聖發啓遠竄.

李廷熽

謂以"曾在嶺郵時, 多行不法, 且入臺後, 受慶州賊賂", 李基聖發啓遠竄.

李繹

謂以"頃當備忘之下, 以禮參晏然在郊外, 略不動念", 李眞儒發啓遠竄.

李喬岳·安允中

謂以"疏辨金范甲·黃昱誣尤菴", 徐宗廈發啓遠竄.

洪禹著

謂以“疏[147]辨[148]申致雲誣逐菴”, 且謂以“爲金相·李相之遺孼, 洪啓廸至親, 顯訟罪人, 沮亂國是”, 趙鎭禧發啓遠竄.

兪夏基

謂以“前冬群凶之荐棘也, 饋問相續, 出候趙聖復, 接置李天紀”, 李世德發啓遠竄.

尹挺周

謂以“爲凶賊私人, 而行止秘詭”, 徐命禹發啓遠竄.

李命龍

謂以“爲金相妻黨, 而謂金相曰‘若用吾言, 撲殺少論, 寧有今日之禍?’, 肆然倡言. 又以今番獄事, 打成逆賊, 詬罵之言, 無所不至”, 院啓島配.

李志連

謂以“尹志述伏法後, 操文往哭, 有‘求仁得仁’之語”, 尹大英發啓遠竄.

黃尙鼎

謂以“李喜之戮尸之日, 躬莅其喪, 造給神主”, 尹大英發啓遠竄.

權膺二

謂以“與李器之往來綢繆, 及喜之歸屍之日, 躬往弔哭”, 院啓遠竄.

---

147) 疏 : 底本에는 없다. 《稗林》과 연활자본에 근거하여 보충하였다.
148) 辨 : 底本에는 없다. 《稗林》과 연활자본에 근거하여 보충하였다.

任劼

謂以"銀三百兩給李天紀, 求仕於李相 頤命, 得差龍川", 李景說發啓遠竄.

尹在重

謂以"附于金相爲爪牙, 大小疏章, 皆出其手", 鄭楷發啓遠竄.

文德麟

謂以"李喜之狎客, 而喜之拿來時, 除出文書", 呂善章發啓請鞫問後命竄.

洪禹傳

謂以"當聖上代理, 三司疏箚及兵曹公事, 入東宮之命, 乃力[149]請還收", 趙趾彬發啓遠竄.

國治則君子進而小人退, 國亂則小人進而君子退. 國之治亂, 全係於人主之明辨賢邪而進退之也. 爲人主者, 豈不欲進賢退邪? 而辨別賢邪, 極其難矣. 雖堯·舜尙以知人爲難, 則初何能知其賢而進用也, 知其邪而不用乎? 是故方其初進用之際, 莫知其賢邪之分, 而及其旣進用之後, 誰賢誰邪, 如妍媸之自露於鏡裏矣. 惟明君審克之, 斥其邪而進其賢.
惟我肅宗大王以聰明之姿, 沖年嗣服, 以進賢退邪爲先務, 名公碩輔, 布列朝廷, 人材之爲盛, 可比三代. 而大奸似忠, 故見欺於[150]睦來善·閔黯徒之巧佞, 任用此輩, 國事將日非矣. 於是聖心一朝覺悟, 先退來善之徒, 後疎[151]一鏡之輩, 極其嚴正, 一鏡之黨, 失志怏怏. 及夫東宮入陞儲位, 則此輩胸中[152]包藏章·蔡, 已[153]售[154]怨毒之計, 趙泰耇以"冒嫌"二字,

---

149) 力: 底本에는 "謂"로 되어 있다. 《稗林》과 연활자본에 근거하여 수정하였다.
150) 於: 底本에는 없다. 《稗林》과 연활자본에 근거하여 보충하였다.
151) 疎: 底本에는 "疏"로 되어 있다. 《稗林》과 연활자본에 근거하여 수정하였다.

操切於前, <u>柳鳳輝</u>以"人心疑惑", 發疏於後. 而及夫主上緣玉候之添損[155], 酬應之難堪, 而有代理之命, 則<u>崔錫恒</u>·<u>趙泰耈</u>以"傳禪"之語, 熒惑中外. 又使<u>韓世良</u>繼以有"地無二王"·"陰移天位"之疏, 而末復"<u>恭靖大王</u>時事" 之說, 幷與建儲事而顯然指斥, 縛束我東宮.

<u>金一鏡</u>·<u>李眞儒</u>·<u>尹聖時</u>·<u>鄭楷</u>·<u>徐宗廈</u>·<u>李明誼</u>·<u>朴弼夢</u>等進一疏, 直以 "<u>冀</u>·<u>顯</u>"·"纂奪"等語爲說. 所謂"<u>冀</u>·<u>顯</u>"者卽<u>梁冀</u>·<u>閻顯</u>, 而憑藉太后, 恣行 廢弒之謀者也. 諸凶以此<u>冀</u>·<u>顯</u>之賊, 闖發於其疏者, 不獨謀危東宮, 幷與 慈聖而誣者, 已昭然矣. 此疏後不滿月餘, 逆宦·逆婢之出焉, 而慈宮諺敎, 宦妾之所爲, 自歸於渠輩之指揮, 則<u>泰耈</u>從中沮還, 不使外人知之. 諸凶 之徒, 以直斬宦妾陳疏力請, 其滅口之計, 明若觀火矣. 自非然也, 則國家 大逆, 必不欲鞫問, 何哉? 且彼宦妾之輩, 有何嫌怨於東宮, 而獨辦除去之 計耶? 兩婢不卽鞫問而故爲延拖, 使之自斃, 兩宦雖曰"鞫問", 而撲殺有 道, 卽刑尙儉, 表裏和應之跡, 尤益難掩.

凡係國賊者, 鞫問根因, 卽是邦憲也. 判府事<u>金宇杭</u>·兵判<u>宋相琦</u>·司直<u>鄭</u> <u>澔</u>·開留<u>金在魯</u>·左尹<u>黃一夏</u>, 諸臣相繼陳疏曰: "此非宦妾獨辦之事, 設 鞫究問, 斷不可已, 直請正刑, 已乖常例."云. 自<u>泰耈</u>以下諸人, 非不知設 鞫究問之當然, 而恐其指嗾之綻露, 爲之奏曰: "鞫問與正刑, 殺之則一 也."云. 夫欲滅其口, 則直爲正刑, 欲探根委, 則設鞫究問, 此三尺童子之 亦可知也.

彼宦妾凶計, 卽是國朝所無之大逆, 而必有指揮者也, 違其邦憲, 直請正 刑者, 豈非滅其口之計乎? "鞫問與正刑, 殺之則一也"之說, 遁辭之又遁 辭, 聖訓曰"遁辭知其所蔽." 至哉言乎! 神人所佑, 宦妾伏誅, 謀除東宮之

---

152) 胸中 : 底本에는 없다. 《稗林》과 연활자본에 근거하여 보충하였다.
153) 已 : 底本에는 "王"으로 되어 있다. 《稗林》에 근거하여 수정하였다.
154) 售 : 底本에는 "進"으로 되어 있다. 《稗林》에 근거하여 수정하였다.
155) 損 : 底本에는 "加"로 되어 있다. 연활자본에 근거하여 수정하였다.

計, 旣其誤了, 益懷無將之心, 竊搜機巧, 募得<u>虎龍</u>, 急上變書, 而以東宮干犯之說, 再次闖入, 則蓋其變書, 非告變諸臣也, 乃告變東宮也.

告變前日, 領相<u>趙泰耉</u>·右相<u>崔錫恒</u>·判禁<u>沈檀</u>·同禁<u>金一鏡</u>·<u>柳重茂</u>, 齊會于<u>李眞儒</u>家, <u>魚有龜</u>先到矣. <u>眞儒</u>曰: "國事之興亡·吾黨之成敗, 專係於<u>虎龍</u>之一口, 而<u>虎龍</u>之爲人, 本不牢確, 且愚迷多㤼者也. 初不與知之, 而若用苦肉計, 則<u>虎龍</u>不得認知, 遂生怨心, 必有反駁之患. 招致<u>虎龍</u>, 使之先知, 未爲不可, 諸大監之意如何?" <u>沈檀</u>曰: "令公之此議, 妙矣. 吾輩之所未料, 而令公料之, 可謂出人意表也." 於是招<u>虎龍</u>而來, <u>一鏡</u>謂<u>虎龍</u>曰: "當其推問之時, 彼供此供之相左, 卽其勢也, 不可不刑推得情. 而獨於彼用刑, 則碍人耳目, 雖歇杖, 汝當難免. 此所謂苦肉計也, 須以此預知也."

<u>虎龍</u>曰: "累日枷囚, 亦甚難矣而何? 況受刑乎? 雖一杖若及於小人之身, 則初不上變矣. 後日雖有公侯之貴, 目前先傷父母之體, 其可乎?" 掉頭不聽. 諸人更議曰: "然則雖有偏私[156]之嫌, <u>虎龍</u>除刑推問之外, 更無他道矣." 乃謂<u>虎龍</u>曰: "汝須依變書善對. 毋或有一言之違錯." <u>虎龍</u>曰: "此則講確於心中已詳矣, 豈有片言違錯之理乎? 當依變書先招, <u>白望</u>爲先各別用刑, 使不得開口, 而若或緩治, 則向夜會議之說, 必然吐出矣." <u>一鏡</u>點頭而促<u>虎龍</u>上變. 及問目<u>白望</u>也, <u>白望</u>直招以<u>一鏡</u>行貨謀害慈宮與東宮之說, <u>一鏡</u>卽出待命. <u>白望</u>更招曰: "諸大監亦皆與<u>一鏡</u>同謀." 兩大臣·諸堂上亦出待命.

參鞫承旨<u>趙景命</u>啓聞以<u>白望</u>之招, 歸之於虛謊, 不成說之語, 而纔降勿待命之敎, 則諸臣旋卽請對, 以獄囚之語犯兩宮者, 勿書推案定奪, 而自治其獄, 盡逐言者. 且慮有治獄不公言之者, 局外之人, 凡係鞫獄之疏者, 勿爲捧入爲奏, 天下寧有如此之獄事哉?

<u>尙儉</u>之凶計不成, 而彼徒謀危之跡盡露, <u>虎龍</u>之變書一上, 而東宮扶護之

---

156) 私 : 底本에는 "祖"로 되어 있다. 연활자본에 근거하여 수정하였다.

臣靡遺. 前之<u>尙儉</u>, 後之<u>虎龍</u>, 誰所使也? 彼其之徒, 其敢曰"非我也"云乎哉? 以<u>養性軒</u>之"養"字, 中變爲<u>養叔</u>之"養"字, 不敢以推戴東宮直言者, 尙畏慈宮之意也. 以三急手之誣說蔓延, 作千緖萬端, 凡係於老論爲名人盡除者, 孤危東宮之計也. 莫曰"隱微而不顯", 其於形跡之自露, 何哉? 雖使東宮孤危, 不有神人之保佑耶? 扶護東宮之臣, 誅戮之·竄配之·削黜之, 初無孑遺之立朝者, 顧念春坊, 東宮一身之孤立而已. 彼徒之兇謀, 雖浩浩然, 蕩蕩然行之, 其誰諤諤焉, 忙忙焉救之乎? 蓋彼計將復何也?

八月

癸卯八月, 卜相<u>李光佐</u>·<u>柳鳳輝</u>, <u>左相崔錫恒</u>, 以<u>李光佐</u>拜相微稟, 遂以<u>李光佐</u>爲右相.

十月

○ 十月, 忽有大臣·承旨·玉堂入侍之命, 諸臣入侍[157]. 傳曰"有何所稟耶?" 大臣與諸臣, 莫知攸爲, 而微見簾內, 隱若婦人影子, 而似聞婦人細語之聲. 諸臣汲汲還退, 國舅從正殿挾門而出, 手招<u>錫恒</u>附耳而語, <u>錫恒</u>點頭. 而復與諸承旨, 請對入侍, <u>錫恒</u>近前[158]微稟曰: "俄聞國舅之言, 殿下誠意旣如此, 則此實宗社之幸也. 亟降成[159]命." 上久無發落.
又奏曰: "殿下旣有此意, 而發爲玉音, 則有何踟躇也?" 且無發落, 忽出婦人, 含怒之語曰: "殿下自爲之, 如是無決斷, 做何事乎? 趂卽禪位於王弟也. 王弟則昨年與其嬪同死結約矣, 其嬪之謀, 遂現於慈宮而告急, 竟免危勢, 殿下則何不從我言也?" 卽聞推[160]窓之聲大出矣. 上怒曰: "大臣無狀, 左相拿鞫嚴斷." 玉堂爲匡救進伏, 上曰: "玉堂並拿囚, 承旨並罷職." 右相<u>李光佐</u>入侍匡救, 上曰: "<u>崔錫恒</u>之言, 極爲無嚴, 右相申救, 尤極非矣." <u>光佐</u>更達, 上曰: "國亡則亡矣, 臣子之待君父, 豈容若是?" 左相<u>崔錫恒</u>極邊遠竄. 承旨<u>李眞儉</u>亦達, 上曰: "<u>李眞儉</u>削黜." <u>光佐</u>又力陳, 上怒氣纔降, 復生昏眩之症矣. 蓋主上若聞廢東宮之奏, 雖昏迷之中, 心神忽驚,

---

157) 侍 : 底本에는 뒤에 "請"이 더 있다. 《稗林》에 근거하여 삭제하였다.
158) 前 : 底本에는 "殿"으로 되어 있다. 《稗林》과 연활자본에 근거하여 수정하였다.
159) 成 : 底本에는 "盛"으로 되어 있다. 《稗林》과 연활자본에 근거하여 수정하였다.
160) 推 : 底本에는 "堆"로 되어 있다. 《稗林》에 근거하여 수정하였다.

威怒層激, 嚴制群奸之計, 所以東宮至今保有也.

弼貞·石烈交通內外, 甚間兩殿, 謀害東宮者也, 文有道受囑兇徒, 暗通機密者也, 朴尙儉從中周旋, 圖出傳旨者也. 東宮覘得兇徒之所爲, 已久矣. 每於慈宮問候, 及大殿問候之時, 必除隨從, 如龍行虎步, 雖臨咫尺, 內人·宦侍, 未及知之矣. 一日, 問候慈宮, 詣大殿過廊廡, 入一挾門, 則乃正寢也. 乍見一少宦官以傳旨給他宦官, 還入大殿房, 他宦官披其傳旨, 且看且步, 忽見東宮已當面前, 驚惶失色, 急納傳旨於袖中之際, 東宮勒奪之, 則其宦官攫取而[161]逃去. 而入東宮手中之紙, 則尙有裂餘一段, 乃考覽初行所餘, 則"廢出世弟"四字也, 次行所餘, 則"不得不爲此擧"六字也. 遂袖藏其紙, 問寢而退, 自其日危急之機, 迫在朝夕, 依慈宮諺敎, 排闥直入, 以宦官處所, 奪裂餘之紙, 進現于上前, 因奏"宦官干預朝廷, 近日處分, 多出於其手, 請窮覈嚴治".

上曰: "此豈吾之所爲也? 爾言如此, 覈出可也." 世弟卽出淸陰亭, 招致諸宦, 使之覈出後[162], 奉稟上前, 則仍下政院爲敎矣. 自上還推裂破云, 又下不忍聞之敎, 而稱以狐邪, 防塞兩殿之覘路, 世弟之危在於時刻矣, 因宋寅明之指導, 艱登隔樓之懸絶, 告急於慈聖. 於是慈宮深夜排閤而入, 則大殿方昏睡, 中殿侍坐. 慈宮責敎中殿曰: "由汝一女子而宗社將亡乎?" 中殿亦怒, 答曰: "母[163]以子[164]貴, 彼此【缺】." 慈宮仍以東宮危迫之事, 說到於大殿, 至有"未亡人", 亦"出私第"之敎, 則大殿全然不知, 而曰[165]: "初無下敎東宮之事, 亦無裂破奉稟之擧矣. 日前宦官進別般駭怪之事, 故遂裂其紙, 此一款, 小子想得."云. 慈宮亦[166]知得中間所爲, 翌日屢下責

---

161) 而：底本에는 "之"로 되어 있다.《稗林》과 연활자본에 근거하여 수정하였다.

162) 後：底本에는 "於"로 되어 있다.《稗林》과 연활자본에 근거하여 수정하였다.

163) 母：底本에는 "子"로 되어 있다.《稗林》에 근거하여 수정하였다.

164) 子：底本에는 "享"으로 되어 있다.《稗林》에 근거하여 수정하였다.

165) 曰：底本에는 없다. 연활자본에 근거하여 보충하였다.

166) 亦：底本에는 없다. 연활자본에 근거하여 보충하였다.

敎於領相趙泰耈·右相崔錫恒, 而至於三度之敎曰："締結宮人·宦寺, 致予與東宮孤危之狀, 自有其人, 卿等亦自知之. 云云." 此諺[167]敎多有哀痛之辭·嚴切之意, 而領相以袖掩之, 使他人不得見, 仍爲繳還. 謄本如是草草, 一本云"締結宦官, 指嗾[168]宮人, 幾至亡國, 致予與東宮孤危之狀"云. "上曰此豈"之"豈"字, 中間改之以"是"字者, 以宦寺之所爲, 陰欲歸之於主上也.

東宮奉稟之[169]還推裂破者, 非裂奉稟之紙也. 尙儉矯制廢世弟傳旨, 有道綻露於東宮, 而本紙見裂於相攪之際矣. 尙儉卽又矯制, 藏之袖中, 東宮奉稟之紙, 亦受之入于袖中, 及其進獻大殿之時, 誤以廢世弟傳旨納于上前, 大殿見之, 卽地裂破. 下政院奉稟還推事及下東宮不忍聞[170]之敎, 皆中間幻弄也. 以主上篤友之心, 豈有不忍聞之敎於東宮也? 且豈有奉稟裂破之擧乎? 其所裂破者, 乃是廢黜之矯制也, 由是觀之, 主上自初嚴拒廢世弟之議也. 又於壬寅六月二十六日, 三司請對入侍之時, 國舅先有微稟之事. 上曰："左右可乎? 世弟可乎?" 終無發落. 以"左右可? 世弟可?"之敎推之, 則國舅之微稟, 卽是廢世弟之事也.

呂善長奏曰："殿下太過淵默." 上曰："近來玉堂違拒君父之命, 謂之'淵默淵默', 極其駭然. 承旨何不請推乎? 淵默太過'等說, 何敢發口? 如此之習, 其今始初聞, 並罷職." 又傳曰："罷職薄罰, 不足以懲其罪, 並拿推." 主上平日不允臺[171]臣討逆之啓, 則臺臣輒以"太過淵默"爲奏者, 不可勝數, 而一無發怒之氣. 至於伊日, 國舅[172]纔有微稟之事, 而臺臣繼陳"淵

---

167) 諺：底本에는 빈칸으로 되어 있다. 《稗林》과 연활자본에 근거하여 보충하였다.
168) 嗾：底本에는 "囑"으로 되어 있다. 《稗林》에 근거하여 수정하였다.
169) 之：底本에는 "事"로 되어 있다. 《稗林》과 연활자본에 근거하여 수정하였다.
170) 聞：底本에는 없다. 《稗林》과 연활자본에 근거하여 보충하였다. 이하 동일사례에 대해서는 별도의 校勘記를 달지 않는다.
171) 臺：底本에는 "堂"으로 되어 있다. 《稗林》과 연활자본에 근거하여 수정하였다.
172) 國舅：底本에는 없다. 《稗林》과 연활자본에 근거하여 보충하였다.

默"之奏, 今此"淵默"之奏, 蓋悶淵默於國舅之所禀也, 主上之特爲起怒也. 而李巨源奏之曰: "玉堂諸臣以君父討逆之義, 合辭力爭, 雖或語不擇發, 不過忠悃所激, 不惟不允, 遽以聲色, 摧折太過, 實非大聖人樂聞善之美. 云云." 至巧哉! 巨源也! 卽見主上發怒之所在, 乃以伊日所奏, 歸之於討逆之啓, "太過淵默"四字, 其果爲不允討逆之啓而奏焉, 則主上不怒於前日, 而特怒於今日耶? 上曰: "李巨源費辭營救, 姑先遞差." 李濟又奏, 上曰: "入侍臺官, 一倂遞差." 上辭氣嚴厲曰: "諸臣每稱淵默, 以我爲啞乎?" 玉音如鍾, 殿內震撼, 群臣戰慄而退. 廢世弟兇謀, 莫敢復售於主上矣. 至是崔錫恒爲國舅之陰喉[173], 又以廢世弟之事微禀, 則至有拿鞫嚴斷之命. 玉堂匡救進伏, 則上曰: "玉堂並拿囚." 繼下崔錫恒極邊遠竄之嚴旨. 自是之後, 彼其之徒, 莫敢復[174]售其兇謀矣. 崔錫恒若非貴戚之締結, 則豈保首領於當日也? 東宮若非主上之力扶, 則豈保儲位於今日乎哉?

癸卯【缺】討逆科取朴師游等【缺】. 前府使李塏及進士李徵萬禁其子姪, 不使赴擧. 修撰李匡輔發啓請遠竄, 上不允. 而李徵萬雖入於摘發之中, 而獨拔者, 以其相親故也.[175] 張文[176]煒得武科, 下去本鄕, 前縣監金定五·前察訪崔益秀曰: "以忠臣爲逆, 遂設討逆科, 爲此科之人, 何可入於吾鄕乎?" 使不得接跡[177]. 應敎李世德發啓, 金定五遠配, 崔益秀削奪. 有人問於李徵萬曰: "子與李塏禁其子, 不爲赴擧, 一也, 而李塏則論啓, 子則拔去之, 世道何若是不公也?" 徵萬曰: "獨漏啓辭者, 吾之爲恥也, 特

173) 喉: 底本에는 "囑"으로 되어 있다. 《稗林》과 연활자본에 근거하여 수정하였다.
174) 復: 底本에는 없다. 《稗林》과 연활자본에 근거하여 보충하였다.
175) 而李 …… 故이: 底本에는 이 내용이 빠져 있다. 《稗林》에 근거하여 보충하였다. 연활자본에도 글자 몇 자는 다르지만 동일한 내용의 구절이 보인다.
176) 文: 底本에는 없다. 《稗林》과 연활자본 및 실록에 근거하여 보충하였다.
177) 跡: 底本에는 "踵"으로 되어 있다. 연활자본에 근거하여 수정하였다.

發於啓辭者, 李塏之榮幸也. 今番討逆科, 非討逆也, 乃討忠也, 兇逆之子姪, 所可以樂赴, 而吾輩之子姪, 何可接足場中近處乎? 吾所以禁之, 而吾獨見拔於臺啓, 實爲李塏之所羞, 尤不勝愧惡也."云. 蓋獨拔李徵萬於啓辭者, 豈或爲徵萬之地乎? 實愧少論之亦有不赴者故也. 若其光明之討逆科, 則豈如此乎?

甲辰年

二月

甲辰正月初六日, <u>李眞洙</u>·<u>李眞儒</u>等請撤先正<u>宋時烈</u>祠院.【以下缺.】

○ 領相<u>崔錫恒</u>一夜間病死云.

○ 持平<u>李匡德</u>疏曰："<u>豊昌府</u>夫人移寓於<u>驪江</u>, 年衰病篤, 目前相依, 只有一<u>鎭遠</u>. 而<u>鎭遠</u>今在遠竄, 府夫人一朝溘然, 母子不得相見, 則先妃在天之靈, 豈不痛恨? 伏願特放<u>閔鎭遠</u>. 云云."

八月

甲辰八月初八日, 傳曰："<u>昌慶宮</u> <u>環翠亭</u>移御事下敎." 藥房提調<u>李光佐</u>口傳啓曰："自今日臣率諸醫直宿."云. 上候積年彌留矣, 自昨年冬間, 比前有損, 至今年春間, 尤爲添加, 昏沈之時常多, 醒[1]覺之時常少. 厭於進食, 常饍半減於前日, 苦於酬酢, 玉音罕聞於傍人. 胸膈之火氣時上, 則急起厲聲曰："傳授此位, 世弟可乎? 左右可乎?" 晨朝之神氣少淸, 則依枕溫音曰："今日詣春坊, 聞東宮講學之聲." 豈不至哉? 主上之篤友[2]也[3]!

---

1) 醒：底本에는 "省"으로 되어 있다. 《彝林》과 연활자본에 근거하여 수정하였다.

雖於患候越添之中, 未嘗忘[4]向世弟之眷愛之[5]心也. 藥房依自此時直宿,
而故謂之曰：“上候如常, 循例入診問安而已.”

---

2) 友：底本에는 “愛”로 되어 있다.《稗林》과 연활자본에 근거하여 수정하였다.
3) 也：底本에는 없다.《稗林》과 연활자본에 근거하여 보충하였다.
4) 忘：底本에는 “志”로 되어 있다.《稗林》과 연활자본에 근거하여 수정하였다.
5) 之：底本에는 없다.《稗林》과 연활자본에 근거하여 보충하였다.

諱疾論

嗚呼! 自有國以來, 奸臣亂賊, 或有欺蔽聰明者·或有盜竊權柄者·或有
簒[6]弒君父者, 而未嘗有忌諱君疾者矣. 嗚呼! 我主上殿下奧自潛邸千尺
之時, 聰明之姿, 迥出於百王, 孝仁之聲, 夙著於八域. 年纔七歲, 明辨邪正
之分, 甫至十歲, 對師傅[7]·賓客, 歷論帝王政治之得失, 講問聖賢道學之
淵源, 諸宮僚莫能及也. 及夫辛巳罔涯之變, 永訣私親之日, 忽得奇疾. 自
是之後, 精神頓減, 輒思旋忘, 膈火時發, 纔降便眩, 下體無氣, 行步不便.
遂成沈痼之症, 而嗣續之望, 遂至於晼晚.

先大王宵旰憂慮, 飭令醫官, 常常診脈, 日日試藥, 症候差有減勢. 當庚子
遺弓之痛, 攀號哭泣, 驚惶摧折. 寶體多損於行素之際, 藥治未暇於悲遑
之中, 本症闖發, 如前愆和. 是時領相金昌集在藥院率醫, 而詳察聖侯, 逐
日而進御湯劑, 竭誠調治, 盡心保護, 上候賴此稍有減勢. 是故朔祭·望奠,
如例親將, 講筵·召對, 趁日開接, 中外人心, 庶可慰悅矣.

自從國舅之承候, 每稱玉體之如常, 而醫藥等節, 仍爲疎忽, 此諱疾之兆
朕也. 忽自九十月以後, 朔望祭奠, 連使大臣攝行, 而至有"初獻官攝行事
磨鍊"之敎, 中外群僚皆曰: "患候則向差云, 而祭奠則未參, 至降此敎, 是
何故也?" 莫不訝惑. 乃者李宜顯·金濟謙·趙聖復·任泂[8]·李重協, 諸臣
相繼而起, 陳疏匡救, 請降明白之敎, 以解外人之惑. 乃下備忘記曰: "孝
寧殿攝行, 實由脚痛[9], 李重協之煩達, 心切慚恧. 縱欲强爲, 其勢末由,
諸臣知悉."

---

6) 簒：底本에는 "纂"으로 되어 있다.《稗林》과 연활자본에 근거하여 수정하였다.
7) 傅：底本에는 없다.《稗林》과 연활자본에 근거하여 보충하였다.
8) 泂：底本에는 潤으로 되어 있다.《稗林》과 연활자본에 근거하여 수정하였다.
9) 痛：底本에는 "疼"으로 되어 있다.《稗林》과 연활자본에 근거하여 수정하였다. 이하
　동일사례에 대해서는 校勘記를 달지 않는다.

李縡又繼而陳疏曰：“葬前殷奠, 只有此朔, 伏乞亟降明教, 親行朔奠. 如或難於拜跪, 則裸將一節, 令大臣代行. 云云.” 且曰：“殿下試看前史. 曷嘗有臨御之初, 終年不一開講者乎? 云云.”[10] 聖孝豈或未盡而不參奠也? 聖心豈或思逸而久廢講乎?

治療之凡節, 由於諱疾而漸疎[11], 沈綿之宿患, 安[12]得[13]勿藥而自效耶? 脚部酸痛之候, 漸加而無損, 膈火衝激之氣, 纔降而旋上, 昏眩之症, 無常闖發, 百體不期懈而自懈, 四聰强欲收而難收. 拜跪之節, 莫可行矣, 所以殷奠之連未參也, 吁咈之謨, 莫可講矣, 所以經筵之久未開也. 諸臣豈不知殷奠之連攝, 講筵之久廢, 由於患候之近益添加而然也哉? 然而交疏仰質者, 一以盡臣子匡救之道, 一以探上候加減之詳也. 及承“雖欲强爲, 其勢末由”之敎, 於是中外曉然知患候之添加.

嗟! 彼諱疾之徒, 綻露其奸情矣, 宜其愧於心戢其詐, 而反生層激之心, 或謂之“做出上候之說, 謀危國家”, 或謂之“傳播[14]無根之言, 動撓人心”. 甚至於多放譏察, 有言上候者, 輒結縛而去, 上候一款, 便成時諱. 蓋其諱疾之計, 緊關之備望·疏批·政令之[15]黜陟·可否, 方使近侍之寵宦從中矯制, 而欲使廷臣知自上出也.【缺】邦運屬一否之會而然歟?【缺】

先大王深惟[16]宗社之計, 以延祊君遺托于慈宮[17], 而一番之人, 不有先王之遺命, 潛[18]懷無將之心[19], 指揮於金一鏡, 國舅魚有龜假托中宮之意,

---

10) 殿下 …… 云云：底本에는 없다.《稗林》과 연활자본에 근거하여 보충하였다.
11) 疎：底本에는 “疏”로 되어 있다.《稗林》과 연활자본에 근거하여 수정하였다.
12) 安：底本에는 없다.《稗林》과 연활자본에 근거하여 보충하였다.
13) 得：底本에는 없다.《稗林》과 연활자본에 근거하여 보충하였다.
14) 傳播：底本에는 “播傳”으로 되어 있다. 연활자본에 근거하여 수정하였다.
15) 之：底本에는 없다.《稗林》과 연활자본에 근거하여 보충하였다.
16) 惟：底本에는 “懷”로 되어 있다.《稗林》과 연활자본에 근거하여 수정하였다.
17) 宮：底本에는 뒤에 “屬【缺】”이 더 있다. 연활자본에 근거하여 삭제하였다.
18) 潛：底本에는 지워져 있다.《稗林》과 연활자본에 근거하여 보충하였다.
19) 心：底本에는 뒤에 “【缺】之計”가 더 있다. 연활자본에 근거하여 삭제하였다.

以欲聞呼母之語, 肆發於金純行. 內外之和應已成, 而宗社之危亡, 殆將
急矣. 於是四大臣與兵判李晚成·戶判閔鎭遠·刑判李宜顯·判尹李弘述
·工判李觀命·左參贊任埅·大憲洪啓迪·大諫洪錫輔·承旨趙榮福·校理
申晢, 汲汲會賓廳, 達夜獻議, 以王弟定儲於倉卒者, 實恐彼計之先成也.
當儲位久曠之際, 王弟以英明之姿, 膺主鬯之任, 實爲宗社之洪福, 臣民
之大慶, 歡忭之聲, 聳於一時, 蹈舞之像, 接於八域. 嗚呼! 惟我東宮之陞
儲, 以睿德也, 以民望也, 以時勢也. 一有不協, 則人心之欣悅, 豈如是也
哉? 彼其之徒, 雖有不逞之心, 君臣之分義既定, 則斂却兇圖, 奉朝稱賀而
已. 噫! 彼柳鳳輝不勝忿恚之心, 投陳兇悖之章, 今日之定策, 尙云遲晚,
而其敢曰"猝遽忙迫"耶? 東宮之陞儲, 一國之胥悅, 而其敢曰"人心疑惑"
耶? 一篇旨意, 非但不悅之心也, 將欲沮敗之計也, 一言蔽曰"兇逆之臣"
矣. 雖以主上寬仁之聖度, 赫然斯怒, 下敎曰: "鳳輝之疏, 語涉狂妄, 不可
置之, 卿等論啓." 苟有人臣[20]之義者, 豈使鳳輝戴[21]其首領, 而況承"不可
置"之嚴敎乎?

乃者領相金昌集·左相李健命·大憲洪啓迪·大諫兪崇·司諫申晢·掌令
宋道涵·正言李成龍·校理申昉, 啓請設鞫嚴問, 允可之批纔降, 則趙泰耉
汲汲箚救曰: "至於設鞫之擧, 何至於斯也? 處分既定之後, 有此進言, 可
謂'謬妄', 而其心出於忠赤, 導人主撲殺言者, 恐非美事." 云. 以鳳輝兇逆
之疏, 謂出於忠赤之心, 泰耉亦是鳳輝也. 潛救鳳輝者, 自在於密地, 則泰
耉何必自郊外, 如恐不及而箚救之, 同歸於鳳輝之黨也? 孰謂泰耉智也?
嗚呼! 陰邪之徒, 鴟張於外, 讒佞之臣, 狐媚於內, 而主上孤立於靜攝之中,
萬機實難酬應, 而百度自至解弛[22]. 于斯時也, 若有切己輔佐之功, 則國
事庶可以就緒, 奸徒庶可以斂跡. 所以趙聖復陳王弟代理之疏. 夫代理

---

20) 臣：底本에는 "心"으로 되어 있다. 《稗林》과 연활자본에 근거하여 수정하였다.
21) 戴：底本에는 "貸"로 되어 있다. 《稗林》에 근거하여 수정하였다.
22) 解弛：底本에는 없다. 《稗林》과 연활자본에 근거하여 보충하였다.

之²³⁾莫敢自下仰請, 以其有"吾君不能"之嫌也. 聖復非不知之, 而出於無他, 憂國爲國之心, 不拘小節, 乃陳此疏, 諸臣之討斥聖復, 卽其當然也. 於是朴泰恒·李眞儒·尹聖時·金濰·金時炯·李匡輔·李廣道·黃晸·沈壽賢·柳重茂·李眞望·李明誼·尹游·金一鏡·呂善長·朴彙登·尹揖·金坌·曺命敎·李景說·尹會·尹東衡²⁴⁾·趙遠命·徐宗廈·權益寬·柳萬重·鄭楷等, 聯疏討聖復. 只可討罪聖復, 而橫侵三大臣, 亦何故也?

李相 頤命則李眞儉以銀貨之說·獨對之事業已, 侵斥於赴燕之後, 此則除去四大臣之初發端也. 至於韓世良以"地無二主"·"恭靖大王時事"·"國人疑惑"等說, 添入於討聖復之疏, 而必欲嫌逼於東宮, 何意也? 此則謀害東宮之始發端也. 及下代理之備忘也, 諸臣之請收成命, 固是臣子當然之道. 而至若權珪·沈檀·睦天任·睦趾敬等疏曰"殿下之無疾, 一國之所知也". 聖上若其無疾, 而朔望奠·四享, 一未親行, 開講筵接臣僚, 久爲廢閣, 則主上其果何如主耶? 彼兇之徒, 雖²⁵⁾緊於諱疾之心, 不覺陷聖躬於不測之地, 良可唉矣. 苟非聖侯之實難强焉, 則以主上之大孝, 豈或有攝行之擧也? 以主上之克勤, 且或有廢講之理乎? 以其實患之難强故也. 嗚呼! 兇徒之謀計, 已成於外, 奸戚之和應, 已成於內, 於是乎六賊之疏出矣. 乃有半夜之換局, 世人皆疑之曰: "主上自嗣服以後, 淵默爲度, 而政令施措之際, 初無果²⁶⁾斷之擧. 且眩昏之症, 近益滋甚, 無論汗漫之疏, 緊急之疏, 莫可卽批, 或數朔後, 或一朔後始下者, 其中速下者²⁷⁾, 二十餘日, 十餘日, 六七日之後矣. 忽於半夜之間, 盛怒太過, 嚴旨荐降, 六卿三司之臣, 一倂逐出, 先朝失志之徒, 一時進用, 施爲措處, 雷厲風飛. 沈痼之疾·昏憒之症, 其或一夜快²⁸⁾復而然歟? 苟如是則國家之大福·臣民之大慶,

---

23) 之 : 底本에는 뒤에 "疏"가 더 있다. 《稗林》과 연활자본에 근거하여 삭제하였다.
24) 衡 : 底本에는 "衝"으로 되어 있다. 실록과 연활자본에 근거하여 수정하였다.
25) 雖 : 底本에는 뒤에 "緣較"가 더 있다. 《稗林》과 연활자본에 근거하여 삭제하였다.
26) 果 : 底本에는 "過"로 되어 있다. 《稗林》과 연활자본에 근거하여 수정하였다.
27) 其中速下者 : 底本에는 없다. 《稗林》과 연활자본에 근거하여 보충하였다.

而然而必無此理. 云云."

主上患候, 若有差復之慶, 則六賊之疏, 安敢出也? 而雖或出也, 而豈有如此 無前之過擧也? <u>張世相</u>每於主上, 或有過誤之事則輒諫之, 且於宦寺輩, 或有挾雜之事則必禁之. 而至於此夜之事, 雖知其幾, 不由於主上, 則莫可諫也, 非關於宦寺, 則莫可禁也, 遂切憤之. 其翌日見國舅, 而故言之曰: "昨夜則上候尤爲昏沈, 闕內有大事機, 而全然未省[29]."云. 又<u>高鳳獻</u>·<u>宋尙郁</u>, 一如<u>張世相</u>所言, 國舅皆然無所答, 五六日之後, 有三宦遠配之備忘, 諱疾之效, 於是始出矣.

嗚呼! 四大臣卽先朝·今上依毗之臣也, 又是東宮羽翼之臣也, 而旣盡除之, 其他東宮[30]邊人在職者, 亦皆竄逐. 此不但要奪權柄之意也, 其實則謀除東宮之計也. 乃有逆婢·逆宦謀除東宮之變, 此豈宦妾之所獨辦乎? 皇天眷顧, 祖宗陰隲, 兇謀垂成而遽敗, 則奸邪之輩, 謀益巧焉. <u>一鏡</u>粧出變書, 使虎龍上之, 而遂成冤獄. 嗚呼! 破家瀦宅, 忠魂義魄, 愁日暮於街市, 竄配島棘, 賢人君子, 嘆[31]窮途[32]於嶺海.

嗚呼! 朝廷之上, 兇黨擅國, 太阿倒柄; 朝廷之外, 人心洶駭, 騷屑狼藉. 仰觀天象, 逆氣上干, 乾變層生; 俯察人事, 歉荒荐臻, 餓殍塞路. 彼徒諱疾之效, 到此大發矣. 由是而莫重上候, 專廢醫藥之治, 烏得免漸至於危重乎? 至於甲辰八月初八日, 上候彌篤, 移御于<u>環翠亭</u>, <u>李光佐</u>始[33]率醫官而直宿. 嗚呼! 自初無諱疾之事, 而得使東宮常常近侍, 則東宮當省察聖候, 盡誠調護, 不失醫藥之治, 主上之患候, 豈至於斯乎! 自換局之後, 使東宮不得一次近侍, 甚[34]至於隔塞覲路, 而反疑東宮, 正寢一步之地, 使不

---

28) 快：底本에는 "夬"로 되어 있다. 《稗林》과 연활자본에 근거하여 수정하였다.
29) 省：底本에는 "缺"로 되어 있다. 《稗林》과 연활자본에 근거하여 수정하였다.
30) 東宮：底本에는 없다. 《稗林》과 연활자본에 근거하여 보충하였다.
31) 嘆：底本에는 뒤에 "道"가 더 있다. 《稗林》과 연활자본에 근거하여 삭제하였다.
32) 途：底本에는 없다. 《稗林》과 연활자본에 근거하여 보충하였다.
33) 始：底本에는 없다. 《稗林》과 연활자본에 근거하여 보충하였다.

得近接. 每於朝覲之時, 中殿輒侍坐, 東宮嫌不敢入, 只從殿外問候而退矣. 一切諱疾, 至於大漸, 噫! 彼諱疾之徒, 甚於簒弑之逆也.

八月二十四日夜, 上又吐出黃水[35]. [36]先是[37]庚子十二月十四日, 上吐出黃水, 其後壬寅之獄, 稱以金盛節之招辭, 自泰耇以下皆謂[38]"試藥而吐黃水", 每啓以金尙宮出給矣. 今此二十四日夜之吐黃水, 亦將曰"試藥之致"耶? 當日獄事, 無非曖昧也.

二[39]十五日丑時, 上昇遐于環翠亭.

一番之徒, 專出於擅朝權之計, 欲除東宮而竟未逐焉, 則以"梁獄勿問"·"蹀血禁庭"·"定策國老"等說, 首尾相繼, 勒加惡名於東宮. 且忌諱上候, 而專廢醫藥之治, 玉候漸加, 終至於不諱之境, 則以蟹醬和毒之說, 勒加累德於慈宮.

所謂"蟹醬", 慈宮謂以"秋節新味, 果有所送於大殿", 患候添劇之前. 而上候自是月十九日, 尤篤, 至二十五日, 昇遐, 則其果蟹醬和毒之致耶? 況其蟹醬卽御 之所供也, 非東朝之所親供者乎! 彼其之徒, 非但宗社及三殿之兇逆也, 卽千古之兇逆也.

是月三十日, 王世弟嗣位.

---

34) 甚:底本에는 "使"로 되어 있다.《稗林》과 연활자본에 근거하여 수정하였다.
35) 水:底本에는 뒤에 "其曉斃"가 더 있다. 연활자본에 근거하여 삭제하였다.
36) 이하 본문은 연활자본 일차에 따라 재구성하였다.
37) 先是:底本에는 없다. 연활자본에 근거하여 보충하였다.
38) 謂:底本에는 "爲"로 되어 있다.《稗林》과 연활자본에 근거하여 수정하였다.
39) 二:底本에는 앞에 "甲辰 八月"이 더 있다. 연활자본에 근거하여 삭제하였다.

農叟李公遺稿鈔

公諱聞政, 字君弼, 全州人, 石門 孝敏公 景稷, 曾孫也. 初名眞政. 景宗辛丑, 其再從弟眞儒與金賊 一鏡投凶疏, 公長書絶之, 卽率其八子, 往居忠州, 杜門謝世, 改其排行以"聞"字. 號農叟, 又號"一三堂"者, 夢窩 金忠獻公所贈也. 官同中樞, 贈吏判. 其遺稿中《哭忠獻》一篇, 隱謎聲牙, 不韻不俗, 不拘步於屈·宋, 不求知於子雲. 謂獨契於夢窩之靈, 欲無言於丹巖之間, 讀之使人莫知何謂. 而悲壯慷慨, 凜然起立, 宛若目睹耳聽, 其抵掌擊節, 歷歷落落, 則農翁至今不死, 夢爺千古如生, 眞天下之奇文·奇事也. 有《隨聞錄》三卷所記辛壬禍始末, 甚悉所聞醞釀機括, 皆世所不知者. 所論義利之分·忠逆之判, 辨熊魚於當時, 昭日星於萬世, 儘無愧乎忠獻所贈"一三"之義, 而一絲扶鼎之嚴陵, 尤其著題也.

其友無憫齋 李公諱徵萬, 字致章, 全義人. 考有源春曹郞, 祖慶林, 昏朝以太學生, 抗疏諫廢母. 高曾兩世皆蔭仕, 五世祖龜齡禮判, 六世祖德崇監司, 燕山朝以大諫被禍. 七世祖愼孝吏參, 淸白吏. 連三世, 按湖西, 以上皆奕閥也. 公有篤行雅操, 卓識高節. 初名萬徵. 而與耉·輝·鏡·恒交遊, 及見其讐視建儲, 密煽禍機, 歎曰"與彼無君之賊, 何可交遊乎?" 夫定策四臣者, 以其功而言之, 則定儲嗣[1]於一髮之危, 以其忠而言之, 則輸身命於萬戮之中, 雖夷狄之人, 尙可以歆歎, 況我禮義邦之人乎?

有君臣然後, 有偏黨, 四臣卽老論也, 我則少論也, 而彼四臣者, 得盡君臣之義者也, 我寧不歎仰也哉? 仍與四賊絶, 不往還. 癸卯, 鳳輝以銓長, 首擬公厚陵參奉蒙點而不就, 禁子弟不赴. 所謂"討逆科", 曰"此討忠也", 仍命子孫, 勿赴大科, 遯跡長湍, 改名"徵萬". 獨與農翁憂宗國於漆室, 等富貴於浮雲, 可謂"生同志, 死同傳"者也. 惜! 其兩家子孫, 皆不能有以闡揚其兩祖之偉烈, 至今泯泯, 若存若無. 嗚呼! 豈獨其子孫之過也哉?

---

1) 嗣：底本에는 "副"로 되어 있다. 《稗林》에 근거하여 수정하였다.

丁酉日記　一條

己亥　一條

　又一條

庚子條【雨漏朽傷，未得鈔出，略見許辛·壬·癸原錄中.】

辛丑　一條

呈盤谷棣座長書

同年　一條

餞別金領府　一條

祭夢窩文

戒八子書

　附　松軒所記　二條

無憫齋 李公遺稿鈔

睦虎龍誣告　一條

尹會悔論夢窩　一條【附孫受謙追記 一條.】

餘如鳳輝問答·農叟問答·友人問答等，雖有詳略之不同，而無不與農叟
討論，皆入《隨聞錄》，故不盡錄.

丁酉日記 一條

鄭義聞卽石門公通信使時, 陪從傔人也. 其子禮夏繼爲西谷傔人, 而家計至貪. 倍西谷往²⁾箕營留一年, 空手而還. 王考除拜尙州牧師時, 給錢四百兩, 使之資生. 其孫榮大又爲仲約傔人, 而爲人聰敏, 文筆兼備, 仲約群兄弟多賴於大小科場, 門中長老及親舊·知識者, 心竊陋之. 所謂"仲約"者, 外似寬厚, 而內實迫隘, 所謂"土珍"者, 嚴刻驕矜, 人厭接對. 榮大雖爲其傔人, 中心則不服其兄弟, 而深感王考活其祖之恩, 每日曉則必來見余, 有可聞說話, 則輒告之, 故稔聞靑驟貴客之晨夜往來於土珍兄弟家矣. 余心常怪之曰 : "土珍兄弟素釀物望, 自比淸流, 而猝與貴戚潛結者, 未知何意也." 致章在旁曰 : "彼輩之營營孜孜者, 乃是反論換局之計也." 余曰 : "大奸似忠, 自古然矣, 專係人君知人進退之間, 國以之興亡也. 方今大朝倦勤, 世子仁善. 而輝也·恒也, 以奕世家閥, 兼以文章才能, 耆也·億也, 以能猾之兄, 兼以精毒之弟. 儒也·光也, 才器過人, 稀世俊類. 至於儉也, 外面則一團是寬厚者也, 中心則全然是艱險者也. 作事之際, 智謀密密, 故自中之人, 推以爲謀主. 接人之時, 言辭款款, 故親疏之人, 稱之以寬厚. 凡此七人以爲國爲心, 則固是國家之福, 而以今聞見所及言之, 潛結戚里, 似出擅國權之計也, 廣樹私黨, 必是張聲勢之意也. 且以鑛賊伏罪, 每稱冤案, 玄逸之門徒, 濾擬仕目, 皆是挾雜不正之類, 而必爲家國禍亂之本, 是則爲國而憂也. 至親間俊秀之才, 莫不與儒·儉從遊於朝夕, 襲其驕奢, 尙其悖論, 目前爻象, 不無一門覆亡之機, 是則爲私之憂也. 致章曰 : "以大臣之獨對, 一邊之³⁾徒, 議論規規, 或曰'世子代理之事也', 或曰'世子易立之事也'. 傳說不一, 若將有大機括, 其或聞其詳耶?" 余曰 : "旣

---

2) 往 : 底本에는 "住"로 되어 있다. 《稗林》에 근거하여 수정하였다.
3) 之 : 底本에는 없다. 《稗林》에 근거하여 보충하였다.

云獨對, 則前席從容之問答, 外人何可得聞也? 且君我布衣之徒, 聞之何
益? 況時諱, 何可煩言於私第也? 勿更言."

一日曉, 榮大來告曰:"昨夜, 兩趙大監來到於進賜宅, 須臾靑騾客又到.
令監曰:'凶賊肆然獨對者, 必是時諱之事, 而機密之通, 何可緩緩也?' 靑
騾客曰:'金景禧【宦者】日間所任極煩, 今曉暫爲出來, 故始聞其詳矣.' 小
令監問曰:'果何如也? 吾亦有所聞, 第言之, 與之相準.' 靑騾客將發言之
際, 小令監曰4):'姑勿言.' 卽招小人, 命歸本宅, 故小人卽出大門, 更入內
中門, 入挾房, 隱身潛聽, 則靑騾客曰:'大朝低聲敎右相曰:「今日獨對
之意, 卿其知之乎?」 對奏曰:「臣極庸5)鈍, 天意之所在, 未能仰度矣.」
敎曰:「予有宗社之深憂, 而年旣老矣, 病益深矣, 晝宵思量, 不成寢睡矣.」
對奏曰:「臣無才無能, 虛糜大僚, 上無以輔佐聖躬, 下無以利濟黎元, 以
致聖上宵旰之憂, 皆臣之罪也.」 敎曰:「卿何爲問東答西也? 方今世子
本是柔弱之質, 而禧嬪之變後, 往往有昏憒不省之時. 且由禧嬪之肆惡,
仍成奇疾, 似無嗣續之望. 予之所憂, 卿豈不知也?」 右相無對, 更敎曰:
「予年衰病甚, 實難酬應, 方使世子代理矣.」 右相對奏曰:「世子代理, 國
家大事, 此聖敎豈臣獨承之事乎? 宜降傳旨於中外矣.」 大臣請退, 則更敎
曰:「予欲行唐 太宗故事, 卿意何如?」 大臣惶懼失色曰:「殿下何出此
敎?」 不知所對, 仍蹶起而退矣. 云云.'

小令監曰:'日前用禧之所傳, 是矣. 廢立世子, 卽頤命輩之本意也, 大朝
早已覘得, 故特命頤命獨對也. 辛用禧以伊日, 將命司謁, 潛聽之. 大朝以
欲行唐 太宗故事爲敎, 則彼賊對奏曰:「是在殿下處分矣.」 伊時世子方
監煎藥, 在御屏後, 從屏上俯視, 則頤命仰見之, 惶懼失色, 忽地變辭而奏
曰:「殿下何出此敎也?」 仍蒼黃而退矣.「是在殿下處分」六字, 卽金景
禧之諱而不言也, 兩趙大監曰:「此言的然矣. 上之末抄所敎, 適中彼計,

---

4) 曰:底本에는 없다. 《稗林》에 근거하여 보충하였다.
5) 庸:底本에는 "痛"으로 되어 있다. 《稗林》에 근거하여 수정하였다.

初豈有惶懼失色之理也? 又'豈有何出此敎?'之對乎? 仰見世子之俯視, 乃有惶懼之心, 而强以'何出此敎?'爲對也..'

進賜主攘臂而言曰: '此賊不可不急討' 小令監曰: '此實大事, 何可輕擧乎? 欲討其廢立之罪, 則姑無形迹, 而不可以內侍潛通之說發之於疏也. 欲論其獨對之事, 則先有世子代理之敎, 若以此敎發明, 則實無更斥之端矣. 不如姑俟其眞跡之綻露. 云云.' 靑騾客更欲發言之際, 小令監分付奴子, 招來小人, 故急急而退, 其後說話, 更未得聞."

余聞此言, 心中憂歎曰: "名以人臣, 外結貴戚, 挾雜之計, 潛通於昏夜, 內緣宦寺, 深嚴之事, 暗通於私第, 不亡而何? 兩趙他人, 雖亡不關, 而兩李至親, 禍及一門, 從此有下鄕之意矣." 余仍思之, 則大臣之惶懼者, 謂由於仰瞻世子從屛後俯視之說, 全不近理. 人臣入侍, 必俯伏於御牀之前, 而莫敢擧頭矣, 御座尙不得見, 況高於御座之幾丈屛上乎? 無非後日釀出士禍之語也. 大臣之惶懼, 丁寧以末抄聖敎也. 余且思之, 諸峻派皆以仲約爲首, 心常怪矣. 今聞榮大所傳內, 自"此實大事"至"姑俟眞跡"之說, 則秘謀遠慮, 果出於伊夜會客之右矣. 其後先以庚子銀貨之疏, 釀出辛壬之禍階, 代作其兄辛丑之疏, 網打定策之諸臣, 豈不盡傷乎心? 小子匡維記之, 以驗於後日.

己亥一條

爲石門後裔者, 與淸陰子孫, 誼如一家者, 凡三世矣. 當其文谷之遭譖, 家親與從叔父, 連日往慰, 爲之憂懼如至親. 當其文谷之遭禍, 家親與從叔父, 往檢初終. 情誼如此者, 不忘淸陰救石祖之恩也. 均是石祖後孫, 而西谷派則非徒越視家親與從叔父, 往往嘲笑, 可驗其忘先背義之秉心矣.

余與夢窩交誼最厚者, 不但世誼也, 志氣相合故也. 自少至老, 情契益篤, 夢窩忘我布衣之賤, 余則忘夢窩宰相之貴. 余訪夢窩, 則終日談話, 待暮而還, 夢窩訪我, 則亦如此矣. 己亥臘月初二日, 仲兒陞六拜持平, 同月二十三日, 余奉堂上敎旨, 感祝榮幸之心, 曷有極哉? 夢窩致賀而來, 與語終日, 而不無朝著閙紛紜之機, 相未一言及道.

庚子元月三日, 余兼回謝歲拜, 往見夢窩, 乘暮而還. 是夜士珍兄弟來見, 問曰:"往見金某云, 有何說話耶? 以尹判府連疏, 彼謂之如何耶?" 余答曰:"昨冬金相致賀而來訪, 余未回謝, 今當歲初, 兼爲回謝而往. 雖有終日之談話, 都是汗漫之說也. 我則布衣也, 豈可以相臣之獨對, 問及於宰相也? 豈肯以尹疏之可否說道於布衣耶?"

仲約曰:"兄主以一布衣之士, 出入於權相之門, 於弟心, 終爲可欠事." 余答曰:"吾李與淸陰之後孫, 世誼不凡. 君與我而吾與金相, 情誼自別者, 非在於金相作相之後也, 卽自於金相釋褐[6]之前也, 吾之如前往來於其家, 有何高眼之可欠耶? 且余自少絶科宦之心, 徒事與親朋交遊, 而金相卽吾之親朋也. 吾不以權相視之, 而以親朋視之, 金相亦不以貴重自處, 而以親朋自處. 佳辰淸日, 有意則相訪, 淡然相對, 終日談話者, 多至於數千萬言, 而無怪於在傍人之聽聞. 吾豈若時人之昏夜潛交於權貴, 密謀挾雜之計, 而或恐煩聽於他人也哉?"

---

6) 褐:底本에는 "竭"로 되어 있다.《稗林》에 근거하여 수정하였다.

士珍曰：“兄主才德爲最於一門, 且胤姪八人, 皆是公輔之器也. 而方今國本有危殆之機, 世道有寢降之慮, 迨此時也, 何不與弟輩, 惠好同歸耶?”余答曰：“扶持國本, 主張世道, 如尊搢紳者之責, 而非我布衣之責也, 此則絶不欲復聞也. 吾與尊寸係至親, 世尙敦風, 則惠好之情, 昔非不足, 更有何別般惠好也? 君有君居, 我有我居, 則各有定居, 況值太平, 更何有別處同歸乎? 謹拙持身, 無辱家聲, 禁戒諸子, 無學悖類, 是吾所思也已.”仲約曰：“兄主敎意, 多有疑晦處耳.” 士珍更欲發言之際, 見余醉睡, 仍辭歸矣.

又一條

余自八月望後, 卒得泄痢, 數月彌留, 將至危境. <u>夢窩</u>聞之, 遣醫看病, 送藥治療, 多有見效. 至十月晦間, 始得生道, 僅出戶庭. 一日<u>夢窩</u>親來問病, 余致謝曰 : "如生一褐夫之賤, 台監何惜其死, 而送醫藥救療, 又此親臨, 勤念至此也?" <u>夢窩</u>戱言曰 : "閻羅王雖主死符, 何能奪我故人耶? 今復見故人, 眉宇淸秀之氣, 無損於久病之餘, 生道自此無慮7)."

予8)曰 : "如生無用之物, 何故愛護如此也?" <u>夢窩</u>曰 : "如故人者, 援古比今罕有之高士, 而我得以爲友, 則豈不愛之重之乎? 我爲故人思得一堂號, 卽'一三堂'也. 敬奉以贈." 敢問 : "'一三'之意, 奚取也?" 曰 : "尊<u>周</u>高風, <u>魯連</u>復生也, 超乎物表, <u>嚴陵</u>復生也, 謹嚴家法, <u>石奮</u>復生也. 我友一人兼此三人, 故謂之'一三堂'也." 余曰 : "所賜之號, 雖曰'嘉矣', 而不敢當不敢當也. 然台監亦有容媚之風9)耶? 媚此窮術之一老物, 於大監何益哉?" 相笑而罷.

---

7) 慮 : 底本에는 지워져 있다. 《稗林》와 연활자본에 근거하여 보충하였다.

8) 予 : 底本에는 지워져 있다. 《稗林》에 근거하여 보충하였다.

9) 風 : 底本에는 없다. 《稗林》와 연활자본에 근거하여 보충하였다.

十二月初三日, 仲兒告曰 :"角里叔謂有所議, 書招小子, 何以爲之?" 余
曰 :"以叔招姪, 何敢不往?" 卽往見也. 仲兒移時返, 告曰 :"勸小子參於
聯疏也." 曰 :"何疏也?", 曰 :"討逆四臣之疏也." 曰 :"汝見其疏耶?"
曰 :"見之". 曰 :"汝答何居也?" 曰 :"'家親切禁諸子不許赴大科, 而小子
敢違親敎, 暗觀庭試, 不幸擢榜, 則家親對案不食, 群兄弟·諸子姪, 二日待
罪後, 僅蒙許赦矣. 子姪登科, 人家父兄之所慶幸, 而家親反以爲罪, 此則
叔主之所目見也. 雖汗漫之疏, 必不許參, 況如此之疏乎? 且道四臣有定
策之功, 今何謂逆也? 況四臣中金相公, 淸陰之後孫也, 家親之切友也.
小子參於此疏, 則豈非忘祖而背義耶?' 仍忙起而來."
余責曰 :"古人云'目不視惡色', 汝何爲見此疏也? 何不曰'雖辭職之疏, 家
親之所不悅者也, 何可參人之疏云乎'? 彼若出見其疏, 則汝何不曰'無論
疏辭之如此如彼, 旣不可參, 則何可見其草?'云耶? 四臣定策之事, 彼輩之
讐視者也, 而近年以來, 聚首相謀者, 除去四臣之計也, 人皆知其幾微, 而
汝亦知之. 其曰'聯疏'則必討四臣, 不見而汝可料知, 胡爲取見其疏也? 汝
亦必取禍之人也. 今日內發去忠州, 修理舊堂. 吾追後率家率下去矣." 仲
兒是日發行.
致章曰 :"持平旣見聯疏之辭, 宜通於金相." 余曰 :"金相豈不知此事機
耶? 已其先知矣. 設令不知, 所以潛通者, 欲其避禍, 而四臣之定策, 實是
爲國家大義理, 則金相豈肯避禍耶? 義理關頭, 我何可挾私而預通乎? 彼
輩謂仲兒言論不足, 拔去於本館錄, 繼而有停望之擧, 蓋以聯疏不參之故
也, 誠一可笑者矣." 不久凶疏出焉, 余長書責之.

呈盤谷[10]棣座下

曾聞之"移孝爲忠", 信斯言也, 則忠君之道, 自孝親始也. 而夫孝者百行之源也, 未有能孝而不悌者矣, 未有能孝而不友者矣, 未有能孝而不睦者矣, 未有能孝而不敬者矣. 孝之道成焉, 則百行不期備而自備, 此所謂孝者, 百行之源也. 百行具備, 則此大聖人也, 不可責之於凡人. 而士君子自期之心, 則思所以孝, 思所以悌, 思所以友, 思所以睦, 思所以敬. 常念在玆, 戒謹持身, 則雖未能隨事盡善, 不孝·不悌·不友·不睦·不敬之心, 莫敢售於方寸之內, 而庶可免乖戾之人也. 不悌·不友·不睦·不敬, 此四者有一於[11]此[12], 則是之謂乖戾之人. 而孝而不悌者, 吾未之見也; 孝而不友者, 吾未之見也; 孝而不睦者, 吾未之見也; 孝而不敬者, 吾未之見也. 不友[13]·不悌·不睦·不敬之心, 皆由於不孝之致也. 旣不能於孝也, 則亦何能於忠也?

得見尊日前之疏, 豈圖忠國之誠, 得至於斯耶? 以尊今日忠國之誠, 較尊平日行事之跡, 可謂"士別三日, 刮目相對也". 叔父主嘗未安於尊, 往往闔門, 黜之而不納, 事屬先天, 而蓋由於未盡處也. 尊於士敏氏族兄, 常不拜而多凌侮, 門中長老, 無不責非, 此似不足於悌邊也. 尊於休·伋二弟, 情少湛樂, 責多無妄, 或至於莫往莫來, 此似不足於友邊也. 此皆從之目見者, 故不無勉戒於前日情好時也.

向者次兒仍乃父之命, 不參於聯疏之議, 則含慍於此, 勸某停望云, 傳說雖未可信, 果如致章之所傳, 則亦豈有睦族之風哉? 近日風色, 將至不美,

---

10) 谷 : 국립중앙도서관본 소장 《隨聞錄·幷農叟遺稿》(古2516-42, 이하 '국도본'으로 줄인다)에는 뒤에 "眞儒"가 더 있다.

11) 於 : 底本에는 "此"로 되어 있다. 《稗林》과 국도본에 근거하여 수정하였다.

12) 此 : 底本에는 "於"로 되어 있다. 《稗林》과 국도본에 근거하여 수정하였다.

13) 友 : 底本에는 "孝"로 되어 있다. 《稗林》과 국도본에 근거하여 수정하였다.

故莫如吾謹避之, 撤我家率, 扁舟浮江, 當在日內, 下鄉社門, 禁絶科宦. 所謂匡世, 其於仕案, 不停而自停, 使尊得免骨肉相殘之譏, 如趙台之兄弟[14]也. 君子絶人, 其言也善, 鳥之將死, 其鳴也哀. 畏尊之威, 有我之去, 是君子絶人也, 滅門之禍, 迫在朝夕, 是鳥之將死也, 安得無言之善·鳴之哀也? 請舉公私大頭腦而略言之. 尊之疏辭, 不分玉石, 朝廷大臣, 一網打盡, 此何故也? 緣何罪也? 一大臣獨對之事, 有違體例, 則尹相【趾完】之疏斥, 至再至三, 而觀乎先大王批旨,【"今予目疾, 已到十分地頭, 實無一毫酬應之望, 世子代勞, 一刻爲急, 而卿乃姑徐爲言, 亦所未解. 云云."】其獨對之事, 卽世子代理之事也, 則實不可構罪於今日也.

大殿春秋, 今至三十四歲, 而尙無嗣續之望, 殆哉汲汲之時也, 則四大臣之定策 世弟, 設或有一二私意, 參錯於其間, 實出於宗社之大計. 人臣分義, 似以此爲正, 而以不忍言·不忍聞之說, 少無隱諱底意, 攻斥四臣, 不有餘地, 一言而蔽曰"不立世弟, 將立誰也?" 此則如我布衣者, 不敢與論, 而石門公初被反正不參之斥, 再遭爾瞻黨與之論, 而皆賴淸陰公之力言, 竟然伸辨, 其恩誼如何哉? 今以石祖之孫, 謀害淸陰之後, 雖關大義, 是可忍乎? 況出於患得失之計, 上沮國計, 下滅世誼耶? 向所謂"惠好同歸"者, 其此之謂歟? 吾恐淪亡, 撤家遠避, 構呈荒辭, 爲後鑑證.

背答曰 : "六寸親無連坐之法, 休慮".

---

14) 兄弟 : 底本에는 "弟兄"으로 되어 있다. 연활자본에 근거하여 수정하였다.

同年一條

匡輔聞余下鄉之計, 有欲挽止之意, 而言曰: "祖先墳墓, 皆在於果川, 而叔父主今當衰境, 猝然遠離, 情理不難乎?" 余曰: "善哉! 汝言也! 子孫本居遠外則已矣, 旣居於先山至近之地, 而今欲棄而遠去, 難堪之懷, 如何盡道? 然忍此難堪之懷, 遂決下鄉之計, 則吾之不得已之意, 汝豈無料知者乎?"

匡輔曰: "世代居京, 世代喫貧, 而自先祖以來, 初無取生計而下鄉, 則叔父主必不謀生而下鄉矣. 向見長書辭意, 則置土珍氏於不孝不睦之科, 置趙相於骨肉相殘之目, 已是太過之責也. 惟彼四臣, 自獨對之時, 包藏禍心, 難免國賊. 盤谷叔之討斥, 可謂得體, 而叔父主以彼輩反謂正類, 以盤谷反爲挾雜, 姪未知其可也. 而因此汲汲下鄉, 亦何故也?"

余聞此言, 不覺長吁, 因責曰: "入於小人之黨, 則不知小人之爲小人也. 謀危國家, 殺害忠良, 是之謂'小人'. 見小人之所爲, 知小人之非也, 則豈入於其黨乎? 汝以土珍之疎族, 奉土珍如父兄, 則那知其不孝行事也? 且以趙也妻姪, 仰趙也如神明, 則那覘其不忠心意耶? 汝已溺於所好, 吾雖言之, 必知其無益, 而第言之. 都正叔主謂以土珍不善奉養, 幷夫妻逐送于生家, 不知幾次也, 汝亦目見. 此非不孝而何? 以其休·伋兩弟謂之不合其意, 莫相往來, 無異路人, 可謂'有是兄, 有是弟'. 此非不睦而何? 所謂趙台潛勸他人, 削黜其伯兄之爵, 任他土珍討同祖之孫, 此非骨肉相殘耶? 世弟定策, 卽四臣爲宗社之正論, 而趙也一從仲約之謀, 沮戲萬端, 至於世弟代理之後, 潛入北門, 請收成命, 使世弟危在朝夕. 大朝如有嗣續之望, 而四臣有此定策之擧, 謂之挾雜可也, 討之國賊可也. 以大朝春秋, 今已三十六矣, 尙無生産之期, 則以世弟汲汲定策, 斷不可已也. 而沮戲定策, 請收代理, 此非不忠耶?

三宗血脈, 惟世弟而已, 不立世弟, 將立誰設計耶? 吾自少時, 無意於科宦, 到此可悔矣. 今使我若當言地, 必討<u>趙</u>也之不忠, 死於鈇鑕, 以光國史矣. 汝何謂四臣國賊也? 一大臣獨對之事, 無論如此如彼, 有損於體例, 容或有可言之端矣. 故<u>尹相</u>有再次疏斥, 至於三臣, 并無獨對之事, 而終有定策之功, 定策世弟者, 爲國賊乎? 沮戲定策者, 爲國賊乎? 汝其指一而告也.

古人云'危邦不入', 危邦尚不可入, 則吾之至親, 將不免屠戮之禍, 豈忍坐而視之也? 且豈無池魚之患乎? 此猶來頭之事也, 而日前爻象, 甚爲危懼, 百爾思之, 不如下鄉杜門, 苟全性命之愈也. 吾意已決, 汝勿復言. 汝爲<u>仲約</u>使而來耶? 汝爲<u>趙</u>也使而來耶? 汝以吾言歸語於指使處也. 然余與汝, 係是堂內, 豈不以一言勸勉也哉? 謹守家法, 無學邪黨, 心中但以'忠孝'二字, 銘刻也."

餞別金領府　一條

聞金領府已出南門外待罪矣, 人定時往拜之, 執手語曰 : "君弼之來見於
此地者, 尤爲新奇." 答曰 : "敢問何謂也." 曰 : "兄其默思, 則吾所新奇云
者, 自可覺得矣." 是夜娓娓談語, 而辭色之際, 少無憂懼之意. 古今事蹟,
細詳討論, 而至於時事, 一不提及於問答之間矣. 天明, 告別而還. 主人卽
夢窩, 傔人崔承祐, 而15)壁16)書"夜警齋"矣.

---

15) 而 : 底本에는 없다. 《稗林》과 국도본에 근거하여 보충하였다.
16) 壁 : 底本에는 "辟"으로 되어 있다. 《稗林》과 국도본에 근거하여 수정하였다.

祭夢窩文

夢窩 金相公以壬寅四月二十七日, 受命于星州地. 返櫬到達川店[17], 布衣
友人 完山 李聞政具酒果, 而酹靈魂, 綴[18]哀辭而告時事.

其辭曰: "白犢觸靈柩[19]兮, 玄狼跳而噉五蛇, 無伯·仲兮. 假衛降而妖書,
夜警[20]齋而分手兮. 鵬舍蠡舟之恨殊途, 不意琴臺之相逢兮. 羡子佩之蘭
莽繽紛, 竭忠精[21]而擎極柱兮. 蹈正路於南荒, 非易水之行兮. 竊余意夫
震澤定而素履安, 夫何鵝鴆之一[22]鳴兮. 盡衆芳之摧萎, 月驛哭迎兮. 忠
魂凜兮宛如覿, 揮規塵而潔淨兮. 薦屈醑而噓唏, 勳邈而惠新兮. 懷隙而
延罰, 劒無眼於蒲胥兮. 子若孫又朱崖[23], 勤聖問於靜攝兮. 白首相其安
在, 撫靈輴而凄切兮. 舊布衣之農叟公, 像[24]儼於淚眼兮. 星月朗兮松柏
寒, 攬時事而心語兮, 英靈降兮剡剡. 曾謀削於兄爵兮, 遽潛入於公門, 慈
聖排閤門於半夜兮. 睿邸阻覲路於大朝, 血海狂流於福堂兮. 伻虎驅而鯨
噬, 弋鴻而煮鳳兮. 食藥[25]而死苦, 曩余言之, 公未信兮. 約主謀而年主事,
李相之所處兮. 易爲人之覓疵, 維公蹟之光明兮. 質鬼神而無愧, 儘楚相
之不可爲兮. 積猜於群小, 惟吾性之疎狂兮. 不知得失之爲何物, 賒村濁
而取醉兮. 招野老而結交, 鷗盟而鷺浴兮, 蠻吹蝥射兮. 何能及絶一世而
遯跡兮. 詔八子而杜門, 曩若從勸勉之慇懃兮, 欲哭告[26]而得乎. 嶺雲靆

---

17) 店: 底本에는 뒤에 "是朔戊 五字缺"이 더 있다. 국도본에 근거하여 삭제하였다.

18) 綴: 底本에는 "掇"로 되어 있다. 《稗林》에 근거하여 수정하였다.

19) 柩: 底本에는 "樞"로 되어 있다. 《稗林》에 근거하여 수정하였다.

20) 夜警: 底本에는 "二字缺"로 되어 있다. 국도본에 근거하여 수정하였다.

21) 精: 底本에는 "淸"으로 되어 있다. 《稗林》과 국도본에 근거하여 수정하였다.

22) 一: 底本에는 없다. 《稗林》과 국도본에 근거하여 보충하였다.

23) 崖: 底本에는 "厓"로 되어 있다. 《稗林》에 근거하여 수정하였다.

24) 像: 底本에는 뒤에 "像"이 더 있다. 《稗林》과 국도본에 근거하여 삭제하였다.

25) 藥: 底本에는 "樂"으로 되어 있다. 《稗林》에 근거하여 수정하였다.

虆兮精忠兮. 上結撫靈輀而悽切兮. 樑摧歎而絃斷涕. 憶昨琴[27]軒之樽酒
歡兮, 固此生之已矣. 憶昨蒼崖之傾高駕兮, 固此生之已矣. 已矣兮已矣
兮. 徒生者之悲耳. 故人酒兮, 庶公神之格饗.

○ 是日夕上食, 及翌日朝上食. 自家中備[28]來本家, 上下六人朝夕飯, 自
店所備饋. 是夜聞隨喪奴福童所告則曰: "星州人心極凶, 大監喪出之日,
姜哥兩班作頭, 聚會諸班於南門樓, 以大監喪出, 謂之'大慶', 大張鼓樂.
本官禁止, 則厥輩咆喝曰: '國家大逆, 今旣伏罪, 則臣民之大慶, 而何故
禁此宴也? 大是異事.' 本官亦不敢禁. 小人之心, 極痛極痛."
又告曰: "有恩人, 大監喪出後, 各處若干賻物, 不滿二百兩, 而僅過初終,
只餘五十餘兩. 運柩一款, 實無計策, 有李班者發其奴丁, 而不足則又借
一家奴丁, 合以七名助給. 故賴此而奉柩, 踰鳥嶺, 踰嶺之後, 李班奴丁皆
歸. 故賁人到此, 而路資亦無所餘, 擔軍雖欲賁出, 而亦無奈何, 悶迫悶
迫."云. 及聞此言, 令人落淚處也, 仍念此[29]鄕, 亦南·少鄕也, 徒懷慶幸之
心, 皆如星州 姜哥也, 能出義氣之心, 更無如[30]星州 李班也.
自此運柩, 今在余責也, 向議處只是丈嚴公, 而亦在謫所, 倉卒之間, 姑無
變通, 家中只有一奴·二婢. 夫卽地招來以助擔軍, 鄭戚聞此言, 送一奴,
本家下人, 合爲九名, 擔軍不足, 而盤纏亦乏, 僅得十八兩. 午後發行, 奴忠
男有絶人之力, 故當前獨擔. 至本第, 而忠奴飮暑嘔泄, 强病還發, 到白巖
而死. 可惜其忠心!

26) 告 : 底本에는 "因"으로 되어 있다. 《稗林》에 근거하여 수정하였다.
27) 琴 : 底本에는 "栞"으로 되어 있다. 《稗林》에 근거하여 수정하였다.
28) 備 : 底本에는 "傋"로 되어 있다. 《稗林》과 국도본에 근거하여 수정하였다.
29) 此 : 底本에는 "他"로 되어 있다. 《稗林》과 국도본에 근거하여 수정하였다.
30) 如 : 底本에는 없다. 국도본에 근거하여 보충하였다.

戒八子書

來惟爾八子! 聽惟爾八子! 虞有八元, 漢有八荀. 今爾輩徒充元·荀之八, 而未修元·荀之行, 則奚異於千羊之皮也? 敬恭聽哉! 嗟! 爾八子! 乃父賦命奇薄, 纔過弱冠, 俱失怙恃. 嗟乎! 人莫不以供甘旨爲憂, 而我獨無之, 乃父稟質[31]慵陋, 習性疎狂, 徒作逸民. 嗟乎! 人莫不以事君父爲憂, 而我獨無之, 乃父苦乏身謀, 隨有隨無, 徒信天緣. 嗟乎[32]! 人莫不以營産業爲憂, 而我獨無之, 然則天下無憂者, 其非乃父歟? 況我年近六旬, 兄弟俱在, 夫婦偕老, 和塤篪而樂琴瑟. 且爾輩八名, 皆已成娶, 冠孫·童孫, 鋪列眼前, 乃父之心, 足可慰悅, 而隱憂則未嘗不弛於晝宵者, 不可以勝計也. 古人云"識字憂患", 爾輩不學經學之本, 徒尙文詞之末, 無質素之意, 有浮華之習, 吾以是爲憂者八也.

爾輩未成事親之道, 遽生事君之心, 不守本分, 欲追榮途, 吾以是爲憂者八也. 此外又有大可憂者, 爾輩迭往仲約之家, 染其驕傲之習, 聞於偏黨之論, 或以驕傲之態, 敢售於其身, 或以偏黨之言, 敢出於其口. 驕傲而不亡者, 未之有也, 朋黨而不亡者, 未之有也. 爾輩其將學仲約兄弟, 而淪胥以亡也, 豈不盡傷乎心也哉?

嗚呼! 我高祖愚谷公以一布衣, 而仁祖大王褒之以萬石君, 家風以其孝悌之行, 名於世也. 我石門公其在少時也, 淸陰老相揖問於衆中曰"子非李某先生耶?", 以其恭謹之貌, 異於人也. 賴我兩祖, 服孝悌之餘庥, 子孫妝妝, 科宦綿綿, 然則孝悌之道, 其非吾家氈裘之業乎? 且石門遺訓曰："爲吾子孫者, 勿參朋黨." 爲其子孫者, 祖先所服行之孝悌, 則視若弁髦, 祖先所切禁之偏黨, 則把作神明, 乃與傷倫之徒, 聚首潛謀, 必欲自亡, 其肯曰"是祖之孫"乎? 爾輩勿染乎不肖輩之所爲也哉!

嗚呼! 仁廟反正, 質諸千古, 毫無慚德, 揆以權經, 實無欠損, 石·白二祖獨不參焉, 則淸陰先生稱讚於筵中曰"此人臣之正道", 特請大用, 陞資嘉善. 仁廟[33]反正, 實出於宗社之大計, 而猶且不參, 則所謂偏黨, 其果爲國計耶? 不過雜類竊國柄之計也, 則爾輩以石祖之孫, 乃父之子, 何敢生心於雜類之套乎?

嗚呼! 沈·金分黨, 有東西之論, 而《春秋》大義理, 窮[34]宙之所不可易者也. 西人主此論, 則吾家之從西人者, 非爲偏黨也, 時從正論也. 懷·尼分門, 有老·少之論, 而吾未知何義理爲老論, 何義理爲少論. 而出於患得失之心, 聚結姦宄, 力樹徒黨, 蟊賊國家, 謀害忠良, 是吾切齒腐心者也. 爾輩焉敢與此輩或相從也? 乃父則一從《春秋》大義理, 爾輩豈不以乃父之心爲心哉?

嗚呼[35]! 西人之分爲老·少論者, 天欲以《春秋》之義, 使之晦塞之致也. 《春秋》之義晦塞, 則亂臣賊子何所懼而不作耶? 繼以舜倫, 將至乖敗, 余於是不覺漆夜之歎也. 嗚呼! 先正尤翁卽生·栗嫡傳, 而或猜疑之, 或毁斥之, 曰是曰非, 余不敢論. 而至於華陽洞裏, 茅屋昭昭, 忠懸日月, 義明《春秋》. 丙子以後, 碩德君子, 不可勝計, 而其孰有尤翁事業哉? 實爲超百世之大賢, 而余於是不勝景仰之心也. 爾輩豈不以乃父之所景仰爲仰景也哉? 嗚呼! 爾八子! 吾家以敦睦稱者, 曁吾身凡五代也. 世降俗末, 同室之內, 分門割戶, 各懷二心, 一反遺來之家法, 猝學亡國之邪論. 君子之澤, 五世而斬而然歟! 此非但以一家而言也, 以爾八子而觀之, 吾家其不長久也?

---

33) 廟: 底本에는 "朝"로 되어 있다. 《農叟遺稿》(국립중앙도서관 古朝44-가21, 이하 '《유고》'로 줄인다)에 근거하여 수정하였다.

34) 窮: 底本에는 "穹"으로 되어 있다. 《稗林》에 근거하여 수정하였다.

35) 呼: 底本에는 "乎"로 되어 있다. 《유고》에 근거하여 수정하였다. 이하 동일사례에 대해서는 별도의 校勘記를 달지 않는다.

長子匡國, 經術深明, 而不以經術自處, 筆法奇正, 而不以筆法自矜, 有若無, 實若虛, 粹然有長者氣像. 而夜則侍我而寢, 晝則侍我而坐, 周旋左右, 須臾不離. 仕進不留於心頭, 偏論不出於口外, 恪勤持身, 不啻如愚, 此則似可以承家. 第六子匡維, 一動一靜, 一遵乃兄, 片言半辭, 無違乃父, 可謂難兄難弟. 而賦性太峻, 不容人過, 是爲病處, 氣尙豪放, 癖好詩酒, 亦爲病處. 而然而非孝悌不行, 非孝悌不言, 群兄諸弟, 皆敬憚之多, 有優於乃兄處也, 此兄弟則吾無憂也. 而其他六子, 或有躁進科宦之心, 或有參與黨論之心, 或有不能安貧之心, 或有往來邪黨之家. 此等鄙悖之心, 漸長而不節, 則末流之弊, 將不知至於何境, 可不懼哉? 可[36]不[37]畏哉? 六子中欲從科宦, 欲參朋黨者, 莫敢現於吾生前, 莫敢入於吾廟中矣. 自祖先傳來家法, 獨許於長子及第六子, 其他六子輩, 獨無怩於心乎? 勉旃勉旃.

---

36) 可 : 底本에는 "不"로 되어 있다. 《稗林》과 《유고》에 근거하여 수정하였다.
37) 不 : 底本에는 "可"로 되어 있다. 《稗林》과 《유고》에 근거하여 수정하였다.

松軒所記 二條

○[38] 角里之叔眞檢, 先以庚子銀貨之疏, 釀出辛壬之禍階, 代作其兄辛丑
之疏, 蕩掃朝廷之正類, 而幸而先死, 不見其伯之杖斃·兩孫之伏誅. 群弟
諸姪, 無不被竄配之禍, 而亦免追律之典, 可謂倖人也已. 先考嘗戒諸子
諸孫曰: “禁汝輩科宦, 豈徒盈滿之戒也哉? 汝不見趙台兄弟之事乎? 殺
其同祖之孫, 削其伯兄之爵. 汝曹如欲守正而進取, 大則難免誅戮, 小則
難免削黜[39], 此豈士君子仕宦之時乎? 如附於土珍[40]【眞儒[41]字】兄弟, 則高
官顯爵, 可取於旬月之內, 而終未免覆亡之禍矣. 雖被覆亡之禍, 終歸於
君子之黨則猶可也, 若歸於小人之黨, 則雖朝卿暮相, 何貴之有乎? 爲國
者是君子之黨也, 危國者是小人之黨也. 四臣之定策世弟, 非爲國者乎?
彼輩之屠戮四臣, 非危國者乎? 汝輩宜看於此取捨乎! 捨生取義, 聖人所
訓. 吾使汝曹勿就科宦者, 實是取義而且取生也.”
小子之承是訓, 不過數三十年之間, 國論反正, 邪[42]黨伏誅. 至以一家言
之, 在官者見廢·登科者被削, 其他竄配之人, 不知其數. 一門禍患, 如是
孔酷, 惟我群兄弟諸子姪, 晏然安堵, 幾年停望之仲兄, 特蒙疏通之恩, 除
拜雄邑, 而赴任三朔, 以親命免遞[43], 自上賜號“愚軒”, 榮寵之極, 亦何如
也? 八兄弟俱在, 日夜湛樂, 群子姪相聚式, 相爲好, 於乎休哉, 先考之德
也!
小子匡維繼記.

---

38) ○: 底本에는 없다. 내용 구분을 위해 보충하였다.
39) 黜: 底本에는 “出”로 되어 있다. 《稗林》과 《유고》에 근거하여 수정하였다.
40) 珍: 底本에는 “玢”으로 되어 있다. 《稗林》과 《유고》에 근거하여 수정하였다.
41) 儒: 底本에는 “儉”으로 되어 있다. 《稗林》에 근거하여 수정하였다.
42) 邪: 底本에는 “私”로 되어 있다. 《稗林》과 《유고》에 근거하여 수정하였다.
43) 遞: 底本에는 “遷”로 되어 있다. 《稗林》과 《유고》에 근거하여 수정하였다.

○ 丹巖解配歸路, 歷入公家, 請見長書與祭文. 公答曰："台監旣與四臣同跡, 則義理之所關文字, 固宜欲覽於桑劫之後也." 於是披篋出之, 再三見長書後, 起而揖曰："四大臣之定策世弟, 設或有一二私意, 參錯其間, 實出於宗社之大計. 人臣分義, 似以此爲正, 而以不忍言·不忍聞之說, 少無隱諱底意, 攻⁴⁴⁾斥四臣, 不有餘地, 一言而蔽曰「不立世弟, 將立誰也？」此一節之內, 公論之正如日星, 義理之嚴如霜雪. 辛壬事蹟, 到此煥然, 而爲後世東國之正史者, 必此也."

且見祭文, 請敎"無伯·仲"之意. 公正色曰："台監旣以定策世弟爲當然, 而贊承先王之意, 則'無伯·仲'三字, 豈有不知之理乎？" 丹巖默然良久曰："稟賦不敏, 終未能曉其意也." 公曰："曾未承誨於夢窩, 則宜其未曉也. 然何難覺得古無太伯·虞仲耶？" 復問曰："'假衛'指何也？ '妖書'指何也？" 公笑曰："'假衛', 豈非漢時之假衛？ '妖書', 豈非曩日之妖書耶？" 丹巖蹶然而起, 再拜而謝曰："義理之眞正骨子, 得見於此地矣." 復問曰："'惠新'·'懷隙'之意, 亦未曉焉, 請更誨之？" 公曰："此一句, 非夢窩, 莫能曉得. 且非夢窩, 不敢說道, 請勿更問."

---

44) 攻：底本에는 "故"로 되어 있다. 《稗林》과 《유고》에 근거하여 수정하였다.

無憫齋李公遺稿鈔

睦虎龍誣告一條

義禁府羅將<u>梁千石</u>, 自少學書於余. 其爲人穎悟, 頗識義理, 故余嘗眷愛. 且居在隣近, 數數來謁矣. 當<u>虎龍</u>逆獄之方張, 自內兵曹移鞫本府之後, 事甚秘密, 無人攄得者. 余往農叟問曰: "<u>虎龍</u>變書, 何等驚駭, 而日前<u>金吾堂</u>上及鞫獄諸大臣, 皆爲退出, 次第胥命云, 事甚訝惑, 莫知端緒. 君我皆是布衣, 無所係關, 而眞僞莫得詳聞, 良庸燥鬱也." 余於是夕招致<u>梁千石</u>, <u>千石</u>果在家耳. 余問其委折, 則<u>千石</u>亦知其無關之人, 故少不隱諱, 而從頭至尾, 節節盡告, 故余得以詳聞[1]耳.

蓋<u>虎龍</u>·<u>白望</u>俱是導掌[2]之人, 情誼[3]洽合, 死生同誓, 有日後緩急相濟之約矣. 其後<u>虎龍</u>爲<u>金一鏡</u>所嗾, 已入於凶黨, 而將欲上變之際, <u>虎龍</u>言曰[4]: "吾友<u>白望</u>, 與之共議, 則可以成事."云. <u>一鏡</u>大喜曰: "苟得斯人則甚好." 卽使<u>虎龍</u>乘夜誘致<u>白望</u>, 吐盡肝膽, 啗之利說, 則<u>白望</u>佯爲諾諾而退, 與<u>虎龍</u>同爲出門矣. 中路背走, 仍入于<u>金龍澤</u>家, 故<u>虎龍</u>躡蹤而追, 始知<u>白望</u>之歧貳, 直往于<u>一鏡</u>家, 急急屬耳而言曰: "如許秘機, 已泄於<u>白望</u>之漢, 此將奈何?" 此所以<u>一鏡</u>大懼, 卽地構書, 待曉上變者也.

<u>千石</u>之言內: "小人則當初事機未知如何, 而禁堂<u>金一鏡</u>以<u>虎龍</u>變書, 次第問目, 則<u>白望</u>少無懼恧, 張目叱之曰: '汝乃前夜使<u>虎龍</u>誘我, 密謀廢東宮·立尙<u>大</u>之<u>金一鏡</u>耶? 汝輩之如許奸謀, 夙已知之, 故吾與<u>虎龍</u>·<u>李天紀</u>[5]·<u>金龍澤</u>等諸人, 嚙指[6]相盟曰:「彼輩之凶謀, 倘或成焉[7], 則我國三

---

1) 聞 : 底本에는 "問"으로 되어 있다. 《稗林》과 《유고》에 근거하여 수정하였다.
2) 掌 : 底本에는 "庄"으로 되어 있다. 앞선 사례에 근거하여 수정하였다.
3) 誼 : 底本에는 "義"로 되어 있다. 《稗林》에 근거하여 수정하였다.
4) 曰 : 底本에는 "內"로 되어 있다. 《稗林》에 근거하여 수정하였다.
5) 天紀 : 底本에는 "文記"로 되어 있다. 《稗林》에 근거하여 수정하였다.
6) 指 : 底本에는 "脂"로 되어 있다. 《稗林》과 《유고》에 근거하여 수정하였다.

宗血脈, 幾乎永絶, 齊出死力, 謀殺尙大, 更立東宮.」, 此時堂堂之大義也.
且銀貨締結事. 汝之凶謀, 每結宦官8)而做事, 則不可不有探得凶謀, 緩急
周旋, 然後可以濟事, 故締結池尙宮, 非爲詐9)也, 爲其忠也. 掌中之「養」
字爲盡忠於養性堂之「養」字, 此皆與虎龍同盟之事. 而逆賊虎龍反投入
於汝黨, 爲汝所欺, 誘我而去, 昨聞汝謀, 則果如前聞, 而國家大逆, 故中道
輩10)走, 良以此也. 汝以前夜嗾我之一鏡, 敢擧覥然之面目, 坐堂而問目
耶? 何不速下堂而同坐鞫庭, 以辨忠逆也?'
禁堂一鏡無所發明, 面如土色, 卽爲退出. 而崔·趙兩大臣, 又爲問目, 則
白望又叱曰 : '汝不聞俄者, 責一鏡之言乎? 一鏡之不敢容喙, 惶恸退出,
汝所目擊, 而更以何面目, 又有可聞之事耶? 汝亦一鏡輩之同謀大逆也.'
又叱沈檀曰 : '汝以先朝棄物, 幸蒙拔擢於今日, 聖恩罔極, 不思報效, 以
白首老漢, 反與一鏡, 同爲謀逆耶?' 於是兩大臣與諸堂上, 退出胥命, 鞫廳
空虛. 至有鞫廳承旨趙景命入啓之擧矣, 上答曰 : '所遭凶言, 不必過自引
嫌, 安心推鞫. 云云.'"
余及聞此言, 只自奮激, 不覺蹶然而起.

---

7) 焉：底本에는 "言"으로 되어 있다. 《稗林》과 《유고》에 근거하여 수정하였다.
8) 宦官：底本에는 "宮宦"으로 되어 있다. 《稗林》에 근거하여 수정하였다.
9) 詐：底本에는 "訴"로 되어 있다. 《稗林》과 《유고》에 근거하여 수정하였다.
10) 輩：底本에는 "皆"로 되어 있다. 《稗林》과 《유고》에 근거하여 수정하였다.

尹會悔論夢窩 一條

尹正言 會以時臺, 有論劾金昌集事. 一日尹會來見, 故余問 : "君以金昌集受賂事, 呈疏彈劾, 此乃臺臣之直言乎?" 尹會曰 : "何謂也?" 余曰 : "夫臺臣劾人之法, 的知其事端之詳悉, 然後論人是非可也. 而吾聞金昌集之受賂云者, 不過一板材價也. 外邑守令中有親切人, 以板材價送之於金相, 則金相以年老大臣, 受此錢於親切之人, 不是異事. 今以助給於三急手之說, 構陷疏斥, 罔有紀極者, 其可曰'臺臣之直言'耶?

奧在辛丑, 李相 頤命以王世弟策封事赴燕時, 持去銀子六萬兩矣, 及其還來之日, 準納戶曹, 一無零數, 擧世之所共知者, 而伊時臺臣反以三手構助給之說, 彈劾無餘. 近來言官之論人是非, 每每如此, 今此君所疏斥, 亦猶是矣. 今無愛惜於彼此, 而天下耳目, 何可蔽也? 子欲聞近日受賂之說乎? 昨冬李士珍問於趙相 泰億曰 : '大監今年所捧歲饌, 幾何?' 泰[11]億曰 : '生雉·乾柿, 幾[12]乎半間樓充滿矣.' 士珍曰 : '大監可謂淸白矣. 小人之所捧歲饌, 雜種勿論, 乾柿·生雉, 恰滿三間庫, 而尙有餘積矣.' 云. 受賂之盛行, 至於此極, 而老相之受一板材於親切守令, 有何大關, 抑勒構虛, 陷人於罔測之境, 竊爲君嘅嘆也." 會憮[13]然曰 : "今聞子言, 則與吾之所聞, 大有逕庭也."

其後數日, 尹會於同黨稠坐中, 語及諸人曰 : "疏斥金昌集事, 實爲虛無, 而嗾我論劾, 追悔莫及."云, 則當路諸人, 反以尹會歸之於迂論, 至有臺諫罷職之擧. 尹會不過爲人指使者, 猶不足深責, 而所謂當局諸人之言論是非, 蓋多如此, 還不勝可笑也.

---

11) 泰 : 底本에는 "恭"으로 되어 있다. 《稗林》과 《유고》에 근거하여 수정하였다.

12) 幾 : 底本에는 없다. 《稗林》과 《유고》에 근거하여 보충하였다.

13) 憮 : 底本에는 "撫"로 되어 있다. 《稗林》과 《유고》에 근거하여 수정하였다.

○ 惟我先王考無憫齋公, 自少志氣高明, 操守堅貞, 不事俗儒章句之文, 敦尙聖賢義理之學, 至於科宦之末務, 尤不留意焉. 適値辛壬之禍, 群小用事, 諸賢被戮, 公慨然有色斯之志. 遂退居於長湍先塋之下, 每與野叟·村朋, 放浪於山水之間, 逍遙於風月之場, 優遊自誤, 而其於朝廷得失, 有若聾啞焉. 此蓋公之逢[14]時不幸, 明哲保身之計也.

噫! 公素與當路之少論, 多有親切之人, 交契甚密矣. 及當辛丑群凶之猖狂, 謀危世弟, 網打善類, 公志自奮激, 心絶諸人, 獨與李農叟 聞政, 話心敍情, 隨錄時事, 略有月旦之評焉. 一自癸卯不仕之後, 彼其之徒, 以奸謀秘計之漏泄, 目之於公[15], 磨牙逞毒, 湛滅[16]之禍, 迫在朝夕. 公不俟終日, 決意[17]下鄕, 韜光混跡, 終身坎坷, 此豈非命也哉?

余時在髫齡, 雖承驚咳之音, 莫知事機之詳悉. 而不幸先君早年棄世, 王考繼逝, 孤子餘生, 靡所逮及. 幸我王母八耋享年, 尙今無恙[18], 常說避禍下鄕之本事, 故略略聞而知之焉. 嗚呼! 公之著述頗多, 遺稿十有餘卷, 而不幸當回祿之災, 竟歸於無徵之蹟. 而蒐輯[19]殘編, 餘存者只有自警辭·訓誡書·天人說·原理氣說. 無憫齋記《辛壬日記》等, 若干抄本, 而未免錯簡疏漏[20]之歎, 僅成一卷, 以備後考焉.

歲在庚午春, 三月丙申, 不肖孫受謙, 泣血謹記.

---

14) 逢 : 底本에는 없다. 《稗林》과 《유고》에 근거하여 보충하였다.

15) 公 : 底本에는 "幺"로 되어 있다. 《稗林》과 《유고》에 근거하여 수정하였다.

16) 滅 : 底本에는 "淺"으로 되어 있다. 《稗林》과 《유고》에 근거하여 수정하였다.

17) 決意 : 底本에는 빈칸으로 되어 있다. 《稗林》과 《유고》에 근거하여 보충하였다.

18) 恙 : 底本에는 "蟖"로 되어 있다. 《稗林》과 《유고》에 근거하여 수정하였다.

19) 輯 : 底本에는 "輆"으로 되어 있다. 《稗林》과 《유고》에 근거하여 수정하였다.

20) 漏 : 底本에는 "偏"으로 되어 있다. 《稗林》과 《유고》에 근거하여 수정하였다.

찾아보기

ㅊ

편자 | 이문정 李聞政, 1656~1726

본관은 전주(全州), 자 군필(君弼), 호 농수(農叟)이다. 호조판서 이경직(李景稷)의 증손으로, 감찰(監察) 이구성(李九成)의 아들이다. 초명(初名)은 '진정(眞政)'이었다. 경종대 신임옥사(辛壬獄事) 당시 재종제(再從弟) 이진유(李眞儒)와 달리 청론(淸論)을 표방하면서 화해와 타협을 모색하였다. 저서로 《수문록(隨聞錄)》과 《신임일기(辛壬日記)》 등이 있다.

역주 |

김용흠

서울대학교 국사학과 학사, 연세대학교 대학원 문학석사·박사, 현 연세대학교 국학연구원 연구교수

주요 논저 | 《조선후기 정치사 연구 Ⅰ-인조대 정치론의 분화와 변통론》(2006), 《목민고·목민대방》(역서, 2012), 《조선의 정치에서 무엇을 볼 것인가-탕평론·탕평책·탕평정치》(2016), 《형감》(역서, 2019), 《대백록》(역서, 2020), 《조선후기 실학과 다산 정약용》(2020), 《동남소사》(역서, 2021), 《수문록 1》(역서, 2021), 《황극편 1》(역서, 2022), 〈조선후기 노론 당론서와 당론의 특징-《형감(衡鑑)》을 중심으로〉(2016), 〈경세유표》를 통해서 본 복지국가의 전통〉(2017)

원재린

성균관대학교 사학과 학사, 연세대학교 대학원 문학석사·박사, 현 연세대학교 국학연구원 연구교수

주요 논저 | 《조선후기 성호학파의 학풍연구》(2002), 《임관정요》(역서, 2012), 《동소만록》(역서, 2017), 《형감》(역서, 2019), 《대백록》(역서, 2020), 《동남소사》(역서, 2021), 《수문록 1》(역서, 2021), 《황극편 1》(역서, 2022), 〈조선후기 남인당론서 편찬의 제 특징〉(2016), 〈성호사설과 당쟁사 이해〉(2018)

김정신

덕성여자대학교 사학과 학사, 연세대학교 대학원 문학석사·박사, 현 연세대학교 국학연구원 연구교수

주요 논저 | 《형감》(역서, 2019), 《대백록》(역서, 2020), 《동남소사》(역서, 2021), 《수문록 1》(역서, 2021), 《황극편 1》(역서, 2022), 〈주희의 묘수론과 종묘제 개혁론〉(2015), 〈주희의 소목론과 종묘제 개혁론〉(2015), 〈기축옥사와 조선후기 서인 당론의 구성·전개·분열〉(2016), 〈16~7세기 조선 학계의 중국 사상사 이해와 중국 문헌〉(2018)

수문록 2 隨聞錄 二

이문정 편 | 김용흠·원재린·김정신 역주

초판 1쇄 발행 2022년 3월 26일

펴낸이 오일주
펴낸곳 도서출판 혜안

등록번호 제22-471호
등록일자 1993년 7월 30일

주소 04052 서울시 마포구 와우산로 35길 3(서교동) 102호
전화 02-3141-3711~2 / **팩스** 02-3141-3710
이메일 hyeanpub@hanmail.net

ISBN 978-89-8494-675-0   03910

값 34,000 원